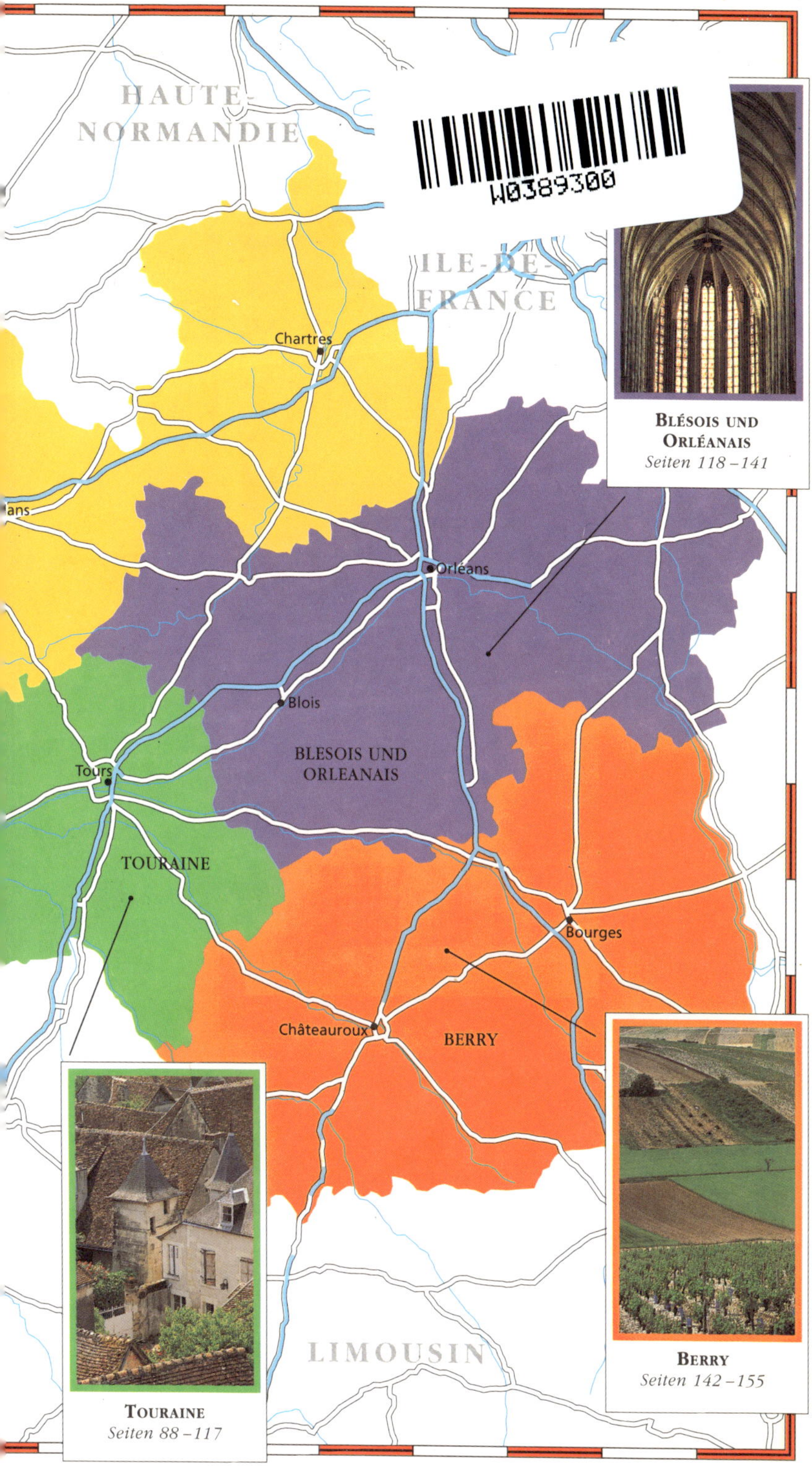

HAUTE-NORMANDIE
ILE-DE-FRANCE
Chartres
ans
Orléans
Blois
Tours
BLESOIS UND ORLEANAIS
TOURAINE
Bourges
Châteauroux
BERRY
LIMOUSIN
Blésois und Orléanais
Seiten 118–141
Berry
Seiten 142–155
Touraine
Seiten 88–117

VIS-à-VIS

LOIRE-TAL

RV VERLAG

Ein Dorling-Kindersley Buch

Hauptautor
Jack Tresidder

Fotografie
John Heseltine, Paul Kenward, Kim Sayer

Illustrationen
Joanna Cameron, Roger Hutchins, Robbie Polley, Pat Thorne, John Woodcock

Kartografie
Jane Hanson, Jennifer Skelley (Lovell Johns Ltd, Oxford)

Redaktion und Gestaltung
Dorling Kindersley Ltd.

•

Titel der englischen Originalausgabe:
Eyewitness Travel Guide Loire Valley
Zuerst erschienen 1996 in Großbritannien
bei Dorling Kindersley Ltd.

•

Übersetzung Verlagsbüro Simon & Magiera
für GAIA Text, München
Redaktion Dr. Marion Pausch; Armin Sinnwell,
Prisma Verlag GmbH, München
Satz und Produktion GAIA Text, München
Lithographie Colourscan, Singapur
Druck G. Canale & C., Italien

ISBN 3-89480-916-7

1 2 3 4 5 01 00 99 98 97

Für Hinweise, Verbesserungsvorschläge und Korrekturen ist der Verlag dankbar. Bitte richten Sie Ihr Schreiben an:
RV Reise- und Verkehrsverlag
Neumarkter Straße 18
81673 München

Inhalt

Statue in La Lorie

König Louis XIV in einer Darstellung als Jupiter

Der Stadtkern von Argenton-sur-Creuse

FÜHRER DURCH DAS LOIRE-TAL

Manoir du Grand-Martigny

Buntglasporträt der Agnès Sorel

ZU GAST IM LOIRE-TAL

GRUND-INFORMATIONEN

Angelnde Jungen im Hafen von Pornichet in Loire-Atlantique

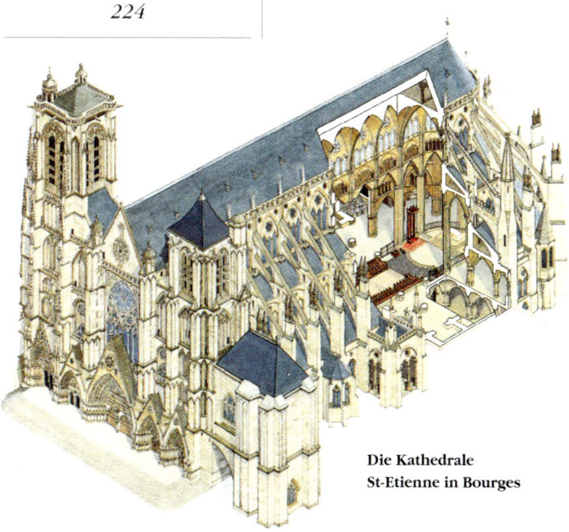

Die Kathedrale St-Etienne in Bourges

Wie benutze ich dieses Buch?

Dieser Reiseführer soll Ihren Besuch im Loire-Tal zu einem Erlebnis machen, das durch keinerlei praktische Probleme getrübt wird. Der Abschnitt *Das Loire-Tal stellt sich vor* beschreibt das Land und stellt historische Zusammenhänge dar. Der *Führer durch das Loire-Tal* faßt Sehenswürdigkeiten in Text und Bild. Von uns empfohlene Hotels, Restaurants, Einkaufsmöglichkeiten und Freizeitaktivitäten werden im Kapitel *Zu Gast im Loire-Tal* beschrieben. Die *Grundinformationen* helfen Ihnen beim Zurechtfinden, sei es bei Sicherheitsmaßnahmen oder auf der Reise.

Führer durch das Loire-Tal

Das Loire-Tal ist in diesem Führer in sechs Regionen gegliedert, denen jeweils ein Kapitel gewidmet ist. Eine Karte dieser Regionen findet sich in der vorderen Umschlaginnenseite. Die interessantesten Sehenswürdigkeiten jeder Region sind numeriert und auf der *Regionalkarte* dargestellt.

Jedes Gebiet des Loire-Tals kann anhand der Farbcodierung leicht gefunden werden.

1 Einführung
Landschaft, Geschichte und Charakter jeder Region werden hier beschrieben; die Einführung zeigt, wie sich das Gebiet im Laufe der Jahrhunderte und bis heute präsentiert.

Eine Orientierungskarte zeigt die Lage des Gebiets, in dem man sich befindet.

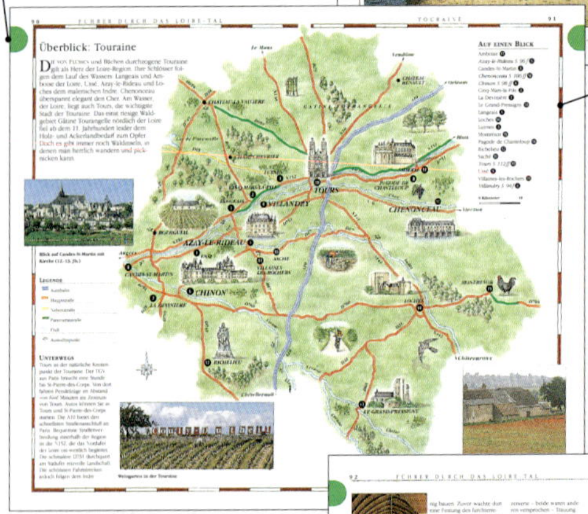

2 Regionalkarte
Sie zeigt eine Übersicht über das gesamte Gebiet. Alle Sehenswürdigkeiten sind numeriert; die Karte gibt auch hilfreiche Tips für die Erkundung des Gebietes mit Auto, Bus oder Bahn.

Kolumnen beleuchten spezielle Aspekte einer einzelnen Sehenswürdigkeit.

3 Detaillierte Informationen über die Sehenswürdigkeiten
Alle wichtigen Städte und Schauplätze werden einzeln beschrieben und sind auf der Regionalkarte *numeriert. Zu jedem Ort gibt es detaillierte Informationen über die wichtigen Sehenswürdigkeiten.*

4 Wichtige Städte

Eine Einführung umfaßt Geschichte, Charakter und Geographie der Stadt. Die Hauptsehenswürdigkeiten sind gesondert in der Stadtteilkarte *beschrieben.*

Die Infobox enthält Verkehrsverbindungen für Touristen und gibt Auskunft über Markttage und Festivalzeiten.

Die Stadtteilkarte zeigt Haupt- und Nebenstraßen, die für den Besucher interessant sind. Sehenswürdigkeiten sind darauf ebenso dargestellt wie Bus- oder Zugbahnhöfe, Parkplätze, Verkehrsämter und Kirchen.

5 Detailkarte

Aus der Vogelsperspektive wird er hervorgehobene Kern eines Stadtteils oder Gebiets gezeigt. Fotos veranschaulichen die wichtigsten Sehenswürdigkeiten.

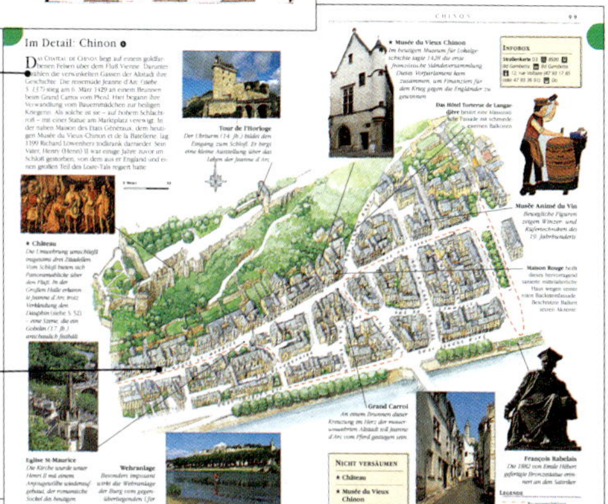

Eine Routenempfehlung für Spaziergänger führt durch die interssantesten Straßen eines Gebiets.

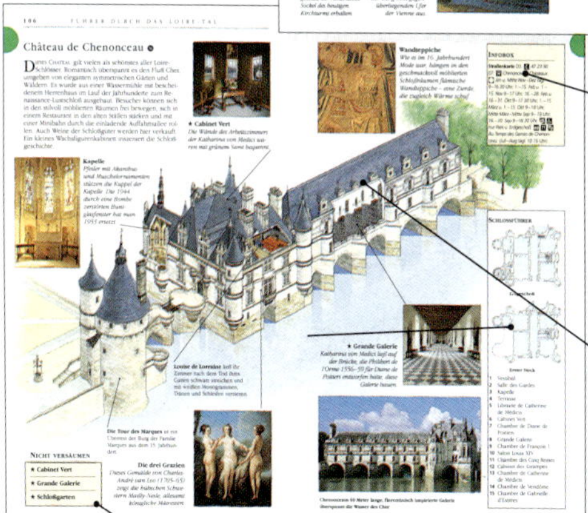

Zu allen Hauptsehenswürdigkeiten gibt es eine Infobox mit praktischen Informationen, die für den Besuch hilfreich sind.

6 Hauptsehenswürdigkeiten

Ihnen werden zwei oder mehr Seiten gewidmet. Wichtige Gebäude werden im Aufriß gezeigt.

Sterne kennzeichnen Herausragendes oder Kunstwerke, die man nicht versäumen sollte.

Das Loire-Tal stellt sich vor

Das Loire-Tal auf der Karte

Das Loire-Tal liegt in Zentralfrankreich, begrenzt von Bretagne, Normandie und Ile de France im Norden, Massif Central und Poitou im Süden, dem Burgund im Osten und dem Atlantik im Westen. Die Loire, mit 1020 Kilometern Frankreichs längster Fluß, entspringt in den Cevennen, um südlich von Nantes bei St-Nazaire in den Atlantik zu münden. Das Loire-Tal bedeckt eine Fläche von 71 228 km² und zählt etwa 5,2 Millionen Einwohner.

Legende

- Das Gebiet des Loire-Tals
- Fährhafen
- Flughafen
- Autobahn
- Hauptstraße
- Bahnlinie

0 Kilometer 100

Satellitenaufnahme der Loire und ihrer Schwemmebene

Die Loire bei Tours

Ein Porträt des Loire-Tals

Das Loire-Tal *mit seinen weltberühmten Schlössern gilt seit langem als Inbegriff der* douceur de vivre: *Mildes Klima, sanfte Weine, liebenswürdige Menschen und geruhsamer Lebensstil lassen auch erholungsbedürftige Großstadtmenschen rasch in die rechte Urlaubsstimmung kommen.*

Bereits Montesquieu glaubte, daß Klima und Landschaft sich auf die Mentalität der Bewohner auswirken. So sagt man den Normannen und Bretonen zuweilen ein stures oder gar barsches Verhalten nach und hält die Südfranzosen für träge, jedoch leicht erregbar. Die Menschen im zentralen Landstrich Frankreichs werden dagegen ob ihres beschaulichen, gemäßigten Lebenswandels gelobt, der sich mit dem günstigen, kaum je extrem heißen oder kalten Klima, dem fruchtbaren Boden und dem daraus entspringenden Wohlstand zu einem harmonischen Bild zusammenfügt.

Radfahrer am Damm der Ile de Noirmoutier

Obwohl der reiche Schatz kulturhistorischer Denkmäler unentwegt die Vergangenheit vorführt, sind die Uhren im Loire-Tal keineswegs stehengeblieben. Viele Einheimische verweisen stolz auf die Kernkraftwerke bei Avoine-Chinon und St-Laurent-des-Eaux – in der Nähe von Beaugency als Belege für die Teilnahme dieser Region an der technologischen Neuerung. Nicht die Angst vor Modernisierung beseelte jene Kampagne, die Mitte der 80er Jahre die TGV-Route verlagerte, sondern allein die Sorge um die Weinkeller an der geplanten Trasse des Hochgeschwindigkeitszuges.

Historische Brücken wie diese in Blois überspannen die Loire

◁ **Abendstimmung im Berry**

Kostümierte Volkstänzerinnen im Château de Blois

Dennoch hält man im Loire-Tal die seit vielen Jahrhunderten bewährten Werte des konservativen französischen Kernlands, *la France profonde* genannt, hoch. Dies gilt vor allem für das Berry, die östlichste in diesem Führer vorgestellte Loire-Region. Sie bildet das geographische Zentrum des Landes – mehrere Dörfer pochen stolz auf ihre Lage im »Herzen Frankreichs«. Dennoch liegt sie abseits der touristischen Pfade und ist daher um so reizvoller. Kein Wunder also, daß in ihren scheinbar zeitlosen Dörfern überkommene Volksbräuche fortleben und sich mancher Aberglaube hartnäckig behauptet.

Lokale Attraktionen

Gastfreundschaft nimmt man im Loire-Tal sehr ernst. Ob Sie in einem privaten Schloß absteigen oder in den Städtchen und Dörfern der Touraine oder des Anjou: die Herzlichkeit der Menschen ist überall spürbar. Das trifft selbst auf Orléans zu, das durch seine Nähe zu Paris als eine Schlafstadt der Metropole gilt.

Im Brennpunkt etlicher Jahrmärkte und Feste stehen die kulinarischen Erzeugnisse dieser alten Provinzen: Weine, Knoblauch, Äpfel, Melonen, Kuttelwürste … Sie belegen die selbst nach französischen Maßstäben außerordentlich wichtige Rolle, die Essen und Trinken hier spielen.

Diese Produkte sind auch eine Hauptstütze der Wirtschaft: Etwa zwölf Prozent der Loire-Anrainer sind in Landwirtschaft oder Lebensmittelindustrie tätig. Viele *primeurs* (Frühgemüse und -obst) der Pariser Märkte und Restaurants kommen von den fruchtbaren Feldern und Obsthainen der Loire-Ufer. Melonen und Spargel gehen von hier ins ganze Land, ebenso wie die *champignons de Paris.* Diese jungen Champignons züchtet man in Tuffsteinhöhlen bei Saumur und andernorts – ohne diese Region müßten die Franzosen auf 75 Prozent ihrer einheimischen Speisepilze verzichten.

Leuchtender Sommerschmuck

Nicht alle Loire-Weine eignen sich für einen längeren Transport. Die übrigen werden jedoch im In- wie Ausland geschätzt und tragen zum Wohlstand des Loire-Tals, Frankreichs fünftgrößtem Weinproduzenten, bei. Die Win-

Loire-Sandbänke bei Amboise

Eine von vielen ländlichen Erholungsmöglichkeiten: Wandern am Ufer (hier bei Rochefort-sur-Loire)

zerei wird zwar in kleinerem Maßstab betrieben als im berühmten Bordeaux und im Burgund, liefert jedoch Weine von zunehmender Klasse und Beliebtheit. Am renommiertesten sind heute wohl die Sancerre- und Muscadet-Weine, dicht gefolgt von Vouvray- und Bourgueil-Abfüllungen.

Hinweis auf Weinproben

Restaurants und Hotelküchen schöpfen aus den exzellenten lokalen Erzeugnissen – einer der Gründe, weshalb Pariser die Gegend so sehr schätzen. So wie sich die blaublütigen Vorfahren hier Schlösser und Prunkvillen bauten, reißt sich nun der Pariser Geldadel um *résidences secondaires,* Zweitwohnsitze, im Loire-Tal – vor allem seit der TGV von der Hauptstadt aus nur noch eine knappe Stunde benötigt.

Moderne Zeiten

Nantes im Westen der Loire-Region hat sich dem ökonomischen Wandel gestellt. Die einst florierenden Werften haben dichtgemacht, moderne Technologie und internationales Business die Nachfolge angetreten. Mitte der 80er Jahre erstanden der Wissenschaftspark *Technopole Atlantique* am Flußufer des Erdre, ein Elektronik-Forschungsinstitut und das Welthandelszentrum *Centre Atlantique du Commerce International.* Auch hier schaffen breite Straßen und Avenuen (häufig ehemalige Wasserwege) ein Gefühl der Weite, die trotz wirtschaftlicher Dynamik den Hauch der *douceur de vivre* verströmt. Auch das neuerbaute Kongreßzentrum von Tours vermochte die typische Atmosphäre der Stadt nicht zu beeinträchtigen. In ihren Straßen stößt man oft auf ausländische Sprachstudenten. Denn hier spricht man angeblich seit jeher das reinste »Hochfranzösisch« – eine dialektfreie, wohlmodulierte Artikulation, die insbesondere den sprachempfindlichen Franzosen selbst angenehm in den Ohren klingt.

Spargel aus dem Loire-Tal

Von der Festung zum Schloß

Aus feudalen Wehrburgen entstanden im Lauf der Jahrhunderte die schmucken Lustschlösser des Loire-Tals. Als Feuerwaffen den langen Belagerungen, denen die mittelalterlichen Festungen zu trotzen versuchten, ein Ende setzten, wurden Luxus und Eleganz zu Symbolen von Macht. Die Architekten verwandelten viele wehrstrategische Elemente zu Zierat: Aus Wachtürmen wurden Ziertürmchen, aus Gräben spiegelnde Teiche, aus Wehrzinnen Ornamentfriese. In der Renaissance führten italienische Handwerker weiteres Schmuckwerk wie Wandelgänge und symmetrische Gärten ein. Zugleich wurde der Reliefdekor zunehmend verfeinert.

Das Château d'Angers um 1550 mit ungestutzten Türmen

Angers (siehe S. 74f) *wurde 1240 als trutzige Feste auf einem Felsen über dem Fluß Maine angelegt. 17 massige Rundtürme buchteten die glatten Burgmauern aus. Sie ragten mitsamt der im 16. Jahrhundert gekappten Spitzen 30 Meter hoch auf.*

Ainay-le-Vieil (siehe S. 148) *vereint zwei Stilrichtungen. Die achteckige, von Mauern umringte Burganlage aus dem 12. Jahrhundert besitzt neun wuchtige, von Schießscharten erhellte Türme mit Spitzdächern. Ein Zugbrücke führt über den Graben zum mächtigen mittelalterlichen Seitentor. Innen überrascht eine geschmackvolle Renaissanceresidenz aus dem frühen 16. Jahrhundert.*

Von achteckigen Mauern abgeschirmt: die reizvolle Wohnanlage der Burg Ainay-le-Vieil

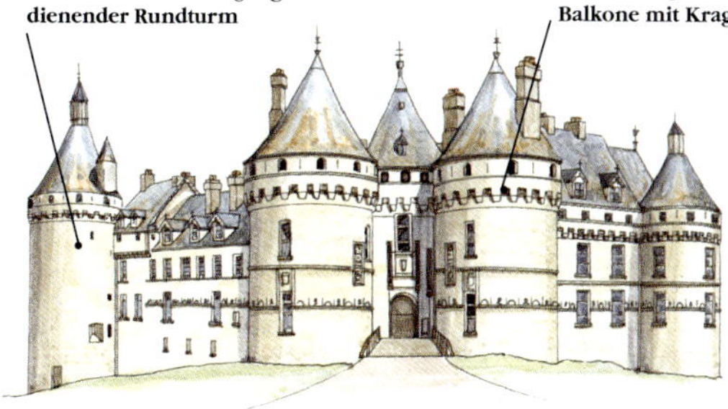

Chaumont (siehe S. 128) *wurde über einer Burg aus dem 12. Jahrhundert erbaut, die Louis XI zur Bestrafung ihrer illoyalen Herren 1465 hatte schleifen lassen. Das neue Schloß entstand 1498–1510 im Renaissancestil, der das wehrhafte Äußere – Rundtürme, Balkone mit Kragsteinen, Torhaus – dekorativ auflockerte.*

Chaumonts Mauern *zeigen Reliefs mit verschlungenen Cs, Verweis auf Charles II d'Amboise, dessen Familie das Schloß wiederaufbaute.*

Dekorierte Nordfassade von Azay-le-Rideau

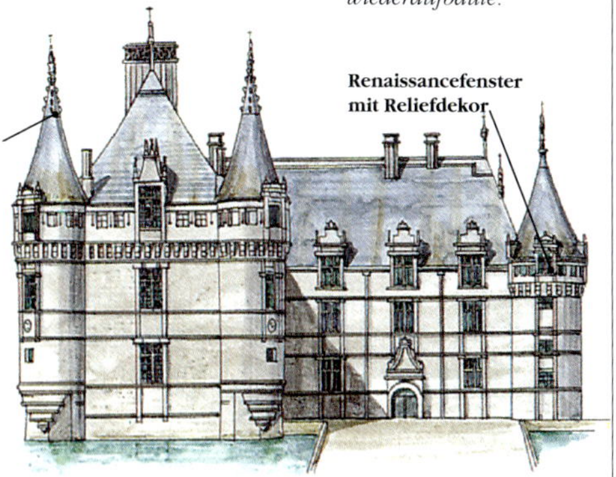

Azay-le-Rideau (siehe S. 96 f), *erbaut 1518–27, gilt als eines der formschönsten Renaissanceschlösser. Seine eleganten Türmchen spiegeln sich in einem stillen See. Eine Fassade mit aufwendigem Ziergiebel und drei Etagen von Zwillingserkern verkleidet das Treppenhaus.*

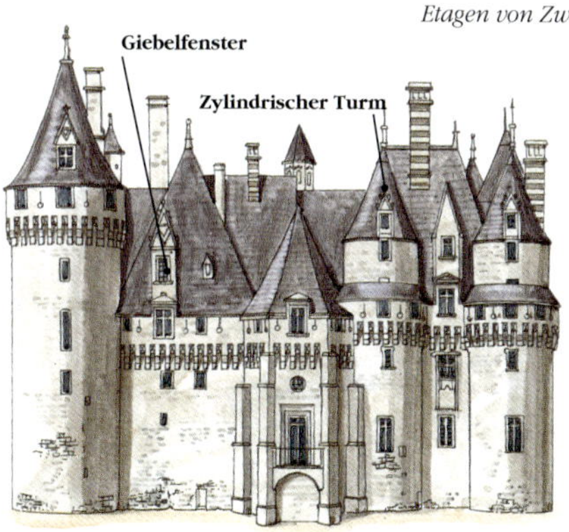

Ussé (siehe S. 101) *wurde 1462 als Burg mit Brustwehren erbaut. In der Renaissance versah man die Mauern um den Haupthof mit Giebelfenstern und Stützpfeilern. Im 17. Jahrhundert wich der Nordflügel einem terrassierten Garten.*

Von einer Festung zum vornehmen Schloß: das Château d'Ussé

Im Innern der Schlösser

Steinrelief eines Treppenhauses

EIN TYPISCHES LOIRE-SCHLOSS besaß mehrere großzügige Empfangsräume, verschwenderisch ausgestattet mit wertvollen Wandteppichen, Gemälden, Vertäfelungen und Deckenschmuck. Zu den Haupträumen zählten der oft mit imposantem Kamin versehene Grand Salon und ein eleganter Bankettsaal. Die Galerie war Treffpunkt von Gastgeber und Gästen, die hier plauderten, die Gemälde an den Wänden und die Aussicht auf das Anwesen bewunderten. Die Privatgemächer des Schloßherrn und der (vor allem königlichen) Ehrengäste befanden sich in gesonderten Flügeln, die Dienstbotenunterkünfte in den Mansarden.

***Die Sitzmöbel** waren oft extrem zierlich: elegant, doch ungemütlich. Viele der bequemeren Armlehnenmodelle, so dieses Exemplar aus Cheverny, waren mit kostbarem Gobelin aus Aubusson bezogen.*

Privatgemächer, untergebracht in einem eigenen Flügel

Grand Escalier (Großes Treppenhaus)

Der Grand Salon diente vorrangig geselliger Unterhaltung. Auf seinem majestätischen Marmorkamin prangten Reliefs mit den Wappen oder verschlungenen Initialen der Schloßbesitzer.

Haupteingang

***Der Grand Escalier** (großes Treppenhaus) oder Escalier d'Honneur – hier das Renaissancetreppenhaus von Serrant* (siehe S. 69) *– besaß reichbeschnitzte Balustraden und aufwendigen Deckendekor. Die Treppe führte zu den Privatsuiten des Schloßbesitzers, den Schlafgemächern hoher Gäste und besonderen Räumen, etwa der Waffenkammer.*

***Galerien** wie diese in Beauregard* (siehe S. 130 f) *waren oft mit Familien- und anderen Porträts geschmückt. Hier kamen Gastgeber und Gäste zu Gespräch und Amüsement zusammen.*

***Die Bankettsäle** zur Bewirtung hochrangiger Besucher waren ebenso üppig möbliert und dekoriert wie die anderen Hauptempfangsräume. Dieser Saal in Chaumont* (siehe S. 128) *ist im Renaissancestil eingerichtet.*

***Die Schloßzimmer** waren üppig, doch mit Sinn für Details, mit teuren Wandteppichen, Malereien und Möbeln eingerichtet. Schmuckwerk wie diese Emailtafel aus Limoges und beschnitzte Täfelungen zählten zur üblichen Ausstattung. Selbst die Kacheln der Öfen, die Wärme in die weiten Räume brachten, waren oft bemalt.*

***Das königliche Schlafgemach** stand stets für einen Besuch des Königs zur Verfügung. Das* droit de gîte *(Gastrecht) verpflichtete Schloßbesitzer, im Gegenzug für die Baugenehmigung eine königliche Unterkunft bereitzuhalten. Dieser Raum in Cheverny* (siehe S. 130) *wurde oft aufgesucht.*

***Küchen** waren im Keller oder in separaten Gebäuden angesiedelt. Eine ausgeklügelte Mechanik drehte die riesigen Spieße, an denen ganze Tiere brieten. Blankpolierte Kupfertöpfe und -pfannen wie diese in Montgeoffroy* (siehe S. 71) *brachten Glanz in die meist düsteren Räume.*

CHEVERNY

Cheverny *(siehe S. 130)*, ein klassizistisch elegantes, 1620–34 errichtetes Schloß, hat sein Aussehen kaum verändert. Den Mittelbau mit dem Treppenhaus flankieren zwei symmetrische Flügel, aufgegliedert in einen Gebäudeteil mit spitzem Dach und den weit größeren »Pavillon« mit Kuppeldach. Das Interieur zeigt sich im Stil des 17. Jahrhunderts.

Kirchen und Klöster

Das Loire-Tal besitzt eine Fülle sakraler Bauten, vom romanischen Dorfkirchlein bis hin zu den gotischen Kathedralen von Chartres und Tours. Im frühen Mittelalter überwog die von einfachen Grundrissen, Rundbögen und zurückhaltendem Schmuckwerk geprägte Romanik. Im 13. Jahrhundert kamen mit der Gotik Rippengewölbe und Strebebögen auf, die den Bau größerer, lichterer Kirchen und Kathedralen ermöglichten. Die französische Spätgotik kreierte Fenstermaßwerk, dessen fließende Linien an züngelnde Flammen erinnern – weshalb diese Richtung auch Flamboyantstil (»Flammenstil«) heißt.

Zur Orientierung

① Romanische Architektur

⑨ Gotische Architektur

Romanische Stilelemente

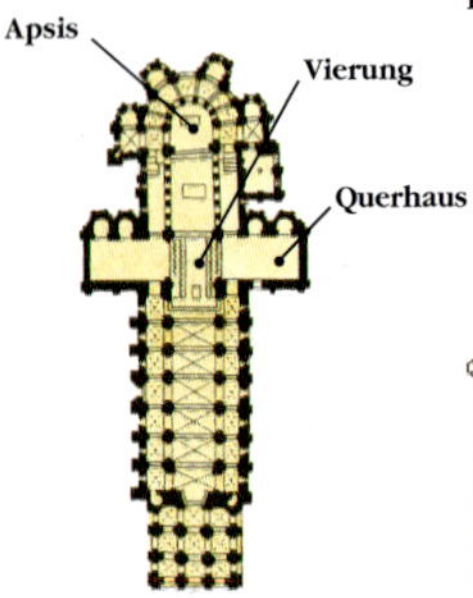

***Der Grundriß von St-Benoît-sur-Loire** weist die typisch romanische Kreuzform mit gerundeter Apsis auf.*

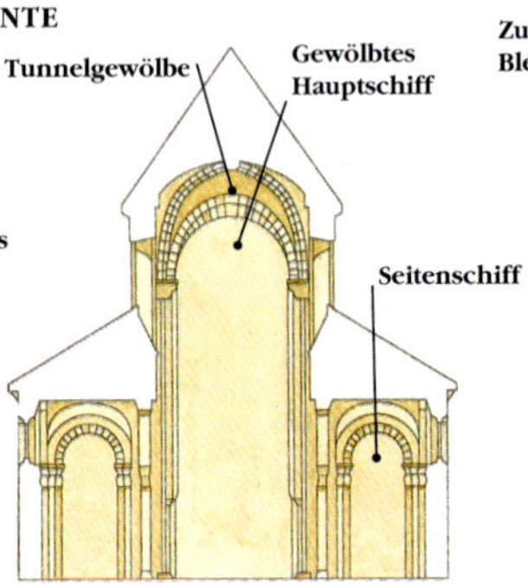

***Der Querschnitt durch die Collégiale de St-Aignan-sur-Cher** zeigt das romanische Tonnengewölbe. Gewölbte Seitenschiffe stützen das Hauptschiff.*

***Die Rundbögen von St-Aignan** sind typisch romanisch, während die zugespitzten Blendbögen die Gotik ankünden.*

Gotische Stilelemente

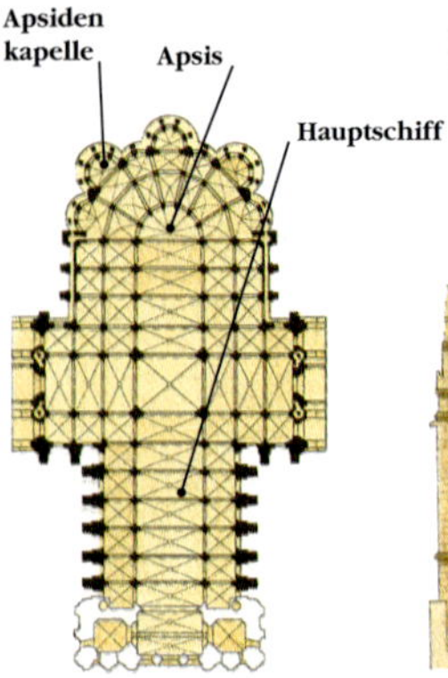

***Der Grundriß der Kathedrale von Chartres** zeigt das ausladende Hauptschiff und die Apsis.*

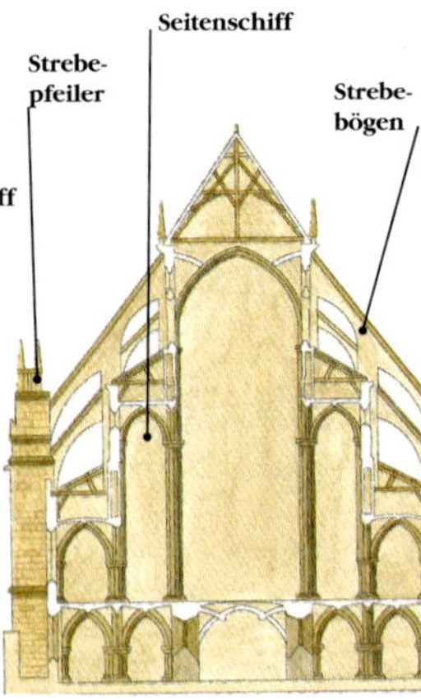

***Der Querschnitt durch St-Etienne** von Bourges verdeutlicht eine Fünfteilung: Hauptschiff mit beidseits je zwei Schiffen und fünf Portalen statt der üblichen drei.*

***Spitzbögen** wie diese im Hauptschiff von Bourges halten höheren Belastungen stand.*

Wegweiser zur romanischen Architektur

Wegweiser zur gotischen Architektur

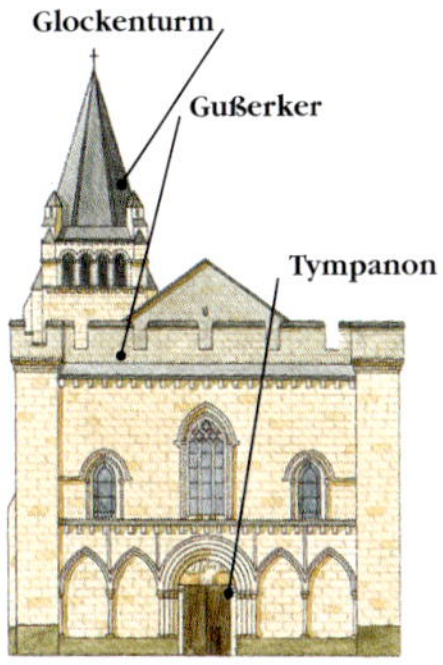

Die Westfassade von Notre-Dame *in Cunault ist schlicht gestaltet. Gußerker und Seitentürme verleihen ihr Wehrcharakter.*

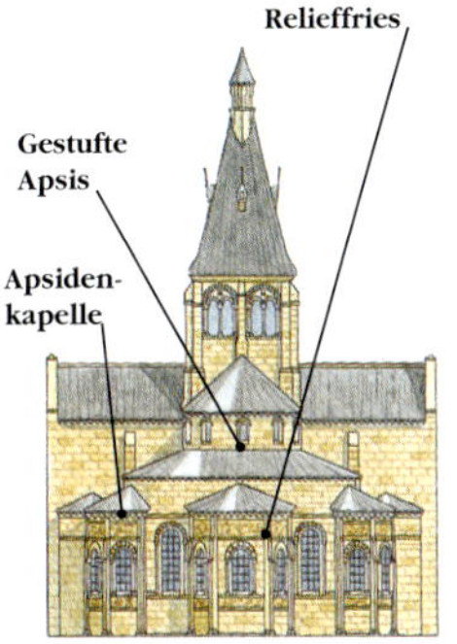

Die Ostseite von St-Eusice *in Selles-sur-Cher wird von drei Apsidenkapellen umkränzt und ist mit figürlichen Reliefriesen verziert.*

Die Westfassade *von St-Gatien in Tours schmücken Portale mit spätgotischem Dekor.*

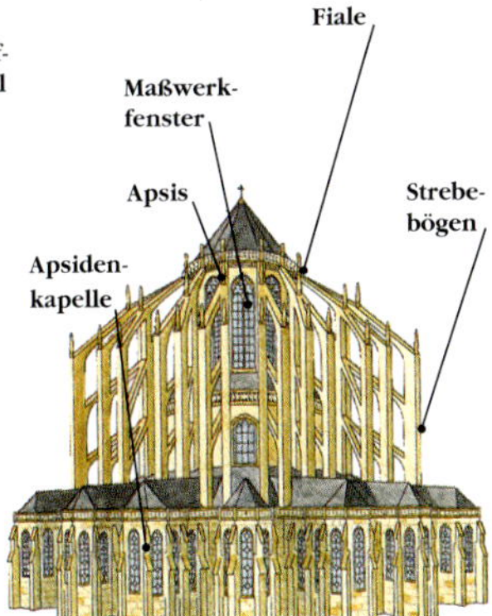

Die Ostseite *der Kathedrale St-Julien in Le Mans zeigt ein kompliziertes Arrangement paarweise angeordneter, von Fialen gekrönter Strebebögen.*

Glossar

Basilika: Kirchentyp mit zwei oder mehr Seitenschiffen und von Lichtgaden erhelltem Mittelschiff.

Lichtgade: Fensterzone des Mittelschiffs oberhalb der Seitenschiffe.

Rosette: Rundfenster, oft mit Buntglas gefüllt.

Strebepfeiler: Zur Aufnahme des Gewölbeschubs.

Strebebogen: Bogenförmige Stütze, die den Seitenschub des Mittelgewölbes auffängt.

Portal: Großer, oft verzierter Gebäudeeingang.

Tympanon: Giebelfeld über Portalen oder Fenstern, oft mit Reliefdekor.

Gewölbe: Bogenförmige Decke.

Querschiff: Raum einer kreuzförmigen Kirche, der das Langhaus im rechten Winkel schneidet.

Vierung: Schnittstelle von Lang- und Querhaus.

Laterne: Turmartiger Kuppelaufsatz, oft von Fenstern durchbrochen und überkuppelt.

Triforium: Laufgang zwischen Arkaden und Fensterzone (Lichtgaden).

Apsis: Chorabschluß des Langhauses, oft ein Halbrund.

Deambulatorium: Chorumgang: Weiterführung der Seitenschiffe um Hauptchor und -altar.

Arkade: Bogen auf Säulen oder Pfeilern, einseitig offen.

Rippengewölbe: Von Mauerrippen verstärktes Gewölbe.

Wasserspeier: Regenablauf mit oft bizarren Skulpturen.

Maßwerk: Ornamente, die vor allem Fenster gotischer Bauten zieren.

Flamboyantstil: An züngelnde Flammen erinnerndes Maßwerk.

Kapitell: Oberer, meist verzierter Säulen-oder Pfeilerabschluß.

Schriftsteller und Künstler des Loire-Tals

Der Romancier Honoré de Balzac

DAS LOIRE-TAL ist nicht nur landwirtschaftlich, sondern auch literarisch ein fruchtbares Feld. Im Laufe der Jahrhunderte hat es weltberühmte Schriftsteller hervorgebracht. François Rabelais, der Dichter Pierre de Ronsard, der Romancier Honoré de Balzac oder auch die Autorin George Sand lebten in der Nähe des Flusses und schöpften aus ihrer Heimat Stoff für ihre Werke. Hingegen scheint das klare Licht, das so viele Besucher dieser Region fasziniert, Frankreichs große Maler weniger inspiriert zu haben. Claude Monet allerdings hat im beschaulichen Creuse-Tal eine schaffensreiche Zeit verlebt.

Porträt des Schriftstellers Marcel Proust von Jacques Emile Blanche (spätes 19. Jh.)

SCHRIFTSTELLER

ZU FRANKREICHS frühesten Autoren des volkssprachlichen Schrifttums zählt Jehan Chopinel, besser bekannt unter dem Namen Jean de Meung. Mitte des 13. Jahrhunderts in Meung-sur-Loire geboren, verfaßte er den zweiten Teil des einflußreichen *Roman de la rose,* eines altfranzösischen, allegorischen Versromans über die höfische Liebe. Während sein Vorgänger im ersten Teil des Rosenromans poetisch zart eine junge Liebe schildert, äußert Jean de Meung satirische Skepsis gegenüber den Konventionen der höfischen Liebe und Gesellschaft.

Eineinhalb Jahrhunderte später nahmen im Hundertjährigen Krieg die Engländer Charles d'Orléans fest. In der 25jährigen Gefangenschaft feilte der herzogliche Poet an seiner Dichtkunst. Danach machte er seinen Hof in Blois zu einem literarischen Zentrum: Er lud namhafte Prosaisten und Lyriker ein. Unter ihnen war François Villon, der für anrüchigen Lebensstil wie künstlerisches Genie gleichermaßen berühmte Dichter des 15. Jahrhunderts. Bei einem Blois-Aufenthalt gewann Villon mit dem Werk *»Je meurs de soif auprès de la fontaine«* (»Ich verdurste beim Brunnen«) einen Dichterwettbewerb.

Illustration des *Rosenromans*

François Rabelais, feuriger Satiriker und Humanist des 16. Jahrhunderts, wurde 1483 nahe Chinon *(siehe S. 98f)* geboren und in Angers ausgebildet. Europaweit bekannt machten ihn die Bücher *Pantagruel* (1532) und *Gargantua* (1535) seines von derbem Humor und gelehrtem Diskurs strotzenden Romanzyklus'.

Der führende Dichter der französischen Renaissance, Pierre de Ronsard, erblickte 30 Jahre nach Rabelais nahe Vendôme das Licht der Welt. Seine bekannntesten Werke sind die Oden und Sonette an »Cassandre«, »Hélène« und »Marie« (ein Bauernmädchen aus dem Anjou). Ronsard lebte als Hofdichter von Charles IX und dessen Schwester Marguerite de Valois bis zu seinem Tod in der Abtei St-Cosme nahe Tours. Er führte die siebenköpfige Dichterschule der »Pléiade« an, die Frankreichs Poetik durch antike und italienische Vorbilder zu veredeln suchte. Ihr zweiter Hauptvertreter, der aus dem Anjou stammende adlige Dichter Joachim du Bellay, verfaßte das Manifest *Défence et illustration de la langue française* (1549) der Pléiade.

George Sand, Schriftstellerin des 19. Jahrhunderts

Dem Loire-Tal, der Touraine, entsproß ein früher Lanzenbrecher der Aufklärung: René Descartes, der berühmte Philosoph, Mathematiker und Naturwissenschaftler des 17. Jahrhunderts. Ausgebildet im Jesuitenkolleg von La Flèche *(siehe S.167),* entwickelte er eine alle Wissenschaften einbeziehende rationale Erkenntnistheorie, deren

Ausgangspunkt, den methodischen Zweifel, er in die Worte »cogito ergo sum« (»ich denke, also bin ich«) faßte. Als sein bedeutendstes Schriftwerk gilt die Abhandlung über die Methode.

Honoré de Balzac, Frankreichs schaffensreichster Romancier des 19. Jahrhunderts, brachte oft seine Liebe zur heimatlichen Touraine zum Ausdruck. In Tours, Saumur und dem Château de Saché spielen einige seiner berühmtesten Sittengemälde. Die Arbeiten seiner Zeitgenossin George Sand (männliches Pseudonym der Aurore Dupin, verh. Baronin Dudevant) schöpfen aus der Landschaft des Berry, die auch Alain-Fourniers symbolistischen Knabenroman *Le grand meaulnes (Der große Kamerad)* untermalt.

Die Dornhecken und stillen Dörfer um Chartres sind unvergeßliche Schauplätze der frühen Bände von Marcel Prousts umfänglichem Romanzyklus *Auf der Suche nach der verlorenen Zeit*. An der Mündung der Loire, in Nantes, wurde Jules Verne *(siehe S. 192f)* im Jahre 1826 geboren, dessen heute noch beliebte Zukunftsromane Wegbereiter der Science-fiction waren.

KÜNSTLER

ANNO 1411 BERIEF der Duc de Berry die drei Brüder von Limburg als Hofmaler nach Bourges. Dort fertigten sie die 39 Miniaturen des Stundenbuchs *Les Très Riches Heures du Duc de Berry* – ein Juwel der berühmten herzoglichen Manuskriptsammlung und des (auch Internationaler Stil und Internationale Gotik genannten) Weichen Stils. Einige dieser detailgenauen Szenen illustrieren das Leben im Loire-Tal.

Jehan Fouquet wurde um 1420 in Tours geboren und 1475 zum königlichen Hofmaler ernannt. Er schuf Porträts wie das berühmte Madonnenbildnis der königlichen Mätresse Agnès Sorel *(siehe S. 104)*.

Miniatur des Stundenbuchs *Les Très Riches Heures du Duc de Berry*

Ein Jahrhundert nach Fouquets Geburt bewegte François I den 65jährigen Leonardo da Vinci, sich auf dem Gut Cloux (heute Le Clos-Lucé genannt; *siehe S. 110f*) beim königlichen Schloß von Amboise niederzulassen. Da Vinci fertigte einige – nicht erhaltene – Skizzen des höfischen Lebens. Zu jener Zeit galt sein Hauptinteresse wissenschaftlichen Forschungen und Erfindungen. Ergebnisse dieser Beschäftigung zeigt dem Besucher heute ein Museum im Schloßkeller.

Als Leonardo da Vinci 1519 starb, war François Clouet aus Tours noch ein kleines Kind. Später folgte er seinem Vater Jean als Hofmaler von François I nach. Er hinterließ herausragende Porträts, so von François I, Elisabeth von Österreich und Maria Stuart. François Clouets Werk war typisch für den Stil der französischen Renaissance, den seine Schüler fortsetzten.

Henri Rousseau: Selbstbildnis im charakteristisch naiven Stil

Der bekannteste Bildhauer des Anjou war der im Jahre 1789 geborene David d'Angers. Er schuf unter anderem Porträtbüsten und -medaillons vieler historisch bedeutender Zeitgenossen und auch das Grabmal des Marquis de Bonchamps *(siehe S. 57)*, das in der Kirche von St-Florent-le-Viel zu finden ist.

Porträt der schottischen Königin Maria Stuart von François Clouet

Ein Jahrhundert später weilte der Impressionist Claude Monet mehrere Wochen im Dorf Fresselines; dort bannte er den Lauf des Flusses durch das schmale Creuse-Tal auf Leinwand *(siehe S. 147)*. Eine dieser Ansichten, *Le pont de Vervit*, hängt im Pariser Musée Marmottan.

In Laval kam 1844 Henri Rousseau, der berühmteste Vertreter der naiven Malerei, zur Welt. Obgleich er Frankreich nie verließ, wirken seine exotischen, von wilden Tieren bevölkerten Dschungelbilder traumhaft realistisch. Zu seinen Ehren dient ein Teil des Schlosses von Laval als Museum für naive Kunst *(siehe S. 160)*.

Themenreisen im Loire-Tal

Wer das Loire-Tal auf eigene Faust bereist und dabei speziellen Interessen nachspürt, der kann auf themenorientierte Touren zurückgreifen. Die örtlichen Fremdenverkehrsämter informieren über Routen, die ein Leitmotiv mit den jeweils interessantesten Stätten verfolgen. Das Motto kann Wein, Kirchen, Schlösser, Baudenkmäler, Gärten oder Parks lauten. Bebilderte Prospekte und Touristenkarten erklären, oft auch in Deutsch, die – zuweilen auch ausgeschilderten – Routen. Die Fremdenverkehrsämter helfen auch, individuelle Touren zusammenzustellen.

A la Recherche des Plantagenêts *heißt die Route auf den Spuren von Henri Plantagenêt, seiner Frau Eléonore d'Aquitaine und beider Söhne* (siehe S. 50). *Überall in der Region wird man an ihr bewegtes Leben erinnert, so in der Festung von Loches.*

Die Route Touristique du Vignoble (Weinroute) *erkundet einige der renommiertesten Weinbaugebiete wie die Côteaux de la Loire. Ausführlich informieren die Fremdenverkehrsämter von Angers, Nantes und Saumur.*

Die Route de la Vallée des Rois *führt motorisierte Besucher zu ehemals königlichen Residenzen wie Azay-le-Rideau sowie zu Kathedralen und Kirchen im »Tal der Könige«, einem Teil der Loire-Region. Die Fremdenverkehrsämter von Saumur, Blois, Giens und Orléans geben Auskunft.*

Der Circuit Sud-Vendéen au Pays de la Fée Mélusine *umfaßt eine Auswahl der abwechslungsvollen Attraktionen der Süd-Vendée, darunter den Marais Poitevin. Mit Details dient das Fremdenverkehrsamt von La-Roche-sur-Yon.*

Die Route Historique des Parcs et Jardins *führt zu den Gärten von Villandry und anderen vornehmen Schlössern und Villen, aber auch neueren Gärten, Parks und Hainen der Region. Wenden Sie sich an das Fremdenverkehrsamt von Tours.*

Die Route Jacques Cœur *bringt motorisierte Touristen durch malerische Städtchen, zu denkwürdigen Schlössern wie dem Château de Maupas und dem Palais Jacques Cœur in Bourges* (siehe S. 151)*, in dem der reiche Kaufmann Jacques Cœur wohnte. Einige Privatschlösser an der Route bieten Unterkunft* (siehe S. 200 f)*. Genauer informiert das Fremdenverkehrsamt von Bourges.*

0 Kilometer 50

Die Route Historique François I *präsentiert unter François I* (siehe S. 54) *erbaute Schlösser wie Valençay. Der Monarch hielt im 16. Jahrhundert in Chambord und Blois hof. Auskünfte erteilt das Fremdenverkehrsamt von Romorantin-Lanthenay.*

LEGENDE

- Circuit Sud-Vendéen
- Route Historique des Parcs et Jardins
- A la Recherche des Plantagenêts
- Route Historique François I
- Route Jacques Cœur
- Route de la Vallée des Rois
- Route Touristique du Vignoble

Wandern im Loire-Tal

Folgt man der Loire zu Fuß – durch die Wälder der Sologne und das Tal der Könige bis zur Mündung im Atlantik –, so begreift man am ehesten, weshalb Flaubert sie »Frankreichs sinnlichsten Fluß« nannte. Die *Grande Randonnée 3* (GR 3), einer der längsten markierten Wanderwege Frankreichs, begleitet die Loire von ihrer Quelle bei Gerbier de Jonc bis zur Mündung. Mitunter schweift die Route zugunsten besonders malerischer Pfade vom Ufer ab. Wer nur wenige Tage oder einige Stunden wandern will, kann Etappen der *Grande Randonnée* herauspicken oder unter den vielen kürzeren Routen – oft sind es Rundwege – im Loire-Tal wählen. Nützliche Wegbegleiter sind die detaillierten Wanderführer Topo-Guides *(siehe S. 224)*.

Legende

- Routenempfehlung
- Grande Randonnée de Pays
- Grande Randonnée

In den Alpes Mancelles des Parc Régional Normandie-Maine kann man vier- bis siebentägige Wanderungen durch die Täler der Flüsse Sarthe, Mayenne und Orne unternehmen *(Topo-Guide 039)*.

***Folies-Siffait** ermöglicht bei Le Cellier (15 km nordöstlich von Nantes) einen ausgefallenen zweistündigen Spazierweg durch einen labyrinthischen Park.*

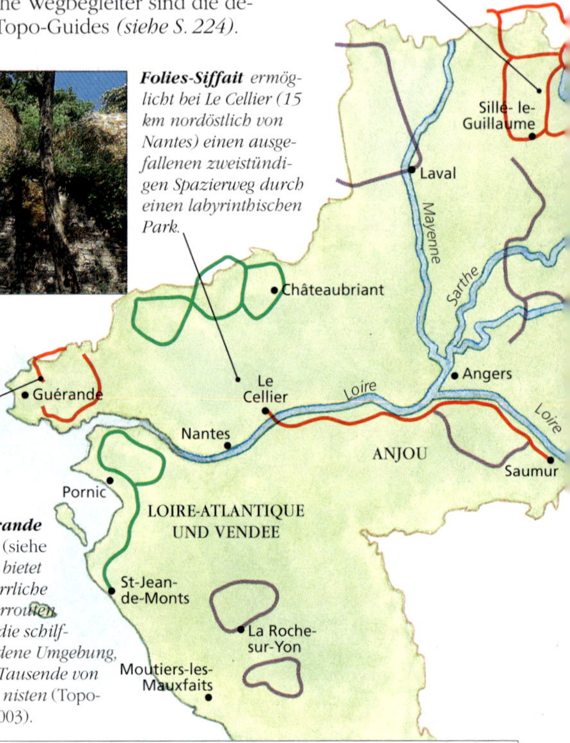

Der Grande Brière (siehe S. 180) *bietet drei herrliche Wanderrouten durch die schilfbestandene Umgebung, in der Tausende von Vögeln nisten* (Topo-Guide 003).

Wegmarkierungen

Alle Wanderrouten sind durch Symbole markiert *(balisé)*, die auf Felsen oder Bäume am Wegrand gezeichnet sind. Diese Symbole tragen verschiedene Farben: Rot-Weiß verweist auf eine *Grande Randonnée* (GR), Gelb-Rot auf einen regionalen Wanderweg *(Grande Randonnée de Pays)*, eine einfarbige (meist gelbe) Markierung auf lokale Routen *(Petites Randonnées)*.

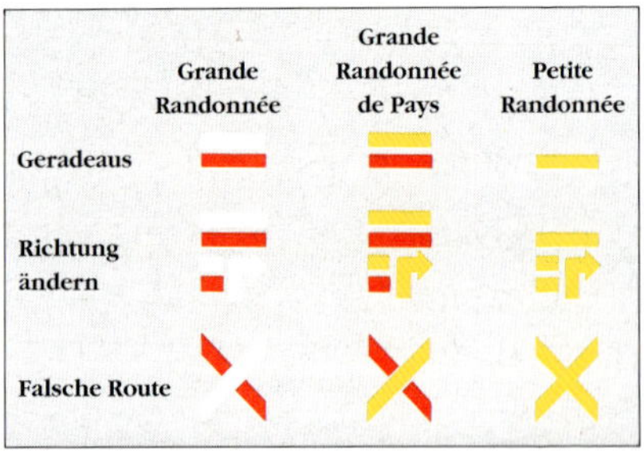

***Die Grande Randonnée 3**, einer der landesweit längsten Wanderwege, folgt der Loire von der Quelle bis zur Mündung.*

Wandernder Autor: Gracq

Franzosen denken bei Wanderungen entlang der Loire gewiß an Julien Gracq, einen der bekanntesten zeitgenössischen Autoren ihrer Heimat. Er lebt in St-Florent-le-Viel *(siehe S. 68)*, einem Dorf am Loire-Südufer zwischen Angers und Nantes. Viele seiner Bücher verlocken dazu, das Loire-Tal zu Fuß zu erforschen. *La presqu'île* spielt in der Gegend der Guérande, *Les eaux étroites* an den Wassern des Evre, der in St-Florent in die Loire mündet. *La forme d'une ville* porträtiert Nantes, wo Gracq die Schulbank drückte, als Lehrer unterrichtete und den Surrealisten André Breton kennenlernte.

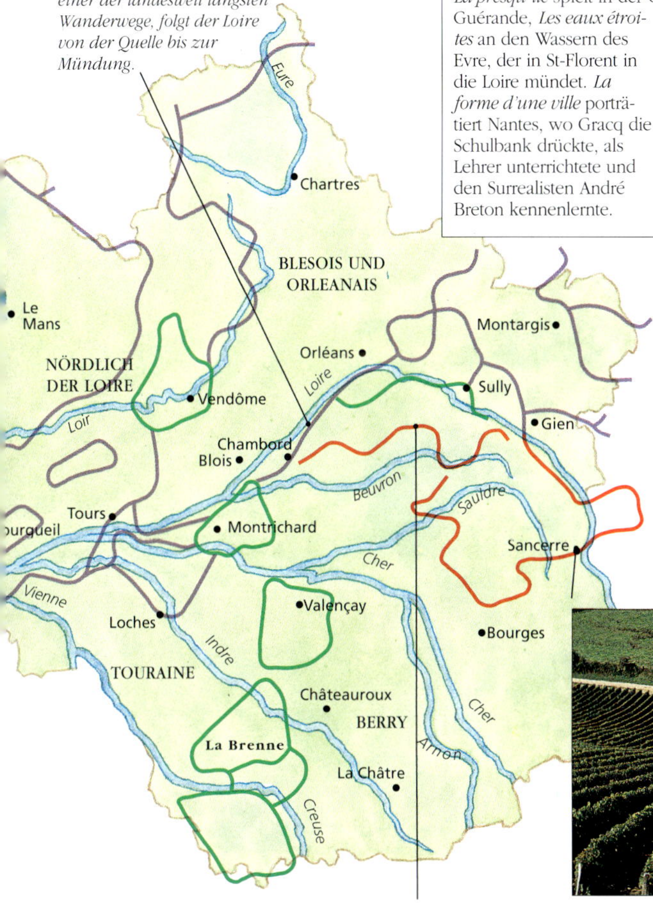

***Das Sancerrois** (siehe S. 155), aus dem einige der besten französischen Weißweine kommen, weist 30 kleine Wanderwege (Petites Randonnées) auf. 9 bis 32 Kilometer lang, führen sie kreuz und quer durch die Weingärten um Sancerre* (Topo-Guide 064).

***Die Sologne** liegt an der GR 3C, einer von der Loire abführenden Nebenstrecke der GR 3 zwischen Chambord und Gien. Auf diesem Weg können Sie fünf Tage durch die verschwiegenen Sologne-Wälder streifen* (siehe S. 141). (Topo-Guide 362).

Die Naturgeschichte des Loire-Tals

Europäischer Grauwolf

ZAHLREICHE NEBENFLÜSSE speisen Frankreichs längsten Strom, unter ihnen Loir, Mayenne, Sarthe, Cher, Indre, Vienne, Creuse und Beuvron. Vom zentralen Loire-Tal aus sind vier regionale Naturparks *(parcs naturels régionaux)* leicht erreichbar: Brière, Normandie-Maine, Marais Poitevin und die Brenne. Die Region ist durchfleckt von Seen, die Vögeln und anderen Tieren Zuflucht bieten. Die Wälder, Hügel und Ebenen durchzieht das Wegenetz der *Grandes Randonnées* *(siehe S. 26)*, die Wanderern und Radfahrern viel Natur offerieren.

LEGENDE

- Regionaler Naturpark
- Wälder
- See
- Fluß

0 Kilometer 50

Die Sarthe fließt *durch Le Mans und von dort südwestlich bis Angers zur Loire. Auf dieser schiffbaren Etappe durchquert sie sanfte Wiesen, Bauern- und Waldland.*

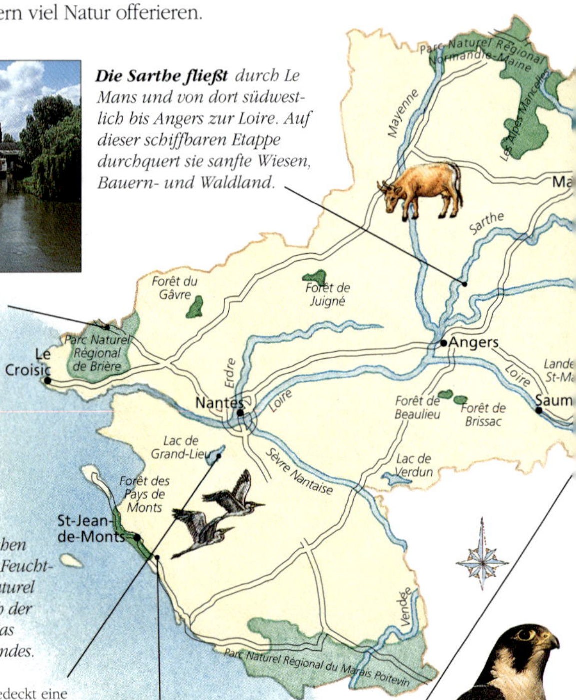

Ein Mosaik *aus mittelalterlichen Kanälen, Teichen, Schilf und Feuchtwiesen überzieht den Parc Naturel Régional de Brière. Er ist nach der provenzalischen Camargue das wichtigste Feuchtgebiet des Landes.*

Der Lac de Grand-Lieu bedeckt eine Fläche von 6300 Hektar. Er ist Lebensraum von über 230 Vogel-, 50 Säugetier- und 500 Pflanzenarten. Hier tummelt sich die größte Graureiherkolonie der Welt.

Die Landes St-Martin, *ein Waldland nördlich der Loire, umschließen den 250 Hektar großen Lac de Pincemaille, dessen Ufer teils als Erholungsgelände dienen. Das naturbelassene Feuchtland beherbergt Wildvögel wie Goldregenpfeifer, Kormorane und Wanderfalken.*

Die Forêt des Pays de Monts *besteht aus Mischwald, der an goldene Atlantikstrände stößt.*

***Mächtige Eichen**, manche über 300 Jahre alt, wachsen neben Roßkastanien, Kiefern und Buchen in der Futaie des Clos* (siehe S. 168), *einem Teilgebiet der Forêt de Bercé. Die Flüsse Veuve, Dinan und Loir umgrenzen den Wald.*

Die Forêt d'Orléans ist reich an Wildschweinen, Hirschen und anderem Wild. Der Canal d'Orléans teilt diesen mit 50 000 Hektar Fläche zweitgrößten Wald Frankreichs entzwei. Agrarland, unberührter Wald und Teiche zeichnen eine wechselvolle Szenerie.

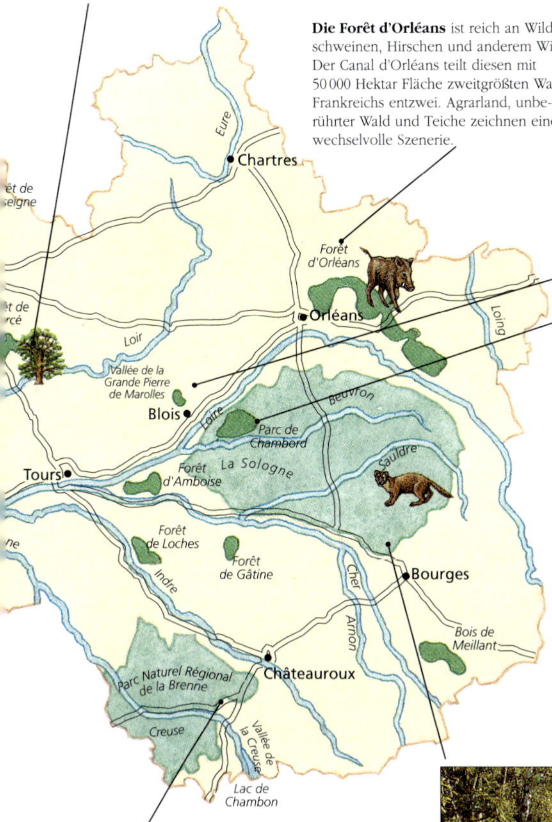

***Ein botanisches Schatzkästchen** ist die 300 Hektar umfassende Vallée de la Grande Pierre de Marolles et de Vitain. Dort (10 km nördlich von Blois) sprießen Orchideen, Gebirgs- und andere Pflanzen.*

***Der Parc de Chambord** ist ein 5500 Hektar weites Tierreservat. Seine 33 Kilometer lange Schutzmauer macht ihn zu Europas größtem »ummauerten Park«. Von Aussichtspunkten aus kann man seine Bewohner, darunter Rotwild, Dachse und Wildschweine, beobachten.*

***Dem Parkgebiet zwischen** Indre und Creuse haben Seen und Teiche den Namen Parc des Mille Etangs (»Park der tausend Teiche«) eingetragen. Zu seinen Bewohnern zählen seltene Teichschildkröten und Wölfe, die das Tierreservat in der Forêt de Preuilly (etwa 4 km von Azay-le-Ferron) schützt.*

***Etwas abseits touristischer Hauptschneisen** bedeckt die Sologne* (siehe S. 141) *über 490 000 Hektar. Die abwechslungsreiche Landschaft – Wälder aus Birken, Eichen, Lärchen, Tannen und Fichten, Seen, Marsch- und Heideland – lockt vielerlei Vögel und andere Tiere an, unter ihnen Baummarder, Rehe und Feuersalamander.*

Weine: Anbau und Herstellung

Karikatur eines Winzers in »Zunfttracht«

Die Bedeutung des Weins für das Loire-Tal erkennt man auf den ersten Blick: Weingärten erstrecken sich beidseits der Loire, Schilder am Straßenrand weisen auf *dégustations,* Weinproben, hin *(siehe S. 212).* Das 300 Kilometer lange Weinbaugebiet des Loire-Tals zwischen Nantes und Pouilly-sur-Loire steht in der nationalen Produktion an fünfter Stelle. Es bringt eine außergewöhnlich breite Palette an Weinen hervor. Exzellenten Ruf genießen die weißen Sancerre-Weine *(siehe S. 155),* ebenso einige Rosés aus dem Anjou, die lieblichen Vouvray-Perlweine, die schweren Chinon- und Bourgeuil-Rotweine und die noblen trockenen Saumur-Sekte. Aber auch etliche bescheidenere Weine munden, so - vorzugsweise gut gekühlt – der Muscadet und sein jüngerer Vetter Gros Plant.

Traditioneller Weinbau

Der vorzügliche liebliche Wein *Quarts de Chaume von den Côteaux du Layon ist außerhalb Frankreichs kaum bekannt.*

Muscadet-Weine *mit dem Hinweis* sur lie *sind aufgrund besonderer Reifeverfahren gehaltvoller.*

Legende

- Pays Nantais
- Anjou-Saumur
- Haut-Poitou
- Touraine
- Zentrale Weingebiete

0 Kilometer 15

Martin von Tours (316–397)

Sankt Martin, Bischof von Tours und prominentester Heiliger der Loire-Region, soll drei Rebstöcke aus seiner Heimat Ungarn in Tours angepflanzt haben. Größere Weingeschichte hat aber angeblich sein Esel geschrieben: Der beknabberte Weinranken, während er angebunden war – und ausgerechnet diese Pflanzen trugen daraufhin die meisten Trauben. Seither stutzt man regelmäßig die Weinstöcke.

Sankt Martin auf seinem Esel

Loire-Weine im Überblick

Rebsorten
Aus der Muscadet-Traube gewinnt man trockene, aus der Rebe Sauvignon Blanc spritzige, feinsäuerliche Weißweine. Chenin Blanc verwendet man für die trockenen und halbtrockenen Anjou-, Vouvray-, Savennières- und Saumur-Weine sowie die berühmten süßlichen weißen Vouvrays, Quarts de Chaume und Bonnezeaux. Gamay und Cabernet Franc liefern leichte Rotweine.

Gute Hersteller (von West nach Ost)
Muscadet: Château de la Bretesche, Marquis de Goulaine, Château de Chasseloir. *Anjou* (rot): Domaine de Ste-Anne. *Anjou* (rosé): Robert Lecomte-Girault. *Anjou* (weiß, trocken): Domaine Richou. *Saumur* (Sekt): Bouvet-Ladunay, Ackerman-Laurance, Gratien & Meyer. *Saumur* (rot): Château de Villeneuve. *Saumur* (weiß): Domaine des Nerleux, Château de St-Florent. *Bourgueil* (rot): Clos du Vigneau. *Chinon* (rot): Domaine Réné Couly, Clos de la Dioterie. *Touraine* (weiß): Domaine Joël Delaunay. *Vouvray:* Clos du Bourg, Le Haut-Lieu, Chevreau-Vigneau, Alain Ferraud, Sylvain Gaudron. *Sancerre:* Domaine de St-Pierre, Domaine des Villots, Domaine Paul Prieur. *Crémant de Loire* (weißer Sekt): Château de Midouin, Perry de Maleyrand.

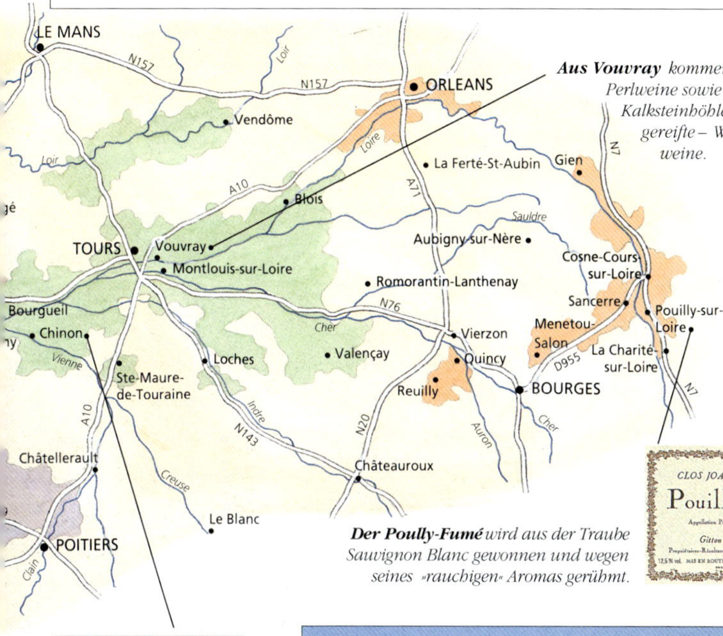

***Aus Vouvray** kommen weiße Perlweine sowie – oft in Kalksteinhöhlen ausgereifte – Weißweine.*

***Der Poully-Fumé** wird aus der Traube Sauvignon Blanc gewonnen und wegen seines »rauchigen« Aromas gerühmt.*

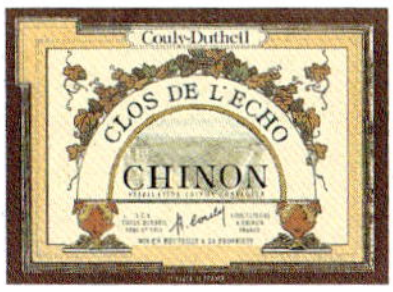

***Der Clos de l'Echo** aus Couly-Dutheil ist ein hervorragender fruchtiger Rotwein aus der Rebe Cabernet Franc. Die würzigen AOC-Weine aus Chinon lassen sich lange lagern.*

Das Weingut Clos de l'Echo

EINE ANSICHT DER LOIRE

ALS NATÜRLICHER WEG in das Herz von Frankreich wurde die Loire schon in frühester Zeit befahren: An ihren Ufern hat man Überreste prähistorischer Kanus gefunden. Später diente die Loire Keltenstämmen und Römern als vielgenutzte Handelsroute. Das vom 17. bis 19. Jahrhundert ausgebaute französische Kanalnetz verknüpfte den Hafen von Nantes mit Paris und dem Norden des Landes und steigerte so die Bedeutung der Loire. Ein Haupttransportweg blieb der Fluß, bis ihn im 19. Jahrhundert Eisenbahnen aus der Konkurrenz schlugen.

Die – mitunter überaus gefährlichen – Launen der Loire versuchte man sehr früh zu zügeln, so bereits im 12. Jahrhundert durch Dämme. Trotz anhaltender Regulierungsmaßnahmen strömt der Fluß noch weitgehend wild dahin: Hochwasser, Vereisungen, Treibsand und reißende Strömungen zählen zum Erscheinungsbild. Für Warenverkehr wird er nicht mehr genutzt. Aber Sie können Ausflugsschiffe besteigen – ein Erlebnis, das Ihnen den Strom und seine Ufer aus einem ungewöhnlichen Blickwinkel zeigt.

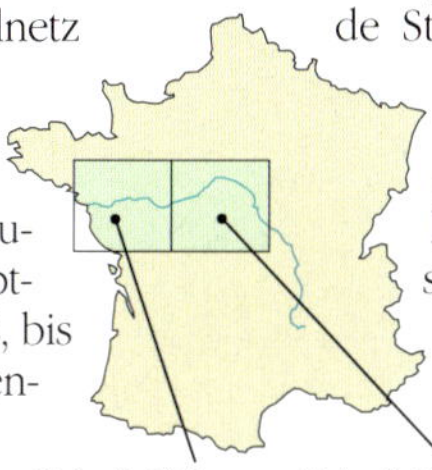

Siehe S. 34 f

Siehe S. 36 f

Segelboote, ausgestattet mit Vierecksegeln, fuhren oft in Gruppen von drei oder mehr Schiffen aus.

Dampfschiffe holten vor dem Passieren niedriger Brücken mit kraftvollen Winden die hohen Schornsteine ein.

Die Brücke von Amboise verbindet die Flußufer mit der Ile St-Jean.

Das Château d'Amboise thront zum Schutz vor Überschwemmungen auf einem Felsvorsprung über der Loire.

Lastkähne, französisch: *chalands,* besaßen nicht immer Segel. Manche wurden mit Rudern bewegt.

VUE D'AMBOISE

Justin Ouvrié malte 1847 diese Ansicht von Amboise, zu sehen im Musée de la Poste von Amboise (siehe S. 110). *Das geschäftige Treiben auf der Loire – man erkennt diverse Schiffstypen – läßt die Bedeutung des Flusses für Alltag und Handel der Region ahnen. Noch im selben Jahrhundert setzte die Eisenbahn der Loire-Schiffahrt ein Ende.*

Gebrauchsgegenstände *wie dieser Teller aus dem 19. Jahrhundert (Musée de la Marine de Loire, Châteauneuf-sur-Loire) waren oft mit Flußszenen dekoriert.*

Flußansicht: St-Nazaire bis Montsoreau

Touristen-»Lastkahn« auf der Loire

NACH VERLASSEN der Touraine, beim Weiterlauf durch Anjou und Departement Loire-Atlantique, verbreitert sich die Loire. Immer schneller strömt sie nun ihrem Ziel, dem Atlantik, zu. Viele Nebenflüsse lassen ihre Wasser anschwellen. Einige davon folgen ihr dicht, um kleine und große Inseln herum, andere kommen aus dem Norden und Süden herbei. Diese Gegend ist reich an Baudenkmälern: Hier findet man unter anderem den Dolmen von Bagneux, die größte dieser jungsteinzeitlichen Grabkammern, und mittelalterliche Burgen.

Champtoceaux
Das Dorf Champtoceaux gibt auf seinem 80 Meter hohen Fels über dem Fluß Panoramablicke frei. Das tiefergesetzte private Renaissanceschloß erhebt sich an der Stelle einer mittelalterlichen Zitadelle.

St-Nazaire
St-Nazaire (siehe S. 190) *an der Mündung der Loire in den Atlantik ist heute ein wichtiger Industriestandort. Die markante Brücke bildet die westlichste Flußüberführung.*

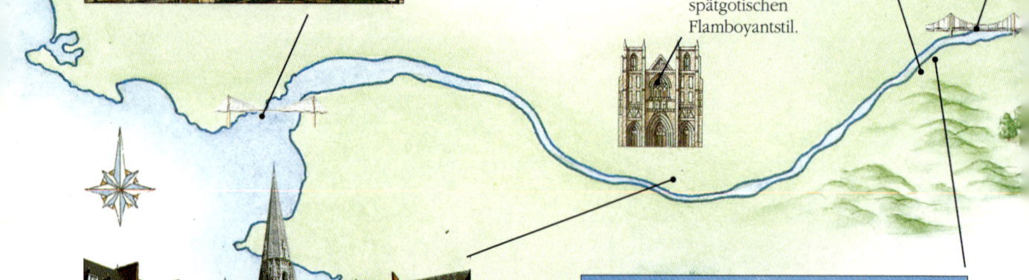

Die Cathédrale von Nantes, St-Pierre et St-Paul, zeigt sich im spätgotischen Flamboyantstil.

Nantes
Nantes (siehe S. 190 ff) *florierte im 18. und 19. Jahrhundert als Umschlaghafen am Schnittpunkt von Hochsee- und Binnenschiffahrt.*

Péage Fortifié du Cul-du-Moulin
Im 13. Jahrhundert richtete man in Frankreich viele solcher Brückenzollstationen ein, doch nur wenige sind erhalten. Bei ihnen mußten Schiffe Maut zahlen.

Die Loire-Brücken

Seit alters überspannen Brücken die Loire: Bei Orléans befand sich bereits 52 n. Chr. eine Brücke, die Julius Cäsars Truppen später zerstörten. Daß es im Mittelalter nur fünf, im 15. Jahrhundert nicht mehr als 13 Loire-Brücken gab, glaubt man angesichts der heute so zahlreichen Überführungen kaum. Diese geben Aufschluß über die Entwicklung des Brückenbaus, aber auch über Geschichte, Binnen- und Außenkontakte der Region.

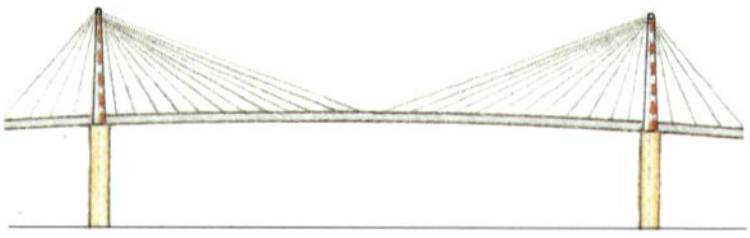

St-Nazaire
Die Brücke von St-Nazaire ist Frankreichs längste Brücke (3356 m). Ihr schwebender Mittelteil mißt 404 Meter Länge. Vor der Eröffnung 1975 mußte man mit Fähren die Mündung überqueren; die nächste Brücke befand sich bei Nantes.

St-Florent

Diese auf eine Felsnase gesetzte, ehemalige Benediktiner-Klosterkirche (siehe S. 68) *war während des Vendée-Aufstands Schauplatz dramatischer Ereignisse. Über 40 000 royalistische Soldaten und Gefolgsleute überquerten hier die Loire.*

Montsoreau

Die Türme eines Schlosses (15. Jh.) ragen hier an der Mündung der Vienne in die Loire auf (siehe S. 85).

Angers

Der Wandteppichzyklus Apokalypse (siehe S. 76 f), *ein Meisterwerk des 14. Jahrhunderts, ist im Château d'Angers ausgestellt.*

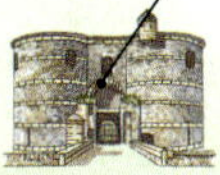

Das Château d'Angers

wartet mit wuchtigen Rundtürmen und Ringmauern nördlich der Loire am Fluß Maine auf.

Cunault

Die eindrucksvolle romanische Kirche von Cunault (siehe S. 79) *hütet diese bemalte Statue der heiligen Katharina (15. Jh.).*

Saumur

Dieses Denkmal ehrt die gefallenen Kadetten der Kavallerie-Eliteschule von Saumur.

Das Château de Saumur

(siehe S. 82) über der Stadt wirkt wie ein Märchenschloß.

Ile Béhuard

Zu dieser Insel (siehe S. 69) *pilgerten einst Schiffer, um für Fahrten durch die oft tückischen Wasser der Loire den Segen einer Schutzgöttin zu erbitten. Louis XI, der hier um ein Haar ertrunken wäre, ließ die heutige Kirche im 15. Jahrhundert erbauen.*

Chinon

Chinon (siehe S. 98 ff) *am Ufer der Vienne war im 12. Jahrhundert Residenz des Henri Plantagenêt.*

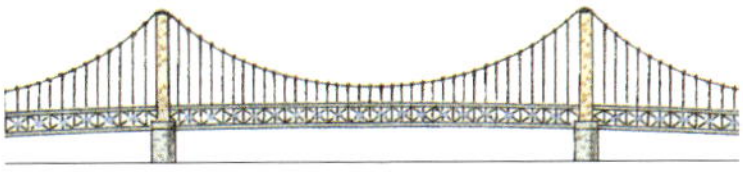

Ancenis

Die Vorgängerin dieser 1953 eröffneten Hängebrücke wurde 1940 zerstört. Da die Stadt zwischen Bretagne und Anjou liegt, schmücken zwei Wappen die Brücke: An einem Ende sind die drei Lilien des Anjou, am anderen das Hermelin der Bretagne zu sehen.

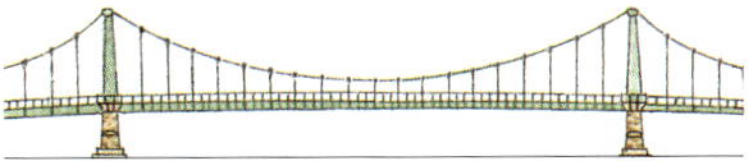

Les Rosiers

Bei Les Rosiers ist die Loire außergewöhnlich breit. In ihrer Mitte liegt eine Insel, die zwei Brücken mit den Uferstädten Les Rosiers und Gennes verbinden.

Flußansicht: Tours bis Nevers

Buntglasarbeit in Gien

In diesem Abschnitt ist das Loire-Tal wahrhaft königlich. Auf dem Weg durch die Touraine, das Blésois und das Orléanais zieht der Fluß an vielen Renaissanceschlössern vorbei. Einige, so die Châteaus von Chaumont, Amboise und Gien, verbergen ihre Hofgärten und aufwendig dekorierten Innenfassaden hinter wehrhaften Mauern. Andere kehren wie das Schloß von Sully ihr Gepränge hervor. In der Touraine fallen Weinberge sanft zum Fluß ab, während im Westen Wälder, einst Jagdreviere von Königen und Prinzen, an die Ufer stoßen.

Beaugencys mächtiger Bergfried *(siehe S. 136)* stammt aus dem 10. Jahrhundert.

Beaugency

Langeais
In Langeais (siehe S. 92) *wacht hoch über dem Fluß ein trutziges Schloß. Die Einrichtung aus dem 15. Jahrhundert veranschaulicht die höfische Lebensweise.*

Blois
Die Stadt Blois (siehe S. 124 ff) *am Nordufer der Loire war Residenz der Grafen von Blois und später von François I, dessen Wappentier, der Salamander, einen Kamin ziert.*

Das Château d'Amboise (siehe S. 110) *aus dem 15. Jahrhundert wurde im Auftrag von Charles VIII errichtet.*

Pagode de Chanteloup
Diese exotische, 44 Meter hohe Pagode (siehe S. 111) *ist einziges Überbleibsel eines prächtigen Schlosses.*

Château de Chaumont
Renaissance-Elemente mildern die Strenge der Festung (siehe S. 128), *deren Terrasse beeindruckende Aussichten eröffnet.*

Tours
Tours (siehe S. 112 ff) *liegt im Herzen des Loire-Tals an einem traditionell bedeutenden Flußübergang. In der Altstadt zieren Bauten aus dem 15. Jahrhundert die lebhafte Place Plumerau.*

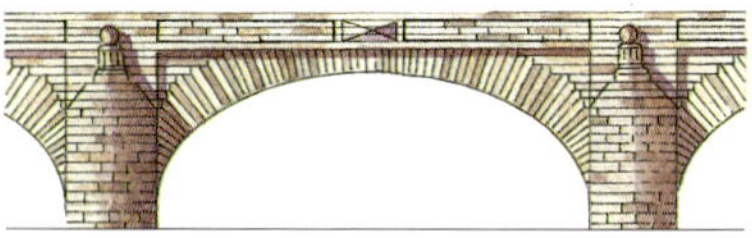

Tours
Diese im 18. Jahrhundert erbaute Brücke machte die Rue Nationale zur Hauptverkehrsader und ersetzte damit die Straße zwischen Kathedrale und Altstadt.

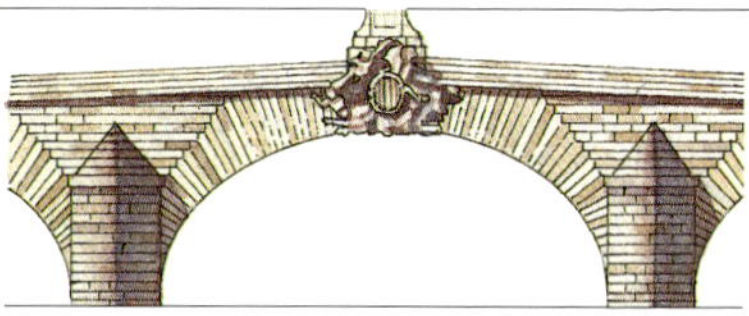

Blois
Beim Bau (1716–24) dieser Brücke, Nachfolgerin einer von einem Schiff gerammten und zerstörten Brücke, legte man hohe technische Maßstäbe zum Schutz gegen Hochwasser und Frost an.

Die Abbaye de St-Benoît *(siehe S. 140)* gilt als eine der schönsten romanischen Abteikirchen Frankreichs.

Ein häufiger Anblick am Ufer der Loire: Freizeitangler

Château de Sully-sur-Loire
Das Wasserschloß von Sully geht auf das 14. Jahrhundert zurück. Der Fluß Sange speist seinen Wassergraben.

Brückenkanal Briare
Auf dem eleganten Pont-Canal de Briare (siehe S. 141) *überquert der Canal Latéral à la Loire (Loire-Seitenkanal) den Fluß.*

Orléans
Orléans (siehe S. 138f) *liegt strategisch günstig an der Biegung der Loire nach Süden. Der Ort ist seit frühester Zeit besiedelt. Jeanne d'Arc, die hier Frankreich von den Engländern befreite, hat der Stadt zu Ruhm verholfen.*

Gien
Giens Schloß aus dem 15. Jahrhundert (siehe S. 140) *erhebt sich über einer älteren Festung. Seine Terassen bieten schöne Blicke auf die Loire und die Brücke aus dem 16. Jahrhundert.*

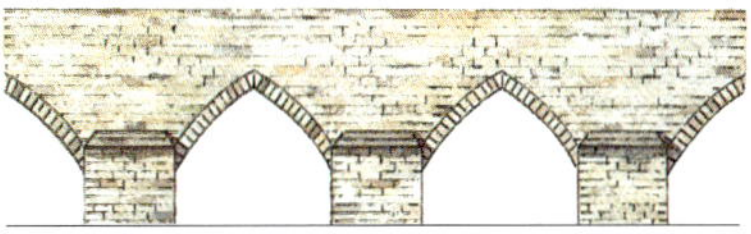

Beaugency
Da man Beaugencys alte Holzbrücke aus dem 12. Jahrhundert nach und nach zur Steinbrücke ausgebaut hat, erkennt man unterschiedliche Stile. Die ältesten Elemente datieren aus dem 14. Jahrhundert.

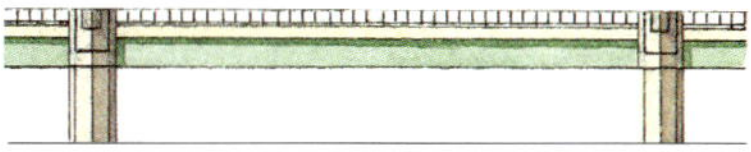

Jargeau
Die Brücke wurde im 19. Jahrhundert durch eine hölzerne Hängebrücke ersetzt. Dieser folgte nach 1920 eine – im Zweiten Weltkrieg vernichtete – Stahlbrücke. Die heutige Brücke wurde 1988 fertiggestellt.

Das Jahr im Loire-Tal

FRÜHLING UND FRÜHSOMMER zeigen sich im Loire-Tal oft von ihren allerbesten Seiten. Allerdings hieße diese Gegend nicht »Garten Frankreichs«, wenn es in den Hauptwachstumsperioden an Wasser mangelte – rechnen Sie also mit Regentagen. In der schwülen Hitze des Juli und im frühen August versiegt die Loire meist zu einem Rinnsal zwischen glitzernden Sandbänken. Im Hochsommer platzen viele Schlösser vor Besuchern aus den Nähten. Die wohl angenehmste Reisezeit ist der Herbst: Dann schimmern die Wälder im sanften Sonnenschein rot-golden, tischen die Restaurants Wild- und Pilzgerichte auf, feiern Dörfer und Städtchen mit Festen die Weinernte. Auch Musikfestivals sind im Loire-Tal sehr beliebt. In der Abbaye de Fontevraud *(siehe S. 86ff)* erklingen rund ums Jahr Konzerte, Amboise *(siehe S. 110)* lädt in der Zeit von Juni bis August zu Sommerorgelspielen ein. Über Feste aller Art unterrichten die örtlichen Fremdenverkehrsämter *(siehe S. 227)*.

Frischer Spargel

Frühling

IM MÄRZ ÖFFNEN viele Schlösser der Loire nach der Winterpause wieder ihre Pforten – oft am Palmsonntagwochenende, das den Beginn der Touristensaison markiert und Besucher aus dem In- und Ausland anlockt. Naturfreunde besticht der Frühling mit heimkehrenden Zugvögeln, blühenden Wiesen und den vom Winter angeschwollenen Wassern der Loire und anderer Flüsse.

März

Foire à l'Andouillette *(Palmsonntag)*, Athée-sur-Cher (bei Chenonceau). Eines etlicher Feste zu Ehren lokaler Delikatessen – hier: Kuttelbratwürstchen.
Foire aux Vins *(1. Wochenende)*, Bourgueil (bei Chinon). Auf Weinmärkten stellen lokale Winzer neue Jahrgänge vor; Weinproben und -ausschank sorgen für Stimmung.

April

Concours Complet International *(letzte Woche)*, Saumur *(S. 80ff)*. Das internationale Reitturnier läutet auch die bis September dauernden Zapfenstreich- und Reitvorführungen des berühmten Cadre Noir ein.
Foire à la Brocante *(2. Woche)*, Saint-Cyr-sur-Loire (bei Tours). Auf Frankreichs beliebten Trödelmärkten kann man manche Schätze ausgraben.
Le Printemps de Bourges *(3. Woche)*, Bourges *(S. 150f)*. Modernes Musikfestival und Auftakt zur langen Konzertsaison dieser musikbegeisterten Region.

Landarbeiter auf den Feldern um Bourgueil

Dressurpferd und -reiter des Schauteams von Saumurs Cadre Noir

Mai

Fête de Jeanne d'Arc *(um den 8. Mai)*, Orléans *(S. 138f)*. Seit 1435 feiert man mit diesem mehrtägigen prächtigen Historienspiel die Vertreibung der Engländer von 1429.
Carnaval de Cholet *(1. Woche)*, Cholet *(S. 69)*. Cholets Karneval gipfelt am ersten Samstag des Monats im nächtlichen Umzug farbenfroher Festwagen.
Le Printemps des Arts *(Mai und Juni)*, Nantes *(S. 190ff)* und Umgebung. Das barocke Tanz- und Musikfestival bietet Konzerte und Vorführungen in Kirchen und historischen Gebäuden von Nantes, Angers und anderen Städten des westlichen Loire-Tals.

Sonnenscheindauer
Die Sommermonate, allen voran der Juli, fallen meist heiß aus. An der Atlantikküste lindern kühle Meeresbrisen oft angenehm die Hitze – nicht aber die Gefahr von Sonnenbränden. Im Frühling und Herbst hängt über dem Fluß und seinen Ufern oft Morgennebel.

SOMMER

FRANKREICHS altüberlieferte Mittsommerfeiern gehen am oder um den 24. Juni, dem Johannistag, mit Feuerwerken, Freudenfeuern, Live-Musik und Tanz einher. Ende Juni beginnt dann auch die Zeit der Ton- und Lichtschauen *(son et lumieres; siehe S. 42f),* die vorzugweise an den langen hellen Juni- und Juliabenden stattfinden. Viele Städtchen und Dörfer feiern ihre lokalen Feste im Juli und in der ersten Augusthälfte, der landesweiten Touristenhochsaison.

JUNI

Les 24 Heures du Mans *(3. Wochenende),* Le Mans *(S. 164f).* Dieses weltberühmte internationale Autorennen zieht Zuschauer in Massen an.
Foire aux Escargots *(letztes Wochenende),* Loché-sur-Indrois (bei Azay-le-Rideau). Schnecken, eine Spezialität des Loire-Tals, und lokale Weine werden in einem Freilichtrestaurant serviert; dazu gibt's Live-Musik und Tanz.
Les Dimanches Animés *(jeden So),* Cunault *(S. 79).* Auf dem Platz vor der Abteikirche finden im Sommer Märkte für Kunsthandwerk und andere lokale Produkte statt.
Fêtes Musicales de Touraine *(zwei oder drei Wochenenden),* Tours *(S. 112ff).* Swjatoslaw Richter begründete 1964 dieses internationale Kammermusikfestival; Bühne ist die mittelalterliche Zehntscheuer Grange de Meslay.

Strand des beliebten Atlantikbadeortes Les Sables d'Olonne

JULI

Jahrestag der Französischen Revolution *(14. Juli).* Frankreichs Nationalfeiertag – er gedenkt des Sturms auf die Bastille 1789 – ist in vielen kleinen Gemeinden »das« Ereignis des Jahres; Besucher sind beim Feuerwerk, Tanzen und Zechen willkommen.
Foire aux Champignons, *(1. So),* Ports-sur-Vienne (bei Richelieu). Jahrmarkthommage an die köstlichen Pilze, eine Einkommensquelle der Region.
Foire au Vin, au Fromage et au Boudin *(letzter So),* Richelieu *(S. 102f).* Der Festmarkt dreht sich um Käse, Wein und die delikate Schweinswurst *boudin.*
Foire au Basilic et à l'Ail *(26. Juli),* Tours. Das Basilikum- und Knoblauchfest fällt auf den Jahrestag der heiligen Anna *(siehe S. 117).*

Volkstanzpaar

Festival d'Anjou *(ganzer Monat),* Angers *(S. 72f).* Theateraufführungen in den Mauern des Château d'Angers.
Festival International d'Orgue *(So im Juli und Aug),* Kathedrale von Chartres *(S. 171ff).* Berühmte Organisten aus aller Welt bestreiten die anspruchsvollen Konzerte.

AUGUST

Marché Médiéval *(1. Wochenende),* Chinon *(S. 98ff).* Markttreiben in der gesamten Kleinstadt, mit Ständen und Schenken im Freien, mittelalterlichen Kostümen und Spezereien.
Foire aux Vins *(am oder um den 15. Aug),* Montlouis-sur-Cher, Vouvray und andere Weinbauzentren. Zu Mariä Himmelfahrt finden zahlreiche lokale Veranstaltungen, in Weinbaugebieten vorwiegend bacchantische Feste statt.
Foire aux Sorcières *(1. So),* Bué (bei Sancerre). Im Berry lebt alter Volksglaube fort. Als Hexen und Gespenster verkleidete Kinder ziehen durch das Dorf zu einem nahen Feld, auf dem Spiele und Folklorevorstellungen stattfinden.
Festival de Musique Baroque *(letztes Wochenende),* Sablé-sur-Sarthe *(S. 162).* Vier Tage lang geben Musiker in Kirchen und Villen um Sablé Barockkonzerte.

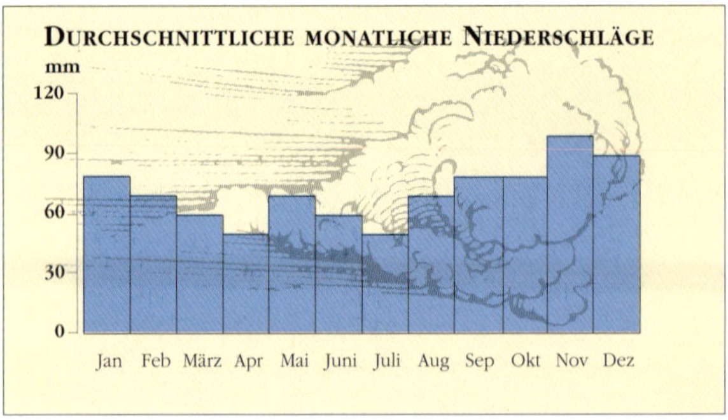

Niederschläge
Im Frühling und Herbst, den regenreichsten Jahreszeiten, überschwemmen die Loire und ihre Nebenflüsse mitunter ihre Ufer. Die Niederschlagsmenge nimmt in der Regel von der Küste zum Landesinneren hin zu. Im Sommer sind nächtliche Regenfälle und Stürme häufig.

HERBST

IM GOLDENEN Herbst kommen aus Paris viele Wochenendausflügler, um im Loire-Tal, vor allem im bewaldeten östlichen Gebiet, zu jagen. Dies ist auch die Zeit der Ernten und Weinlesen *(vendanges),* und die neue Ernte wird mit Festen, Veranstaltungen und Märkten gefeiert.

SEPTEMBER

Fête du Pain *(2. Sa),* Montreuil-en-Touraine (bei Amboise). Schlichte Brotlaibe werden zur Begrüßung des Herbstes Kunstwerke, von Bäckern phantasievoll geformt und dekoriert, oft mit Nüssen und Blättern.
Foire aux Melons *(2. Sa),* Bléré. Im Herbst reifen auf den Feldern um Bléré nahe Chenonceau gold- und orangefarbene Melonen.
Foire aux Rillons *(29. Sep),* St-Michel-sur-Loire (bei Langeais). Zum Festtag des hl. Michael huldigt man dem Griebenfleisch, einer Spezialität der Touraine *(siehe S. 210).*
Journées du Patrimoine *(2. oder 3. Wochenende).* An einem Wochenende im Jahr stehen ansonsten nicht zugängliche Schlösser und andere historische Gebäude offen. Es werden Kulturveranstaltungen wie Konzerte und Ausstellungen geboten.
Festival International de Musique et Folklore *(2. Wochenende),* Angers *(S. 72f).* Volksmusikgruppen aus vielen Ländern treten auf den Straßen und Plätzen von Angers auf. Höhepunkt des viertägigen Festivals ist ein Konzert im modernen Centre des Congrès.

OKTOBER

Foire aux Pommes *(2. Sa),* Le Petit-Pressigny (bei Le Grand-Pressigny). Die Apfelernte läßt die Märkte im Loire-Tal überquellen von vielen Sorten optisch nicht »perfekter«, doch um so köstlicherer Früchte. Azay-le-Rideau feiert sein Apfelfest am letzten Oktoberwochenende.
Foire à la Bernache *(letzter So),* Reugny (bei Tours). *Bernache* (Federweißer) wird von Einheimischen gern getrunken.
Festival International de Cinéma Européen *(Anf. Okt),* La Baule *(S. 180).* Der schicke Badeort am Atlantik veranstaltet jährlich dieses einwöchige europäische Filmfestival.
Foire aux Marrons *(letzter Di),* Bourgueil (bei Chinon). Im Mittelpunkt des Festmarkts stehen Eßkastanien, die man traditionell zum neuen Wein genießt.
Concerts d'Automne *(jeden So),* Saint-Cyr-sur-Loire (bei Tours). Diese vier Herbstkonzerte finden im Salon Ronsard des Hôtel de Ville statt. Drei davon bieten Kammermusik, das vierte modernere Klänge wie zum Beispiel Jazz.

Hochwertige Erntefrüchte auf dem Samstagsmarkt in Saumur

Weinprobe in Kerhinet (Gebiet La Grande Brière)

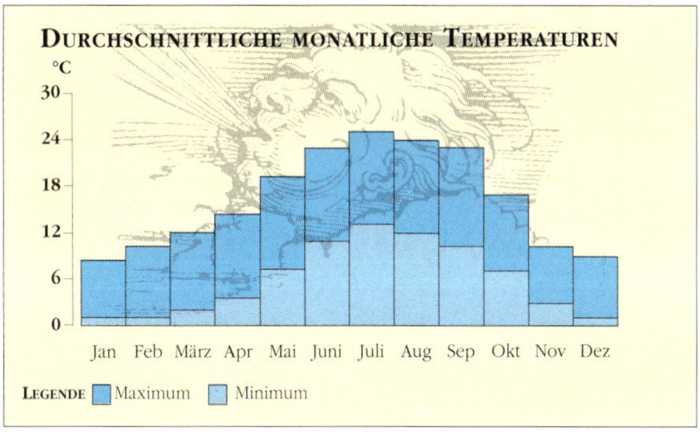

Temperaturen
Im Loire-Tal fallen die Wintertemperaturen selten unter den Gefrierpunkt. Im Westen herrscht gemäßigtes, mildes Meeresklima. Andernorts können die sommerlichen Tageshöchsttemperaturen auf über 30° C ansteigen; die lauen Abende sind herrlich geeignet für ein Essen im Freien am Flußufer.

WINTER

IM EHER FEUCHTKALTEN als frostigen Winter, der ruhigsten Jahreszeit im Loire-Tal, verriegeln viele Schlösser ihre Tore. Diese von einigen Weihnachtsmärkten aufgelockerte Zeit verbringen die Einheimischen am liebsten gemütlich zu Hause.

DEZEMBER

Foire de St-Nicolas *(dem 6. Dez nächster Sa)*, St-Nicolas-de-Bourgueil (bei Chinon). Der Nikolaustag läutet die Vorweihnachtszeit ein, in der Märkte Spielzeug und Weihnachtsschmuck feilbieten.
Foire de Noël *(3. Wochenende)*, Richelieu *(S. 102f)*. Geschenkartikel, Weihnachtsdekor und Delikatessen füllen die Stände dieses Weihnachtsmarkts, den abends eine Ton- und Lichtschau abrundet.
Festival des Chants de Noël *(1. Wochenende)*, Château de Brissac *(S. 78)*. Man kann zu weihnachtlichen Gesängen durch die Schloßräume wandeln.

Alte Windmühle im Anjou

JANUAR

Foire des Rois *(2. Mo)*, Richelieu *(S. 102f)*. Das Dreikönigsfest wird mit einem großen Kunsthandwerks- und Viktualienmarkt gefeiert. Wie im ganzen Land gibt es zu diesem Anlaß *galettes des rois*, flaches, rundes Blätterteiggebäck, in dem sich eine *fève*, ein – manchmal vergoldetes – Tonfigürchen, versteckt.

FEBRUAR

Foire aux Vins *(1. Wochenende)*, Vouvray (bei Tours). In der gesamten Region heitern Weinfeste die Winterlaune auf. In Azay-le-Rideau findet am letzten Februarwochenende ein Weinfest statt.

FEIERTAGE

Neujahr (1. 1.)
Ostersonntag u. -montag
Christi Himmelfahrt (6. Do nach Ostern)
Pfingstmontag (2. Mo nach Himmelfahrt)
Tag der Arbeit (1. 5.)
Waffenstillstand 1945 (8. 5.)
Jahrestag der Französischen Revolution (14. 7.)
Mariä Himmelfahrt (15. 8.)
Allerheiligen (1. 11.)
Waffenstillstand 1918 (11. 11.)
Weihnachten (25. Dez)

Konzert in der Abbaye de Fontevraud

Loire: Ton- und Lichtschauen

Schauspieler in Amboise

Das Loire-Tal ist die Wiege der *son et lumière* (Ton und Licht) genannten Darbietungen und Bühne einiger der wohl prächtigsten Ton- und Lichtschauen der Welt. 1952 beschwor man im Schloß von Chambord erstmals in durch Licht- und Toneffekte reizverstärkter Atmosphäre die Vergangenheit und ihre Gestalten herauf. Heute sind viele dieser Shows großartige Historienspektakel mit Hunderten von (oft einheimischen Laien-) Darstellern, Laserspielen und Feuerwerk. Im folgenden sind die bedeutendsten regelmäßigen Vorführungen kurz vorgestellt. Achten Sie unterwegs auf Ankündigungen einmaliger Veranstaltungen. Termine können Änderungen unterliegen.

Lichteffekte tauchen Azay-le-Rideau in eine bizarre Atmosphäre

Touraine

Amboise **Am Hof von König François** (1½ Std.). ☎ *02 47 57 14 47.* ◯ *Ende Juni–Juli Mi, Sa 22.30 Uhr; Aug Mi, Sa 22 Uhr.* *vorher reservieren.* ***Übersetzung*** *englisch.*

Das Schloß von Amboise *(siehe S. 110)* war Lieblingsresidenz von König François I. Laienschauspieler in prachtvollen Kostümen entführen in das Leben bei Hofe mit seinen pompösen Gartenfesten und Jagdausflügen.

Azay-le-Rideau **Fantasia von Azay-le-Rideau** (1 Std.). ☎ *02 47 45 42 04.* ◯ *Mitte Mai–Juli tägl. 22.30 Uhr; Aug–Mitte Sep tägl. 22 Uhr.* *freier Eintritt für Kinder unter 12 Jahren.*

Die Zuschauer dieser faszinierenden Inszenierung ziehen durch das Gelände des eleganten Schlosses *(siehe S. 96f),* um die Abfolge der Bühnen-, Ton- und Lichteffekte zu bewundern.

Chenonceau **Die Frauen von damals** (45 Min.). ☎ *02 47 23 90 07.* ◯ *Ende Juni–Anfang Sep tägl. 22.15 Uhr.*

Die Geschichte von Chenonceau trägt den Stempel außergewöhnlicher Frauen, die dieses königliche Schloß *(siehe S. 106ff)* immer wieder umgebaut haben. Die *Son-et-lumière*-Schau spielt unter anderem im Garten, den Diane de Poitiers anlegen ließ; der Kommentar schildert ihr Leben und das ihrer Rivalin Katharina von Medici.

Loches **La Peau d'Ane** (1½ Std.). ☎ *02 47 59 07 98.* ◯ *Juli Fr, Sa 22.30 Uhr; Aug Fr, Sa 22 Uhr.* *vorher reservieren.* ***Übersetzung*** *deutsch.*

Die Bühnenbearbeitung von Charles Perraults *La peau d'âne (Die Eselshaut)* wird von einem kleinen Orchester begleitet; die Darbietung gestalten 170 phantasievoll kostümierte Akteure. Projektoren werfen märchenhafte Landschaften auf die wehrhaften Mauern des Schlosses *(siehe S. 104).*

Blésois und Orléanais

Blois **Die Geschichte von Blois** (45 Min.). ☎ *02 54 78 72 76.* ◯ *Juni–Juli tägl. 22.30 Uhr; Aug tägl. 22 Uhr; Anfang Sep tägl. 21.30 Uhr.* *frei für Kinder unter 7 Jahren.* ***Übersetzung*** *deutsch.*

Auf die Fassaden des Schlosses *(siehe S. 126f)* projizierte Bilder erhellen historische Ereignisse, so den Besuch der Jeanne d'Arc 1429, den Dichtwettbewerb zwischen Charles d'Orléans und François Villon und die Ermordung des Duc de Guise. Das Publikum verfolgt die Schau stehend vom Schloßhof aus.

Cheverny **Der Lauf der Zeit** (1½ Std.). ☎ *02 54 42 69 03.* ◯ *Anfang Juli–Mitte Juli Sa 22.30 Uhr; Mitte Juli–Aug Fr, Sa 22.30 Uhr.* *vorher reservieren.* ***Übersetzung*** *englisch.*

900 Akteure in wechselnden – über 2000 – Kostümen illustrieren die Geschichte der Loire von den Wikingern bis heute. Die Fassade des Schlosses *(siehe S. 130),* Licht- und Wasserspiele bilden einen wirkungsvollen Hintergrund.

Gesichter der Vergangenheit, projiziert auf die Fassade des Château de Blois

Teil der spektakulären Schau von Le Lude: im Wasser reflektiertes Feuerwerk

Meung-sur-Loire **Der blaue Vogel** (2 Std.). *02 38 44 32 28.* *Juli Fr, Sa 22.30 Uhr.* *Reservierung erbeten.*

Über 100 Schauspieler aller Altersgruppen inszenieren vor der Schloßkulisse von Meung-sur-Loire *(siehe S. 136)* die Legende von der Suche nach dem Wundervogel, der das Geheimnis des Glücks hütet. Laien aus dem Ort kümmern sich um Kostüme und Effekte.

Berry

Valençay **Esclarmonde** (1½ Std.). *02 54 00 04 42.* *Mitte Juli–Aug Fr, Sa 22 Uhr.* *vorher reservieren.* ***Übersetzung*** *deutsch.*

Über 900 Akteure führen beim Schloß *(siehe S. 146)* das Märchen von der schönen Prinzessin Esclarmonde und ihrem Freier Roland auf. Ein Feuerwerk und ein mittelalterliches Turnier zählen zu den Glanzlichtern der Vorstellung.

Nördlich der Loire

Le Lude **Zauber der Geschichte** (1½ Std.). *02 43 94 62 20.* *Mitte Juni–Juli Fr, Sa 22.30 Uhr; Aug Fr, Sa 22 Uhr.* *vorher reservieren.* ***Übersetzung*** *englisch.*

350 Darsteller erwecken die Geschichte des Schlosses *(siehe S. 167)* zum Leben. Wasserfontänen unterstreichen die Wirkung der riesigen projizierten Bilder.

Loire Atlantique und Vendée

Le Puy-du-Fou **Jacques Maupillier: ein Bauer aus der Vendée** (1 Std., 50 Min.). *02 51 64 11 11.* *Juni–Juli Fr, Sa 22.30 Uhr; Aug–Anfang Sep Fr, Sa 22 Uhr.* *vorher reservieren.* ***Übersetzung*** *englisch.*

Das Château du Puy-du-Fou *(siehe S. 188)* ist Bühne der Cinéscénie, Europas aufwendigster ständiger Wasser- und Lichtschau. Sie zeichnet mit über 700 Profi- und 2000 Laienschauspielern aus der Region, 50 Reitern und spektakulären technischen Effekten die bewegte Geschichte der Vendée vom Mittelalter bis heute nach. Georges Delerue komponierte die Begleitmusik.

Der Zauberer der Nacht

Magicien de la nuit, so nennt Frankreich seinen Meister der modernen Ton- und Lichtschauen, Jean-Claude Baudoin. Auf Baudoins Konto gehen seit 1966 über 150 Musikproduktionen, aufgeführt unter anderem in den Schlössern von Blois, Loches, Chambord und Valençay sowie in St-Aignan-sur-Cher, Les Sables d'Olonnes und Chartres.

Jean-Claude Baudoin

Inszenierung der Geschichte der Vendée, Cinéscénie von Le Puy-du-Fou

Die Geschichte des Loire-Tals

Die Schlüsselrolle des Loire-Tals für die französische Geschichte zeigt sich bereits im Reichtum der Baustile, die von megalithischer Wucht bis zur Raffinesse königlicher und herzoglicher Châteaux reichen.

Mächtige vorgeschichtliche Monumente beweisen lebendige jungsteinzeitliche Kulturen schon für das dritte Jahrtausend v. Chr. Im 1. Jahrhundert v. Chr. fanden die erobernden Römer eine entwickelte keltische Zivilisation vor. Mit der Verbreitung des Christentums erwarben alte keltische Städte wie Angers, Bourges, Chartres, Orléans und Tours den Ruf geistiger Zentren – und noch heute sind sie kulturelle Mittelpunkte.

Die Lilie, das Königsemblem

Im 9. Jahrhundert begann eine lange Phase von Territorialkonflikten: erst zwischen regionalen Kriegsherren, später zwischen Frankreich und England (nachdem Henri Plantagenêt, Graf von Anjou und Herzog der Normandie sowie Aquitaniens, 1154 die englische Krone geerbt hatte). Während des Hundertjährigen Krieges fanden in der Loire-Region große Schlachten zwischen den Armeen beider Ländern statt. Auch während des Religionskrieges zwischen hugenottischen Protestanten und Katholiken (16. Jh.) floß Blut in die Loire. Später bedeutete der royalistische Vendée-Aufstand (1793) große Gefahr für die junge Republik.

Die Touraine, Sitz verschiedener Könige, brachte eine Reihe bedeutender Kulturschätze hervor. Ab dem 17. Jahrhundert lag Frankreichs politisches Zentrum indes unwiderruflich in Paris. Die Loire blieb immerhin – bis zum Ausbau der Eisenbahn im späten 19. Jahrhundert – ein wichtiger Transportweg.

Im 20. Jahrhundert ließ das reiche bauliche Erbe des Loire-Tales den Fremdenverkehr erblühen. Im Verbund mit der vielfältigen Industrie und ergiebigen Landwirtschaft macht der Tourismus die Loire-Region zu einem der stabilsten Wirtschaftsräume Frankreichs.

Stadtpanoramen von Tours und Angers (16. Jh.)

◁ Porträt des Renaissance-Königs François I (Regentschaft: 1515–47), das Jean Clouet zugeschrieben wird

Herrscher von der Loire

Im Verlauf der regionalen Geschichte machten die Loire-Fürsten dem französischen König häufig die Macht streitig. Die Herzogtümer Anjou und Blois entstanden, als nach dem Tod Karls des Großen (814) das Reich unter seinen Söhnen aufgeteilt wurde. Henri Plantagenêt, Graf von Anjou, Herzog der Normandie und König von England, konnte seine Abstammung auf Karl den Großen zurückführen. Die französische Monarchie vermochte ihre Autorität erst zu festigen, als 1437 Charles VII von der Loire wieder nach Paris zurückkehrte. Eine andere Loire-Familie, das Haus Orléans, brachte zwei Söhne auf den Königsthron.

Legende

Französische Herrscher

Abkömmlinge regionaler Herrscherhäuser

447–58 Merowech

458–82 Childerich I.

716–21 Childerich II.

743–51 Childerich III.

860–66 *Robert der Starke*

840–77 Karl der Kahle

768–814 Karl der Große

879–81 Louis III

884–88 Charles II, der Dicke

893–922 Charles III, der Einfältige

954–86 Lothar

1031–60 Henri I

987–96 Hugo Capet

1040–60 *Gottfried Martel*

1067–1108 Philippe I

1151–89 *Henri Plantagenêt*

1180–12 Philippe Auguste

1189–99 *Richard Löwenhe*

400	700	800	900	1000	1100	12
MEROWINGER	KAROLINGER		KAPETINGER			
400	700	800	900	1000	1100	12

721–87 Theuderich IV.

751–68 Pippin der Kurze

724–41 *Karl Martell*

711–16 Dagobert III.

814–40 Louis I, der Fromme

877–79 Louis II, der Stammler

879–84 Carloman

888–98 Odo, Graf von Paris

936–54 Louis IV, der Überseeische

966–87 Louis V

987–1040 *Foulques Nerra*

996–1031 Robert II, der Fromme

1108–37 Louis VI, der Dicke

1199–1216 *John Lackland*

1223–26 Louis VIII, der Löwe

482–511 Chlodwig I.

1137–80 Louis VII

1422–61 Charles VII, der Siegreiche

1498–1515 Louis XII, Vater des Volkes

1643–1715 Louis XIV, der Sonnenkönig

1270–85 Philippe III

1285–1314 Philippe IV, der Schöne

1314–16 Louis X

1316–22 Philippe V, der Große

1322–28 Charles IV, der Schöne

1328–50 Philippe VI

1483–98 Charles VIII, der Freundliche

1515–47 François I

1547–59 Henri II

1559–60 François II

1774–92 Louis XVI

1804–14 Napoléon I

1300	1400	1500	1600	1700	1800
HAUS VALOIS		BOURBONEN			
1300	1400	1500	1600	1700	1800

1350–64 Jean II, der Gute

1430–80 *René I von Anjou*

1461–83 Louis XI, die Spinne

1560–74 Charles IX

1575–89 Henri III

1814–24 Louis XVIII

1824–30 Charles X

1830–48 *Louis-Philippe I, Duc d'Orléans, König der Franzosen*

1715–74 Louis XV

1852–70 Napoléon III

1226–70 Louis IX, der Heilige

1364–80 Charles V, der Weise

1380–1422 Charles VI, der Narr

1589–1610 Henri IV

1610–43 Louis XIII

Jungsteinzeit und römische Zeit

DIE KULTUR DER JUNGSTEINZEIT schuf einige der größten Gräber und Kultstätten des heutigen Frankreich. Ihre Erbauer stammten ursprünglich aus Mitteleuropa – wie die Kelten, die in der Bronze- und Eisenzeit Siedlungen entlang der Loire errichteten. Cäsars Besetzung des Loire-Tals (51 v. Chr.) zwang die Kelten unter römische Herrschaft. Dieser Frieden dauerte 300 Jahre. Mit der Ausdehnung des Christentums verfiel gleichzeitig die römische Militärmacht, und Königreiche stiegen auf: im Süden das westgotische, im Norden das germanisch-fränkische. Der Frankenkönig Chlodwig I. bekannte sich zum Christentum und gelangte durch den Sieg über die Westgoten zur Macht.

Chlodwigs Taufe
Der Frankenfürst Chlodwig läßt sich taufen (498 oder 506), um seine Herrschaft zu sichern.

Altsteinzeitliche Funde
Diese im Loire-Becken hergestellten Feuersteinwerkzeuge dienten vor 50 000 Jahren als Tauschmittel.

Das Eingangsportal – ein Merkmal der Anjou-Dolmen

Keltische Kunst
Die keltische Kunst folgte nicht dem naturalistischen Stil der römischen Besatzer. Diese Statuette einer jungen Frau stammt aus dem 1. oder 2. Jahrhundert n. Chr.

BAGNEUX-DOLMEN
Diese 5000 Jahre alte Grabkammer in Saumur erstreckt sich über sieben mal 21 Meter. Die neun Tragpfeiler wurden auf rollende Steine gewuchtet, zum Grabplatz gezogen und in drei Meter tiefe Aushebungen gekippt.

ZEITSKALA

ca. 2500 v. Chr. Loire-Dolmen mit Portal begründen neuen Stil neolithischer Grabkammern

800 v. Chr. Keltische Carnuten gründen Blois, Chartres und Orléans

57–56 Die Römer besiegen die westlichen Loire-Stämme

51v. Chr. Cäsar wirft den in Orléans aufgeflammten gallischen Aufstand nieder

Julius Cäsar vereinigte Gallien

2500 v. Chr. | 100 v. Chr. | AD 1 | AD 100

ca.1200 v. Chr. Aus der Loire-Region werden Bronzewaffen (gefertigt aus einheimischem Zinn) »exportiert«

Keltenhelm

31 v. Chr. Kaiser Augustus legt den Grundstein für die 300 Jahre währende *pax romana* an der Loire

50 Das Loire-Tal erblüht als Schnittstelle der zwei gallisch-römischen Provinzen Lugdenunsis und Aquitania

Keltische Rüstung
Die kriegerischen Kelten waren geschickte Rüstungsschmiede, wie dieser bronzene Brustharnisch (aus der Zeit zwischen 750 und 475 v. Chr.) zeigt. Sie waren den Römern harte Gegner.

Eine Innenstütze, vermutlich Teil einer Wand, hilft eine 40 Tonnen schwere Deckplatte tragen.

Orthostaten (hochkant stehende Stützquader) wurden in drei Meter tiefen Löchern verankert.

Wegweiser zu neolithischen und römischen Funden

Das Anjou ist reich an jungsteinzeitlichen Funden. Die größten finden Sie bei Saumur *(siehe S. 82f)* und Gennes *(S. 78)*. Gennes' Amphitheater und die Mauern von Thésée *(S. 129)* zählen zu den wenigen gallisch-römischen Monumenten. Doch die Museen von Orléans *(S. 138f)* und Tours *(S. 114f)* besitzen große Sammlungen.

Amphitheater von Gennes
Hier fanden die berüchtigten Gladiatorenkämpfe statt.

Gallisch-römische Kunst
Dieser bronzegeschmiedete Hengst im Archäologischen Museum von Orléans war Mars, dem Gott des Krieges und der Landwirtschaft, geweiht.

Frischwasserversorgung über Aquädukte
Dieser römische Aquädukt bei Luyenes führte im 2. Jahrhundert Schmelzwasser aus den Bergen in die Bäder von Caesarodunum (Tours).

250 Gatien, Bischof von Tours, wirkt als einer der ersten christlichen Missionare an der Loire

313 Kaiser Konstantin erhebt das Christentum zur offiziellen Religion

372 Martin, Bischof von Tours, fördert die Klostergründung

507 Nach seiner Bekehrung zum Christentum besiegt Chlodwig die Westgoten bei Poitiers

498 Chlodwig I. erobert Orléans

511 Gebietsteilung n. Chlodwigs I. Tod

200 | **300** | **400** | **500**

ca.150 Die Römer bauen das Amphitheater von Gennes

275 Kaiser Aurelian verleiht Orléans den Rang einer »freien Reichsstadt«

St. Martin, Bischof von Tours

451 Das westgotische Königreich Toulouse hilft Attila den Hunnen abzuwehren

Wein: frühe Handelsware des Loire-Tals

473 Die Westgoten nehmen Tours ein

um 550 Erster verbürgter Weinanbau an der Loire

Das frühe Mittelalter

Königliches Siegel von Henry (Henri) II

Der Bau eines Bergfrieds in Loches, den Foulques Nerra von Anjou vorantrieb, war kennzeichnend für die Kriegsherren, die nach dem 9. Jahrhundert die Macht an der Loire an sich rissen. Die von ihnen errichtete Kette von Wehranlagen bildete das Fundament für die späteren Schlösser. Die Plantagenêts, die Nerra als Herrscher über das Anjou folgten, beanspruchten zudem Gebiete von der Normandie bis Aquitanien und erbten sogar den englischen Thron. Erst im 13. Jahrhundert brachte Louis IX das Anjou wieder unter die direkte Kontrolle des französischen Königs. In jener Zeit hielt die Kirche Frankreich stärker zusammen als die Krone. Klöster gründeten Schulen und Skriptorien, in denen Manuskripte kopiert und illustriert wurden. Und es war eher die Kirche als die Krone, die die Feudalherrscher zur Beilegung ihrer grausamen Fehden bewegte.

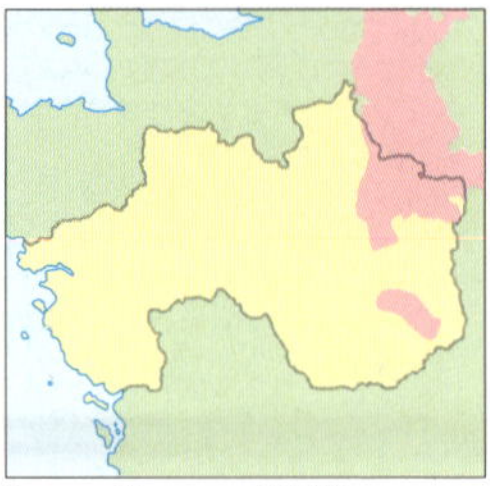

Loire-Tal um 1180

Krondomäne

Lebensgebiete

Gregor I. (Papst 590–604) sammelte vermutlich die liturgischen Choräle, die nach ihm benannt sind.

St-Louis

Louis IX der Heilige (1214–70) war der erste Kapetinger-König, der die Macht über ein vergleichsweise stabiles Reich übernahm. Der kühne Kreuzritter und gerechte Herrscher zwang England, seine Ansprüche auf das Loire-Gebiet aufzugeben.

Zeitskala

687 Pippin II. begründet die Macht der Hausmeier (der karolingischen Dynastie, Vorfahren Karls des Großen) über die Merowinger-Könige

732 Karl Martell vertreibt die Araber von der Loire (Entscheidungsschlacht südlich von Tours)

850 Die Normannen brandschatzen das Loire-Tal

866 Robert der Starke wird im Anjou von Normannen getötet

911 Chartres wehrt Normannen ab

600 | 700 | 800 | 900

Frankenkönig Karl der Große

768–84 Karl der Große erobert Bretagne und Loire-Tal

796 Karls Ratgeber Alkuin macht Tours zum Zentrum karolingischer Kunst

Münzbild Karls des Kühnen

Karolingische Kunst
Elfenbeinschnitzereien, Reliquienschreine und Bucheinbände zählen zu den schönsten Kunstwerken der Franken, die die normannischen Brandschatzungen des 10. Jahrhunderts überstanden haben. Die karolingische Kunst war in der Regel sakral oder gebrauchsorientiert.

Wegweiser zum frühen Mittelalter

Kirchen wie die von Cunault *(siehe S. 79)* sind von mittelalterlicher Atmosphäre erfüllt. Das gleiche gilt für Abteien wie Noirlac *(S. 140)*, Solesmes *(S. 162)* und Fontgombault *(S. 147)*, wo gregorianische Choräle zu hören sind. Châteaux wie das von Loches *(S. 104)* und die Ruinentürme von Lavardin oder Montrichard *(S. 122 u. 128)* erinnern an die düsteren Seiten jener Zeit.

Romanischer Kapitelldekor
Dieses romanische Kapitell findet sich in der Kirche von Cunault.

Mittelalterliche Musikschriften wiesen die Tonhöhen aus; die Länge jeder Note hing vom natürlichen Sprechrhythmus des Textes ab.

Klosterkalligraphie
Im 9. Jahrhundert förderten die Mönche der Basilique St-Martin (Tours) die Entwicklung der karolingischen Minuskel (geregelte Kleinbuchstabenschrift).

Edles Handwerk
Viele der feinen Stücke mittelalterlichen Handwerks wurden aus Metall gearbeitet. Diese Grabmaske (13. Jh.) wurde vom Abdruck eines Frauenkopfes in Kupfer gegossen und vergoldet.

Manuskript-Malerei

Diese erste Manuskriptseite eines Graduale/Chorgesangbuchs (13. Jh.) ist typisch für den Stil der Manuskriptillustration, wie er von den Abteien des Loire-Tals entwickelt wurde. Die hier dargestellte Sammlung gregorianischer Choräle wurde von Zisterziensermönchen zusammengetragen *(siehe S. 149)*.

Hugo Capet von Orléans
Hugues wurde 987 zum König gewählt. Damit endete die Karolinger-Dynastie. Als erster Monarch suchte er in unruhigen Zeiten an der Loire Zuflucht.

987 Hugo Capet von Orléans wird erster Kapetinger-König

1096 Erster Kreuzzug

1101 Gründung der Abbaye de Fontevraud

1128 Geoffrey Plantagenêt heiratet in Le Mans Matilda, die Tochter des englischen Königs Henry I

1189 Der Tod von Henry II macht seinen Sohn Richard Löwenherz zum Anwärter auf den französischen Thron

1000 | 1100 | 1200

Foulques Nerra

992 Foulques Nerra vertreibt die Bretonen aus dem Anjou

1125 Thibaut von Blois und Champagne ficht die Macht der Kapetinger an

1154 Henri Plantagenêt besteigt als Henry II den englischen Thron

1214 Das Reich von Anjou erlischt mit der Niederlage von König John (Jean) bei Angers

Der Hundertjährige Krieg

Ritter des 14. Jahrhunderts

Der zerstörerische Höhepunkt des Mittelalters in Frankreich war der Krieg mit England, der – mit Schwelpausen – zwischen 1337 und 1453 loderte. Als die Engländer 1428 Orléans belagerten, wurde die Loire-Region zum Mittelpunkt einer Auseinandersetzung, bei der es um die Teilung Frankreichs zwischen England und seinem mächtigen Verbündeten Burgund ging. Jeanne d'Arcs Auftauchen veränderte die Lage. Sie mobilisierte Orléans gegen die Engländer und holte den Dauphin Charles (VII) aus seinem Unterschlupf in Chinon. Ihr Märtyrertod 1431 beflügelte den Kampfgeist der Franzosen. Trotz plündernder Soldaten und der noch grausameren Pest kannte das Loire-Tal im Mittelalter auch Zeiten von Frieden und Wohlstand sowie blühenden höfischen Lebens.

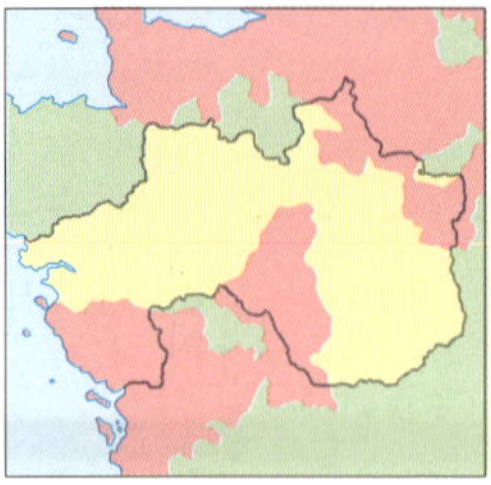

Das Loire-Tal 1429

Französisches Gebiet

Englischer Besitz

Der englische Langbogen war eine wirksame Waffe, erforderte aber starke und geschickte Schützen.

Kanonen konnten bis zu 200 Kilogramm schwere Steinkugeln verschießen.

Charles VII

Jeanne d'Arcs Dauphin wird häufig als Schwächling dargestellt, war aber in Wirklichkeit ein umsichtiger Mann. Nach seiner Enterbung nutzte er Jeannes Charisma, um Unterstützung zu finden. Doch mißtraute er ihrem politischen Urteil.

Turniere

Die aufwendige Ausrichtung der Kampfspiele zeigte den Reichtum der Herrscherklasse im frühen 15. Jahrhundert. Turniere waren gefährlich: Henri II starb an einem Lanzenstoß.

Zeitskala

1325 | 1350 | 1375

1337 Philippe VI, erster König des Hauses Valois, konfisziert englischen Besitz in Guyenne und löst so den Hundertjährigen Krieg aus

1341 Die Engländer unterstützen Jean von Montfort gegen Charles von Blois im Bretonischen Erbfolgekrieg

Porträt von Philippe VI

1346 Englische Langbogenschützen besiegen bei Crécy französische Ritter

1352 Die Loire-Region beginnt, sich von vier Jahren Pest zu erholen

1360 Anjou wird Herzogtum

Der Schwarze Tod in einer Manuskriptmalerei (15. Jh.)

Apokalypse
Krieg und Pest machten die Apokalypse zum Thema der Kunst. Auf diesem Wandteppich von Angers (siehe S. 76 f) *vernimmt Johannes der Täufer den Schicksalsdonner.*

Wegweiser zum 14. und 15. Jahrhundert

Guérande *(siehe S. 180)* ist eine wohlerhaltene Stadt (15. Jh.). Wie in vielen anderen Orten – z.B. Chinon *(S. 98 ff)* – bestehen die Häuser aus Halbfachwerk. Orléans *(S. 138 f)* lockt mit dem Nachbau des Hauses, in dem Jeanne d'Arc logierte. Le Plessis-Bourré *(S. 70)* verkörpert das Bemühen, nach dem Krieg zu einem anmutigeren Stil zu finden.

Château de Chinon
Das Schloß liegt (strategisch günstig) auf einem Felsen über dem Fluß Vienne.

Die Hellebarde war eine typische Waffe der Fußsoldaten.

Belagerungsturm

Jeanne d'Arc
Die hier in Frauenkleidung dargestellte Jeanne (siehe S. 137) *ritt mit Männerrüstung in die Schlacht.*

René, Herzog von Anjou
René I (1409–80) liebte Turniere, war aber auch Maler, Poet und Gelehrter. Er verkörperte den idealen Herrscher des 15. Jahrhunderts.

Die Belagerung von Orléans

Die Engländer begannen die Belagerung von Orléans im November 1428. Schnell verstärkten sie den Ring durch mächtiges Sturmgerät. Im Februar 1429 mißlang der französische Versuch, die englische Versorgung abzuschneiden. Am 30. April konnten Jeanne d'Arcs Truppen in die Stadt gelangen – eine Woche später hoben die Engländer die Belagerung auf.

1392 Herzog Louis von Orléans erwirbt Blois

1400

1409 René I wird geboren

1415 Der vernichtende englische Sieg bei Agincourt führt zur Allianz zwischen Burgund und England

1417–32 Die Engländer besetzen Chartres

1418 Charles VI brennt Azay-le-Rideau nieder

1425

1428 Engländer belagern Orléans

1429 Jeanne d'Arc holt den Dauphin Charles aus Chinon, beendet die englische Belagerung von Orléans und führt Charles VII zur Krönung in Reims

1435 Charles VII schließt Frieden mit Burgund; Armeereform; Siege über die Engländer

1438 Jacques Cœur von Bourges wird Hofkämmerer und reorganisiert das Steuersystem

1450

1453 Kriegsende ohne Friedensvertrag; die Engländer behalten nur Calais

Armbrust (15. Jh.)

Ab 1461 Regentschaft von Louis XI

1470 Beginn der Seidenweberei in Tours

Die Renaissance an der Loire

Katharina von Medici (1519–89)

DURCH DIE ITALIENISCHEN Kriege, die Charles VIII, Louis XII und François I zwischen 1494 und 1525 führten, wurden alle drei Könige zu Anhängern der dortigen Kunst und Architektur. Sie machten das Loire-Tal in Amboise, Blois und Chambord zu Zentren höfischen Lebens und der Renaissance. François I warb Künstler und Handwerker, die im italienischen Stil arbeiteten. Die Aristokraten ganz Frankreichs eiferten ihm nach. 1562 begannen die Religionskriege zwischen protestantischen Hugenotten und der katholischen Liga, angeführt vom Herzog von Guise.

Festung des Glaubens
In dieser szenischen Darstellung wird der Papst von Protestanten belagert.

François I
Der Renaissance-König machte das Loire-Tal zu seinem Jagdrevier. François Clouet von Tours (siehe S. 23) *fing François' Selbstbewußtsein in dieser Darstellung ein.*

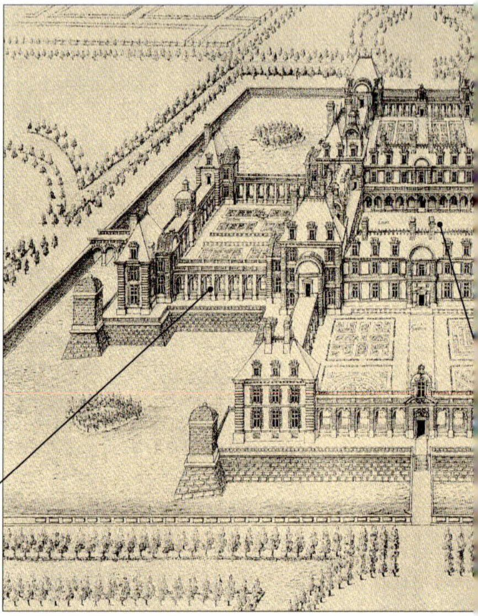

Kolonnaden waren Bestandteil der Renaissance-Bauweise.

Erster Panzerwagen
Leonardo da Vinci verbrachte seine letzten Jahre in Le Clos-Lucé (siehe S. 111). *Das Panzerwagenmodell ist eines der Projekte, an denen er dort arbeitete.*

Das ideale Château

Von Charles VIII (1483–98) an träumten die Könige der französischen Renaissance vom Bau des idealen Schlosses. Dieser symmetrische Entwurf von Androuet de Cerceau offenbart den Übergang von Spätrenaissance zum klassischen Stil.

Zeitskala

1484 Die Generalstände *(Etats Généraux)* versammeln sich in Tours

1493 Charles VIII läßt seinen Geburtsort, das Château d'Amboise, in italienischem Stil umbauen

1498 Der Herzog von Orléans besteigt als Louis XII den Thron und heiratet Anne de Bretagne

1515 François I erobert Mailand und bringt italienische Künstler an die Loire

1532 Verträge binden Nantes und die Bretagne endgültig an Frankreich

1475 | 1500 | 1525

Charles VIII, Frankreichs erster Renaissance-König

1508 Louis XII baut Blois als Renaissance-Residenzstadt um

1491 Anne de Bretagne heiratet Charles VIII und bindet so die unabhängige Bretagne an Frankreich

Cellinis Salzfäßchen für François I (1515–47)

1519 François I beginnt den Bau von Chambord; Leonardo da Vinci stirbt in Le Clos-Lucé

Henri IV
Der kühne, schlaue und einnehmende Henri IV von Vendôme und Navarra festigte binnen zehn Jahren nach seiner Thronbesteigung (1589) geschickt die Autorität der Krone in einem vom Zerfall bedrohten Reich. Rubens (1577–1640) zeigt ihn, beim Empfang eines Verlobungsbilds der Maria von Medici.

Wegweiser zur Renaissance

In der gesamten Region finden sich beeindruckende Renaissancebauten. Zu den älteren, italienisch beeinflußten Châteaux zählen Amboise *(S. 110)* und Blois *(S. 126f)*. Zu den reizvollen Leistungen der französischen Renaissance gehören Chenonceau *(S. 106ff)* und Azay-le-Rideau *(S. 96f)* Kleinere Bauten wie Beauregard *(S. 130f)* sind überall verstreut. Das größte Schloß ist Chambord *(S. 132ff)*.

Château de Chambord
Dieses beeindruckende Château liegt am Ufer des Flusses Cosson.

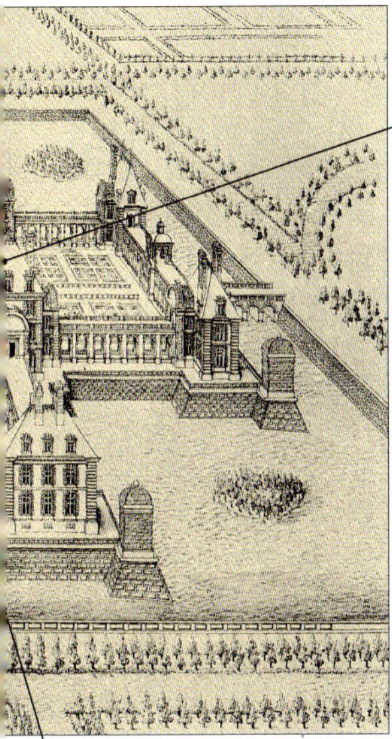

Steile Dächer und Mansarden wurden als französische Stilelemente erhalten.

Der von Arkaden umschlossene Zentralhof war Kernstück der Schlösser italienischen Stils im 15. Jahrhundert.

Reliquiar der Anne de Bretagne
Anne heiratete in Folge Charles VIII und Louis XII. Dadurch verband sie ihr zuvor unabhängiges Herzogtum mit Frankreich. Ihr Reliquiar befindet sich in Nantes (siehe S. 191).

Diane de Poitiers
Die Mätresse von Henri II in schmeichelnder Darstellung als römische Jagdgöttin Diana.

1559 Der Tod von Henri II eröffnet den Machtkampf wischen der Witwe Katharina von Medici und den antiprostantischen Gefolgsleuten des Duc de Guise

1572 Nach dem Massaker an den Protestanten in der Bartholomäusnacht zieht der Hof nach Fontainebleau

1576 Henri Duc de Guise begründet die katholische Heilige Liga; die Zusammenkunft der *Etats Généraux* in Blois bringt keine Konfliktlösung

1598 Im Edikt von Nantes werden die protestantischen Glaubensrechte festgeschrieben

1550 | **1575**

1547 Henri II tritt die Herrschaft an und gibt Chenonceau seiner Mätresse Diane de Poitiers

1562 Die Religionskriege verwüsten das Loire-Tal

1588 Die Heilige Liga übernimmt die Regierung; Henri III läßt daraufhin den Duc de Guise und seinen Bruder in Blois ermorden

Münze mit Henri IV, »dem Großen«

1594 Henri IV wird nach seiner Abkehr vom Protestantismus in Chartres gekrönt und beendet die Religionskriege

Wandel und technische Revolution

DAS LOIRE-TAL VERLOR SEINE ZENTRALE BEDEUTUNG in der französischen Politik, als sich der Mittelpunkt höfischen Lebens Ende des 16. Jahrhunderts in die Region Paris verlagerte. Doch war die Vendée während der Französischen Revolution ein Zentrum der Royalisten, das sich gegen Steuern, Priesterverfolgung und Rekrutenaushebung wehrte. Der Flußhandel blieb bedeutsam, insbesondere für den wohlhabenden Hafen von Nantes. Bereits im 17. Jahrhundert hatten Kanalarbeiten begonnen, die Nantes und die Loire mit Paris verbinden sollten. Eiffels Brückenkanal bei Briare setzte das bauästhetische Glanzlicht. Obwohl sich allmählich Manufakturen und Industrie entwickelten, blieb die Region landwirtschaftlich geprägt.

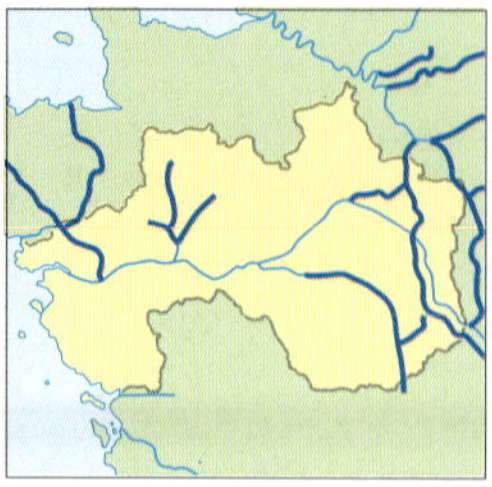

WASSERSTRASSEN

Flüsse

Kanäle vor 1900

Kardinal Richelieu
Als Erster Minister (1624–1642) von Louis XIII trug er unter anderem durch Beschneidung der Adelswillkür zu einer stabilen Regierung bei.

Die 15 granitenen Tragpfeiler wurden mit frühen Luftkompressionstechniken ins Bett gesetzt.

Weinbau an der Loire
Noch im 18. Jahrhundert war Weinbau nur ein Vergnügen der Reichen, die die Mühsal der Lese und des Kelterns Tagelöhnern überließen.

ZEITSKALA

1610–16 Maria von Medici, Witwe von Henri IV, übernimmt die Regentschaft

1617 Louis XIII verbannt seine Mutter nach Blois; 1620 versöhnen sie sich

1631 Richelieu beginnt in der Touraine den Bau eines geplanten Schlosses mit Siedlung

Um 1720 wird das Loire-Tal wieder Mittelpunkt ländlicher Erbauung des Adels

1600 | 1650 | 1700

Louis XIII

1648–53 Die Fronde: eine Folge von Aufständen

In Blois gefertigte Uhr (17. Jh.)

1685 Nach der Revokation des Edikts von Nantes fliehen die Hugenotten aus Saumur und anderen Städten

Held der Vendée
David d'Angers Skulptur zeigt das Flehen Bonchamps' um die Verschonung von Gefangenen (siehe S.187).

Loire-»Inexplosibles«
Die Dampfboote bedeuteten ein letztes Aufbäumen gegen die mächtige Konkurrenz, die der Loire im 19. Jahrhundert durch die Eisenbahn erwuchs.

Zierlaternen verleihen den breiten Gehwegen einen Hauch von Pariser Boulevard-Atmosphäre.

Passage Pommeraye
Die Eleganz dieser Einkaufspassage spiegelte Nantes' Reichtum im 19. Jahrhundert wider.

BRIARE-BRÜCKENKANAL

Gustave Eiffel entwarf diesen 662 Meter langen Brückenkanal, der die Frachtkähne über die Loire führt. Das 1896 freigegebene Bauwerk vollendete das im 17. Jahrhundert begonnene Wasserwegsystem, das Seine und Rhône verbindet. Bei den Metallteilen wurde eine neue Stahltechnologie verwandt.

Dampf-Omnibus
Die von Amédée Bollée 1873 konstruierte Obéissante *war das erste in Le Mans hergestellte Automobil.*

1756 In Tours wird die Königliche Chirurgische Akademie gegründet

1789 Französische Revolution

1793–94 Vendée-Aufstand

1846 Die Eisenbahn erreicht Tours

1897 Eröffnung von Eiffels Brückenkanal bei Briare

1852 Napoléon III wird Kaiser

1856 Flutkatastrophe an der Loire

1750 | **1800** | **1850**

1770–90 Nantes auf dem Höhepunkt seines Reichtums durch Handel

1804 Napoléon ernennt La-Roche-sur-Yon zur Hauptstadt der Vendée und finanziert die Entwässerung des Marais Poitevin

Das Herz-Emblem der Vendée

1829 *Le Loire*, das erste Dampfboot auf dem Fluß, benötigt 16 Stunden von Nantes nach Angers

1863 Das letzte Dampfschiff fährt auf der Loire

1870/71 Gefangenschaft Napoléons III im Deutsch-Franz. Krieg

1873 Amédée Bollée beginnt in Le Mans mit der Herstellung dampfgetriebener Fahrzeuge

Moderne Zeiten

Früchte des Loire-Tals

OBGLEICH DER SCHIFFBAU in Nantes und St-Nazaire bereits in den 20er Jahren blühte und die Leichtindustrie um Orléans, Le Mans und Angers stetig wuchs, erlebte die Region erst nach dem Zweiten Weltkrieg einen echten wirtschaftlichen Aufschwung. Die größeren Städte waren 1940 von den Deutschen besetzt und daher 1944 bombardiert worden. Diese Schäden wirkten bis in die 60er Jahre nach. Dann aber ergänzte der Tourismus das traditionelle Grundeinkommen des Loire-Tals als »Garten Frankreichs«. Private Schlösser öffneten sich für Besucher, und der Staat finanzierte verschiedene aufwendige Restaurierungen – wie jene der Abbaye de Fontevraud.

Wilbur Wright
Der amerikanische Flugpionier stimulierte die europäische Luftfahrt, als er 1908 bei Le Mans diesen Prototyp eines Zivilflugzeugs vorführte.

TGV-Anbindung
Mit den Haltestationen Vendôme, Tours, Angers und Nantes ist das Loire-Tal an das Netz des TGV (Train à Grande Vitesse) *angebunden.*

Flammendes Feuerwerk erleuchtet den Nachthimmel.

SON ET LUMIÈRE
Das Cinéscénie-Laserschauspiel in Puy-du-Fou modernisierte die Tradition, die 1952 von Robert Houdin eingeleitet wurde. Abendaufführungen ziehen Tausende nach Blois, Chenonceau, Cheverny und zu anderen berühmten Schlössern *(siehe S. 42f)*.

Orléans, 1944
Die Loire-Brücken waren zu Beginn und Ende des Zweiten Weltkriegs strategische Angriffsziele.

ZEITSKALA

1905 Die Landwirtschaft leidet unter Reblausbefall der Weinberge und sinkenden Weizenpreisen.

1908 Wilbur Wright unternimmt Testflüge bei Auvours (nahe Le Mans)

1920 Cheverny wird der Öffentlichkeit zugänglich

Cheverny (siehe S.130), *Schloß in Privatbesitz*

1900 | 1910 | 1920 | 1930 | 1940

Alain-Fournier (1886–1914)

1914 Zu den ersten Gefallenen des Kriegs zählt der Schriftsteller Alain-Fournier *(siehe S. 23)*

1923 Erstes 24-Stunden-Rennen von Le Mans

1929 La Baule baut eine Promenade und wird eines der feinsten Seebäder Frankreichs

1936 Renault eröffnet seine Fabrik in Le Mans

1940 Der deutsche Einmarsch zwingt die demokratische Regierung zur Flucht nach Tours

Ökologischer Protest-»Tag der Erde« an der Loire
Umweltbewußte Heimatfreunde engagieren sich für die Bewahrung der reichen Flußlandschaft.

Atomenergie
Das Atomkraftwerk Avoine ging 1963 ans Netz. So wurde Loire-Wasser schon früh zur Reaktorkühlung verwandt.

Computergesteuerte Lichtspiele, Laserstrahlen und Wassersprüher sorgen für dramatische Wirkung.

Über zweitausend Ortsansässige beteiligen sich als Darsteller, Führer und Ordner an den Cinéscénie-Abenden.

Le Vinci
Die Modernisierung des Stadtzentrums von Tours zeigt die harmonische Verbindung von alter und neuer Architektur.

Le Mans
Das 24-Stunden-Rennen von Le Mans lockt Automobil-Fans aus der ganzen Welt an.

1944 Nach vier Jahren deutscher Besatzung werden die Loire-Städte befreit

1963 In Avoine (bei Chinon) entsteht Frankreichs erstes Atomkraftwerk

1970 In den 70er Jahren finden die Loire-Weine (vor allem Muscadet) reißenden Exportabsatz

1994 Die Regierung läßt bei Maisons Rouges am Fluß Vienne einen Damm abbrechen, damit die Lachse zu ihren Laichgründen zurückkehren können

1950 | 1960 | 1970 | 1980 | 1990

1952 Erste *Son-et-lumière*-Schau in Chambord

1959 André Malraux wird Kulturminister. Er beschleunigt die Restaurierung der Denkmäler der Loire

Muscadet aus der Gegend östlich von Nantes

1989–90 Durch den Hochgeschwindigkeitszug TGV liegt Angers nur noch neunzig Minuten von Paris entfernt

Führer durch das Loire-Tal

Das Loire-Tal im Überblick

Üppige Renaissanceschlösser, zum Beispiel Chambord und Chenonceau, begründen den Ruhm des historisch und architektonisch reichen Loire-Tals. Doch es hütet auch Schätze früherer Zeiten: Dolmen der Bronzezeit, mittelalterliche Bergfriede wie jenen des Château d'Angers und eindrucksvolle sakrale Bauten, darunter die majestätischen gotischen Kathedralen von Chartres und Bourges. Wer zwischendurch Urlaub von der Historie machen will, kann in die Natur eintauchen, die reizvolle Überraschungen wie die Sumpflandschaft des Marais Poitevin bietet. Aus der Vielzahl der Loire-Attraktionen haben wir hier einige Highlights herausgepickt.

Die gotischen Türme der Kathedrale von Chartres überragen die reizvolle Stadt ***(siehe S. 172ff)***

Mächtige Blendmauern umwehren das Château d'Angers ***(siehe S. 74ff)***

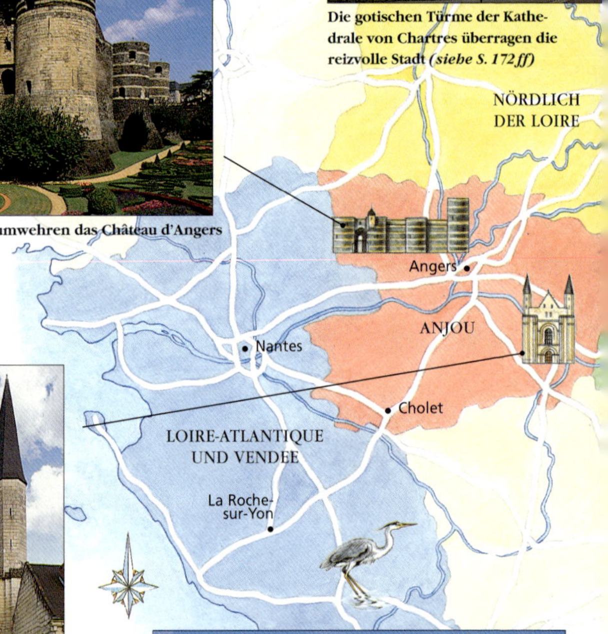

Die Abbaye de Fontevraud ist Frankreichs größte mittelalterliche Abtei ***(siehe S. 86f)***

0 Kilometer 50

Im Marais Poitevin kontrastieren verwunschene Kanäle mit mühselig urbar gemachten Feldern ***(siehe S. 182ff)***

François I ließ den auffälligen Renaissancetreppenaufgang des Château de Blois *(siehe S. 126 f)* anlegen

Chambord ist die größte königliche Residenz an der Loire *(siehe S. 132 ff)*

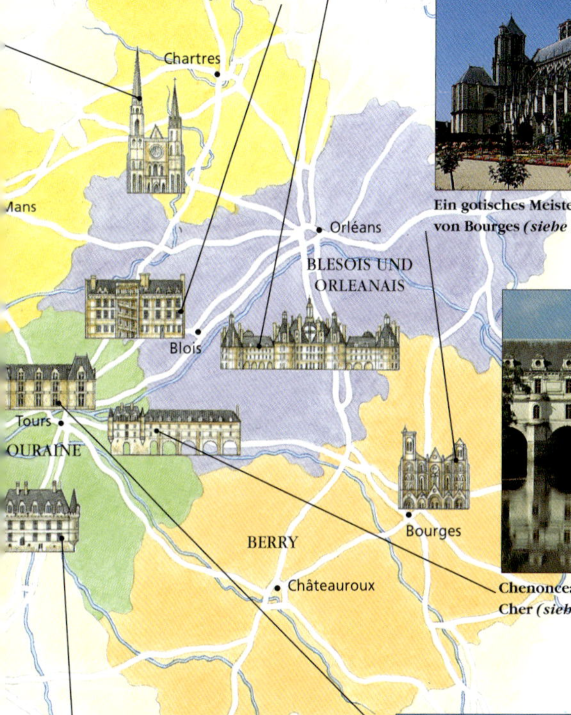

Ein gotisches Meisterwerk: die Kathedrale von Bourges *(siehe S. 152 f)*

Chenonceau scheint über dem Fluß Cher *(siehe S. 106 ff)* zu schweben

Azay-le-Rideau besticht durch anmutige Symmetrie *(siehe S. 96 f)*

Die aufwendig rekonstruierten Renaissancegärten von Villandry *(siehe S. 94 f)*

Anjou

Die Landschaft des Anjou *ist so sanft und gefällig wie sein Klima und seine Bewohner. Durch die weit dahinfließenden Ebenen zieht sich ein Flußnetz, das die gesättigte Erde noch fruchtbarer macht. Nördlich von Angers schafft der Zusammenfluß von Sarthe, Mayenne und Loir im Winter eine große Schwemmebene, die unzähligen Zugvögeln als Rastplatz dient.*

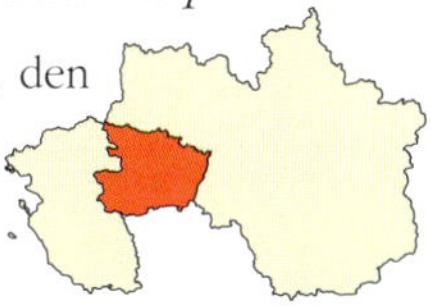

Der helle Kalkstein (Tuff), den man zum Bau der meisten Schlösser verwandte, prägt in optischem Einklang mit Schieferdachplatten die Anjou-Architektur. Der Abbau von Kalktuff hinterließ Hunderte von Höhlen. Viele davon dienen nun der Pilzzucht, aber auch als Weinkeller, Lagerhäuser oder sogar Behausungen.

Das Anjou liefert einige der schmackhaftesten Obst- und Gemüsesorten des Loire-Tals. Blumen und Bäume tun dem Auge wohl: Magnolien, Mimosen und Palmen zieren die Parks, Doués Rosengärten sind weithin berühmt. Aus lokalen Weinen entstehen die Schaumweine von Saumur und St-Cyr-en-Bourg; dort erklärt man Ihnen in großen Kellereien die komplizierte Flaschengärung *(méthode champenoise)*.

Das Anjou spielte eine wichtige Rolle in den Machtkämpfen der mittelalterlichen Herrscherhäuser. Bereits damals war Angers das Zentrum der Region: Die Stadt mit ihrer dominanten Festung war Feudalsitz der Plantagenêts. Einer von ihnen, Henri von Anjou, wurde als Henry II König von England. 15 Familienmitglieder (darunter Henry II, seine Gemahlin Eléonore d'Aquitaine und ihre Söhne Richard Löwenherz und John Lackland) sind in der Abbaye de Fontevraud bestattet. Das Château de Saumur mutet im September-Monatsbild des Stundenbuchs *Les Très Riches Heures du Duc de Berry* (15. Jh.) wie eine Märchenburg an. Außer ihm beeindrucken viele Palastbauten, so in Brissac das größte Schloß an der Loire und in Le Plessis-Bourée ein anmutiges Château der Frührenaissance.

Château de Saumur – wuchtiger Wächter über Stadt, Land und Fluß

◁ **Charolais-Rinder im Anjou**

Überblick: Anjou

DURCH DAS NÖRDLICHE Anjou winden sich die Flüsse Mayenne, Sarthe und Loir, um sich im Süden zur Maine zu vereinigen. Beidseits der Maine, acht Kilometer vor ihrer Mündung in die Loire, liegt Angers, geographischer Mittelpunkt und Verwaltungszentrum des Anjou. Um Angers und das 50 Kilometer loireaufwärts gelegene Saumur finden Sie die berühmtesten Schlösser, Altertümer und Höhlenanlagen der Region. Dutzende unbekannterer Schlösser gruppieren sich um Segré im Nordwesten und Baugé im Nordosten.

Eglise St-Maurille, Chalonnes-sur-Loire

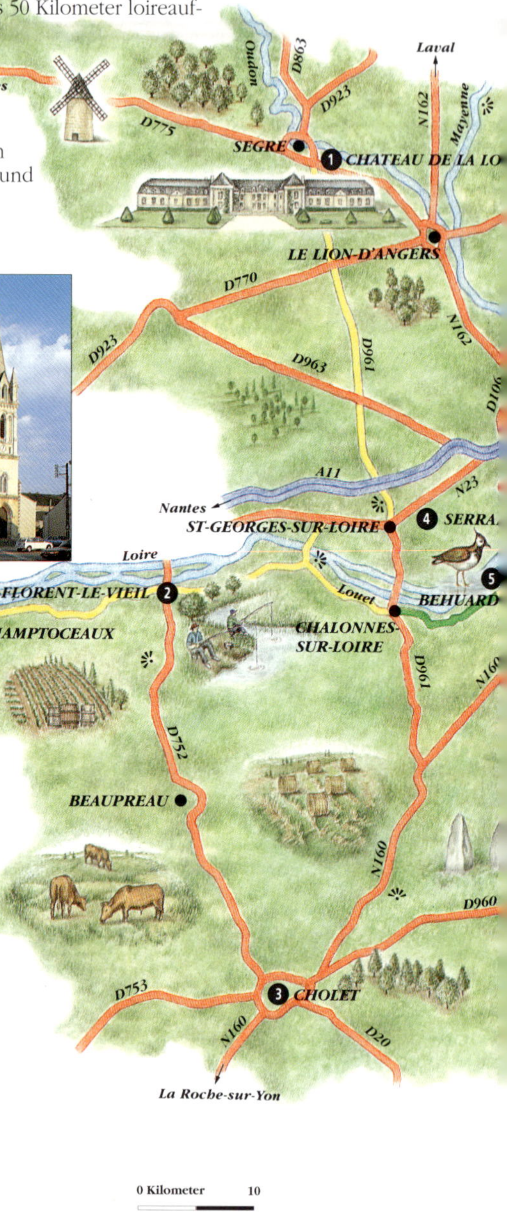

Auf einen Blick

Angers S. 72 ff ❽
Béhuard ❺
Brissac ❾
Château de la Lorie ❶
Cholet ❸
Cunault ⓫
Abbaye de Fontevraud S. 86 f ⓰
Gennes ❿
Montgeoffroy ❼
Montreuil-Bellay ⓭
Montsoreau ⓮
Plessis-Bourré ❻
St-Florent-le-Vieil ❷
Saumur S. 80 ff ⓬
Serrant ❹

Ausflug
Troglodyten-Tour ⓯

Die Loire (bei voller Wasserführung) im Anjou

UNTERWEGS

Angers liegt 90 TGV-Minuten von Paris entfernt. Die Autobahn L'Océanne (A11) über Le Mans ermöglicht die schnellste Straßenanreise aus Paris. Zwischen Tours und Angers läßt die D766 über Baugé recht flüssiges Fahren zu. Die D751 folgt ab Saumur dem südlichen Loire-Ufer – die schönste Fahrstrecke nach Angers. Sie setzt sich als Corniche Angevine nach Champtoceaux fort. Auf den Zuflüssen Oudon und Mayenne kann man gemächliche Bootsfahrten unternehmen.

LEGENDE

- Autobahn
- Hauptstraße
- Nebenstraße
- Panoramastraße
- Fluß
- Aussichtspunkt

Eines der lebhaften Straßencafés von Angers

Die Kirche von St-Florent-le-Vieil thront auf einem Hügel über der Stadt

Château de la Lorie ❶

Straßenkarte B3. *Segré, dann Taxi.* *02 41 92 10 04.* *Juli–Mitte Sep Mi–Mo; Ostern–Okt Gruppen nach Voranmeldung.*

Ein Garten im eleganten französischen Stil des 18. Jahrhunderts führt auf dieses private Château zu. Es liegt, umsäumt von einem Trockengraben, zwei Kilometer südöstlich der alten Stadt Segré am Fluß Oudon.

Eine Statue der römischen Göttin Minerva wacht über dem Haupteingang des Kerngebäudes, das René le Pelletier, Generalvorsteher von Anjou, im 17. Jahrhundert aufziehen ließ.

Ein Jahrhundert später schuf man durch Anbau zweier Flügel einen Dreiseithof sowie das Prachtstück, den von der Musikergalerie in einer Rundnische gekrönten Marmorballsaal. Italienische Handwerker stellten ihn 1779 fertig – kurz vor der Französischen Revolution, die derlei Zurschaustellungen von Reichtum und persönlicher Macht zunächst beendete.

St-Florent-le-Vieil ❷

Straßenkarte B3. *2650.* *Varades, dann Taxi.* *Pavillon de la Mairie (02 41 72 62 32).* *Fr nachmittags.* *Festival de Musique (Juni–Juli).*

Die schmalen, von Häusern des 16. bis 18. Jahrhunderts gesäumten Altstadtstraßen streben zum Hügel, auf dem eine stattliche Kirche (18. Jh.) thront. Dort, auf dem Kirchplatz, entfesselte im März 1793 ein Volksprotest gegen die Zwangsrekrutierung zum republikanischen Heer den Vendée-Aufstand.

Sieben Monate später überquerte die bei Cholet geschlagene royalistische Armee hier mit 40 000 Mann und ebensovielen Zivilisten die Loire. Sie war wild entschlossen, die 4000 in der Kirche gefangenen Republikaner zu töten, hielt aber jäh inne, als der Marquis de Bonchamps auf dem Totenlager rief: »Verschont die Gefangenen!«

Unter den Geretteten befand sich der Bildhauer David

Die Corniche Angevine

Die D751, die Corniche Angevine, zählt zu den malerischsten Routen der Region. Sie windet sich über die Felsen der südlichen Loire-Prallhänge und eröffnet idyllische Blicke auf die Flußinseln und das jenseitige Ufer mit seinen fruchtbaren Weingärten und schmucken Villen. Landlebenbeschaulichkeit kommt auf, wenn die *corniche* den Loire-Nebenfluß Louet durch in Weingärten und Felder gebettete Dörfer begleitet.

Die Route endet westlich im alten Chalonnes-sur-Loire mit seiner anmutigen, teils aus dem 12. Jahrhundert erhaltenen Eglise St-Maurille. Am Kai vor der Kirche kann man gemütlich picknicken und ein Stück weiter, bei La Haie Longue, schöne Flußblicke genießen. Östlicher Endpunkt der Corniche Angevine ist das Städtchen Rochefort-sur-Loire. Es wartet mit einem Glockenturm aus dem 15. Jahrhundert, einem von betürmten Häusern umstandenen Platz und den Ruinen einiger der mächtigen Festungen auf, die einst auf Felsvorsprüngen den höhergelegenen Ort bewehrten.

Blick über den Fluß bei La Haie Longue

d'Angers. Seine Marmorstatue von Bonchamps wurde 1825 in der Kirche aufgestellt *(siehe S.57)*. Die Buntglasfenster im Kirchenchor erzählen ebenso wie das **Musée d'Histoire Locale et des Guerres de Vendée** vom Vendée-Aufstand.

Musée d'Histoire Locale et des Guerres de Vendée
Place J et M Sourice. *02 41 72 62 32, 41 72 50 20. Juli–Mitte Sep tägl. nachm., Mitte Sep–Juni Sa, So u. Feiertage nachm.*

Der Vendée-Aufstand in Cholet, 1899 von Emile Boutigny dargestellt

Cholet ❸

Straßenkarte B4. *58000.* *Pl de Rougé (02 41 62 22 35).* *Sa.* *Festival de l'Arlequin (Apr); L'Eté Cigale (Juni); L'Aqua Festival (Juli).*

Cholet ist Zentrum des Mauges-Gebiets und zweitbedeutendster Ort des Anjou. Es verlor im Vendée-Aufstand die Hälfte seiner Bevölkerung, später brachte die Textilindustrie wirtschaftlichen Aufschwung. Die hier gefertigten roten Taschentücher mit weißem Rand erinnern symbolhaft an eine entscheidende, 1793 nahe Cholet ausgetragene Schlacht. Auch das **Musée d'Art et d'Histoire** schildert mit aufwendig gestalteten Malereien und Modellen den Vendée-Aufstand.

Grab des Marquis de Vaubrun in der Kapelle von Serrant

Musée d'Art et d'Histoire
27, av de l'Abreuvoir. *02 41 49 29 00. Mi–Mo Feiertage.*

Château de Serrant ❹

Straßenkarte B3. *Angers, dann Taxi.* *St George-sur-Loire.* *02 41 39 13 01. Apr–Juni, Sep–Okt Mi–Mo; Juli–Aug tägl.*

Dieses private Château ist das westlichste der bedeutenden Loire-Schlösser. 1546 begonnen, baute man es über drei Jahrhunderte harmonisch aus. Sein Äußeres empfängt würdevoll: helle Tuffsteinfassaden mit dunklen Schieferdächern und mächtigen, überkuppelten Eckrundtürmen. Innen besticht im zentralen Pavillon eines der schönsten Renaissance-Treppenhäuser des Anjou. Das Schloß beherbergt eine erlesene Sammlung von Möbeln (18. Jh.) und flämischen Gobelins sowie eine Bibliothek mit etwa 12 000 Bänden.

Der Bildhauer Antoine Coysevox schuf das prächtige Grabmal, das in der Kapelle an Serrants bekanntesten Schloßherrn, den Marquis de Vaubrun, erinnert. Im 18. Jahrhundert gelangte das Schloß in den Besitz der irischen Jakobitenfamilie Walsh, die in Nantes der Reederei nachging. Im Schloß zeigt ein Bild Bonnie Prince Charlie beim Abschied von Anthony Walsh, dessen Schiff den Prinzen nach Schottland gebracht hatte.

Seit 1830 gehört das Château den Herzögen von La Trémoille.

Die Südfassade des Château de Serrant mit ihren mächtigen Türmen

Madonnenstatue in der Kirchenwand von Béhuard

Béhuard ❺

Straßenkarte C3. *Baiche Maine, dann Taxi.* *Angers (02 41 23 51 11).*

Durch die engen Gassen dieses mittelalterlichen Dorfs auf einer kleinen Insel im Fluß zogen einst Wallfahrer zur winzigen, an einen Felsvorsprung gesetzten Kirche. Schon in vorchristlicher Zeit beteten hier Priester um sicheres Geleit der Loire-Schiffer bei der Fahrt über den oft tückischen Fluß.

Im 15. Jahrhundert stiftete Louis XI die rührend schlichte Kirche, nachdem er sich nach einem Schiffbruch auf der Loire hatte retten können. Der Mittelgang, der das kleine Schiff teilt, wurde aus dem Fels getrieben.

Château du Plessis-Bourré 6

Straßenkarte C3. *Angers, dann Taxi.* *02 41 32 06 72.* *März–Juni, Sep–Nov Di nachm.–Do; Juli–Aug tägl.; Dez–Feb Do–Di nur nachm.* *nur Erdgeschoß.*

Der Schlossgraben ist so breit, daß das Château du Plessis-Bourré mit seinen silbrigen Mauern und dunklen Dachschiefern wie eine Felsinsel in einem See wirkt. Das Schloß war Heimstatt von Jean Bourré. Fünf Jahre – ab 1468 – baute er daran. Es ist seine wohl vollkommenste, auf jeden Fall am wenigsten veränderte Hinterlassenschaft.

Als königlicher Ratgeber und Kämmerer überwachte Bourré auch die Bauten von Langeais *(siehe S. 92)* und Jarzé und beeinflußte den Umbau der Loire-Burgen in Lustschlösser. Das Château du Plessis-Bourré stillt gekonnte beide Bedürfnisse: die Sehnsucht nach angenehmem Leben und durch Befestigungen das Verlangen nach Sicherheit. Der hervorragende Gebäudezustand spricht für die Qualität der Baumeister und Materialien.

Nach Überqueren einer siebenbogigen Brücke erreicht man über eine der beiden Zugbrücken – sie werden jeden Abend mit Hilfe eines fein ausbalancierten Mechanismus eingezogen – den Arkadenhof des Schlosses. Überraschend leicht und luftig wirken die Prunkzimmer mit ihren kunstfertigen Steinreliefs. Der prächtige Gemäldehimmel in der Salle des Gardes ist voller alchimistischer und allegorischer Bilder, unter anderem von der Wolfsdämonin Chicheface (abgezehrt dargestellt, weil sie nur Ehefrauen fressen kann, die ihren Männern stets gehorchen). Die Möbel entstammen vorwiegend dem 18. Jahrhundert. Während der Französischen Revolution wurden die Wappen über dem Kamin in der Bibliothek entfernt, doch sind die Konturen noch zu sehen.

Decke der Salle des Gardes

Das von einem breiten Wassergraben umlaufene Château du Plessis-Bourré

Vogelbeobachtung in den Basses Vallées Angevines

Am Zusammenfluß von Sarthe, Loir und Mayenne werden jährlich zwischen Oktober und Mai 4500 Hektar Land – die Basses Vallées Angevines – überflutet. Unzählige Zugvögel rasten hier und machen das Gebiet zum Vogelparadies.

Einer der willkommensten Gäste ist der scheue Wachtelkönig, der im März die Feuchtwiesen erreicht. Über dreihundert Paare brüten hier – mehr als andernorts in Europa. Dem Schutz dieser Art dient unter anderem die späte Heuernte.

Flüsse, Kanäle und Feuchtwiesen locken Insekten an und diese wiederum Mauersegler, Braunkehlchen und Grünköpfige Schafstelzen. Im Frühsommer vibrieren die Basses Vallées vom Vogelgesang. Abends dringt der seltsame Ruf des Wachtelkönigs ans Ohr.

Die Schwemmebene des Anjou im Dämmerlicht

Château de Montgeoffroy ❼

Straßenkarte C3. *Angers oder Saumur, dann Taxi.* *02 41 80 60 02.* *Mitte März–Mitte Nov tägl.*

MONTGEOFFROY ist ein unterschätztes, meisterliches Bauwerk im Stil des späten 18. Jahrhunderts. Der Architekt Nicolas Barré errichtete es 1773 bis 1775 für den Maréchal de Contades. Ebenmaß und Leichtigkeit der Architektur bestechen unweigerlich jeden Besucher, ebenso die Harmonie des sanften Graus und Blaus von Stein und Farbdekor. Hohe französische Fenster öffnen die Sicht auf den bezaubernden Park.

Den Hauptbau flankieren Flachdachpavillons als Übergang zu den zwei von Rundtürmen (16. Jh.) abgeschlossenen Seitenflügeln. In einem dieser Türme leitet ein mit Pferdegeschirr gefüllter Raum zu einem riesigen Stall über, in dem Kutschen ausgestellt sind. Der entgegengesetzte Flügel beherbergt die Kapelle aus dem 16. Jahrhundert.

Die symmetrische Fassade des Château de Montgeoffroy

Hérault de Séchelles von Hubert Drouais

Die an das Haupthaus anschließende Küche besitzt eine Sammlung von 260 Kupfer- und Zinntöpfen. Bilder, Gobelins und maßgefertigte Möbel verleihen den reizvollen Wohnräume Leben. Den palmenförmigen Porzellanofen im Speiseraum, seinerzeit eine Innovation, erwarb der *maréchal* (Marschall) während seiner Gouverneurszeit in Straßburg. Seine gekreuzten Marschallstäbe dekorieren den Großen Salon. In den Gemächern der Freundin des Hausherrn, der Madame Hérault, hängt ein Portrait ihres Enkels Marie-Jean Hérault de Séchelles.

Kutschenausstellung in den Ställen von Montgeoffroy

Schnepfe

Kiebitz

Vogelarten

Ortstreue Kormorane, Enten und Bläßhühner sichtet man rund ums Jahr. Im Winter ziehen Wildgänse und Schwäne an die Ufer, Goldregenpfeifer auf die Felder. Im Februar landen etwa 30 000 Pfuhlschnepfen. Zu den zwischenrastenden Zugvögeln zählen auch Spießenten, Graugänse, Kiebitze und Lachmöven sowie Watvögel wie Kampfläufer, Schnepfen, Rotschenkel und Strandläufer.

Goldregenpfeifer

Tips für Vogelliebhaber

Straßenkarte C3. *Angers, dann Taxi oder Mietwagen.* *Ligue pour la Protection des Oiseaux, 84, rue Blaise Pascal, Angers (02 41 44 44 22).* *Tages-, Nacht- und Wochenendausflüge, spezielle Angebote für Kinder.* *Für Vogelbeobachtungstouren Reservierung erforderlich.*

Bestes Beobachtungsgebiet (Feb – Ende Juli): Zusammenfluß von Loire und Sarthe, südwestlich von Briollay. Fahren Sie die D 107 von Angers Richtung Cantenay-Epinard, vor dem Ort rechts den Schildern nach Le Vieux Cantenay folgen. Kehren Sie über Vaux auf die D 107 zurück und folgen Sie ihr bis Noyant, von wo viele kleine Straßen zum Sarthe-Fluß führen. Kehren Sie nach Noyant zurück, um Les Chapelles und Soulaire-en-Bourg anzusteuern.

Angers ❽

Detail, Kathedrale von Angers

ANGERS LIEGT an der Maine, acht Kilometer vor ihrer Mündung in die Loire. Die Stadt war einst Sitz von Foulques Nerra *(siehe S. 50f)* und anderen berüchtigten Grafen von Anjou. Unter der Herrschaft der Plantagenêts (12. Jh.) wurde Angers Regionalhauptstadt in einem Reich, das sich bis Schottland erstreckte. Heute ist Angers eine wohlhabende Universitätsstadt mit breiten Boulevards, malerischen Parks und engen, alten Straßen, in denen die traditionsreiche Geschichte auflebt.

Maison d'Adam, besterhaltenes Fachwerkhaus in Angers

Überblick: Angers

Die Maine teilt Angers in zwei Hälften. Am linken Flußufer liegt der älteste Stadtteil, bewacht vom festungsähnlichen **Château d'Angers**, dessen Ursprünge auf das 13. Jahrhundert zurückgehen *(siehe S. 74f)*. Die massiven Burgmauern hüten einen kostbaren Schatz: den Wandteppichzyklus »Apokalypse« *(siehe S. 76f)*, Frankreichs ältestes und größtes Teppichensemble aus dem 14. Jahrhundert.

Einen kurzen Fußweg vom Schloß entfernt erhebt sich die **Cathédrale St-Maurice.** In den alten Straßen um die Kirche findet man die meisten der 46 erhaltenen Fachwerkhäuser der Stadt. Das schönste ist die **Maison d'Adam,** ein Patrizierhaus aus dem 15. Jahrhundert, an der Place Ste-Croix (Nr.1). Ihre üppige Dekoration – sie ist überall mit Holzschnitzfiguren wie Sirenen, Musikanten und Liebespaaren geschmückt – zeugt noch heute vom Reichtum des früheren Besitzers. Heute ist die Maison d'Adam Sitz einer Textilfirma und daher nur von außen zu bewundern.

Am rechten Maine-Ufer lohnt der Besuch des alten Viertels **La Doutre** *(d'outre Maine* = die andere Seite der Maine). In dieser ehemals ärmlichen, nun restaurierten Händlerniederlassung entdeckt man ebenfalls einige wohlerhaltene Fachwerkhäuser.

Ein Bummel von der Rue Guy-Lussac zur Place de la Laiterie führt an vielen historischen Bauten von La Doutre vorbei. Zu diesen gehören das stilvolle **Hôtel des Pénitentes,** ehemals Zuflucht bußfertiger Dirnen, eine **Apotheke** (12. Jh.) sowie die restaurierte Kirche **La Trinité** neben den Ruinen von Foulques Nerras romanischer **Abbaye du Ronceray,** einem Benediktinerinnenkloster für Adelstöchter.

Cathédrale St-Maurice

4, rue St Christophe. ☎ 02 41 87 58 45. ◯ tägl.

Die Kathédrale entstand Ende des 12. Jahrhunderts. Der Mittelturm stammt allerdings aus der Renaissance. Die gotischen Skulpturen der Fassade beeindrucken trotz der Narben, die Zeit, Umwelteinflüsse und Granateinschläge ihr eingetragen haben.

Die formvollendeten Gewölbe des Haupt-und Querschiffs zählen zu den frühesten und besten ihrer Art. Sie lassen die hohe Decke domartig erscheinen. Glühende Buntglasfenster, darunter eine schöne Rosette (15. Jh.) im nördlichen Querschiff, tauchen das Innere in warmes Licht.

Musée des Beaux Arts

10, rue du Musée. ☎ 02 41 88 64 65. ◯ Mitte Juni–Mitte Sep tägl.; Mitte Sep–Mitte Juni Di–So. ◯ 1. Mai, 8. Mai.

Die städtische Kunstsammlung ist im Logis Barrault, einem noblen Herrenhaus aus dem 15. Jahrhundert, untergebracht. Zur Ausstellung sakraler Kunst im ersten Stock gehören ein steinernes Kreuz aus dem Anjou, die vergoldete Kupfermaske (13. Jh.) einer schönen Frau sowie verschiedene Zepter der beiden großen Abteien Toussaint und Fontevraud *(siehe S. 86f)*.

In den oberenen Galerien sind Gemälde ausgestellt, unter ihnen auch ein Porträt von Agnès Sorel, der Mätresse Charles' VII *(siehe S. 104)*; verschiedene Stilleben von Jean-Baptiste Chardin, das großflächige und recht amüsante Werk *Les génies des arts* von François Boucher und Ingres' *Paolo Malatesta und Francesca da Rimini,* das eine Szene aus Dantes *Inferno* darstellt.

Einer der vielen idyllischen Parks von Angers

Cointreau

Angers ist die Stadt des Cointreau: Jährlich füllt man hier 30 Millionen Flaschen dieses Orangenlikörs ab. Die als Zuckerbäcker in und um Angers für ihre geheimnisvollen Stärkungstränke bekannten Brüder Cointreau begründeten 1849 die Likörbrennerei von Angers. Aber erst ihr Sohn und Neffe Edouard komponierte die Mixtur des farblosen Cointreau, der das Aroma bitterer und süßer Orangenschalen unnachahmlich kombiniert.

Infobox

Straßenkarte C3. 200 000. *Pl de la Gare.* *Pl de la Republique.* *Pl Kennedy (02 41 23 51 11).* *Fr–So, Mi.* *Festival d'Anjou (Juli).*

Galerie David d'Angers

37 bis, rue Toussaint. 02 41 87 21 03. *Mitte Juni–Mitte Sep tägl.; Mitte Sep–Mitte Juni Di–So.* *Feiertage.*

Gipsgüsse des in Angers gebürtigen Bildhauers Pierre-Jean David (1788–1856), bekannt als David d'Angers, füllen die glasüberdachten Ruinen der Abteikirche Toussaint (13. Jh.). Seine idealisierenden Büsten wurden gerne zur Verewigung von Prominenten wie dem Marquis de Bonchamps *(siehe S. 57)* bestellt. Das Licht der Galerie betont die fließenden Linien dieser im akademischen Kunststil, doch ausdrucksstark geschaffenenWerke.

Skulptur von David d'Angers

Hôpital St-Jean (Musée Jean Lurçat)

4, bd Arago. 02 41 87 41 06. *Mitte Juni–Mitte Sep tägl.; Mitte Sep–Mitte Juni Di–So.* *Feiertage.*

Der anmutige gotische Meisterbau in La Doutre diente bis 1875 als Krankenhaus. 1175 von Henry II von England gestiftet, ist dies Frankreichs ältestes erhaltenes Hospital. Gleich hinter dem Eingang zu dem geschmackvollen Anwesen entdeckt man die Wappen der Plantagenêts und des Anjou. In einer Ecke der Salle des Malades wurde eine Apotheke nachgebaut. Durch eine Tür am äußeren Ende der Galerie gelangt man zur Kapelle und dem Kreuzgang (12. Jh.). Im Hôpital St-Jean zeigt heute das Musée Jean Lurçat eine Sammlung der Teppiche des Meisters, der im 20. Jahrhundert eine Renaissance der Gobelinkunst entfachte *(siehe S. 77)*.

Espace Cointreau

Bd des Brétonnières. 02 41 43 25 21. *Mitte Juni–Mitte Sep Mo–Fr, Sa, Feiertage nur nachmittags; Mitte Sep–Mitte Juni So, nur nachmittags.*

Die weltweit einzige Cointreau-Brennerei befindet sich im Viertel St-Barthélémy von Angers. Sie können die Gesamtproduktion von der Zutatenaufbereitung über das Brennen in 19 Kupferanlagen bis hin zur Flaschenabfüllung verfolgen. Nach der Besichtigung der Brennerei gibt es eine Kostprobe des aromatischen Orangenlikörs. Das angeschlossene Museum stellt die »Erfindung« des Cointreau in Dokumenten, Erinnerungsstücken und Audiovision dar.

Zentrum von Angers

Cathédrale St-Maurice ③
Château d'Angers ②
Galérie David d'Angers ⑤
Hôpital St-Jean (Musée Jean Lurçat) ①
Maison d'Adam ④
Musée des Beaux-Arts (Logis Barrault) ⑥

0 Meter 500

Legende

- Busbahnhof
- Parken
- Auskunft
- Kirche

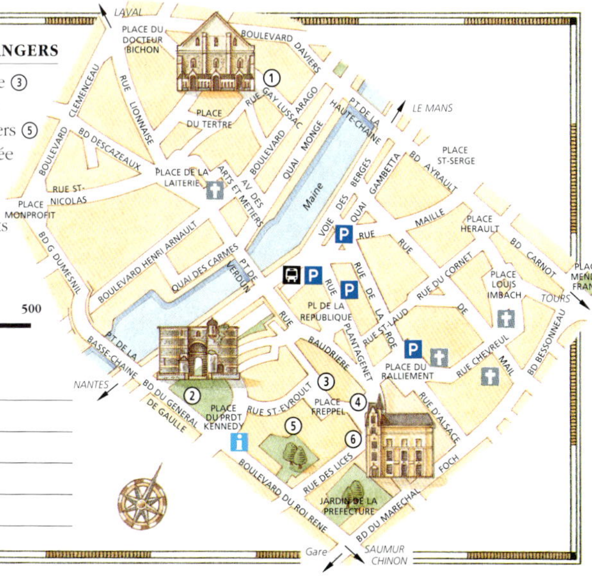

Château d'Angers

Ein Hirsch im Château d'Angers

DIE GEWALTIGEN Trommeltürme und Blendmauern dieser mittelalterlichen Festung wurden 1230 bis 1240 über dem Bollwerk des Grafen Foulques Nerra hochgezogen. Den Bauauftrag erteilte Blanche de Castille, die für ihren unmündigen Sohn Louis IX die Regentschaft ausübte. In den Mauern der Burg frönten Aristokraten später einem überaus mondänen Leben. Der letzte Herzog von Anjou, König René I, ließ anmutige Gebäude, Gärten, Vogelhäuser und eine Menagerie zufügen. Mehrere Jahrhunderte diente das festungsähnliche Schloß auch als Gefängnis. Heute sind darin Frankreichs kostbarste Wandteppiche zu bewundern.

Das Gouverneursgebäude aus dem 15. Jahrhundert wurde im 18 Jahrhundert umgestaltet.

Wallgärten

★ Wallgärten

Den elf Meter tiefen, 30 Meter breiten Wallgraben füllen nun statt Wasser geometrische Blumenbeete aus.

Wehrtürme

Die 17 Türme ragen heute bis zu 60 Meter hoch auf. Den königlichen Befehl, sie zu schleifen, befolgte man nur teilweise, indem man ihre Spitzen und ein Stück des Gemäuers abtrug.

Symmetrische Gärten verteilen sich über den großen Burghof.

Die Zugbrücke leitet zum Schloßeingang, der Porte de Ville (Stadttor).

ZEITSKALA

Henri III

- **1230–40** Bau der Festung auf einem Felssporn an der Stelle älterer Burgen der Grafen von Anjou
- **1360** Louis I von Anjou läßt die grimmigen Mauern mit Fenstern und Türen auflockern
- **1410** Umbau von Kapelle und Logis Royal unter Louis II und Yolande d'Aragon
- **1450–65** René I läßt das Burginnere renovieren, Gärten und Gebäude beifügen
- **1585** Hugenotten nehmen die Festung ein. Henri III befiehlt den Abriß der Türme, doch der Verwalter läßt sie nur stutzen
- **1648–52** Louis XIV verwandelt die Festung in ein Gefängnis
- **1875** Historisches Baudenkmal
- **1945** Bomben der Alliierten beschädigen die als Munitionslager genutze Burg
- **1952–54** Bernard Vitry baut das Ausstellungsgebäude für den Wandteppichzyklus »Apokalypse«

1200 | 1300 | 1400 | 1500 | 1600 | 1700 | 1800 | 1900

★ »Apocalypse«-Teppiche
In Bernard Vitrys moderner Galerie de l'Apocalypse hängt der Wandteppichzyklus »Apokalypse« (siehe S. 76f).

Das Königsfenster zeigt René I, König von Neapel, und seine Frau Jeanne de Laval beim Kniefall vor der Jungfrau Maria.

Infobox

Promenade du Bout du Monde.
02 41 87 43 47.
April–Mai tägl. 9–12.30, 14–18.30 Uhr; Juni–Mitte Sep 9–19 Uhr; Mitte Sep–Okt 9.30–12.30, 14–18.30 Uhr, Nov–März 9.30–12.30, 14–17.30 Uhr. Feiertage.

Wege auf den breiten Mauern, insgesamt über einen Kilometer lang, eröffnen Spaziergängern reizvolle Blicke auf die Stadt und einige der stilvollen Gärten.

Die Türme lassen sich über Wendeltreppen besteigen.

Im Logis Royal sind Wandbehänge mit Streublumenmotiven zu sehen *(siehe S. 77).*

★ Châtelet
Das 1450 erbaute Schlößchen von René I besitzt noch seine Kegeldächer.

★ Oratorium des Herzogs
Die mit Kamin und Statuen der Schloßherren ausgestattete Hauskapelle überblickt die Chapelle Ste-Geneviève. In ihr hielten die Herzöge und ihre Familien ihre Andachten ab.

Nicht versäumen

- ★ **»Apokalypse«-Wandteppiche**
- ★ **Oratorium**
- ★ **Wallgärten**
- ★ **Châtelet**

Die Wandteppiche von Angers

DER WANDTEPPICHZYKLUS »Apokalypse« wurde im 14. Jahrhundert für den Herzog Louis I von Anjou gefertigt. Er illustriert die Visionen des Johannes aus dem Buch der Offenbarung im Neuen Testament. In den Wirren der Französischen Revolution wurde dieses Meisterwerk zerschnitten und in alle vier Winde zerstreut, um hier als Bettbehang, dort als Pferdedecke zu dienen. Mitte des 19. Jahrhunderts begann man sich um die Restaurierung zu kümmern. Ein eigens zu diesem Zweck errichtetes Ausstellungsgebäude zeigt die 103 Meter langen Reste dieses einzigartigen Kunstwerks.

Feinarbeit
Kein Teufel gleicht einem andern. Die Wandteppiche sind so sorgfältig gewoben, daß ihre Rückseiten fast so ansehnlich sind wie die Vorderseiten.

Der Seher Johannes erscheint in jeder Visionsdarstellung als Erzähler.

Ein Engel instruiert Johannes. In dieser Szene ist das Grün zu Beige verblichen; andere Zyklusfolgen sind besser erhalten.

Die Käfige unreiner Vögel zerbersten in dieser Szene, und böse Geister werden frei.

DER FALL VON BABYLON

Der Zyklus »Apokalypse« entstand 1375–83 in Pariser Teppichwebereien nach Entwürfen von Hennequin de Bruges, der sich an Illustrationen karolingischer Handschriften anlehnte. Er bebilderte das Ende der Welt und die Ankunft des himmlischen Jerusalem in neunzig Teilen, die in sechs »Kapitel« mit je einer Einleitungs- und 14 Folgeszenen gegliedert waren. Szene 66 schildert den Fall von Babylon, das zur teuflischen Lasterhöhle wird, nach dem Buch der Offenbarung des Johannes (Apk. 18, 2).

Mille Fleurs-Teppiche
Die Farben dieser flämischen Wandteppiche (spätes 15. Jh.) im Logis Royal leuchten wie ehedem.

Die einstürzenden Türme von Babylon lassen eine Dämonenbrut zum Vorschein kommen.

Die Hintergrundfarben Blau und Rot wechseln sich ab und ergeben ein schachbrettartiges Muster.

Le Chant du Monde

Jean Lurçat (1892–1966)

IM GROSSZÜGIGEN, ÜBERKUPPELTEN Musée Jean Lurçat *(siehe S. 73)* kommt Lurçats *Gesang der Welt* wirkungsvoll zur Geltung. Der 79 Meter lange Teppichzyklus nimmt drei Wände des Saals ein. Er ist Lurçats Antwort auf die »Apokalypse«, die der Künstler 1937 erstmals mit eigenen Augen sah. Die zehn vier Meter hohen Teile des Ensembles wurden 1957–66 in Werkstätten von Aubusson gewebt. Die thematischen Motive reichen vom Naziterror und dem Atombombenabwurf auf Hiroshima hin zur Eroberung des Weltraums als Sinnbild für ein neues Zeitalter.

»Ornamentos sagrados« aus Lurçats Teppichfolge *Le chant du monde*

Die Kunst des Teppichwebens

Mittelalterlicher Teppichweber

Im Mittelalter waren Wandteppiche Statussymbole, mit denen Aristokratenfamilien Schlösser und Kirchen ausstatteten. Sie zierten die wuchtigen Steinmauern und schützten die weiträumigen Gemächer zugleich vor Zugluft.

Paris und Flandern waren im 14. Jahrhundert die Zentren der Teppichherstellung. Hochqualifizierte Weber fertigten die Wandbehänge nach originalgroßen Vorlagen eines Künstlers. Sie spannten in ihre Webstühle vertikale Kettfäden in der erforderlicher Länge ein und zogen durch diese die eingefärbten horizontalen Schußfäden.

Die Teppichkunst welkte ab dem 16. Jahrhundert dahin, um im 20. Jahrhundert durch Künstler wie Pablo Picasso und Henri Matisse eine neue Blüte zu erleben.

Farbige Teppichfäden in der Werkstatt St-Jean (Aubusson)

Brissacs Weinkeller

Château de Brissac ❾

Brissac-Quincé. **Straßenkarte** C3. *Angers, dann Taxi.* *02 41 91 22 21.* *Mi–Mo.*

DAS CHÂTEAU der Herzöge von Brissac ragt 18 Kilometer südöstlich von Angers über dem Fluß Aubance auf. Es ist das wohl größte der noch in Privatbesitz befindlichen (und das höchste der) Loire-Schlösser. Stammvater des Schloßherrengeschlechts war der Statthalter von Paris und Generalfeldmarschall Charles de Cossé; sein Tod 1621 verordnete dem Bau des riesigen, über den Ruinen einer Festung gebauten Palastes eine Zwangspause.

An der Eingangsfront flankieren zwei Türme (15. Jh.) einen 37 Meter hohen, reichverzierten Kuppelpavillon (17. Jh.). Von den 150 Schloßzimmern stehen zehn mit Gemälden, Wandteppichen, kostbaren Möbeln und anderen Schätzen ausgestattete Räume Besuchern offen. Besonders fasziniert die 32 Meter lange Salle des Gardes: Virtuos verteilte Fensterscheiben, eine Schwäche des Architekten Jacques Corbineau, lassen die Aubusson-Teppiche und vergoldeten Decken des Saals in glanzvollem Licht erscheinen.

Daneben beeindrucken das Schlafgemach von Louis XIII und der – noch für Konzerte genutzte – Opernsaal (1883). In der Bildergalerie zeigt ein Porträt Madame Cliquot, die Ahnin der Champagnerdynastie. Sie ist eine entfernte Vorfahrin des herzoglichen Schloßherrn, dessen Weine man nach der Besichtigung in Kellern aus dem 11. Jahrhundert verkostet.

Gennes ❿

Straßenkarte C3. *1900.* *Saumur, Les Rosiers-sur-Loire.* *Square de l'Europe (02 41 51 84 14).* *Di.*

IM GALLORÖMISCHEN Frankreich *(siehe S. 48f)* hieß das hübsche Dorf Gennes am Südufer der Loire Genina Loca. Es war ein bedeutendes religiöses und wirtschaftliches Zentrum. An einem Hang entstand vor über 1800 Jahren Westfrankreichs größtes **Amphitheater**, in dem vom 1. bis 3. Jahrhundert Gladiatoren kämpften. Bei der 1985 begonnene Restaurierung wurden die Sandsteinmauern und Ziegelränge des Stadions freigelegt; es besaß Sitzplätze für mindestens 5000 Zuschauer, Umkleideräume und ein effektives Drainagesystem. Für Wasserschauspiele wie Seeschlachten wurden vermutlich die marschigen Ufer des Flusses Avort vor der 2160 m² weiten Arena geflutet.

Zu den vielen jungsteinzeitlichen Stätten im Umland von Gennes zählen zwanzig Grabkammern und Menhire. Eine der größten prähistorischen Grabstätten ist der – jüngst noch als Bäckerei zweckentfremdete – **Dolmen de la Madeleine**. Er liegt einen Kilometer östlich an der D69, die an Gennes mittelalterlicher **Eglise St-Vétérin** vorbeiführt.

Die mittelalterliche Eglise St-Vétérin in Gennes

Auf einer Kuppe über dem Dorf bietet sich beim Turm der verfallenen Kirche **St-Eusèbe** (11.–15. Jh.) ein ausgezeichneter Panoramablick. Neben dem alten Kirchenschiff steht ein Denkmal für Kadetten der Kavallerieschule von Saumur *(siehe S. 83)*; sie fielen im Juni 1940 beim Versuch, die Deutschen am Überschreiten der Loire zu hindern.

Eine auf dem Hügel geborgene Statue des Merkur legt nahe, daß dem Römergott hier in gallorömischer Zeit ein Tempel geweiht war.

Amphithéâtre
02 41 51 83 33. *Juli–Aug Mi–Mo; Apr–Juni u. Sep So u. Feiertag nachmittags.*

Dolmen de la Madeleine
02 41 51 84 14. *tägl.* *eingeschränkt.*

Der jungsteinzeitliche Dolmen de la Madeleine bei Gennes

UMGEBUNG: Bei L'Orbière, vier Kilometer von Gennes entfernt, hat Jacques Warminsky das Monumentalwerk ***L'hélice terrestre*** *(Irdische Helix)* geschaffen. Der Bildhauer und seine Helfer haben auf 875 m² Fläche in den weichen Kalkstein eines Hanges ein spiralförmiges Labyrinth gehauen. Bis 14 Meter unter den Erdboden reichen die Gänge, die sich nach Vorbildern anatomischer und mineralischer Strukturen weiten oder verengen.

Nach außen hin verkehren sich die Spiralen der Helix. Ihre zwei komplementären Teile veranschaulichen die universalistische Weltsicht des Künstlers.

Jacques Warminsky bei der Arbeit an seinem Werk *L'hélice terrestre*

L'Hélice Terrestre

L'Orbière, St-Georges-des-Sept-Voies. **Straßenkarte** C3. *Saumur, Les Rosiers-sur-Loire, dann Taxi.* *Gennes, dann Taxi.* *02 41 57 95 92.* *tägl.*

Cunault ⓫

Straßenkarte C3. *1000.* *Les Rosiers-sur-Loire, dann Taxi.* *Pl Victor Daillaut (02 41 67 92 55).* *Les Heures Musicales (Juli–Aug). Mois de l'Orgue (Mai).*

ZU RECHT GILT die **Eglise Notre-Dame** von Cunault, einem kleinen Ort am Südufer der Loire, als majestätischste romanische Kirche des Anjou, wenn nicht des gesamten Loire-Tals. Benediktinermönche aus Tournus im Burgund waren die Bauherren dieser Abteikirche aus hellem Kalkstein. Sie gliederten ihr den Glockenturm einer Vorgängerin aus dem 11. Jahrhundert ein; im 15. Jahrhundert kam ein kurzer Turmhelm hinzu.

Cunaults Notre-Dame ist Frankreichs längste romanische Kirche, die kein Querhaus besitzt. Innen empfängt schlichte Eleganz, betont durch 223 Säulen, die so hoch sind, daß man die Fabeltiere, Dämonen und religiösen Motive auf ihren Kapitellen nur mit dem Fernglas studieren kann.

Neben dem marmornen Weihwasserbecken aus dem 12. Jahrhundert zu Füßen der Eingangsstufen ist der Boden ausgetreten von den Wallfahrern, die zu den Kirchenreliquien, darunter Marias angeblichem Trauring, pilgerten. Drei Kirchenschiffe gleicher Breite boten den Ankömmlingen Platz. Muschelförmige Terrakottafliesen pflastern das Ambulatorium um die Kanzel. In Spuren erkennt man noch Fresken aus dem 15. Jahrhundert, so eine Darstellung des heiligen Christophorus.

Zu den weiteren Schmuckstücken der Kirche zählen Eichen- und Eschenholzmobiliar, ein geschnitzter Reliquienschrein aus dem 13. Jahrhundert und eine bemalte Statue der heiligen Katharina aus dem 15. Jahrhundert.

Mittelschiff von Cunaults majestätischer Eglise Notre-Dame (12. Jh.)

PILZZUCHT

Das Anjou liefert etwa 75 Prozent der französischen Zuchtpilze. Die feuchten, dunklen Tuffsteinhöhlen am Loire-Ufer sind ideale Brutstätten für die *champignons de Paris* – so genannt, weil man sie zunächst in stillgelegten Steinbrüchen im Großraum Paris züchtete. Seit dem späten 19. Jahrhundert werden diese Champignons auch im Loire-Tal kultiviert. Heute stellt die einträgliche Pilzzucht Arbeitsplätze für 5000 Einwohner der Region. Um der Nachfrage nach exotischeren Sorten zu genügen, züchtet man heute auch Pilze wie *pleurottes* und *shiitake*.

Austernpilze, französisch *pleurottes* genannt

Im Detail: Saumur ⓬

Einem Bilderbuch entsprungen scheint das Schloß, das auf einem Hügel über der Stadt thront. Ortsunkundigen weist es den Weg zum alten Stadtkern zwischen Burg, Fluß und der Hauptstraße, die von der zentralen Loire-Brücke geradeaus läuft. Die Straßen rings um den Schloßhügel laden zum Bummeln ein – fußgängerfreundliche Überschaubarkeit zählt zu den Vorzügen der Stadt.

Theater
Das Pariser Odéon stand Saumurs Theater Modell, das im späten 19. Jahrhundert den Vorhang hob.

Die Rue St-Jean ist Schlagader des Einkaufsviertels der Stadt.

Das Hôtel des Abbesses de Fontevraud aus dem 17. Jahrhundert, in der Rue de l'Ancienne-Messagerie, besitzt eine außergewöhnliche Wendeltreppe.

Maison du Roi
Hinter dem Bankhaus (19. Jh.) in der Rue Dacier (Nr. 33) steht eine hübsche Renaissancevilla. Einst Residenz königlicher Hoheiten, beherbergt sie heute Saumurs Rotes Kreuz. Im Hof erinnert eine Plakette an den beliebten René I d'Anjou.

Nicht versäumen

★ **Château de Saumur**

★ **Eglise St-Pierre**

Hôtel de Ville
Das Rathaus war früher ein Herrensitz, der zur Stadtbefestigung am Loire-Ufer gehörte. Restaurationen und Anbauten harmonieren mit dem gotischen Stil des 1508 erbauten Hauses.

INFOBOX

Straßenkarte C3. 30 000. Av David d'Angers. Pl St-Nicolas. Pl de la Bilange (02 41 40 20 60). Sa Carrousel Cavalry (Juli).

Place St-Pierre
An diesem Platz, bei den Nummern 3, 5 und 6, finden Sie Saumurs älteste fachwerkverzierte Häuser (15. Jh.).

★ Eglise St-Pierre
Die erstmals im 12. und 13. Jahrhundert erbaute, im 15. und 16. Jahrhundert umgestaltete Kirche hütet eine sehenswerte Wandteppich-Kollektion.

Die Maison des Compagnons aus dem 15. Jahrhundert krönt die Montée du Fort. Ihre Restauration haben Steinmetze besorgt, deren Lehrlingen man weiterhin bei der Arbeit zusehen kann.

★ Château de Saumur
Saumurs Schloß steht nahe der Butte des Moulins, einem kleinen, früher von Windmühlen bedeckten Hügel. Vom Wachturm hat man gute Blicke über die Stadt, die Loire und ihren Nebenfluß Thouet.

LEGENDE

– – – Routenempfehlung

Überblick: Saumur

HEUTE LÄSST SAUMUR vor allem an Schaumweine, Pilze und Dressurreiten denken. In der Vergangenheit war die Stadt ein bedeutender Hafen und im 16. und 17. Jahrhundert ein Zentrum protestantischer Gelehrsamkeit, bis die Aufhebung des Edikts von Nantes 1685 viele Hugenotten vertrieb. Beim Bummel durch die reizvollen Altstadtstraßen wird dieses reiche Erbe lebendig.

Schnitzdekor der Chorstühle (15. Jh.) von Saumurs Eglise St-Pierre

Die Altstadt

Im Herzen der Altstadt steht die **Eglise St-Pierre** aus dem späten 12. Jahrhundert. Ein Blitzeinschlag zerstörte 1674 den Vordereingang, doch an der Südseite ist ein romanisches Portal aus der Gründungszeit erhalten. Zu ihren Schätzen zählen die Chorstühle, Meisterwerke der Schnitzkunst aus dem 15. Jahrhundert, sowie Wandteppiche des 16. Jahrhunderts mit Szenen aus dem Leben des heiligen Petrus und des heiligen Florian, an den viele Klöster der Region erinnern. Die Teppiche illustrieren, wie der Heilige römischen Verfolgern entrinnt, einen Drachen tötet und ein Kloster gründet.

Fassade der Eglise Notre-Dame de Nantilly

In der nahen **Grande Rue** künden Kalkstein- und Schieferhäuser vom Wohlstand des protestantischen Saumur im späten 16. Jahrhundert. Dem »Hugenottenpapst« Philippe Duplessis-Mornay, der die Stadt 1589 bis 1621 verwaltete, gehörte das Haus Nr. 45.

Notre-Dame de Nantilly, Saumurs älteste, über Jahrhunderte bedeutendste Kirche, zeigt die strenge Linienführung des beginnenden 12. Jahrhunderts. Im 14. Jahrhundert ließ Louis XI ein gotisches Seitenschiff und königliches Oratorium zufügen. Wandbehänge des 16. und 17. Jahrhunderts schmükken das Innere. Fast mehr noch faszinieren die Reliefkapitelle und das Totengedicht des Dichterkönigs René I *(siehe S. 53)* für seine Amme; es ziert als Inschrift die dritte Säule an der Südseite des Hauptschiffs.

Statuette aus dem Besitz des Musée des Arts Décoratifs

Château de Saumur

02 41 51 30 46. Juni–Sep tägl.; Okt–Mai Mi–Mo. 1. Jan, 25. Dez.

In einer Miniatur des Stundenbuchs *Les Très Riches Heures du Duc de Berry (siehe S. 23)* erscheint dieses Schloß als weißer Märchenpalast. Louis I, Herzog von Anjou, ließ es in der zweiten Hälfte des 14. Jahrhunderts über alten Festungsfundamenten erbauen. Etliche

Das Schloß von Saumur

Schornsteine und Fialen prägten die Silhouette, der man später durch verkürzte Bleistifttürme ihre Verspieltheit, nicht aber ihre Eleganz nahm. Während die Erkerfenster der herzoglichen Gemächer romantische Loire-Blicke freigeben, erinnern die trutzigen Außenanlagen an die düsteren Tage, die das Schloß als protestantisches Bollwerk, Staatsgefängnis und schließlich Kaserne erlebte.

Charles Lair, ein Graf aus Saumur, stiftete 1919 die Sammlung des Schloßmuseums **Musée des Arts Décoratifs.** Sie umfaßt Malereien, erlesene Wandteppiche, Statuetten und Keramiken vom 13. bis zum 19. Jahrhundert. Pferdefreunde sind im zweiten Schloßmuseum, dem von einem Tierarzt der örtlichen Kavallerieschule begründeten **Musée du Cheval,** am rechten Fleck. In von Fachwerkdecken überspannten Mansarden beleuchtet es die Kulturgeschichte des Pferdes von prähistorischer Zeit bis heute. Zu den Exponaten zählen zum Beispiel kunstvolle Sättel aus der ganzen Welt, ein prächtiger beschnitzter Schlitten aus Rußland und das Gerippe des ruhmreichen Rennpferds Flying Fox, Gewinner des Epsom Derby im Jahre 1899 und Zeuger siegreicher französischer Turnierpferde.

Musée des Blindés

1043, rte de Fontevraud. 02 41 53 06 99. tägl. 1. Jan, 25. Dez.

Das von der Kavallerie- und Panzerfahrzeugschule unterhaltene Museum besitzt mehr funktionstüchtige historische Panzer als andere Militärmuseen der Welt.

Die Sammlung zählt Hunderte von Panzerwagen, vom Renault-Modell FT 17 aus dem Jahr 1917 über deutsche Typen des Zweiten Weltkriegs bis hin zu High-tech-Modellen. Bei der Besichtigung dieser eisernen Veteranen kommt man nicht umhin, an den Schrecken ihrer Einsätze zu denken.

Ein Renault-Panzer aus dem Jahr 1917, zu sehen im Musée des Blindés

Bagneux Dolmen

56, rue du Dolmen, Bagneux. 02 41 50 23 02. Saumur. 5. Jan–20. Dez tägl.

Saumurs Hauptstraße (N147) bringt Sie nach Bagneux. Sein Dolmen, eine der größten jungsteinzeitlichen Grabkammern, steht an einem überraschenden Platz: im Garten einer Bar. So können Sie ihn bei einem Café betrachten und die Leistung der Menschen bestaunen, die vor 5000 Jahren durch Ziehen, Kippen und Verkeilen die bis zu 40 Tonnen schweren Steinplatten in die gewünschte Position gewuchtet haben *(siehe S. 48f)*.

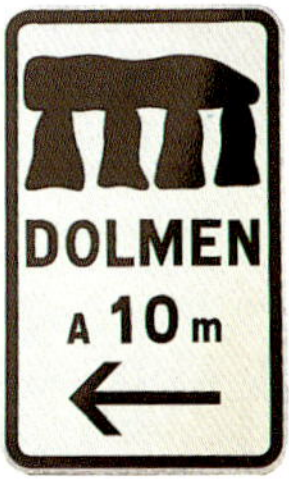

Wegweiser zum Dolmen von Bagneux

Umgebung: Museen und die renommierte Reitschule des Cadre Noir lohnen den Abstecher in das Dorf St-Hilaire-St-Florent, zwei Kilometer nordwestlich von Saumur an der D751. In Weinkellern können Sie den berühmten, durch Flaschengärung *(méthode champenoise)* erzeugten Saumur Brut kosten und kaufen. Er wird aus Weinen lokaler Reben gewonnen, die angeblich wegen des kreidehaltigen Bodens besonders gut schäumen.

Musée du Champignon

D751, St-Hilaire-St-Florent. 02 41 50 31 55. Mitte Feb–Mitte Nov tägl.

Das einzigartige Museum entführt in ein Geflecht von Tuffsteinhöhlen. Es erläutert die Zucht von Pilzen aus Sporenkulturen; sie wachsen in Säcken oder Kisten mit Kompost im durch hohe Luftfeuchtigkeit und beständige Temperatur idealen Höhlenklima *(siehe S. 79)*. Das Museum besitzt eine aufschlußreiche Sammlung lebender Kulturen verschiedener Pilzsorten sowie in Steinbrüchen entdeckte Fossilien. Unbedingt kosten sollten Sie die angebotene lokale Spezialität *gallipettes farçies:* große Pilze mit verschiedenerlei Füllungen.

Der 5000 Jahre alte Dolmen von Bagneux nahe Saumur

Musée du Masque

Rue de l'Abbaye, St-Hilaire-St-Florent. 02 41 50 75 26. Ostern–Mitte Okt tägl.; Mitte Okt–Mitte Dez Sa, So.

Der Name Saumur steht auch für die Herstellung von Masken. Das kleine Museum garantiert Kurzweil. Es ist der Maskenfabrik Jules César von St-Hilaire-St-Florent angeschlossen, die sich auf Masken prominenter Schauspieler, Politiker und Adliger spezialisiert hat. Die Phantasiekulissen des Museums sind bevölkert von Puppen mit Zirkus-, Karnevals- und Filmmasken, einige davon aus den 70er Jahren des 19. Jahrhunderts.

Maske der Comicfigur Tim

Ecole Nationale d'Equitation

Terrefort, St-Hilaire-St-Florent. 02 41 53 50 60. April–Sep Mo nachmittags–Sa vormittags (Juni–Aug auch Sa nachmittags). Am Vormittag: Vorführung und Gebäude; am Nachmittag: nur Gebäude.

Die 1814 gegründete Nationale Kavallerieschule ist weltbekannt für ihre Reiter, die wegen ihrer eleganten schwarz-goldenen Festuniformen Cadre Noir heißen. Im Sommer können Besucher das Gelände der Akademie betreten und den Reitern bei der Dressur zusehen, die einem im 19. Jahrhundert entwickelten Stil folgt. Die regelmäßigen, durch Choreographie und Anmut der Pferde bestechenden Vorführungen zeigen Spitzenleistungen des Dressurreitens.

Montreuil-Bellay ⓭

Straßenkarte C4. 4300.
pl du Concorde (02 41 52 32 39).
Di, So.

MIT SEINEM alten dörflichen Kern und faszinierenden feudalen Schloß ist dieser Ort, 18 Kilometer südlich von Saumur gelegen, eines der reizendsten und interessantesten Städtchen des Anjou. Das Schloß besetzt eine Stelle, die Foulques Nerra erstmals im 11. Jahrhundert befestigen ließ. Seine Burg wurde im Jahrhundert darauf von Geoffroi Plantagenêt belagert. Im 13. Jahrhundert zog man den wuchtigen Mauerring mit elf Türmen und einem mächtigen, betürmten Eingang, dem sogenannten Château-Vieux, hoch. Die Gebäude innerhalb der Schutzwälle blicken auf Gartenterrassen, die zum Fluß Thouet absteigen. Sie entstammen überwiegend dem späten 15. Jahrhundert. Gleiches gilt für das Château-Neuf, einen eleganten Bau mit Renaissancefassade. Die schöne, skandalumwitterte Aristokratin Anne de Longueville (1619–79) verhalf dem Turm zu Berühmtheit, als sie die Wendeltreppe hinaufritt.

Fresken in der Kapelle des Château de Montreuil-Bellay

Das Schloßinnere präsentiert sich mit kostbaren Möbeln, Kaminen im Flamboyantstil und Decken mit reichem Relief- und Bilddekor. In der winzigen Kapelle zeigen Fresken aus dem 15. Jahrhundert die Kreuzigung Christi und musizierende Engel. Die mittelalterliche Küche soll nach dem Modell der Klosterküche der Abbaye de Fontevraud *(siehe S. 86f)* gefertigt worden sein.

Château de Montreuil-Bellay
02 41 52 33 06. April–Okt Mi–Mo.

Höhlentour ⓯

DIE TUFFSTEINFELSEN an der Loire und andere kalksteinreiche Gegenden des Anjou sind durchlöchert von Höhlen, die als Taubenschläge, Kapellen, Pilzzuchtstätten, Weinkeller und menschliche Behausungen dienen. Diese Höhlenwohnungen sind sehr alt; manche wurden im 12. Jahrhundert in den Fels gehauen und seither kaum verändert. Heute sind sie unter betuchten Parisern als extravagante *résidences secondaires* (Zweitwohnungen) begehrt. Die Höhlentour gibt einen Einblick in das Leben, das sich hier abspielte und abspielt.

Dénézé-sous-Doué ⑥
Protestantische Steinmetze schmückten während der Religionskriege des 16. Jahrhunderts diese unterirdischen Höhlen aus. Über 400 Figuren sind in Wände, Böden und Decken gemeißelt.

Felsreliefs in Dénézé-sous-Doué

La Fosse ⑦
Das bewohnte Höhlenbauernhaus steht Besuchern offen.

Höhlenwohnungen bei Rochemenier

Rochemenier ⑤
In diesem zum Museum verwandelten Höhlenbauerndorf sind mehrere unterirdische Bauernhöfe, Scheunen und eine schlichte Felsenkapelle zu sehen.

Doué-la-Fontaine ④
Die Rue des Perrières wurde aus einer Schicht Muschelerde *(falun)* gehauen; ihre kathedralenartigen Gewölbe entstanden, indem man sie von oben aus vertikal aushöhlte. Das Städtchen besitzt außerdem ein in den Fels geschlagenes Amphitheater und einen in ehemaligen Steinbrüchen untergebrachten Zoo.

Château de Montsoreau ⓮

Straßenkarte C3. *Saumur, dann Taxi.* *02 41 51 70 25.* *März–Apr, Okt–Nov Mi–Mo nur nachmittags; Mai–Sep Mi–Mo.*
Musée des Goums Marocains

Eine gebieterische Zinnenmauer ist Überrest der vierseitigen, unter Jean de Chambes 1455 vollendeten Burg. Sie wirkt vom ehemaligen Burghof aus weit weniger herrisch. Um 1520 entstand das geschmackvolle Treppenhaus mit Fächergewölbe und einer lustigen Darstellung eifriger Affen bei der Bauarbeit.

In Alexandre Dumas' Roman *La dame de Montsoreau* zwingt der eifersüchtige Graf Charles de Chambes seine Frau, ihren Liebhaber Bussy d'Amboise, den lüsternen Gouverneur von Anjou, hierher in die Todesfalle zu locken. Dumas stützte sich zwar auf historische Fakten, doch geschah der Mord in einem – längst nicht mehr vorhandenen – Schloß am anderen Flußufer.

Im Schloß erzählt das **Musée des Goums Marocains** die Geschichte der marokkanischen Kavallerie von 1908 bis 1954.

Das Château de Montsoreau am Ufer der Loire

Legende

Routenempfehlung

andere Straßen

Souzay ①
In Souzay, östlich von Saumur, springen viele Gebäude aus dem Fels hervor, so auch das kleine Château, dessen rückwärtige Räume direkt an den Fels stoßen.

Das Schlößchen von Souzay

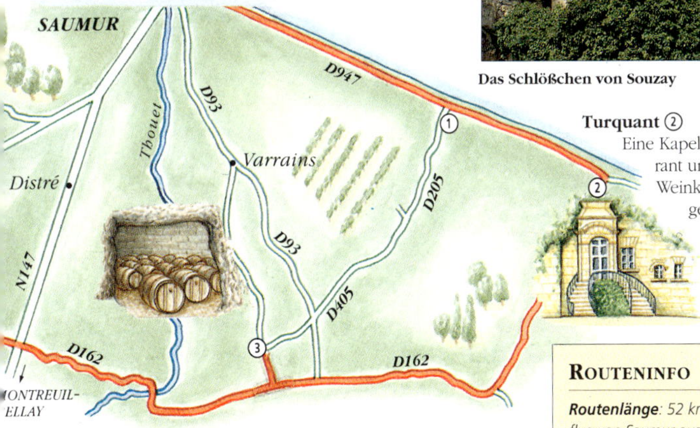

Turquant ②
Eine Kapelle, ein Restaurant und großzügige Weinkeller verbergen sich hinter den kunstvoll behauenen Fassaden von La Grande Vignolle.

St-Cyr-en-Bourg ③
Einer von wenigen Kalksteinbrüchen ist hier noch in Betrieb. Das weitläufige Netz unterirdischer Gänge steht im Besitz der Winzerkooperative St-Cyr, die in den Höhlen eine breite Palette von Saumur-Weinen aus kontrolliertem Anbau herstellt.

Routeninfo

***Routenlänge**: 52 km; Tagesausflug von Saumur aus.*
***Rasten**: Doué-la Fontaine ist ein angenehmer Ort für eine Mittagspause; im Restaurant La France und der Auberge Le Bienvenu ißt man ausgezeichnet.*

Abbaye de Fontevraud 16

Buntglasdekor in der Kirche

Diese Abtei ist Frankreichs umfangreichster mittelalterlicher Klosterkomplex. Der Wanderprediger Robert d'Arbrissel gründete sie 1101. Sie bestand fast 700 Jahre, geleitet von Äbtissinnen zum Teil königlicher Abkunft, die auch dem Mönchskloster außerhalb der Hauptmauern vorstanden. Zur Abtei zählten neben einer Leprastation und einem Krankenhaus vier Gemeinschaften von Nonnen und Laienschwestern, denen reiche Witwen ebenso zuliefen wie reuige Prostituierte. Die in der Französischen Revolution und den folgenden 150 Jahren erlittenen schweren Schäden wurden durch liebevolle Restauration beseitigt.

Das Refektorium, ein weitläufiger Renaissancebau mit Rippengewölbe, ist 60 Meter lang.

Krankenschwestern des Benediktinerinnenordens pflegten in diesem Klosterbereich Kranke.

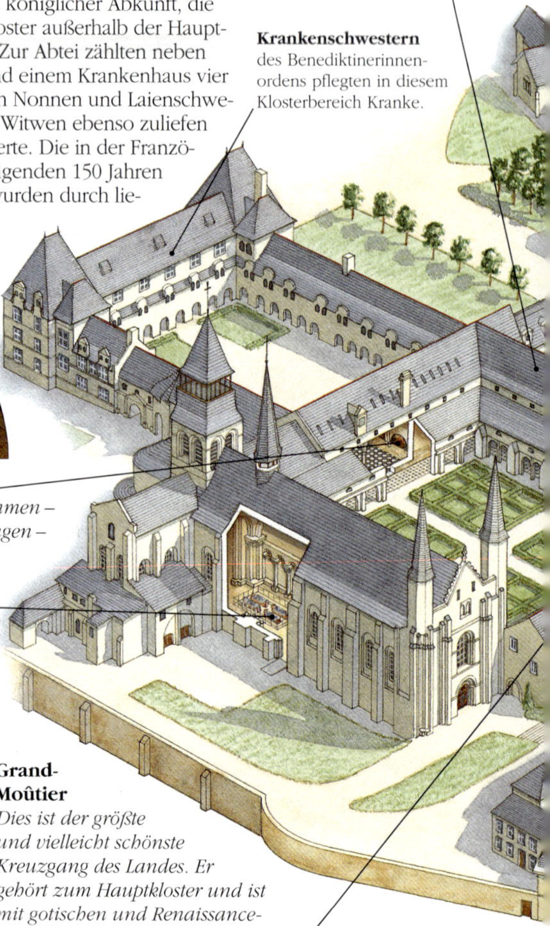

★ Fresken im Kapitelsaal
Die Fresken im Kapitelsaal stammen – bis auf einige spätere Ergänzungen – aus dem 16. Jahrhundert.

★ Grabfiguren der Plantagenêts
Die liegenden Figuren (gisants) *im Hauptschiff der Abteikirche sind wirklichkeitsgetreue Plastiken der Plantagenêts.*

Grand-Moûtier
Dies ist der größte und vielleicht schönste Kreuzgang des Landes. Er gehört zum Hauptkloster und ist mit gotischen und Renaissancegewölben sowie Obergalerien aus dem 19. Jahrhundert ausgestattet.

Nicht versäumen

- ★ Grabfiguren der Plantagenêts
- ★ Fresken im Kapitelsaal
- ★ Romanische Klosterküche

Die Grablege der Plantagenêts

Die Grabfiguren zeigen Henri Plantagenêt, Graf von Anjou und König von England (1133–89), und seine Gattin Eléonore d'Aquitaine, die 1204 hier starb. Bei ihnen liegen, ebenfalls figürlich abgebildet, ihr Sohn König Richard Löwenherz (1157–99) und Isabelle, die Frau seines Bruders, König John I von England. 15 Plantagenêts sind hier bestattet.

Grabfiguren von Eléonore und Henri II

Priorei St-Lazare

Die Priorei, einst Lazarett für Aussätzige, dient heute als Hotel. Es besitzt 52 Zimmer, ein elegantes Treppenhaus und eine romanische Kapelle.

INFOBOX

Straßenkarte C3.
02 41 51 71 41.
April – Mai tägl. 9.30 – 12, 14 – 18 Uhr; Juni – Mitte Sep 9 – 19 Uhr; Mitte Sep – März 9.30 – 12, 14 – 17 Uhr (letzter Einlaß: 30 Min. vor Schließung).
1. Jan, 1. Nov, 11. Nov, 25. Dez.
Saison Musicale (Nov – Juni).

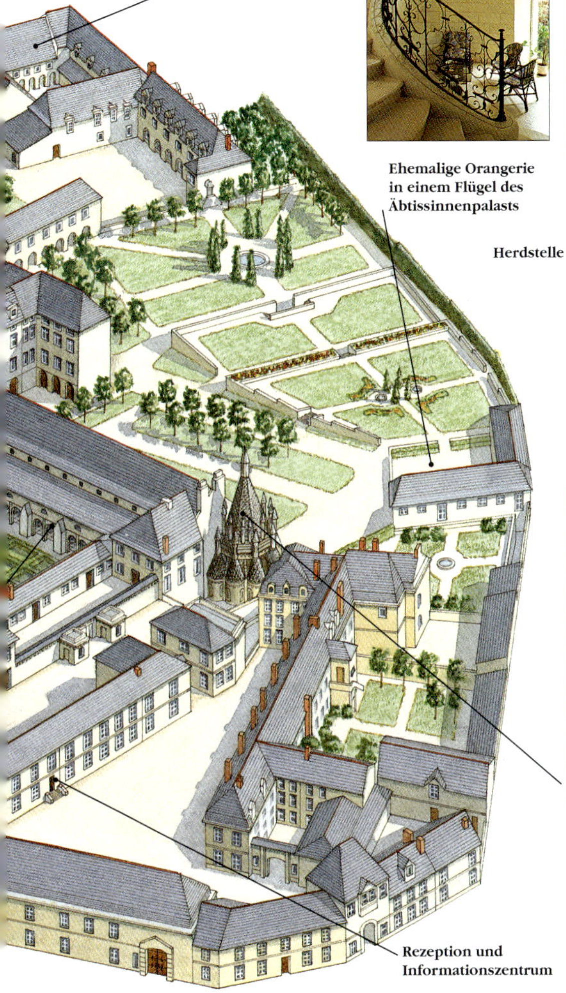

Ehemalige Orangerie in einem Flügel des Äbtissinnenpalasts

Rezeption und Informationszentrum

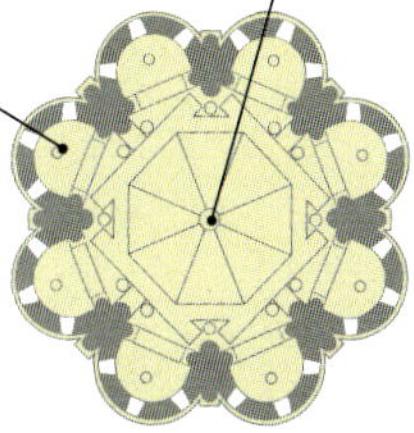

Zentraler Hauptraum

Herdstelle

Grundriß der Klosterküche

★ Romanische Klosterküche

Von den acht Seitenerkern des Küchenturms sind nur sechs erhalten. Ihre Nischen dienten als Kochstellen, die Türme zum Räuchern.

ZEITSKALA

1119 Der Papst weiht die Abteikirche und segnet den Friedhof

1177 Henry II stiftet einen englischen Ordensableger

1204 Eléonore d'Aquitaine stirbt im Kloster und wird hier beigesetzt

1457 Marie de Bretagne leitet Klosterreformen ein

1793 Revolutionäre zerstören das Mönchskloster

1561 Hugenotten schänden die Abtei

1973 Eröffnung des Centre Culturel de l'Ouest

1100 | 1300 | 1500 | 1700 | 1900

1115 Ernennung der ersten Äbtissin als Vorsteherin der fünf Ordensgemeinschaften

1099 – 1101 Robert d'Arbrissel (1047–1117) gründet den Orden Pauperes Christi

Gabrielle de Rochechouart, Äbtissin im 17. Jahrhundert

1792 Revolutionäre unterdrücken den Orden

1804 Napoléon verwandelt das Hauptgebäude in ein Gefängnis

1963 Schließung des Gefängnisses, Beginn der Restaurierung

TOURAINE

DIE TOURAINE ist vor allem bekannt für ihre Schlösser, die sich wie weiße Perlen an der Loire und ihren Zuflüssen aneinanderreihen. Untermalt vom reichen Erbe ihrer Geschichte und der fruchtbaren Landschaft, die sich sanft dahinwellt, bietet sie sich als Urbild des Loire-Tals dar – ein Eindruck, der heute Besucher aus aller Welt genauso in Bann schlägt wie einst Frankreichs Könige und Königinnen.

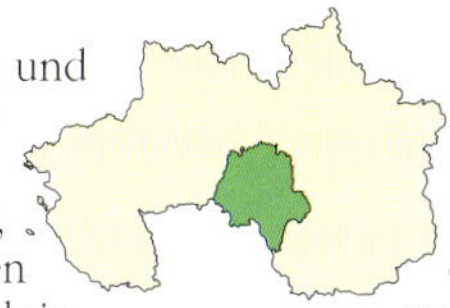

Feudalburgen wie Chinon und Loches rufen in Erinnerung, daß diese Region einst ein Schlachtfeld war, auf dem die kriegerischen Grafen von Anjou und Blois ihre Fehden austrugen. Und hier, in Chinon, setzte Jeanne d'Arc dem späteren Charles VII so lange zu, bis er die Armee aufstellte, die sie zum Sieg über die Engländer führte.

François I trug die italienische Renaissance nach Frankreich und leitete damit eine Ära ein, die die zeitlos schönen Schloßbauten der Touraine hervorbrachte. In jener Epoche entstanden die schönsten Schlösser: das von Balzac gepriesene Azay-le-Rideau, das majestätische Chenonceau und Villandry mit seinen wohlangelegten »französischen« Gärten. Ende des 16. Jahrhunderts kehrte die Aristokratie der Touraine den Rücken, und die Region verlor in der Folge an Bedeutung.

Als Ausgangspunkt für die Erkundung der Touraine dient naturgemäß Tours, das Herz der Region. Die Stadt selbst ist mit ihrem mustergültig restaurierten mittelalterlichen Kern und der meisterlichen gotischen Cathédrale St-Gatien eine Attraktion.

Das milde Klima und die sanftgewellte Landschaft laden zum Radfahren, Wandern, Angeln und zu Bootstouren ein. Die fruchtbaren Felder im »Garten Frankreichs« liefern geschätzte *primeurs* (Frühgemüse- und Obst) wie weißen Spargel. Die Weinpalette – darunter die bekannten *appellations* von Bourgueil, Chinon und Vouvray – rundet die gute Regionalküche sinnlich ab.

Auf einen Felsen über dem Fluß Vienne gesetzt: das Château de Chinon

◁ Blick vom höchsten Punkt des Dorfes auf die Dächer von Luynes

Überblick: Touraine

Die von Flüssen und Bächen durchzogene Touraine gilt als Herz der Loire-Region. Ihre Schlösser folgen dem Lauf des Wassers: Langeais und Amboise der Loire, Ussé, Azay-le-Rideau und Loches der malerischen Indre, Chenonceau überspannt elegant den Cher. Am Wasser, der Loire, liegt auch Tours, die wichtigste Stadt der Touraine. Das einst riesige Waldgebiet Gâtine Tourangelle nördlich der Loire fiel ab dem 11. Jahrhundert leider dem Holz- und Ackerlandbedarf zum Opfer. Doch es gibt immer noch Waldinseln, in denen man herrlich wandern und picknicken kann.

Blick auf Candes-St-Martin mit Kirche (12.-13. Jh.)

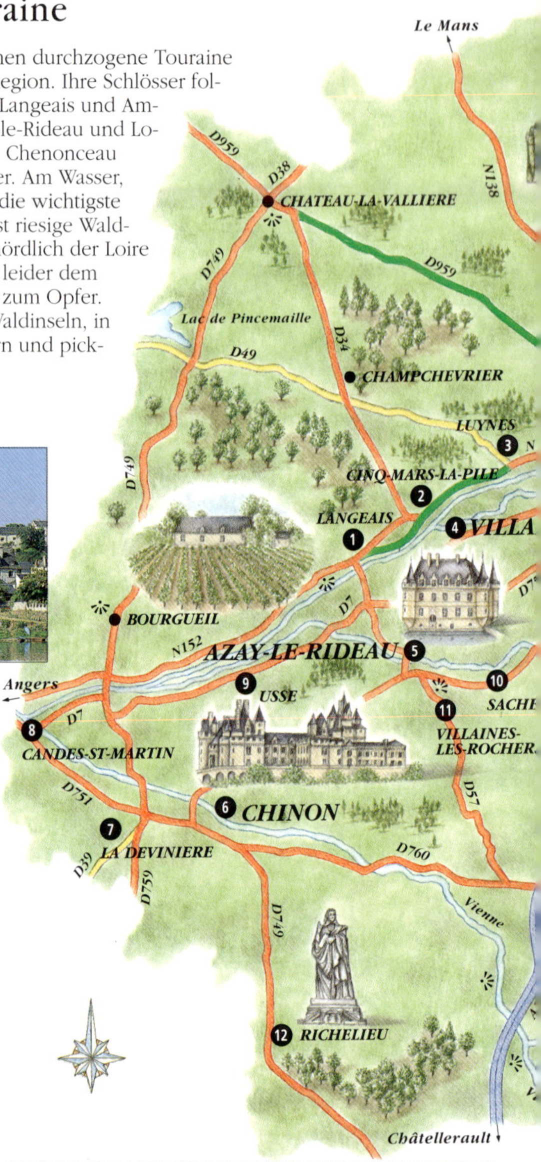

Legende

- Autobahn
- Hauptstraße
- Nebenstraße
- Panoramastraße
- Fluß
- Aussichtspunkt

Unterwegs

Tours ist der natürliche Knotenpunkt der Touraine. Der TGV aus Paris braucht eine Stunde bis St-Pierre-des-Corps. Von dort fahren Pendelzüge im Abstand von fünf Minuten ins Zentrum von Tours. Autos können Sie in Tours und St-Pierre-des-Corps mieten. Die A10 bietet den schnellsten Straßenanschluß an Paris. Bequemste Straßenverbindung innerhalb der Region ist die N152, die das Nordufer der Loire ost-westlich begleitet. Die schmalere D751 durchquert am Südufer reizvolle Landschaft. Die schönsten Fahrtstrecken jedoch folgen der Indre.

Weingarten in der Touraine

Auf einen Blick

Amboise 17
Azay-le-Rideau S. 96 f 5
Candes-St-Martin 8
Chenonceau S. 106 ff 16
Chinon S. 98 ff 6
Cinq-Mars-la-Pile 2
La Devinière 7
Le Grand-Pressigny 13
Langeais 1
Loches 14
Luynes 3
Montrésor 15
Pagode de Chanteloup 18
Richelieu 12
Saché 10
Tours S. 112 ff 19
Ussé 9
Villaines-les-Rochers 11
Villandry S. 94 f 4

Klatschmohnfeld bei Vouvray

Eine Gewölbedecke aus Holz in der Kapelle des Château de Langeais

Château de Langeais ❶

Straßenkarte D3. 02 47 96 72 60. tägl. 25. Dez.

DAS FEUDALE Château de Langeais erhebt sich aus der Mitte des gleichnamigen Städtchens. Jean Bourré, Kämmerer von Louis XI, ließ das Schloß 1445–90 für seinen König bauen. Zuvor wachte dort eine Festung des furchterregenden Foulques Nerra *(siehe S. 50)*; von ihr zeugt nur noch der rechteckige Bergfried.

Die abwehrenden Mauern und Türme, die Zugbrücke und der mit Pechnasen versehene Postengang konrastieren kraß mit dem stilvollen Schloßinnenhof. Die Anlage blieb über die Jahrhunderte fast unverändert. Anders als viele Nachbarschlösser ist Langeais noch weitgehend im Stil seiner Gründungszeit möbliert. Damit gibt es ein selten faszinierendes Abbild des Adelslebens im ausgehenden Mittelalter und in der Renaissance. Sein letzter Privatbesitzer, der Bankier Jacques Siegfried, reicherte im späten 19. Jahrhundert die Kollektion von Möbeln, Gemälden und Wandteppichen des 15. und 16. Jahrhunderts an.

Zu den Schloßschätzen zählt die Hochzeitstruhe der 14jährigen Anne de Bretagne, die hier im Dezember 1491 den kleinwüchsigen, buckligen Charles VIII heiratete. Wachsfiguren stellen die heimlich inszenierte – beide waren anderen versprochen – Trauung nach, wobei Anne die Kopie des golddurchwirkten, von 160 Zobelfellen gesäumten Hochzeitskleides trägt.

Von der Brustwehr aus überblicken Sie das Städtchen. Dort findet am Sonntagmorgen ein Viktualienmarkt statt, der zur rechten Saison auch mit Melonen aus dem Umland aufwartet.

Türme des Château de Cinq-Mars-la-Pile

Der gallisch-römische Turm bei Cinq-Mars-la-Pile

Château de Cinq-Mars-la-Pile ❷

Straßenkarte D3. 02 47 96 40 49. tägl. 1.–15. Feb; Ende Okt–Anf. Nov.

DER BERÜHMTESTE Schloßbewohner hieß Henri Ruzé d'Effiat, Marquis de Cinq-Mars – und nach ihm der Held eines beliebten Romans von Alfred de Vigny, einem Dichter der Romantik aus der Touraine. Der attraktive Marquis, ein Günstling Louis' XIII, verstrickte sich unbesonnen in ein Komplott gegen den Premierminister Kardinal Richelieu. Daraufhin wurde er 1642 im Alter von 22 Jahren enthauptet. Die Türme seines Châteaus wurden auf Richelieus Befehl geschliffen – angeblich mitsamt der Baumkronen. Zwei Türme mit jeweils drei Gewölberäumen blieben inmitten eines ausladenden Grabens erhalten. Dem duftenden, romantischen Schloßgarten verleiht kunstvoller Baumbeschnitt »französische« Noblesse.

Das Wort *pile* im Stadtnamen verweist auf einen unge-

Dieses wuchtige Château beherrscht das Dorf Luynes

wöhnlichen, über 30 Meter hohen gallorömischen Ziegelturm auf einem Hügelkamm am Ostrand der Stadt. Zweck und genaue Bauzeit des Turms sind unbekannt. Seine Südseite schmückten zwölf mehrfarbige, geometrisch angelegte Ziegeltafeln; vier davon sind unversehrt.

Luynes ❸

Straßenkarte D3. *4800.*
Bibliothèque, rue Paul-Louis-Courier (02 47 55 77 14). Sa.

ÜBER DEM reizvollen kleinen Luynes thront ein Château, das nach der Adelsfamilie, die es im frühen 13. Jahrhundert wiederaufbaute, einst den Namen Maillé trug. Das öffentlich nicht zugängliche Schloß ist bewohnt von den Nachkommen des ersten Duc de Luynes, der es 1619 erwarb. Die gedrungenen Wehrtürme rufen das Mittelalter wach. Südlich des Schlosses finden Sie die Altstadt mit einer hölzernen Markthalle aus dem 15. Jahrhundert.

1,5 Kilometer nordöstlich von Luynes ragen noch 44 Bögen eines **gallorömischen Äquadukts** seltsam isoliert aus den Feldern.

Die wohlhabende Familie Maillé besaß zehn Kilometer nordwestlich von Luynes ein weiteres Burgschloß. Dort steht heute in dichtem Wald das Château de Champchevrier, ein Renaissancebau mit Stilvariationen des 18. Jahrhunderts. Die Zimmer sind elegant ausgestattet mit erlesenen Möbeln, wertvollen Familienporträts und Beauvais-Teppichen. Ein Rudel Jagdhunde führt regelmäßig sein Können vor.

Château de Champchevrier

Cléré-les-Pins. *02 47 24 93 93.*
Apr–Mitte Juni So u. Feiertage; Mitte Juni–Mitte Sep tägl.; Mitte–Ende Sep So. vormittags.
nur Erdgeschoß.

Die Chambre Royale im Château de Champchevrier

Leben im mittelalterlichen Château

In friedlichen Zeiten verlief das Leben in einem mittelalterlichen Château in angenehmem Trott. Um die düsteren Wintertage auszufüllen, spielten die Adligen Karten oder Brettspiele wie Schach und Dame. Die Ritterfräulein und -damen musizierten, stickten oder ließen sich von Zwergen unterhalten, während die Hofnarren die Bankettgäste erheiterten, indem sie sogar den König »zum Narren hielten«. Mysterienspiele waren sehr beliebt und wurden in Zyklen häufig mehrere Wochen lang aufgeführt. Zu den sommerlichen Freiluftvergnügungen zählten Kegeln, Bogenschießen und Ballspiele – doch nichts war aufregender als ein Turnier mit Schwert- und Lanzenwettstreit. Auch die Jagd in den Wäldern des Loire-Tals war vornehmer Zeitvertreib von König und Adel.

Der August in *Les Très Riches Heures du Duc de Berry*

Château de Villandry ❹

Jeune Infante von Pantoja de la Cruz

DIESES SCHLOSS der Spätrenaissance besticht durch schlichte, nahezu klassische Eleganz. Seine Ruhmeslorbeeren verdankt es den Gärten: Sie wurden wieder in Blüte und Form gebracht, nachdem die spanische Familie Carvallo das Anwesen 1906 gekauft hatte. Gärtner mit »grünem Daumen« pflanzten geometrisch klare Blumen- und Gemüsebeete nach Vorlagen aus dem 16. Jahrhundert. So entstand das überzeugende »Remake« eines Renaissancegartens auf drei Ebenen: oben, umsäumt von alten Linden, der Wassergarten, auf dem Niveau des Schloßfundaments der Blumengarten, zuunterst der größte ornamentale Küchengarten der Welt.

★ Liebesgarten
Blumenarrangements symbolisieren vier Arten der Liebe: die tragische, treulose, zarte und leidenschaftliche.

Eine Sammlung spanischer Gemälde hängt im Château aus.

Kräutergarten

Die Gärtner
Acht vollbeschäftigte Gärtner ziehen und säen jährlich etwa 60 000 Gemüse- und 45 000 Zierpflanzen für die Blumen- und Küchengärten.

★ Ornamentaler Küchengarten
Ein am Schloßgraben aushängender Plan erläutert die Bepflanzung des Gartens. Er gliedert für jedes Quadrat die Namen der Pflanzen und die Farbkomposition auf.

NICHT VERSÄUMEN

- ★ Liebesgarten
- ★ Ornamentaler Küchengarten

Küchen- und Kräutergärten der Renaissance

Die Melonen und Artischocken, der Spargel und Blumenkohl, die heute in Villandrys Küchengarten wachsen, gehörten bereits im 16. Jahrhundert zu den geschätzten Genüssen. Kräuter wußte man kulinarisch wie medizinisch einzusetzen. In den Küchengärten von Klöstern behielt man ihnen zumeist die Randbeete vor – so in Solesmes *(siehe S. 162)*, wo die geometrische Gartengestaltung aufkam. Der *jardin des simples* (Kräutergarten) von Villandry schließt eine Seite der mittleren Ebene ab.

Knautia dipsacifolia **(Illustration aus dem 16. Jh.)**

Infobox

Straßenkarte D3. *02 47 50 02 09.* *Savonnières, dann Taxi.* *nur im Sommer.* **Château** *Mitte Feb–Mai u. Mitte Sep–Mitte Nov 9–17.30 Uhr; Juni–Mitte Sep 9–18.30 Uhr.* **Gärten** *Juni–Mitte Sep 8.30–20 Uhr; Mitte Sep–Mai 9–18 Uhr.*

Ziergestutzte Birnbäume
In Villandrys Gärten wird die Natur zum Kulturobjekt. Die Birnbäume sind konturenscharf oval gestutzt.

Die schönen Steinbalustraden oberhalb des Küchengartens sind restauriert.

Das Becken zur Bewässerung der Gärten hat die Form eines gerahmten Spiegels.

Die Blumengärten, so auch der Liebesgarten, schließen ebenerdig an die Südseite des Schlosses an

Zierkohl
Die Ehefrau des gegenwärtigen Schloßbesitzers ließ japanischen Zierkohl anpflanzen, der in der kalten Jahreszeit Farbe in den Küchengarten bringt.

Château d'Azay-le-Rideau ❺

Honoré de Balzac hat dieses Château als »geschliffenen Diamanten, von der Indre gefaßt« beschrieben. Azay-le-Rideau ist eines der beliebtesten Schlösser der Loire-Region. Seine graziösen Konturen und reiche Fassadendekorationen spiegeln sich im stillen See, der einst Wehrgraben war. Um 1518 begann der Bauherr Gilles Berthelot mit der Konstruktion, die François I bereits 1527 für sich konfiszierte. Der unbekannte, von der italienischen Ästhetik beeinflußte Achitekt verwandelte vorhandene Wehranlagen in dekorative Elemente. Innovativ war sein Entwurf einer geraden Treppe. Obgleich nur teilweise eingerichtet, besitzt das Schloß bemerkenswerte Stücke wie Renaissance-Möbel und ein berühmtes Porträt der Gabrielle d'Estrées, Mätresse von Henri IV.

Die Küche
Die im Westflügel untergebrachte Küche besitzt ein Kreuzrippengewölbe und einen riesigen offenen Kamin.

Gabrielle d'Estrées
Das wertvollste Gemälde des Schlosses zeigt die stolze Mätresse von Henri IV, porträtiert im Stil von François Clouet.

Nicht versäumen

- ★ **Haupttreppe**
- ★ **Südfassade**

Die feingeschwungenen Türmchen dienen der Zierde statt – wie bei den wuchtigen Türmen mittelalterlicher Burgen der Fall – der Verteidigung.

Bauherr und -herrin

Philippe Lesbahy, die Ehefrau von Gilles Berthelot – Kämmerer François' I und Bürgermeister von Tours –, erbte die Ruinen einer mittelalterlichen Burg. Sie überwachte den Umbau in ein Lustschloß, den ihr Mann unverzüglich einleitete. Über mehreren Türen wurden die Wappen von François I und Claude de France in Stein graviert – eine Liebedienerei, die Berthelots Karrieresturz nicht aufhielt. Er floh vor einer drohenden Anklage wegen Unterschlagung, ehe der Schloßbau vollendet war.

Das Salamander-Emblem von François I

Eingangsfassade
Die Eingangsfassade wird von einem überdachten Treppenaufgang mit hohem Giebel beherrscht. Ihre Ausschmückung mit Muscheln, Medaillons und Kandelabern verrät den Einfluß der italienischen Renaissance.

INFOBOX

Straßenkarte D3. 02 47 45 42 04. 14. März–Juni tägl. 9.30–18 Uhr; Juli–Aug 9–19 Uhr; Sep–13. März 9.30–12.30, 14–17.30 Uhr. (letzter Einlaß: 30 Min vor Schließung). 1. Jan, 25. Dez. Les Imaginaires d'Azay-le-Rideau (tägl., Mitte Mai–Juli 22.30–24 Uhr; Aug–Sep 22–0.30 Uhr).

Das Rote Zimmer
Über dem Bett (17. Jh.) liegt noch die originale, mit Goldfäden bestickte Tagesdecke aus roter Seide. An den Wänden hängen Porträts, u. a. von François I, Henri II und III.

★ Haupttreppe
Azays architekturgeschichtlich interessantestes Merkmal ist die Haupttreppe: Sie besteht im Gegensatz zur damals üblichen Spirale aus drei geraden Fluchten mit Absätzen.

★ Südfassade
Symmetrie ist das beherrschende äußere Gestaltungsprinzip. Sie wird durch gleichförmige Türme und einen Streifen aus dekorativ nachempfundenen Gußerkern erreicht.

Im Detail: Chinon ❻

DAS CHÂTEAU DE CHINON liegt auf einem goldfarbenen Felsen über dem Fluß Vienne. Darunter erzählen die verwinkelten Gassen der Altstadt ihre Geschichte. Die reisemüde Jeanne d'Arc *(siehe S. 137)* stieg am 6. März 1429 an einem Brunnen beim Grand Carroi vom Pferd. Hier begann ihre Verwandlung vom Bauernmädchen zur heiligen Kriegerin. Als solche ist sie – auf hohem Schlachtroß – mit einer Statue am Marktplatz verewigt. In der nahen Maison des Etats Généraux, dem heutigen Musée du Vieux-Chinon et de la Batellerie, lag 1199 Richard Löwenherz todkrank darnieder. Sein Vater, Henry (Henri) II war einige Jahre zuvor im Schloß gestorben, von dem aus er England und einen großen Teil des Loire-Tals regiert hatte.

Tour de l'Horloge
Der Uhrturm (14. Jh.) bildet den Eingang zum Schloß. Er birgt eine kleine Ausstellung über das Leben der Jeanne d'Arc.

★ Château
Die Umwehrung umschließt insgesamt drei Zitadellen. Vom Schloß bieten sich Panoramablicke über den Fluß. In der Großen Halle erkannte Jeanne d'Arc trotz Verkleidung den Dauphin (siehe S. 52) *– eine Szene, die ein Gobelin (17. Jh.) anschaulich festhält.*

Eglise St-Maurice
Die Kirche wurde unter Henri II mit einem Anjougewölbe wiederaufgebaut, der romanische Sockel des heutigen Kirchturms erhalten.

Wehranlage
Besonders imposant wirkt die Wehranlage der Burg vom gegenüberliegenden Ufer der Vienne aus.

★ Musée du Vieux Chinon
Im heutigen Museum für Lokalgeschichte tagte 1428 die erste französische Ständeversammlung. Dieses Vorparlament kam zusammen, um Finanziers für den Krieg gegen die Engländer zu gewinnen.

INFOBOX

Straßenkarte D3. 8500. Bd Gambetta. Bd Gambetta. 12, rue Voltaire (02 47 93 17 85 o. 02 47 93 36 91). Do.

Das Hôtel Torterue de Langardière besitzt eine klassizistische Fassade mit schmiedeeisernen Balkonen.

Musée Animé du Vin
Bewegliche Figuren zeigen Winzer- und Küfertechniken des 19. Jahrhunderts.

Maison Rouge heißt dieses hervorragend sanierte mittelalterliche Haus wegen seiner roten Backsteinfassade. Beschnitzte Balken setzen Akzente.

Grand Carroi
An einem Brunnen dieser Kreuzung im Herz der mauerumwehrten Altstadt soll Jeanne d'Arc vom Pferd gestiegen sein.

François Rabelais
Die 1882 von Emile Hébert gefertigte Bronzestatue erinnert an den Satiriker.

NICHT VERSÄUMEN

★ Château

★ Musée du Vieux Chinon

LEGENDE

– – – Routenempfehlung

Überblick: Chinon

BEIM BUMMEL durch die engen Straßen östlich des Schlosses erfährt man, wie viel Chinon zu bieten hat. Hoch über der Place Jeanne d'Arc ist die freskengeschmückte Chapelle de Ste-Radegonde (12. Jh.) in den Kalkfels getrieben. Dahinter befinden sich Einsiedlerhöhlen, in denen heute traditionelles Handwerk gezeigt wird, und in einen Brunnenschacht absteigende Stufen. Hügelab liegen Chinons ältestes Gebäude, das bedeutende romanische Kloster St-Mexme, und auf dem Weg zur Kirche St-Etienne (15. Jh.), in der Rue Jean-Jacques Rousseau, mittelalterliche Häuser.

Château de Chinon

02 47 93 13 45. tägl. 1. Jan, 25. Dez. nur Hof und Erdgeschoß.

Die heute großenteils verfallene Burg wurde unter Henry (Henri) II – Graf von Anjou und ab 1154 auch König von England – erbaut. Die Anlage umfaßt drei durch Gräben getrennte Einheiten: das Fort St-Georges, Château du Milieu und Fort du Coudray. Nach Verlassen der Ruinen des Fort St-Georges betritt man die mittlere Burg durch die Tour de L'Horloge, in der sich eine Ausstellung Jeanne d'Arc widmet. Links folgen die Logis Royaux. Von der Grande Salle steht nur noch die Westwand. In ihr hatte Jeanne den verkleideten Dauphin unter den Höflingen erkannt. Wachsfiguren stellen diese Szene in den restaurierten Räumen des Logis nach. Genießen Sie den Blick, der sich hier auf Chinon und die westlichen Ruinen des Fort du Coudray bietet.

Die Tour de l'Horloge, Durchlaß zum mittleren Schloßteil

Statue der Jeanne d'Arc von Jules Roulleau

Musée du Vieux Chinon et de la Batellerie

44, rue Haute St-Maurice. *02 47 93 18 12. Ostern–Okt.*

Dieses interessante Heimatmuseum ist in der Maison des Etats Généraux (15. Jh.) untergebracht. Hierher hatte der Dauphin eine Ständeversammlung seines geschrumpften Reiches einberufen, die ihm die Mittel zur Vertreibung der Engländer bereitstellen sollte.

Das Museum zählt den Chorrock des St-Mexme (Maximus) aus besticktem arabischen Tuch und ein von Eugène Delacroix (1798–1863) gemaltes Porträt von Rabelais zu seinen Schätzen. Interessant sind Modelle alter Personendampfer *(siehe S. 57)*, die auf der Loire verkehrten; diese Schiffe trugen den beschwichtigenden Namen *Inexplosibles* – Vorläufer waren tatsächlich auf der Fahrt explodiert.

Musée Animé du Vin et de la Tonnellerie

12, rue Voltaire. *02 47 93 25 63. Apr–Sep tägl.*

Hier können Sie den fruchtig-trockenen Chinon-Rotwein kosten, während Sie die automatisch betriebenen Figuren beobachten, die die Arbeitsschritte der Winzerei und Küferei (des 19. Jh.) vorführen. Beide Produktionszweige sind in Chinon wirtschaftlich bedeutend. Gleich ums Eck finden in den Caves Painctes, einer früheren Höhlenschenke nach wie vor die regelmäßigen Bankette der geselligen Winzerbruderschaft Confrérie des Bons Entonneurs Rabelaisiens statt. Die Höhle soll Rabelais zur Beschreibung des »Tempels der Göttlichen Flasche« inspiriert haben.

FRANÇOIS RABELAIS (1483–1553)

François Rabelais – Arzt, Priester, Humanist und geistreicher *farceur* (Schelm) der französischen Literatur – ist in der »Rabelaisie«, wie man das Gebiet um La Devinière nennt, allgegenwärtig. Rabelais-Kenner werden in dem alten Bauernhaus La Devinière das Schloß Grandgousier wiederfinden, das die Horden des Königs Picrochole belagerten, bis der Riese Gargantua auf seiner Mähre daherritt, die mit ihrem Urinstrahl die meisten Feinde ersäufte. Rabelais projizierte seinen eigenen Wissensdrang auf *Gargantua* und *Pantagruel (siehe S. 22)*. Der schwerhufige Lerneifer harmoniert leichtfüßig mit der kecken *joie de vivre*.

Gargantua als Kind

Brücke über die Indre zum Château d'Ussé

Musée de la Devinière ❼

Straßenkarte D3. *Chinon, dann Taxi.* *02 47 95 91 18.* *Mai–Sep tägl.; Okt–Apr Do–Di.*

VERMUTLICH WURDE der großartig lästernde Schriftsteller François Rabelais in diesem hübschen, schlichten Bauernhaus (2 km südwestlich von Chinon) geboren.

Ein kleines Museum widmet sich darin dem Dichter und seinem Werk. Sehenswert sind zudem der Taubenschlag mit Fluglöchern in einer Steinwand und einige Höhlenwohnungen.

Bauernhaus La Devinière

Candes-St-Martin ❽

Straßenkarte C3. *250.* *Port Boulet, dann Taxi.* *Chinon (02 47 93 17 85, 02 47 93 36 91).*

DAS MALERISCHE Candes überblickt in idyllischer Lage die schimmernden Wasser der sich vereinigenden Flüsse Loire und Vienne. Sankt Martin starb 397 in Candes. Die Buntglasmotive der Kirche (12. Jh.) illustrieren, wie man die Leiche des Heiligen heimlich zum Begräbnis nach Tours ruderte. Das Portal wurde im 15. Jahrhundert verstärkt und mit Kopfskulpturen geschmückt. Die Decke der Vorhalle ist ein mustergültige Beispiel eines Anjougewölbes.

Château d'Ussé ❾

Straßenkarte D3. *Chinon, dann Taxi.* *02 47 95 54 05.* *Ende Feb–Mitte Nov tägl.* *nur Park u. Erdgeschoß.*

DIE ZAHLREICHEN spitzen Türme und Türmchen des Schlosses ragen märchenhaft vor dem dunklen Hintergrund der Forêt de Chinon auf. Angeblich inspirierte das Château Charles Perrault zu seiner Version von *Dornröschen*. Jean de Bueil ließ das wehrhafte Schloß 1462 auf dem Fundament einer mittelalterlichen Burg errichten. 1485 erwarben die Herren Espinay, Kammerherren sowohl von Louis XI wie Charles VII, den Bau. Sie milderten die Strenge der gotischen Hoffassaden durch Renaissanceelemente.

Im 17. Jahrhundert riß man den Nordflügel ab und verwandelte so den Innenhof in eine zur Indre und dem Loire-Tal hin offene Terrasse. Ein neu angelegter Garten senkte sich in Stufen zum Fluß. Eine Orangerie vollendete die Umwandlung der Burgfeste zum aristokratischen Landsitz *(siehe S. 17)*.

Auch das Schloßinnere weist verschiedene Stile auf. Einige der möblierten Räume stellen Szenen mit Wachsfiguren nach, darunter ein Ausschnitt aus Dornröschen.

Am Waldrand liegt die anmutige spätgotische Kapelle. Sie weist ebenfalls Renaissancedekors auf sowie eine Marienstatue aus Terrakotta von Luca della Robbia (1400–82).

Die Kapelle von Ussé

Mobile von Alexander Calder (1898–1976) in Saché

Saché ⑩

Straßenkarte D3. *880.* *Azay-le-Rideau, dann Taxi.* *Azay-le-Rideau (02 47 45 44 40).*

IM HÜBSCHEN Dorf Saché hatten zwei weltberühmte Künstler ihren Zweitwohnsitz: Honoré de Balzac, der Romancier des 19. Jahrhunderts, und der amerikanische Bildhauer Alexander Calder, dessen »Mobile« den Hauptplatz schmückt.

Balzacs Bewunderer pilgern zum schlichten, doch komfortablen **Château de Saché** (16. und 18.Jh.). Die kreative Stille inspirierte den Autor zu vielen seiner bekanntesten Romane. Der Landsitz ist sorgsam restauriert, einer der Empfangsräume sogar mit einer Reproduktion jener leuchtendgrünen Tapete mit pompejischer Bordüre, die hier zu Balzacs Zeiten hing.

An den großen Schriftsteller erinnern vielerlei Andenken: Büsten, Skizzen, selbst die Kaffekanne, deren Inhalt Balzac bei seinen langen Arbeitsschichten wachhielt. Der oberste Stock präsentiert außer Manuskripten und Briefen Porträts der Frauen, die in Balzacs Leben eine wichtige Rolle spielten: seine hübsche, doch nachlässige Mutter, seine erste Liebe, Madame de Berny, sowie seine treue Freundin Madame Hanska, die er schließlich – kurz vor seinem Tod 1850 – heiratete.

Château de Saché
02 47 26 86 50. *Feb–Nov tägl.* *nur Park.*

Das Château de Saché, beliebtes Asyl von Honoré de Balzac

Villaines-les-Rochers ⑪

Straßenkarte D3. *930.* *Azay-le-Rideau, dann Taxi.* *Azay-le-Rideau (02 47 45 44 40).*

SEIT DEM Mittelalter flicht man in diesem ruhigen Städtchen Körbe aus den Weiden, die in den nahen Flußtälern wachsen. Ein Gemeindepfarrer schloß die hiesigen Korbflechter *(vanniers)* Mitte des 19. Jahrhunderts zu einer der ersten Genossenschaften des Landes zusammen. Heute noch fertigt man hier sämtliche Korbwaren von Hand. Dies erklärt die recht hohen Preise der im **Genossenschaftsladen** angebotenen geschmackvollen Möbel und Körbe. In der zugehörigen Werkstatt können Sie Handwerker/innen über die Schulter sehen. Der Korbflechterei widmet sich auch das sommers geöffnete kleine **Musée de l'Osier et de la Vannerie.**

Coopérative de Vannerie de Villaines
1, rue de la Cheneillère. *02 47 45 43 03.* *Apr–Mitte Okt tägl.; Mitte Okt–März tägl. nur nachmittags.* *1. Jan, 25. Dez.*

Musée de l'Osier et de la Vannerie
22, rue des Caves-Fortes. *02 47 45 23 19.* *Mai–Mitte Sep Di–So, nur nachmittags.*

Korbflechter in Villaines

Richelieu ⑫

Straßenkarte D4. *2300.* *Chinon.* *Richelieu.* *6, Grande Rue (02 47 58 13 62).* *Mo, Fr.*

KAUM EIN Ort liefert ein anschaulicheres Beispiel der Stadtplanung des 17. Jahrhunderts als Richelieu an der Grenze zwischen Touraine und Poitou. Die strenge Anlage ist Armand Jean du Plessis zu verdanken, besser bekannt als Kardinal Richelieu. Als Erster Minister besaß er im absolutistischen Staat mehr Macht als König Louis XIII.

Der Kardinal setzte sich den Bau eines riesigen Palasts bei seinem bescheidenen Familiengut in den Kopf. 1625 übertrug er dem Architekten Jacques Lemercier die Planung. 1631 erlaubte ihm der König, außer dem Palast eine neue befestigte Stadt zu errichten. Lemercier hatte sich bereits durch die Entwürfe für den Palais Royal und die Kirche der Sorbonne in Paris hervorgetan und stieg später zum Ersten königlichen Hofarchitekten auf. Seine Brüder Pierre und Nicolas beaufsichtigten die Konstruktion der Stadt, die über ein Jahrzehnt fast 2000 Arbeiter beschäftigte.

Der Grundriß basiert auf einem riesigen, von Mauern und – heute zumeist in Gärten verwandelten – Gräben umgebenen Rechteck. Man betritt es durch drei monumentale Tore. Die von klassizistischen Villen symmetrisch gesäumte Grande Rue durchschneidet nord-südlich das Zentrum. Sie verbindet zwei große Plätze. Zu den Bauten an der Place du Marché im Süden zählen die klassizistische **Eglise Notre-Dame,** die kunstvoll mit Fachwerk gestaltete Markthalle sowie die vormaligen Gerichtsgebäude, die nun das **Hôtel de Ville,** das Rathaus, und ein kleines **Geschichtsmuseum** beherbergen. An der nördlichen Place des Religieuses erheben sich ein Kloster und die von Richelieu 1640 begründete Königliche Akademie.

Zwischen dem Städtchen und Chinon verkehrt im Sommer eine nostalgische Dampfeisenbahn.

Für sich wünschte Richelieu einen Palast der Luxusklasse. Darin sammelte er Möbel und Kunstwerke von unschätzbarem Wert, darunter Gemälde von Caravaggio und

Die mit Fachwerk geschmückte Markthalle in Richelieu

Andrea Mantegna. An einer Fassade des Schloßhofs prangten die Statuen *Sterbende Sklaven*, die Michelangelo für das Grab des Papstes Julius II. geschaffen hatte (sie stehen nun im Pariser Louvre).

Kardinal Richelieu (1585–1642)

Die Furcht vor Neidern ließ Richelieu viele Schlösser der Umgebung niederreißen. Seine Stadt überlebte unversehrt das Wüten der Französischen Revolution. Der Palast aber wurde konfisziert, verwüstet und schließlich abgetragen.

Einige wenige Gartengebäude verstreuen sich noch über die 475 Hektar weite **Domaine du Parc de Richelieu.** Vom Palast selbst steht nur mehr der sogenannte Dôme, in dem eine Ausstellung Architekur und Geschichte der einst hochherrschaftlichen Residenz erläutert.

Musée de l'Hôtel de Ville
Place du Marché. *02 47 58 10 13.* *Sep–Juni Mo–Sa; Juli–Aug tägl.* *Feiertage.*

Domaine du Parc de Richelieu
5, pl du Cardinal. *02 47 58 10 09.* *Mai–Mitte Sep tägl.; Mitte Sep–Apr Sa, So u. Feiertage.* Gärten *Mi–Mo.* *beschränkt.*

Umgebung: In Champigny-sur-Veude, sechs Kilometer nördlich von Richelieu, stand eines jener Schlösser, die Kardinal Richelieu abreißen ließ. Von der Burg aus dem frühen 16. Jahrhundert sieht man nur noch die **Ste-Chapelle,** eine beeindruckende Renaissancekapelle mit sehenswerten Buntglasfenstern.

Ste-Chapelle
Champigny-sur-Veude. *la Mairie 02 47 95 73 48.* *Apr–Okt tägl.*

Balzac in Saché

Zwischen 1829 und 1837 besuchte Honoré de Balzac (1799–1850) regelmäßig das Château de Saché. Diese Aufenthalte fallen mit den fruchtbarsten Phasen seines reichen Schaffens zusammen. Hier, unbehelligt von Gläubigern, schrieb Balzac wie besessen ab dem frühen Morgen mindestens zwölf Stunden täglich. Dennoch fand er die Zeit, seine Gastgeber, Monsieur und Madame de Margonne, und deren Gäste abends zu unterhalten. Dabei las er die neuesten Kapitel seiner Romane vor, wobei er mimisch in die Rollen seiner Figuren schlüpfte.

Balzac verfaßte zwei seiner bedeutendsten Romane in Saché: *Le père Goriot (Vater Goriot)* und *Le lys dans la vallée (Die Lilie im Tale)*. Letzterer spielt im Indre-Tal, das man vom Schloß aus überblickt und das tatsächlich etwas jener mysteriösen Anziehungskraft zu besitzen scheint, die Balzac mit der ihm eigenen Wortgewalt schilderte.

Balzacs Schlafzimmer in Saché

Le Grand-Pressigny ⓭

Straßenkarte D4. *1100*
Châtellerault, dann Taxi.
La Mairie, pl des Halles (02 47 94 90 37) *Do.*

HOCH ÜBER den hügeligen Straßen des kleinen Städtchens schaut das **Château du Grand-Pressigny** auf die reiz- und friedvollen Täler der Flüsse Claise und Aigronne.

Das Schloß vereint mittelalterliche Festungsruinen – ein Teil des Bergfrieds fiel 1988 ein –, Burgelemente des 15. Jahrhunderts und eine Renaissanceresidenz. Der verfallene rechteckige Turmbau aus dem 12. Jahrhundert kontrastiert wirkungsvoll mit dem eleganten Flügel im italienischen Stil des 16. Jahrhunderts. Auch der weitläufige Garten steht Besuchern offen.

Ausgrabungen aufschlußreicher prähistorischer Relikte belegen, daß sich nahebei ein Produktionszentrum von Werkzeugen aus Feuerstein (Flint) befunden haben muß, das Klingen und andere Erzeugnisse bis in heute schweizerische und britische Lande vertrieb.

Das im Schloß untergebrachte **Musée de la Préhistoire** präsentiert didaktisch geschickt seine Exponate: Werkzeuge und andere Relikte vorgeschichtlicher Epochen sowie Flintgestein, große Brocken von Obsidian, mehrfarbigem Jaspis und buttergelbem Flint. Miniaturnachbildungen von Dörfern veranschaulichen das Leben unserer prähistorischen Ahnen. Den bis zu 60 Millionen Jahre alten Fossilien ist ein eigener Flügel vorbehalten.

An Sommernachmittagen können Sie den **Archéolab** (6 km nordwestlich bei Abilly-sur-Claise) besichtigen, dessen durchsichtige Kuppel eine 2800 bis 2400 v. Chr. von Steinmetzen bewohnte Siedlung überwölbt.

Château du Grand-Pressigny
02 47 94 90 20 *Feb–Nov tägl.* *nur Park und Erdgeschoß.*

Archéolab
Abilly-sur-Claise. *02 47 59 80 82, 47 91 03 74* *Mitte Juni–Mitte Sep tägl. nur nachmittags.*

Jungsteinzeitliches Werkzeug, ausgestellt im Musée de la Préhistoire

Renaissancefassade des Château de Grand-Pressigny

Loches ⓮

Straßenkarte D3. *7100.*
Pl de la Mairie (02 47 59 07 98).
Mi, Sa.

MALERISCHE HÄUSER stehen an den mittelalterlichen Straßen dieses Städtchens Spalier. Die strategische Lage am Indre-Ufer und Rand der Forêt de Loches machte den Ort im Mittelalter zu einer wichtigen Feste. Foulques Nerra *(siehe S. 50)* ließ im 11. Jahrhundert den Bergfried aufstellen. Das **Château** blieb Besitz der Grafen von Anjou, bis John Lackland (Englands König Johann I. »ohne Land«) es 1194 an König Philippe II Auguste verlor. Johns Bruder, Richard I. Löwenherz, eroberte es 1195 in einem Überraschungsangriff zurück. Danach brauchte Philippe Auguste fast zehn Jahre, um die Burg einzunehmen. Sie wurde eine Residenz der französischen Könige. Im **Logis Royal,** dem Königsschloß aus dem 15. Jahrhundert, bewegte Jeanne d'Arc nach der Befreiung von Orléans den Dauphin, sich in Reims als Charles VII zum König von Frankreich krönen zu lassen. Die mit Wandteppichen behängte Salle Jeanne d'Arc gedenkt dieser historischen Begebenheit.

Agnès Sorel, von Jehan Fouquet als Madonna porträtiert

Auch Agnès Sorel, die Mätresse des Königs, zog an den Schicksalsfäden. Die berühmte Schöne ist als Liegefigur, Lämmer zu Füßen, auf ihrem Marmorgrab im Schloß verewigt. Ein Nachbarraum beherbergt die spätgotische Privatkapelle der Anne de Bretagne, deren Hermelinwappen im Dekor auftaucht. Weitere Glanzlichter sind ein die Kreuzigung bebildernder zweiflügeliger Altar, ein Werk des Jehan Fouquet (ca. 1420–80) aus Tours oder eines seiner Schüler, sowie eine Kopie von Fouquets Gemälde *Madonna mit Engeln,* dem Agnès Sorel Modell gestanden haben soll.

Folterkammern und kleine Holz- und Eisenkäfige, in denen Gefangene jahrelang dahinvegetierten, machten den mächtigen Bergfried zum Ort des Grauens. In der **Tour Martelet** starb der Herzog von Mailand Ludovico Sforza; man sieht noch die Temperamalereien, die er während seiner Haft an die Wände zeichnete.

Vier pyramidenähnliche Turmhelme und ein romanisches Portal schmücken die Kirche Collégiale St-Ours neben dem Schloß. Das **Musée Lansyer** bewahrt nahe der Porte Royale im Geburtshaus des Emmanuel Lansyer Werke dieses Malers aus dem 19. Jahrhundert sowie seine Sammlung japanischer Rüstungen und Drucke. Ein Volkskundemuseum zeigt häusliches Interieur des 19. Jahrhunderts.

Château de Loches
Logis Royal *02 47 59 01 32;* **Donjon** *47 59 07 86.* *tägl.* *1. Jan, 25. Dez.* *Spectacle d'été (Juli–Aug Fr u. Sa).* *Reservierung 02 47 59 07 98.*
Musée Lansyer
1, rue Lansyer. *02 47 59 05 45.* *Feb–Nov Di–So.*

Montrésor 15

Straßenkarte E3. *360.* *Loches, dann Taxi.* *Grande Rue (02 47 92 71 04).* *Sa.*

DAS BETÜRMTE **Château de Montrésor** entstammt großenteils dem 15. und 16. Jahrhundert. Zuvor stand hier eine mittelalterliche Feste des Grafen Foulques Nerra *(siehe S. 50)*. Mitte des 19. Jahrhunderts erwarb der polnische Emigrant Graf Branicki, ein künftig Napoléon III verbundener Finanzier, das Anwesen. Das Schloß ist noch in Besitz seiner Nachkommen und die Ausstattung im Stil des Second Empire kaum verändert.

Das Schloß hütet eine vorzügliche Kollektion früher italienischer Gemälde, edle Porträts sowie Gold- und Silberarbeiten. Die mit dunklen Vertäfelungen, Hirsch- und Wolfstrophäen dekorierten Räume wirken eher mitteleuropäisch als französisch. Die Terrasse und die naturnahen Gärten erlauben reizvolle Blicke über den Fluß Indrois.

Auf dem Schloßgelände, im Haus der ehemaligen Weinpresse, informiert die Maison du Pays über das Indrois-Tal und seine Produkte.

Imbert de Bastarnay, Herr über Montrésor, Ratgeber von François I und Großvater der Diane de Poitiers *(siehe S. 108)* stiftete die kleine, von Gotik und Renaissance geprägte Dorfkirche. Er ruht mit Frau und Sohn in einem Marmorgrab, das Liegeskulpturen der Toten, Engel, Apostel und Windhunde am Fußende zieren. Man schreibt das Grabmal dem Renaissancebildhauer Jean Goujon (ca. 1510–68) zu. Im Kircheninnern fallen außerdem flämische und italienische Malereien sowie *Mariä Verkündigung* ins Auge, ein Werk des Barockmalers Philippe de Champaigne (1602–74), der mit Nicolas Poussin den Palais du Luxembourg in Paris ausgeschmückt hat.

Vier Kilometer westlich des Dorfes Montrésor dämmern in lieblicher Waldlandschaft die Ruinen der **Chartreuse du Ligetchatin**. König Henry II von England, ein Plantagenêt-Abkömmling, wollte mit dem Bau dieses Kartäuserklosters den Mord an Thomas Becket, Erzbischof von Canterbury, sühnen. Fresken des 12. Jahrhunderts zieren die nahegelegene Kapelle **St-Jean-du Liget**.

Bauernhof und Mohnblumenfelder beim Dorf Montrésor

Château de Montrésor
02 47 92 60 04. *April–Okt tägl.* *nur Park u. Erdgeschoß.*
Chartreuse du Liget u. Chapelle St-Jean-du-Liget
02 47 92 60 02. *tägl.*

Über mittelalterlichen Befestigungen erbaut: das Château de Montrésor

Château de Chenonceau 16

DIESES CHÂTEAU gilt vielen als schönstes aller Loire-Schlösser. Romantisch überspannt es den Fluß Cher, umgeben von eleganten symmetrischen Gärten und Wäldern. Es wurde aus einer Wassermühle mit bescheidenem Herrenhaus im Lauf der Jahrhunderte zum Renaissance-Lustschloß ausgebaut. Besucher können sich in den stilvoll möblierten Räumen frei bewegen, sich in einem Restaurant in den alten Ställen stärken und mit einer Minibahn durch die einladende Auffahrtsallee rollen. Auch Weine der Schloßgüter werden hier verkauft. Ein kleines Wachsfigurenkabinett inszeniert die Schloßgeschichte.

★ Cabinet Vert
Die Wände des Arbeitszimmers der Katharina von Medici waren mit grünem Samt bespannt.

Kapelle
Pfeiler mit Akanthus- und Muschelornamenten stützen die Kuppel der Kapelle. Die 1944 durch eine Bombe zerstörten Buntglasfenster hat man 1953 ersetzt.

Louise de Lorraine ließ ihr Zimmer nach dem Tod ihres Gatten schwarz streichen und mit weißen Monogrammen, Tränen und Schleifen verzieren.

Die Tour des Marques ist ein Überrest der Burg der Familie Marques aus dem 15. Jahrhundert.

Die drei Grazien
Dieses Gemälde von Charles-André van Loo (1705–65) zeigt die hübschen Schwestern Mailly-Nesle, allesamt königliche Mätressen.

NICHT VERSÄUMEN

- ★ Cabinet Vert
- ★ Grande Galerie
- ★ Schloßgärten

Wandteppiche
Wie es im 16. Jahrhundert Mode war, hängen in den geschmackvoll möblierten Schloßräumen flämische Wandteppiche – eine Zierde, die zugleich Wärme schuf.

Infobox

Straßenkarte D3. 02 47 23 90 07. Chenonceau-Chisseaux. Jan u. Mitte Nov–Dez tägl. 9–16.30 Uhr; 1.–15. Feb u. 1.–15. Nov 9–17 Uhr; 16.–28. Feb u. 16.–31. Okt 9–17.30 Uhr; 1.–15. März u. 1.–15. Okt 9–18 Uhr; Mitte März–Mitte Sep 9–19 Uhr; 16.–30. Sep 9–18.30 Uhr. nur Park u. Erdgeschoß. Au Temps des Dames de Chenonceau (Juli–Aug tägl. 22.15 Uhr).

★ Grande Galerie
Katharina von Medici ließ auf der Brücke, die Philibert de l'Orme 1556–59 für Diane de Poitiers entworfen hatte, diese Galerie bauen.

Schlossführer

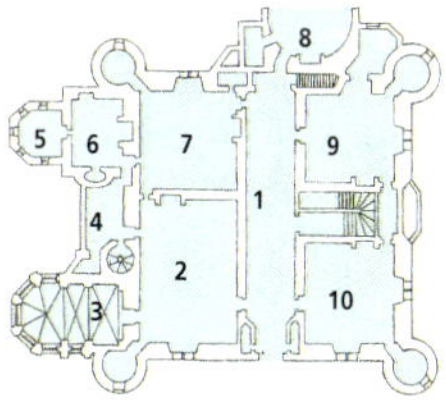

Erdgeschoß

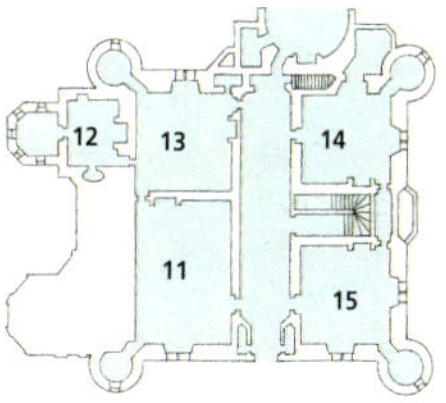

Erster Stock

1 Vestibül
2 Salle des Gardes
3 Kapelle
4 Terrasse
5 Librairie de Catherine de Médicis
6 Cabinet Vert
7 Chambre de Diane de Poitiers
8 Grande Galerie
9 Chambre de François I
10 Salon Louis XIV
11 Chambre des Cinq Reines
12 Cabinet des Estampes
13 Chambre de Catherine de Médicis
14 Chambre de Vendôme
15 Chambre de Gabrielle d'Estrées

Chenonceaus 60 Meter lange, florentinisch inspirierte Galerie überspannt die Wasser des Cher

Die Entstehung von Chenonceau

FÜNF FRAUEN haben dem graziösen Bau seine feminine Note verliehen. Erste Herrin auf Chenonceau war Catherine Briçonnet, die Gattin des königlichen Kämmerers; sie überwachte den Schloßbau. Unter Diane de Poitiers, Mätresse Henris II, kamen der symmetrische Garten und die Brücke über den Cher hinzu. Nach Henris Tod eignete sich seine Witwe Katharina von Medici das Château an und überkrönte die Brücke mit der Galerie. Aus Achtung vor der Schloßdame Louise Dupin, der Frau eines Steuereintreibers, blieb Chenonceau unbehelligt von den Zerstörungen der Französischen Revolution. Madame Pelouze schließlich ließ das Schloß im 19. Jahrhundert restaurieren.

Sphingen
Unergründlich blicken die Steinsphingen am Garteneingang. Sie wachten zuvor im Château de Chanteloup (siehe S. 111), *das im 19. Jahrhundert zerstört wurde.*

Diane de Poitiers
Die Mätresse von Henri II, hier porträtiert von François Clouet, verschönte das Schloß mit einem Ziergarten und der Brücke über den Cher.

★ Schloßgärten
Diane de Poitiers und Katharina von Medici schufen die symmetrischen Ziergärten. Die heutige Anlage entstammt dem 19. Jahrhundert.

ZEITSKALA

1500 – 1600 – 1700 – 1800 – 1900

1512 Thomas Bouhier erwirbt das Gut Chenonceau. Seine Frau Chaterine Briçonnet läßt es umbauen

1533 Katharina von Medici (1519–89) heiratet Henri II (1519–59). Chenonceau wird königliches Loire-Schloß

1547 Henri II schenkt Chenonceau seiner Mätresse Diane de Poitiers

1559 Katharina von Medici vertreibt nach Henris Tod ihre Rivalin Diane aus Chenonceau

1575 Louise de Lorraine (1554–1601) heiratet Katharinas Sohn Henri III

Henri II

1730–99 Louise Dupin macht Chenonceau zu einem Salon für Intellektuelle

1789 Dank Louise Dupin überlebt Chenonceau unbeschadet die Wirren der Revolution

1863 Madame Pelouze läßt das Schloß originalgetreu restaurieren

1913 Die Familie Menier kauft das Schloß; es gehört noch heute dieser Schokoladendynastie

1944 Ein Bombenangriff beschädigt die Schloßkapelle

Louise Dupin
Louise Dupin, eine Schönheit mit auffallend großen braunen Augen, war eine belesene Dame, in deren Schloß alle Geistesgrößen jener Tage ein- und ausgingen. Zu ihren Gästen zählten Montesquieu, Voltaire und Jean-Jacques Rousseau. Rousseau, der hier als Hauslehrer ihrer Kinder weilte, pries die Küche des Hauses, die ihn »dick wie ein Mönch« werden ließ.

Wappen der Katharina von Medici

Madame Pelouze erwarb 1863 Chenonceau. Sie ließ es originalgetreu in den von Catherine Briçonnet geschaffenen Zustand zurückversetzen. Zum Glück blies sie in letzter Sekunde den Abriß der Grande Galerie ab.

Katharina von Medici
Nachdem sie Diane de Poitiers vertrieben hatte, drückte Katharina von Medici dem Schloß ihren Stempel auf. Sie ließ die Grande Galerie über den Cher und einen symmetrischen Garten zufügen, der jenen ihrer Rivalin überbieten sollte.

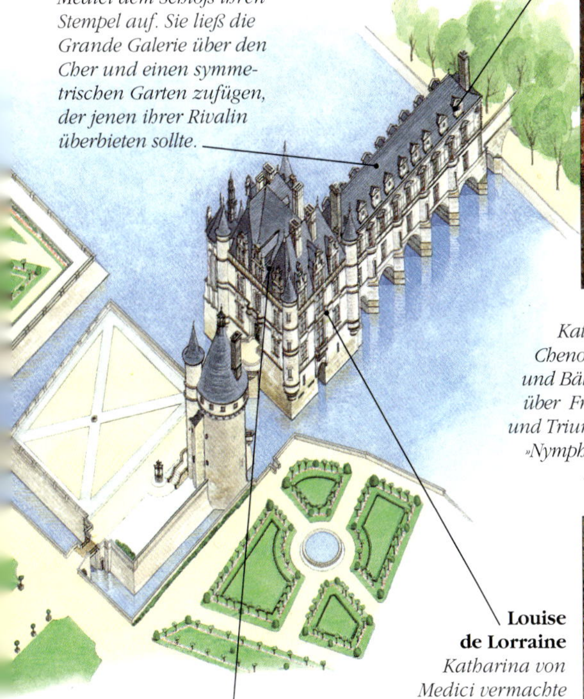

Schloßfeste
Katharina von Medici richtete in Chenonceau rauschende Empfänge und Bälle aus: Die Festgäste staunten über Francesco Primaticcios Statuen und Triumphbögen aus Gips oder über »Nymphen«, die, von »Satyrn« verfolgt, aus Büschen hervorsprangen.

Louise de Lorraine
Katharina von Medici vermachte Chenonceau ihrer Schwiegertochter, Louise de Lorraine. Diese ließ nach dem Tod ihres Mannes, Henri III, ihr Zimmer in Schwarz ausstatten.

Catherine Briçonnet beaufsichtigte den Bau einer damals ungewöhnlichen Schloßanlage. Die Räume gingen in jedem Stock von einer zentralen Treppenhalle aus.

Das Château d'Amboise überragt die Stadt und die Loire

Amboise ⑰

Straßenkarte D3. *11 000.* *Quai du Général de Gaulle (02 47 57 09 28).* *Fr, So.*

TOURISTENMAGNET von Amboise ist das stattliche königliche Schloß. Doch das umtriebige Städtchen hat noch mehr Attraktionen zu bieten.

Château d'Amboise

02 47 57 00 98. *tägl.* *1. Jan, 25. Dez.* *A la Cour du Roy François (Juli u. Aug, Mi u. Sa).*

Das Schloß gehört dem Comte de Paris, einem direkten Abkömmling des letzten französischen Königshauses. Nur ein Bruchteil der Anlage steht noch. Doch man ahnt, welch Gepränge am Hof von Charles VIII und danach François I herrschte, die ihre Sucht nach Luxus und Eleganz mit »Importen« aus dem Italien der Renaissance befriedigten.

Skulpturdekor des Logis Royal

Amboise war aber auch ein Ort des Blutvergießens. 1560 flog ein Komplott auf, mit dem Hugenotten dem jungen König François II Zugeständnisse hatten abringen wollen. 1200 Verschwörer wurden hingerichtet; ihre Leichen baumelten an Bäumen, den Mauern der Stadt und des Schlosses, auch am Balkon des Logis du Roi.

Nach diesem Massaker verblich der Glanz von Amboise. Nach und nach wurde das Schloß abgetragen. Immerhin blieb auf den Befestigungswällen die spätgotische **Chapelle St-Hubert** stehen. Außen zeigen Reliefs die Heiligen Hubertus und Christophorus, innen soll Leonardo da Vinci bestattet sein. Im von Gotik und Renaissance geprägten **Logis du Roi** sind außer einigen Wachstuben und Prunkräumen die faszinierenden Gemächer von König Louis-Philippe aus dem 19. Jahrhundert zu besichtigen. Im früheren Schloßeingang, der **Tour des Minimes** neben dem Logis du Roi, beeindruckt die spiralförmige, auf Reiter und Kutschen zugeschnittene Rampe.

Dach und Turmhelm der spätgotischen Chapelle St-Hubert sind reich verziert

Musée de la Poste

6, rue Joyeuse. *02 47 57 00 11.* *Mitte Jan–Dez Di–So.*

Dieses interessante Postmuseum schildert unter dem Dach eines Herrenhauses aus dem 16. Jahrhundert vornehmlich die Postkutschenzeit und das damals gefahrvolle Reisen.

Château du Clos-Lucé

2, rue du Clos-Lucé. *02 47 57 62 88.* *Feb–Dez tägl.* *beschränkt.*

In diesem eleganten Renaissanceschlößchen aus rosigen Mauerziegeln und Steinen am Stadtrand von Amboise verbrachte Leonardo da Vinci seine letzten Lebensjahre bis zu seinem Tod 1519. Auf Drängen von François I war er 1516 an den königlichen Hof in Amboise gereist und hatte sich im Jahr darauf hier in Le Clos-Lucé (damals Cloux genannt) niedergelassen. Viele meinen, Leonardo habe in jener Zeit die Pläne für das Château de Chambord *(siehe S. 132ff)* entworfen; Zeichnungen zeigen Doppelwendeltreppen, die jener von Chambord ähneln. Man kann sein Schlaf-, Arbeits-, Empfangszimmer, die Küche und eine kleine Kapelle besichtigen, die Charles VIII für Anne de Bretagne bauen ließ. Im Keller erstaunen nach Leonardos Konstruktionszeichnungen gefertigte Modelle, darunter ein Hubschrauber und ein Panzerwagen.

Aquarium de Touraine
Lussault-sur-Loire. *02 47 23 44 44.* *tägl.*
Mehr als 10 000 Fische tummeln sich in Lussault-sur-Loire, etwa sechs Kilometer westlich von Amboise, in den 35 Becken dieses größten europäischen Süßwasseraquariums.

Leonardo da Vincis Schlafzimmer im Château du Clos-Lucé

Leonardo da Vinci (1452–1519)

Leonardo da Vinci (Kupferstich)

Bei Feldzügen in Italien entdeckte François I sein Herz für die Kunst der Renaissance. Er lud Leonardo da Vinci an seinen Hof in Amboise, mit jährlicher Apanage und freiem Logis im Herrensitz Clos-Lucé lockend. Das Universalgenie traf 1516 in Amboise ein, im Gepäck – in Ledertaschen auf einem Maultier – Preziosen wie seine *Mona Lisa*. François erwarb das (heute im Pariser Louvre ausgehängte) Gemälde für seine königliche Sammlung. Leonardo widmete sich in seinen drei letzten Lebensjahren, die er als *Premier Peintre, Architecte et Mécanicien du Roi* (»Erster königlicher Maler, Baumeister und Mechaniker«) in Le Clos-Lucé zubrachte, vorwiegend wissenschaftlichen Traktaten und technischen Zeichnungen. Die Lähmung der rechten Hand beeinträchtigte den Linkshänder nur geringfügig. Eines seiner vielen Interessensgebiete war die Hydrologie: Er entwickelte Pläne für Kanalverbindungen der königlichen Loire-Schlösser und eine Umleitung des Flusses. Auch aufwendige Feste richtete er aus – mit derselben Sorgfalt, die er auf seine wissenschaftliche Arbeit verwandte.

Nach Konstruktionsplänen von Leonardo gebaut: Prototyp eines »Kraftwagens«

Pagode de Chanteloup ⓲

Forêt d'Amboise. *02 47 57 20 97.* *Mitte Feb–Mitte Nov tägl.* *nur zum Parken.*

Ein Exotikum in den Wäldern südwestlich von Amboise ist diese 44 Meter hohe, chinesisch inspirierte Pagode. Eine steile Wendeltreppe verbindet ihre sieben, nach oben verjüngten Stockwerke. Jede Etage besteht aus einem luftigen achteckigen Raum mit Kuppeldecke. Die Pagode spiegelt sich im Halbrund eines weiten Sees und ist Nabel von sieben in den Wald ausstrahlenden Wegen.

Sie ist einziger Überrest eines Prunkschlosses des Duc de Choiseul (1719–85), Minister unter Louis XV. Nach 1770 entzweite sich der Herzog mit der königlichen Mätresse Madame du Barry – er war ein Günstling ihrer Vorgängerin Madame de Pompadour. Aus Versailles verbannt, zog er sich nach Chanteloup zurück, wo er 1761 ein Schloß gekauft hatte. Er ließ es umbauen und lebte darin auf großem Fuße, nebenbei mit der Landwirtschaft liebäugelnd. Nach seinem Tod wurde das Schloß verlassen und 1823 abgerissen. In der Pagode erzählt eine Ausstellung von dem einst prächtigen Schloß. Wer den Aufstieg nicht scheut, den belohnen schöne Blicke über das Loire-Tal.

Die Pagode de Chanteloup inmitten der Wälder von Amboise

Im Detail: Tours ⓳

Der mittelalterliche Stadtkern, Le Vieux Tours, mit seinen schmalen Straßen und teils fachwerkverzierten Häusern ist gelungen restauriert. Cafés, Bars und Restaurants machen ihn zu einem quirligen, bei Einheimischen wie Touristen beliebten Treffpunkt. Zum Shopping laden viele Modeboutiquen und kleine Läden ein, die sich vor allem auf Kunsthandwerk und edle Küchenartikel spezialisiert haben. Den Mittelpunkt bildet die Place Plumereau, auf der bei schönem Wetter Cafétische stehen.

★ Maison de Tristan
Highlight des Gebäudes (15. Jh.) ist das Treppenhaus mit Gewölbe und Wendeltreppe.

Musée du Gemmail
Kletterpflanzen überwuchern das Hôtel Raimbault, in dem dieses Museum moderne Werke der Buntglaskunst im Gemmail-Stil ausstellt.

Place Pierre-le-Puellier
Dieser Platz war einst Teil eines Renaissancekreuzgangs. Ausgrabungen haben hier einen gallorömischen und mittelalterlichen Friedhof freigelegt.

Nicht versäumen

★ Place Plumereau

★ Maison de Tristan

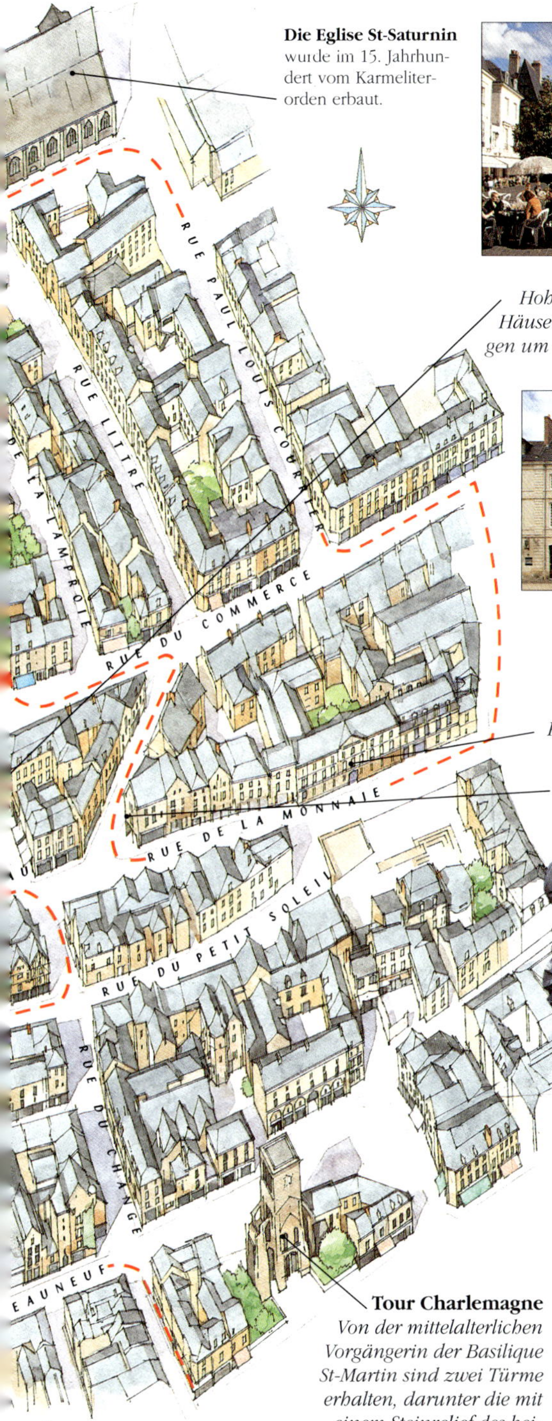

Die Eglise St-Saturnin wurde im 15. Jahrhundert vom Karmeliterorden erbaut.

★ Place Plumereau
Hohe, von Fachwerk aufgelockerte Häuser aus dem 15. Jahrhundert ragen um diesen vibrierenden Platz auf.

Hôtel de la Monnaie
Dieser Palast aus dem 18. Jahrhundert fällt in der vornehmlich von Bauten des 17. Jahrhunderts geprägten Rue de la Monnaie (Nr. 5) auf.

Holzpfosten
An dieser Ecke der Rue du Change steht ein Haus mit Zwillingsgiebeln, an dem Sie figürlich reich beschnitzte Holzpfosten entdecken.

Tour Charlemagne
Von der mittelalterlichen Vorgängerin der Basilique St-Martin sind zwei Türme erhalten, darunter die mit einem Steinrelief des heiligen Martin geschmückte Tour Charlemagne.

Legende

Routenempfehlung

Überblick: Tours

TOURS, BELIEBTER Aufenthaltsort von ausländischen Sprachstudenten – angeblich spricht man hier das reinste Französisch im Lande–, ist ein ideales Standbein für Ausflüge zu den Schlössern der Touraine. Doch auch in der Stadt selbst gibt es jede Menge zu entdecken, allem voran den mittelalterlichen, gelungen restaurierten Stadtkern und die Kathedrale. Tours war zur Römerzeit ein wichtiges Zentrum, später durch das Grab des heiligen Martin Mekka von Pilgerscharen. Heute verströmt es trotz der urbanen Wucherungen einen provinziellen Charme.

Originalgetreu rekonstruiert: der Pont Wilson über die Loire

Das Stadtzentrum

Die Umgebung der **Cathédrale St-Gatien** *(siehe S. 116f)* bildete Teil der Römersiedlung. Dieses Gebiet wurde im 3. Jahrhundert n. Chr. mit einer Mauer umzogen, deren Verlauf man in der Rue des Ursulines um die Kathedrale und das Musée des Beaux Arts erkennen kann. Den Konturen eines römischen Amphitheaters folgt die geschwungene, kopfsteingepflasterte Rue du Général-Meunier; in ihren eleganten Häusern residierten Angehörige des Klerus.

In Westen der Stadt entstand um das Grab des heiligen Martin *(siehe S. 49)* eine Christengemeinde. Heute ruht der Heilige in der Krypta der neuen Basilique St-Martin aus dem späten 19. Jahrhundert. Von ihrer mittelalterlichen, weit größeren Vorgängerin sind beidseits der Rue des Halles zwei Steintürme erhalten: die **Tour Charlemagne** und **Tour de l'Horloge.** Von dort ist es nicht weit zur **Place Plumerau,** deren stimmungsvolle mittelalterliche Häuser und Cafés Einheimische, ausländische Studenten und Touristen anziehen.

In der Rue Colbert Nr. 39, an einem fachwerkverzierten Haus, erinnert ein schmiedeeisernes Schild an die *Pucelle Armée,* die »bewaffnete Jungfrau« Jeanne d'Arc *(siehe S. 137);* sie erstand hier in einer Werkstatt eine Rüstung, ehe sie 1429 zur Befreiung von Orléans weiterzog. An der nahen **Place Foire-le-Roi** fanden nach königlicher Erlaubnis 1545 regelmäßig Märkte statt; umgeschlagen wurde vorrangig Seide, die sich ein Jahrhundert zuvor zu einer wirtschaftlichen Hauptstütze der Stadt entwickelt hatte. Feinstes der schmucken Giebelhäuser am Platz ist das Hôtel de la Bourdelaise, benannt nach dem Finanzminister von François I, der in dem Renaissancebau wohnte. Etwas westlich versetzt erhebt sich die **Eglise St-Julien** über einer im 6. Jahrhundert begründeten Abtei.

Pont de pierre, »Steinbrücke«, so nennt der Volksmund schlicht die zentrale Brücke über die Loire, den **Pont Wilson.** Sie ist eine originalgetreue Rekonstruktion der Brücke aus dem 18. Jahrhundert, deren Einsturz 1978 landesweit Aufsehen erregte. Eine Abstimmung unter den Bürgern der Stadt gab schließlich den Ausschlag zum Wiederaufbau.

Musée des Beaux-Arts

18, pl François-Sicard. 02 47 05 68 73. Mi–Mo. 1. Jan, 1. Mai, 14. Juli, 1. u. 11. Nov , 25. Dez.

Das Museum befindet sich in zentraler Lage, nahe der Kathedrale, im ehemaligen erzbischöflichen Palast. Die Gebäude entstammen vorwiegend dem 17. und 18. Jahrhundert. Davor erstreckt sich ein attraktiver symmetrischer Ziergarten mit einer fast 200 Jahre alten Libanonzeder.

Die Gemäldesammlung umfaßt Werke mittelalterlicher bis zeitgenössischer Künstler, darunter Andrea Mantegnas berühmte, für Veronas Kirche San Zeno 1456–60 gefertigte Altarbilder *Auferstehung* und *Christus in Gethsemane.*

Ein Nebengebäude rechts vom Eingangshof bewahrt eine seltene Reliquie: einen ausgestopften Zirkuselefanten, der Anfang des 20. Jahrhunderts in Tours sein Leben aushauchte.

***Christus in Gethsemane* (1456–1460) von Andrea Mantegna**

Die kunstvolle Renaissancefassade des Hôtel Goüin

Hôtel Goüin u. Musée Archéologique

25, rue du Commerce. *02 47 66 22 32.* *Okt–Mitte März Sa–Do; Mitte März–Sep tägl.*

Das Gebäude gilt als edles Beispiel der Frührenaissance. Im Zweiten Weltkrieg zerstört, wurde es mitsamt der aufwendigen Fassade liebevoll wiederaufgebaut. Heute schlägt darin das Archäologische Museum der Stadt einen Bogen von der Vorgeschichte bis zum 18. Jahrhundert. Eine interessante Kollektion zeigt keltische Münzen aus der Region um Chartres, deren Wert statt in Zahlen mit Tierabbildungen genannt ist. Als Highlight gilt der Satz wissenschaftlicher Instrumente, die der Besitzer des Château de Chenonceau 1743 erwarb.

Musée des Vins de Touraine

16, rue Nationale. *02 47 61 07 93* *Mi–Mo.* *1. Jan, 14. Juli, 1. u. 11. Nov, 25. Dez.*

In den Gewölbekellern und Teilen des Kreuzgangs der **Eglise St-Julien** (13. Jh.) spürt dieses Weinmuseum dem regionalen Weinbau bis in früheste Zeiten nach. Zu sehen sind Winzergeräte vom Mittelalter bis zum 19. Jahrhundert, eine riesige Weinpresse aus der Renaissance und, in einem angeschlossenen Hof, eine 1946 nahe Azay-le-Rideau entdeckte gallorömische Weinpresse.

Infobox

Straßenkarte D3. *130 000* *Pl du Maréchal Leclerc.* *Pl du Maréchal Leclerc.* *78, rue Bernard Palissy (02 47 70 37 37).* *tägl.* *Fêtes Musicales de Touraine (Juni); Foire au Basilic et à l'Ail (26. Juli,* siehe S.117*); Semaines Musicales de Tours (Juli).*

Exponate des Musée des Vins de Touraine

Zentrum von Tours

Cathédrale St-Gatien ⑤
Château Royal ④
Eglise St-Julien ③
Hôtel Goüin ②
Musée des Beaux-Arts ⑥
Tour Charlemagne ①

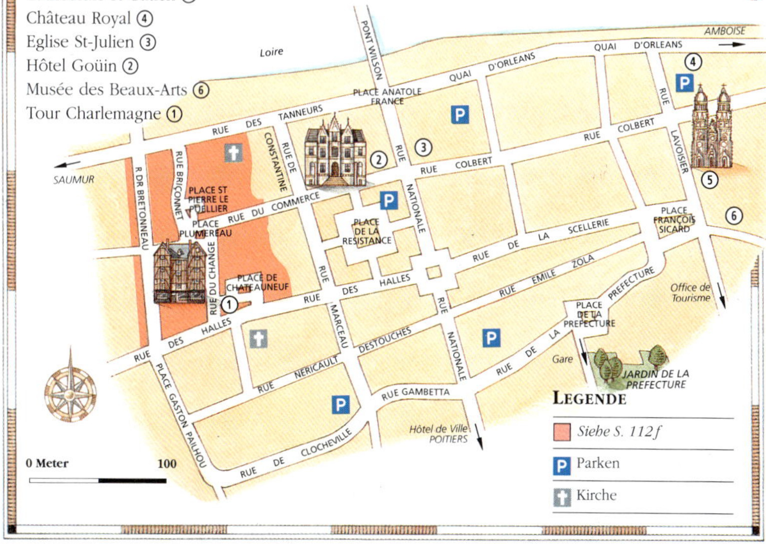

Tours: Cathédrale St-Gatien

Der Name der Kathedrale würdigt einen Bischof von Tours aus dem 3. Jahrhundert. Der Grundstein wurde zu Beginn des 13. Jahrhunderts gelegt, die Kirche aber erst Mitte des 16. Jahrhunderts vollendet. Daher läßt sich an ihr bestens die Entwicklung der Gotik studieren: die Frühgotik im – als ersten fertiggestellten – Altarraum, die Hochgotik im Haupt- und Querschiff, der Flamboyantstil der Spätgotik an der prächtigen Westfassade.

★ Westfassade
Der Flamboyantstil prägt die reich verzierte Westfassade. Über den Portalen prangt die Fensterrosette.

Cloître de la Psalette
Der Kreuzgang knüpft an das nördliche Seitenschiff an. Seine drei Galerien wurden Mitte des 15. bis Anfang des 16. Jahrhunderts errichtet.

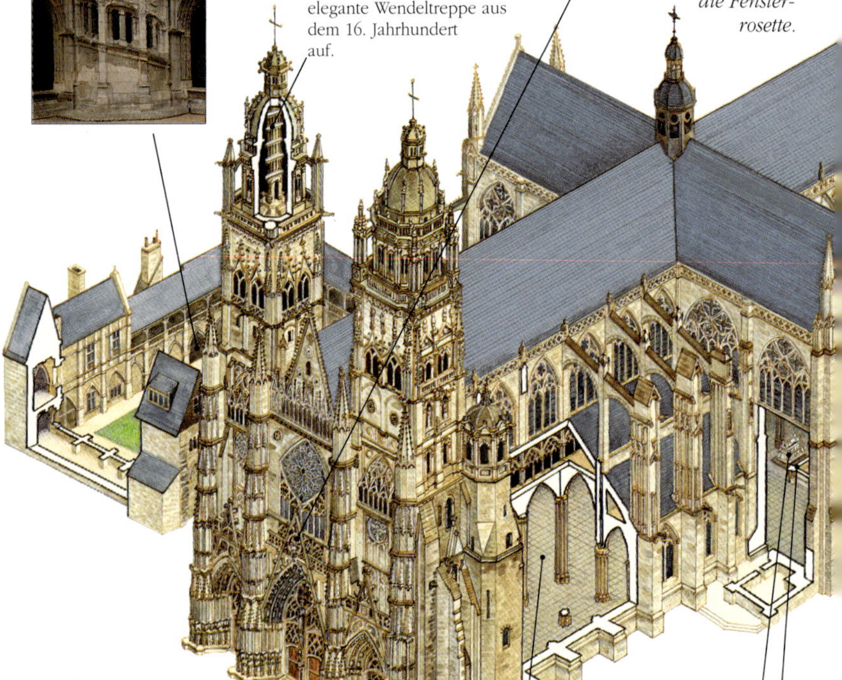

Im Nordturm steigt eine elegante Wendeltreppe aus dem 16. Jahrhundert auf.

Colombe-Sarkophag

Das schmale Hauptschiff besitzt eine Gewölbedecke aus dem späten 15. Jahrhundert.

★ Colombe-Sarkophag *(1499)*
Der Sarkophag wird dem Bildhauer Michel Colombe zugeschrieben. Liegefiguren verewigen die Toten, die Söhne von Charles VIII und Anne de Bretagne.

Fresko
1993 entdeckte man dieses Fresko, auf dem der heilige Martin seinen Mantel teilt.

INFOBOX

Pl de la Cathédrale. 02 47 70 37 36. *So 10, 11.30 Uhr; Mo–Fr 19 Uhr; Mai–Nov Sa 19.15 Uhr.*

Colombe-Statue
Diese Statue auf einem Platz nahe der Kathedrale ehrt den berühmten, in Tours verstorbenen Bildhauer Michel Colombe.

Im Altarraum illustrieren Buntglasfenster (um 1265) die Leiden Christi sowie das Leben Martins und anderer Heiliger.

★ Buntglasfenster
Auffallend ist der Kontrast von satten Farben und vielen bleicher bemalten Scheiben (grisailles), *die mehr Licht einließen als übliche Buntglasfenster.*

NICHT VERSÄUMEN

- ★ Colombe-Sarkophag
- ★ Buntglasfenster
- ★ Westfassade

Château Royal de Tours

25, quai d'Orléans. **Historial de Touraine** *02 47 61 02 95.* *Mitte März–Okt tägl.; Nov–Mitte März tägl. nur nachm.* **Atelier Histoire de Tours** *(Eingang vom Kirchplatz) 02 47 64 90 52.* *Mi, Sa u. So.* *Feiertage.*

Teile des Schlosses, vom 13. bis 15. Jahrhundert königliche Residenz, wurden jüngst restauriert. Seine Tour de Guise heißt nach dem jungen Duc de Guise. Er saß hier ein, nachdem Henri III seinen Vater 1588 im Château de Blois hatte ermorden lassen *(siehe S. 126f)*, konnte aber tollkühn fliehen.

Im Turm veranschaulichen die Wachsfiguren des Museums **Historial de Touraine** die Geschichte der Region. Auch im Logis de Mars aus dem 18. Jahrhundert stellen Wachsfiguren Szenen nach, so die Hochzeit von Charles VIII und Anne de Bretagne 1491 sowie Jeanne d'Arc *(siehe S. 137)* bei der Anprobe ihrer Rüstung in einer Werkstatt von Tours. Ein tropisches Aquarium zählt zu den Attraktionen des Logis.

Im Logis des Gouverneurs aus der Renaissance zeichnet das **Atelier Histoire de Tours** mit Modellen und Karten die Entwicklung von Tours nach.

Musée du Compagnonnage

8, rue Nationale. *02 47 61 07 93.* *Jan–März Di–So; Apr–Mitte Juni u. Mitte Sep–Dez Mi–Mo; Mitte Juni–Mitte Sep tägl.* *Feiertage.*

Dieses sehenswerte Museum zeigt in einem Teil der Abtei, die einst der mittelalterlichen **Eglise St-Julien** angeschlossen war, »Meisterstücke« im Wortsinn: Arbeiten wandernder Handwerksgesellen *(compagnons)*, die zum Erwerb des hochangesehenen Meisterbriefs vorgelegt wurden. Die Ausstellung umspannt viele Handwerkskünste: Werke von Steinmetzen ebenso wie von Holzschuhmachern, sogar einige ungewöhnliche Kreationen aus Zuckerwerk.

Exponat im Musée du Compagnonnage

KNOBLAUCH- UND BASILIKUMFEST

Am 26. Juli (Jahrestag der hl. Anna) findet in der Altstadt das traditionelle Knoblauch- und Basilikumfest *(Foire à l'Ail et au Basilic)* statt. Schauplatz ist die Place du Grand-Marché nahe dem überdachten Markt *(Les Halles)*. An den Ständen hängen über einem Teppich aus Töpfen mit Basilikum geflochtene Zöpfe aus Knoblauchknollen, roten Zwiebeln und Schalotten.

Basilikum und Knoblauch an den Ständen der Place du Grand-Marché

Blésois und Orléanais

Diese beiden *einander eng verbundenen Regionen sind gute Ausgangspunkte für eine Reise durch das zentrale Loire-Tal. Ihre Wälder und Sumpfgebiete ziehen seit Jahrhunderten Naturfreunde an. In der Renaissance errichteten Könige und Adlige hier prächtige Jagdschlösser, darunter das Schloß von Chambord, den luxuriöse Herrensitz Cheverny und das Château de Beauregard.*

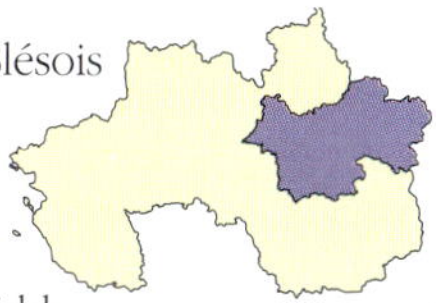

Die dichten Wälder des Blésois und Orléanais sind reich an Wild wie Kaninchen, Hasen, Wildschweinen und Rotwild. Der ausgedehnte, eindrucksvolle Wald von Orléans kontrastiert mit den Heiden, Seen und Marschen der verschwiegenen Sologne, in die sich friedvolle Weiler und niedrige Bauernhäuser aus Backstein und Fachwerk ducken. Dieses Gebiet ist ein Paradies für Jäger und Angler, denn andere Besucher dringen nur selten tief vor.

In ihrem nördlichen Abschnitt durchquert die Loire Städte, deren Namen sich untrennbar mit Frankreichs Geschichte verbinden. Die Brücken und Burgen von Gien, Orléans, Beaugency und Blois, sie alle besaßen vom Mittelalter bis zum 20. Jahrhundert militärstrategische Bedeutung.

In Orléans führte Jeanne d'Arc 1429 das vom Hundertjährigen Krieg aufgeriebene französische Heer zum Sieg über die englischen Belagerer. Die Stadt wurde im Zweiten Weltkrieg schwer beschädigt und später durch ihre Nähe zu Paris ein wichtiges Wirtschaftszentrum. Doch in der sorgfältig wiederaufgebauten Altstadt stößt man allenthalben auf Spuren der Vergangenheit.

Das Schloß von Blois war zur Zeit der Religionskriege verstrickt in politische Intrigen: In seinen Mauern geschah 1588 auf Anordnung von Henri III der Meuchelmord am Duc de Guise.

Im Westen der Region windet sich der Loir, der kleine Bruder der majestätischen Namensschwester, durch die Landschaft des Vendômois und durchquert Vendôme, eine der attraktivsten Städte der Region. Die Kathedrale La Trinité ist nur eine der häufig mit Fresken und Mosaiken verschönten Kirchen des Blésois und Orléanais.

Anglerwettbewerb auf einem Kanal

Hauptschiff der Cathédrale Ste-Croix von Orléans

Überblick: Blésois und Orléanais

Am nördlichsten Punkt der Loire liegt Orléans, die größte Stadt der Region. Westlich davon erstreckt sich die fruchtbare Petite Beauce, ein Weizenanbaugebiet, östlich der große, dichte und wildreiche Wald von Orléans. Wälder umringen auch das flußabwärts gelegene Blois. Im Süden stößt man auf die Seenlandschaft der Sologne; die Südgrenze dieser Wald- und Marschlandschaft zieht der Fluß Cher auf seinem Weg durch pittoreske Dörfer.

In der Region häufig zu sehen: Bauerngehöfte aus Stein

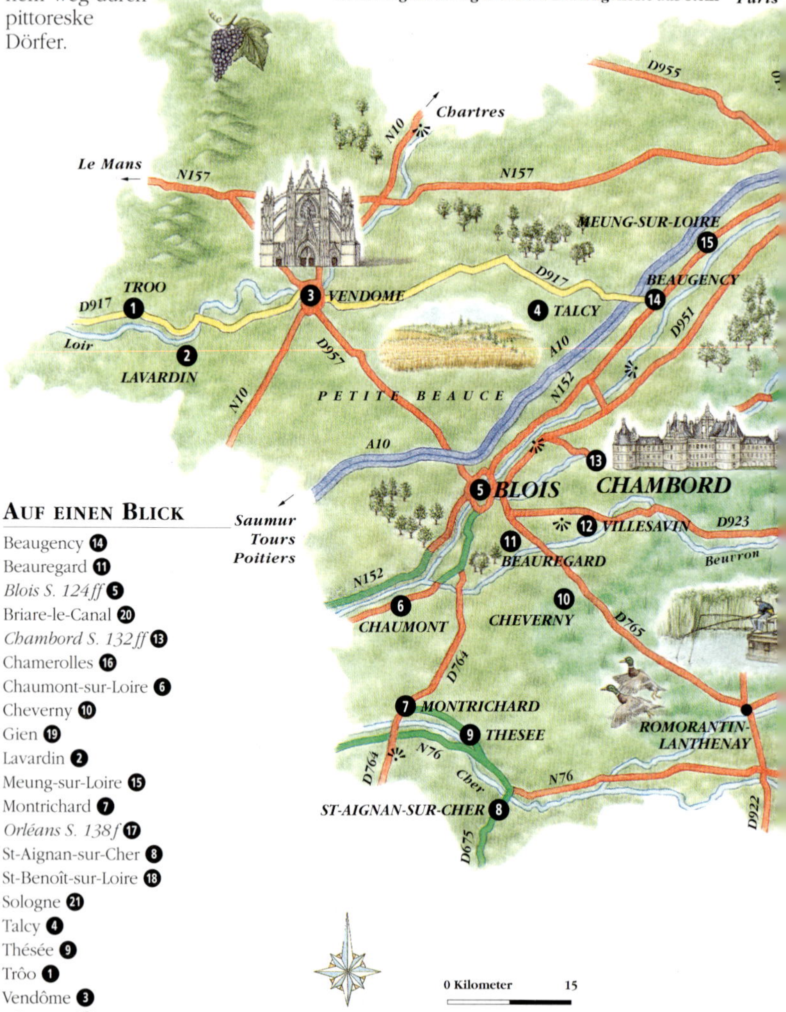

Auf einen Blick

Beaugency 14
Beauregard 11
Blois S. 124ff 5
Briare-le-Canal 20
Chambord S. 132ff 13
Chamerolles 16
Chaumont-sur-Loire 6
Cheverny 10
Gien 19
Lavardin 2
Meung-sur-Loire 15
Montrichard 7
Orléans S. 138f 17
St-Aignan-sur-Cher 8
St-Benoît-sur-Loire 18
Sologne 21
Talcy 4
Thésée 9
Trôo 1
Vendôme 3
Villesavin 12

UNTERWEGS

Orléans und Blois liegen an der Autobahn *L'Aquitaine* (A10), der schnellsten Straßenverbindung zwischen der Region und Paris. Eine TGVs halten auf der Strecke Paris-Tours in Vendôme (ab Paris 45 Minuten Zugfahrt). Der Corail-Expreß braucht von Paris eine Stunde bis Les Aubrais (einem Vorort von Orléans mit Bahnanschluß an das Stadtzentrum) und 40 Minuten (via Beaugency und Meung-sur-Loire) bis Blois. Der Corail-Expreß Tours-Nevers folgt dem Cher mit Halt in Montrichard, Thésée und St-Aignan. Das Busnetz zwischen den Städten der Region ist, vor allem zur Schulferienzeit, äußerst löcherig. Die den Cher begleitende N76 ist landschaftlich höchst reizvoll und die Fahrt auf den Landstraßen durch die schattigen Waldgebiete angenehm beschaulich.

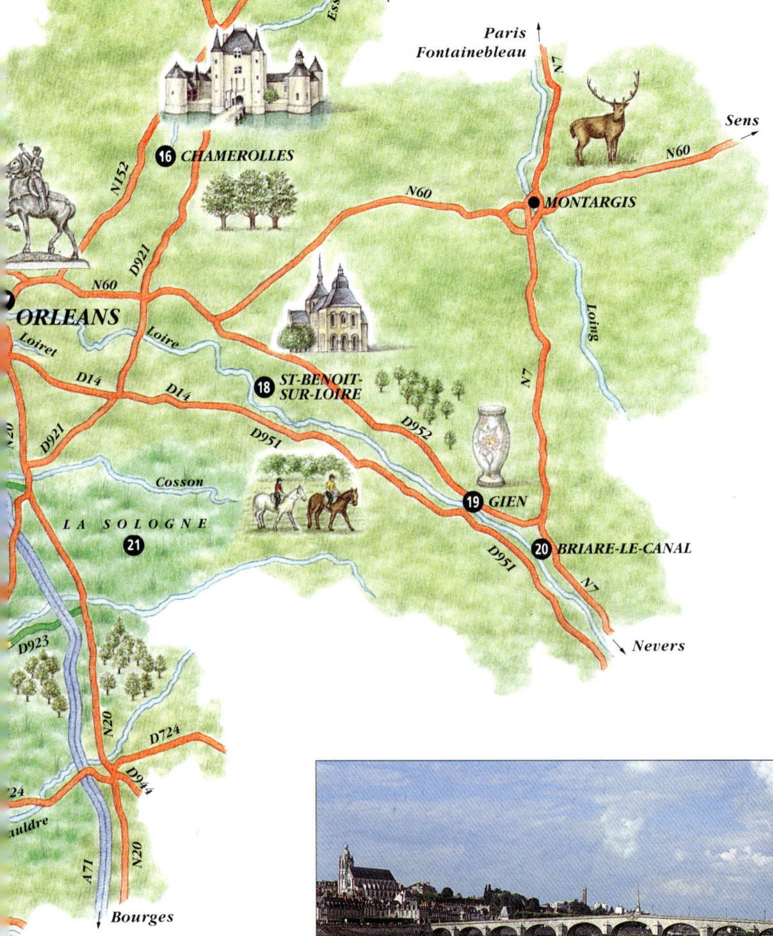

LEGENDE

- Autobahn
- Hauptstraße
- Nebenstraße
- Panoramastraße
- Fluß
- Aussichtspunkt

Blick auf Blois und seine prägnante Brücke über die Loire

Trôos »sprechender Brunnen«

Trôo ❶

Straßenkarte D3. *320.* *Vendôme, dann Taxi.* *Montoire-sur-le-Loir (02 54 85 00 29).*

Das auf einem Fels über dem Loir gelegene Dorf sollte man vom höchsten Punkt aus betreten, durch das verfallene mittelalterliche Tor. Links davon wirft der überdachte »sprechende Brunnen« aus 45 Meter Tiefe ein erstaunlich klares Echo zurück.

Nur ein großer Erdwall – er gibt einen guten Blick über das Tal frei – erinnert an Trôos mächtige Feste. Sie wurde im 12. Jahrhundert von Richard Löwenherz heftig umkämpft, der sie schließlich an Frankreichs König, Philippe II Auguste, verlor. 1590 ließ der spätere Henri IV sie schleifen.

Teile der nahen **Eglise St-Martin,** so die Mauern des Hauptschiffs, entstammen dem 11. Jahrhundert. Säulen zieren die Fenster ihres eckigen Turms.

Verschlungene Pfade führen steil hügelab, vorbei an den Blumengärten einer teils zu besichtigenden Höhlensiedlung, zum attraktiven **Château de la Voûte.** Stalaktiten, gewachsen in über 4000 Jahren, hängen von der Decke der **Grotte Pétrifiante**, die am Fuß des Hügels liegt.

Der kleinen Kirche aus dem 12. Jahrhundert von **St-Jacques-des-Guérets** jenseits des Flusses haben 13 Wandgemälde byzantinischen Stils – ein Zufallsfund von Restauratoren im Jahre 1890 – Renommée verschafft. Besonders besticht die Darstellung *Christi als Majestas Domini* in der Apsis.

Noch stärker, vor allem durch ihre Farbenpalette, beeindrucken die Fresken (12. Jh.) der Kapelle **St-Gilles** im nahen Montoire-sur-le-Loir.

Lavardin ❷

Straßenkarte D3. *250.* *Vendôme, dann Taxi.* *Montoire-sur-le-Loir (02 54 85 00 29).*

Eine rekonstruierte mittelalterliche Brücke leitet zum Dorf. Darüber thronen die majestätischen Ruinen einer **Festung.** Als Bollwerk an der Grenze zwischen dem Reich von Anjou und dem der Kapetinger war sie jahrhundertelang Zankapfel zwischen der französischen Krone und dem Plantagenêt-Geschlecht. 1590 ereilte sie ein ähnliches Schicksal wie die Feste von Trôo, als Henri IV befahl, sie teilweise zu zerstören.

Zu den sehenswerten Gebäuden im Ort zählen das Rathaus aus dem 11. Jahrhundert, die alten Steinhäuser in der Route de Villavard und vor allem die romanische **Eglise St-Genest**. Ihre zarten, naiven Fresken aus dem 12.–16. Jahrhundert stellen Szenen aus dem Leben Christi, aber auch astrologische Symbole dar. Am Eingang zur linken Seitenkapelle illustriert eine der ältesten Fresken die Taufe Christi.

Château de Lavardin

02 54 85 07 74 (Mairie). *Juni–Mitte Sep tägl.* *Okt–Mai.*

Die zarten Fresken der Eglise St-Genest von Lavardin

Vendôme ❸

Straßenkarte D3. *18 000.* *Hôtel du Bellay »Le Saillant« (02 54 77 05 07).* *Fr.*

Ihre Lage auf einer Inselgruppe im Loir, ihre Brücken, Schleusen und alten Steinhäuser machen diese Kleinstadt zu einer reizvollen Provinzgemeinde – und darüber hinaus einem beliebten Wochenendasyl der Pariser, die mit der Bahn in nur 45 Minuten ihr Ziel erreichen.

Da die Stadt an der Grenze zwischen dem England verbundenen Plantagenêt-Besitz und der französischen Krondomäne lag, wechselten ihre Herren oft. Im Hundertjährigen Krieg, 1371, fiel sie an die Bourbonen. Sie wurde 1514 bourbonisches Herzogtum und in den Religionskriegen eine Bastion der katholischen Heiligen Liga, die der Bourbone und (später katholisch bekehrte) Hugenottenführer Henri IV 1589 zurückeroberte. Die Schädel von Henris katholischen Widersachern machen im **Musée de Vendôme** Gruseln. Es bewahrt in einem alten Kloster –

Die reichverzierte Fassade der Abbaye de la Trinité von Vendôme

mit sehenswerten Fresken im Kapitelsaal – auch eine Harfe, auf der Marie-Antoinette, die auf dem Schaffott hingerichtete Königin, gespielt haben soll.

Vendômes Abteikirche **La Trinité** wurde 1034 von Foulques Nerras Sohn, Geoffroy Martel, begründet. Neben ihr ragt ein 80 Meter hoher romanischer Glockenturm (12. Jh.) mit Turmhelm auf. Jean de Beauce, der den alten Glockenturm der Kathedrale von Chartres entwarf, schuf mit dem prägnanten, flammenähnlichen Fassadenmaßwerk ein virtuoses Denkmal der Spätgotik.

Schnitzarbeit, zu sehen in La Trinité

Innen, jenseits des Querhauses (11. Jh.), lockern Schnitzfiguren das Chorgestühl auf. Der mit Tränenmotiven verzierte Gitterwerksockel zur Linken des Altars trug einen Schrein mit einer berühmten Reliquie: einer Träne, die Jesus am Grab des Lazarus vergossen haben soll.

Das Einkaufsviertel gruppiert sich um die Place St-Martin, von deren Turm (15. Jh.) ein Glockenspiel erklingt. Eine Statue ehrt den Grafen von Rochambeau, der im Amerikanischen Unabhängigkeitskrieg die französischen Truppen befehligte. Bei der nahen Rue Saulnerie finden Sie einen hübschen, im Stil der Jahrhundertwende überdachten Markt.

Der Square Belot gibt den besten Blick auf die alten Stadtbefestigungen preis. Von dort aus sieht man auch die Porte d'Eau, das »Wassertor« (13. und 14. Jh.), das Vendômes Mühlen und Gerbereien Wasser zuteilte.

Der zentrale Parc Ronsard beherbergt ein Waschhaus aus dem 15. Jahrhundert, den Lavoir des Cordeliers, sowie das Oratorianerkolleg aus dem 17. und 18. Jahrhundert. Auf einem Hügel über der Stadt steht vom verfallenen Schloß noch die Tour de Poitiers (12. Jh.). Vom Schloßgarten aus blicken Sie auf die Stadt hinab.

Musée de Vendôme

Cloître de la Trinité. *02 54 77 26 13.* *Mi–Mo.* *1. Jan, 1. Mai, 25. Dez.*

Vendômes Waschhaus, der Lavoir des Cordeliers im Parc Ronsard

Immer noch funktionstüchtig: Talcys 300 Jahre alte Weinpresse

Château de Talcy ❹

Straßenkarte E3. *Mer, dann Taxi.* *02 54 81 03 01.* *Apr–Sep tägl.; Okt–März Mi–Mo.* *1. Jan, 1. Mai, 1. u. 11. Nov, 25. Dez.*

Die gestrenge Schloßfassade verbirgt eine heimelige Wohnburg »normalsterblicher« Ausmaße, die nach den weitläufigen Loire-Schlössern angenehm überrascht. Vorgänger des Schlosses war ein Bergfried aus dem 15. Jahrhundert. Bernardo Salviati, ein Florentiner Bankier und Cousin der Katharina von Medici, erwarb 1517 das Anwesen, um es um- und ausbauen zu lassen.

1545 verliebte sich der Dichter Pierre Ronsard *(siehe S. 22)* in Salviatis 15jährige Tochter Cassandre. Sie inspirierte über ein Jahrzehnt die Sonette seines berühmten Zyklus *Les amours de Cassandre*.

Bernardo Salviati verlieh Talcy mittelalterlichen Burgcharakter. Er ließ den Zinnenwehrgang und die Blendgußerker beim Pförtnerhaus anbringen. Ein Arkadengalerie umläuft den ersten Innenhof mit seinem elegant überkuppelten Brunnen. Das Taubenhaus aus dem 16. Jahrhundert im zweiten Innenhof, das besterhaltene der Loire-Region, bietet rund 3000 Vögeln Unterschlupf.

Eine weitere Attraktion ist die mächtige, 300 Jahre alte Weinpresse. Obzwar funktionstüchtig, ist sie außer Betrieb, seit das Schloß die Weinproduktion eingestellt hat.

Alte Blumengärten und Innenräume im Originaldekor des 17. und 18. Jahrhunderts tragen zum Charme des Schlosses bei.

Im Detail: Blois ❺

Die mächtige Feudalherrenbastion des 12. Jahrhunderts stieg 1498 unter Louis XII zur glanzvollen Königsresidenz auf. Ein knappes Jahrhundert bildete Blois Frankreichs höfisches und politisches Zentrum. Heute genießt es Bedeutung als ökonomischer Mittelpunkt für die landwirtschaftlichen Regionen Beauce und Sologne. Seine harmonische Kulisse aus weißen Mauern, Schieferdächern und roten Ziegelkaminen macht Blois zu einer typischen Loire-Stadt. Die vom Fluß, dem Schloß und der Kathedrale begrenzte hügelige Altstadt ist zum Teil Fußgängerzone und eine architektonische Augenweide.

Hôtel d'Alluye
Diese Renaissancevilla ist ein Vorzeigestück der Stadt, 1508 erbaut von Florimond Robert, Schatzmeister dreier Könige.

Die Façade des Logis, die wirkungsvollste Schloßfront, ist von Renaissance-Fensterreihen untergliedert, die zu einer Galerie aufstreben.

★ Château de Blois
Die reiche Geschichte des Schlosses von Blois spiegelt sich in der baulichen Stilvielfalt wider.

Blois von der Loire aus gesehen mit den drei Spitztürmen der Eglise St-Nicolas im Zentrum

★ Eglise St-Nicolas
Die auffällige, dreitürmige Kirche gehörte einst zu einer Benediktiner-Abtei des 12. Jahrhunderts. Die Apsis am Ende ihres gotischen Langhauses ist umstanden von korinthischen Säulen und erhellt von blauen Glasfenstern.

Legende

– – – Routenempfehlung

Escalier Denis-Papin
Die Freitreppe eröffnet eindrucksvolle Stadt- und Flußblicke. Ihr Name erinnert an den in Blois gebürtigen Erfinder (1647–1714) des Dampfkochtopfs.

INFOBOX

Straßenkarte E3. *50 000.* *Pl de la Gare.* *3, av Jean-Laigret (02 54 74 06 49).* *Mi, Sa, So.* *Le Soleil a Rendez-vous avec la Lune (Mai–Sep).*

Musée d'Histoire Naturelle Couvent des Jacobins. *02 54 74 13 89.* *Juni–Aug: Di–So; Sep–Mai nur nachmittags.* *Feiertage.*

Musée Diocésain des Arts Religieux Couvent des Jacobins. *02 54 78 17 14.* *Di–Sa nur nachmittags.* *Feiertage.*

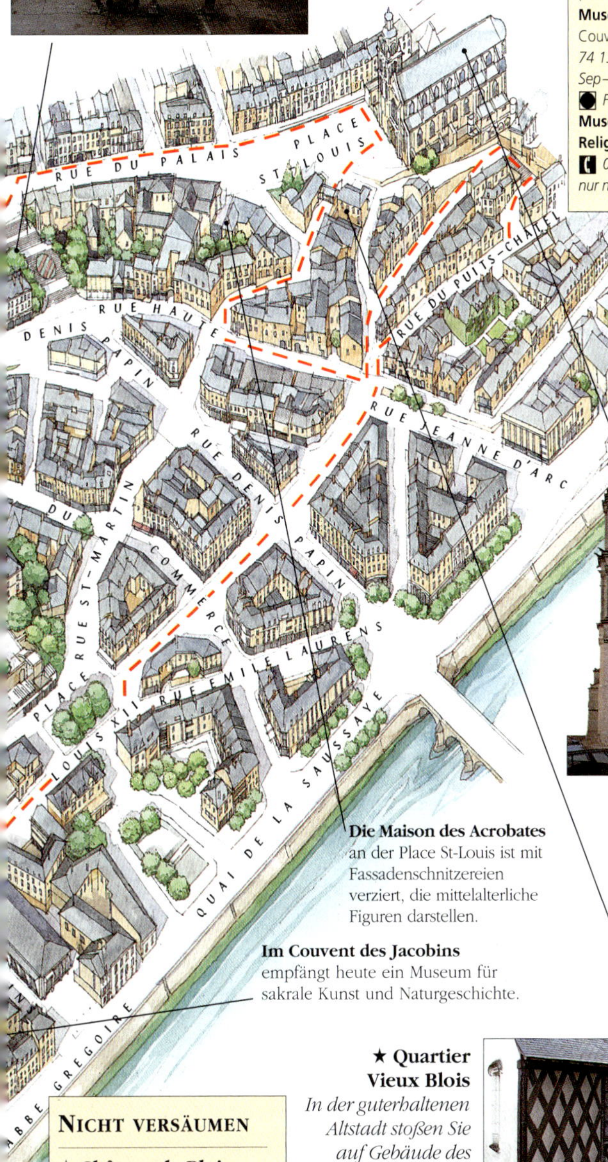

Die Maison des Acrobates an der Place St-Louis ist mit Fassadenschnitzereien verziert, die mittelalterliche Figuren darstellen.

Im Couvent des Jacobins empfängt heute ein Museum für sakrale Kunst und Naturgeschichte.

Cathédrale St-Louis
Der Originalbau wurde 1678 bei einem Sturm fast gänzich zerstört. Die heutige Kathedrale entstand unter Louis XIV.

★ Quartier Vieux Blois
In der guterhaltenen Altstadt stoßen Sie auf Gebäude des 16. Jahrhunderts. Dieses galerienumlaufene Haus steht am Ende der Rue Pierre de Blois.

NICHT VERSÄUMEN

- ★ **Château de Blois**
- ★ **Eglise St-Nicolas**
- ★ **Quartier Vieux Blois**

Château de Blois 5

Stachelschwein, das Wappentier des Hauses Orléans

Alle Loire-Schlösser waren Bühne böser Intrigenspiele, keines aber in dem Ausmaß wie diese Residenz der Könige Louis XII, François I und Henri III. Die grausamste Heimtücke galt dem Duc de Guise, dem ehrgeizigen Führer der katholischen Heiligen Liga *(siehe S. 54f)*: Er wurde auf Geheiß von Henri III in dessen Schlafgemach erdolcht. Nach diesem Mord verlor Blois seine politische Bedeutung. Die vier unterschiedlichen Baustile des Schlosses schlagen einen Bogen vom 13. Jahrhundert über Gotik und Renaissance zum Klassizismus. Durch die gründliche, 1989 begonnene Restaurierung wirkt das Schloß schöner denn je.

Flügel des Gaston d'Orléans
Schlichter Klassizismus prägt diesen Flügel (hier die Decke der Eingangshalle). Er markierte den Abschied vom Zierat der Renaissance.

König Louis XII
Am Eingangstorbogen fällt eine Statue von Louis XII (1462–1515) ins Auge. Seine gütige Innenpolitik trug dem beliebten König den Beinamen »Vater des Volkes« ein.

Die Tour du Foix ist Relikt der mittelalterlichen Wehranlagen aus dem 13. Jahrhundert.

Nicht versäumen

- ★ **Treppenturm François' I**
- ★ **Arbeitszimmer der Katharina von Medici**
- ★ **Salle des Etats Généraux**

Zeitskala

Baumeister Félix Duban

1200 Wiederaufbau einer Feste aus dem 9. Jahrhundert durch die Grafen von Blois

1391 Herzog Louis d'Orléans, Bruder von Charles VI, erwirbt die Burg

1498 Louis XII läßt drei Flügel an- und die Kapelle St-Calais umbauen

1515 Umbau des Nordflügels unter François I

1576 Tagung der Generalstände

1588 Erneute Tagung der Generalstände, Ermordung des Duc de Guise

1635 Gaston d'Orléans läßt den Westflügel durch einen klassizistischen Bau ersetzen

1788 Das Schloß wird in eine Kaserne umgewandelt

1810 Napoléon überträgt der Stadt Blois die Verantwortung für das Schloß

1843 Félix Duban beginnt das Schloß zu restaurieren

1989 Inangriffnahme einer gründlichen Restaurierung

1200	1300	1400	1500	1600	1700	1800	1900

★ Arbeitszimmer der Katharina von Medici
Die Vertäfelung dieses Zimmers besteht aus 237 Teilen. Vier davon bergen Geheimfächer, in denen die Königin Staatspapiere, Schmuck und angeblich Gift verschloß.

INFOBOX

Pl du Château. *02 54 78 06 62.* *Mitte März–Juni u. Sep 9–18 Uhr; Juli–Aug 9–19.30 Uhr; Okt–Mitte März 9–12, 14–17 Uhr (letzter Einlaß: 45 Min vor Schließung.)* *25. Dez, 1. Jan.* *Ainsi Blois vous est conté* (S. 42).

Das Hauptschiff der Kapelle St-Calais mußte im 17. Jahrhundert dem Flügel des Gaston d'Orléans weichen. Einzig der Chorraum ist erhalten.

Die Salle d'Honneur war früher abgetrennt. Ihr prunkvoller Kamin zeigt die Wappen von François I und seiner Mutter Louise, den Salamander und das Hermelin.

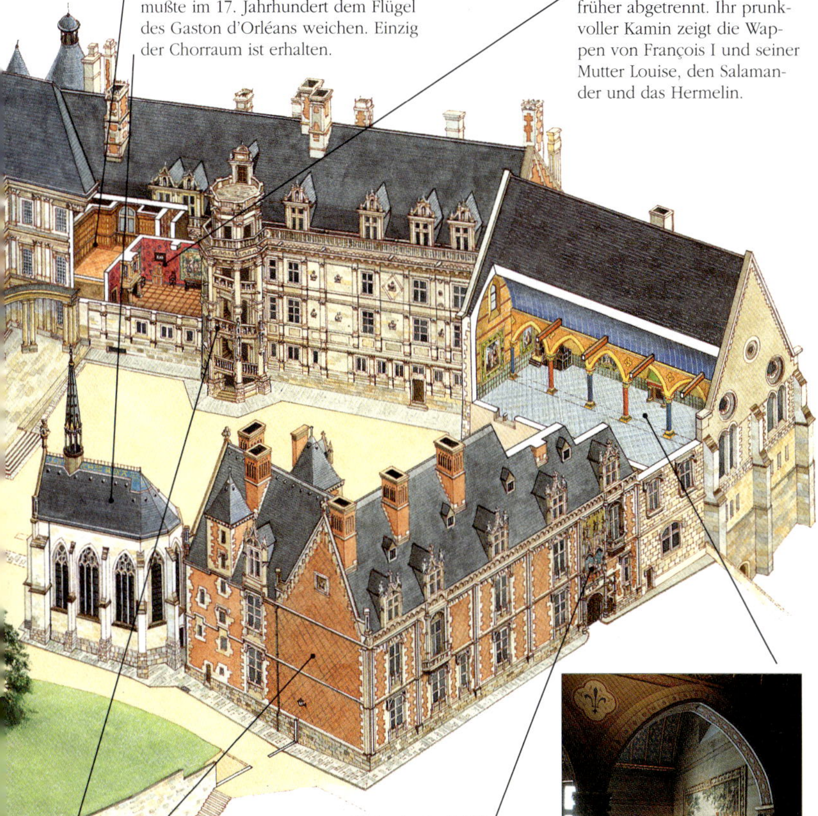

Statue des Louis XII

Am gotischen Louis-XII-Flügel fällt der aufwendige Mauerdekor auf.

★ Treppenturm François' I
Der offene, achteckige Turm mit seinem Reliefschmuck und der inneren Wendeltreppe ist ein Meisterstück der Renaissance. Von den Galerien aus konnte die königliche Familie Veranstaltungen im Hof beiwohnen.

★ Salle des Etats Généraux
Von der Festung verblieb dieser Saal (13. Jh.), Schauplatz von königlichen Empfängen und Versammlungen der Generalstände (siehe S. 54f).

Das Château de Chaumont oberhalb der Stadt

Château de Chaumont ❻

Chaumont-sur-Loire. **Straßenkarte** D3. *Onzain, dann Taxi.* *02 54 20 98 03.* *tägl.* *1. Jan, 1. Mai, 1. u. 11. Nov, 25. Dez.*

Vom anderen Ufer der Loire aus gleicht Chaumont einer mittelalterlichen Bilderbuchburg, gemalt auf einen waldigen Hügel über dem Fluß. Der hohe, weiße Bergfried und die Rundtürme (1466–1510) haben sich nie Kämpfen stellen müssen – und sind daher um so tadelloser erhalten.

Am Haupteingang empfangen eine doppelte Zugbrücke und Brüstungen mit kunstvollen Gußerkern. In die Turmmauern sind Wappen gemeißelt, so die verschlungenen »Cs« des Charles II d'Amboise. Seiner Familie gehörte die Festung, die hier schon im 12. Jahrhundert wachte.

Als Charles 1481 die Burg erbte, veränderte er sie im Stil der frühen französischen Renaissance. So entstanden unter anderem der Ostflügel mit seinem dekorativen Fries und der von Eingangstürmen flankierte Südflügel.

An einem Ende des Südflügels umschließt ein vorspringender achteckiger Turm eine Wendeltreppe. Er ähnelt den Treppentürmen von Blois und Chambord *(siehe S. 126 f und 132 ff)*, ist jedoch früheren Datums.

1560 erwarb Katharina von Medici, Gattin von Henri II, das Schloß. Es heißt, ihr Hofastrologe Ruggieri habe den Turm neben ihrem Gemach als Observatorium genutzt und Katharina hier in einem magischen Spiegel die Zukunft ihrer drei Söhne gezeigt. Eine Galerie verbindet Katharinas Raum mit der schmucken Kapelle, die Ende des 19. Jahrhunderts restauriert wurde. 1562 zwang Katharina die Mätresse ihres verstorbenen Gatten Henri II, Diane de Poitiers, zum Tausch des lieblichen Chenonceau *(siehe S. 108 f)* gegen das strenge Chaumont. Reliefs an der Eingangsfront und dem Ostflügel zeigen die verschlungenen Ds und Jagdmotive von Dianes Wappen.

Buntglasschmuck im Speisesaal von Chaumont

Spätere Eigentümer vernachlässigten das Schloß oder veränderten es nach Belieben. Ein Besitzer ließ im 18. Jahrhundert den Nordflügel abreißen und den Hof zum Fluß hin öffnen, ohne sich um den Gesamtcharakter der Burg zu kümmern.

Mit Prinz Amédée de Broglie und seiner Frau Marie, einer reichen Erbin, zog 1875 der Sinn für Luxus und Schönheit wieder ein. Hiervon profitierten selbst die Stallungen, in denen das Paar auch einen indischen Elefanten unterbrachte, den der Maharadscha von Kapurtala ihnen verehrt hatte.

Im Sitzungssaal sind flämische Wandteppiche von Martin Reymbouts und aus einem Palast in Palermo herbeigeschaffte Majolika-Bodenfliesen (17. Jh.) zu bewundern, in der Bibliothek finden sich verschiedene Medaillons, die der Italiener G.B. Nini im 18. Jahrhundert in Chaumont fertigte.

Den ausgedehnten Schloßpark gestaltete Achille Duchêne 1884 im Stil englischer Landschaftsgärten.

Montrichard ❼

Straßenkarte D3. *3800.* *Blois.* *Rue du Pont (02 54 32 05 10).* *Mo nachm., Fr vorm.*

Das aus Tuffstein erbaute Dorf wird von den Ruinen seines **Château** beherrscht. Von diesem stehen noch die Zugbrücke (11. Jh.), der

Blick über den Cher auf Montrichard

Schießturm, Überreste der Renaissance-Wohnbauten und der Bergfried mit dem **Musée Tivoli**, einem kleinen Heimatmuseum, das über Archäologie und Alltagsleben informiert.

Ein romanischer Bogeneingang führt in die **Eglise Ste-Croix**. In ihr heiratete 1476 der spätere König Louis XII widerwillig Jeanne, die mißgebildete Tochter des Louis XI. Durch Annullation dieser Ehe konnte Louis Anne de Bretagne zum Traualtar führen.

Im Sommer zeigen dressierte Falken am Himmel über Montrichard ihre Künste.

Château de Montrichard u. Musée Tivoli
02 54 32 01 16. Apr–Sep tägl. Adlerflüge: Apr–Sep tägl. nachmittags.

Weißer Tiger im Zoo von Beauval

St-Aignan-sur-Cher 8

Staßenkarte E3. *3700.*
St-Aignan-Noyers-sur-Cher.
02 54 75 22 85. Sa.

DAS STÄDTCHEN hat sich vom Flußhafen zum ansprechenden Sommerurlaubsort gemausert, der zum Schwimmen, Boot fahren und Angeln einlädt. Seine architektonischen Glanzlichter sind das Renaissanceschloß der Herzöge von Beauvillier und die Stiftskirche St-Aignan, ein noch unterschätztes Kunstwerk der Romanik.

Man kann das Schloßinnere nicht besichtigen, jedoch die Treppe (19. Jh.) zur Hofterrasse erklimmen, um die Aussicht und den Blick auf die beiden eleganten Schloßflügel zu genießen. Verfallene Türme und Mauern zeugen von einer mittelalterlichen Festung der Grafen von Blois. In der Rue Constant-Ragot, die zum Schloß und zur Kirche führt, sticht bei Nr. 27 ein fachwerkverziertes Renaissancehaus ins Auge.

Zwei stattliche Glockentürme wachen vor der (um 1080 begonnenen) **Eglise de St-Aignan**. Der majestätische Chorraum mit dem Allerheiligsten steht über einer älteren Kirche, deren – zeitweilig als Kuhstall zweckentfremdete – Reste der Krypta ihr romanisches Flair verleihen. Im Kircheninnern bestechen Fresken wie die Schilderungen des heiligen Ägidius (St Gilles) in der Südkapelle und eine Darstellung *Christi als Majestas domini* (11. Jh.) im Chorgewölbe. An den 250 Reliefkapitellen erkennt man Szenen des Alten und Neuen Testaments, symbolische Interpretationen von Sünde und Buße sowie dekorative Motive. Eindrucksvoll sind auch die Deckengemälde (15. Jh.) in der Kapelle Unserer wundertätigen Frau.

Zwei Kilometer südlich des Dorfes beherbergt der **Zoo von Beauval,** einer der besten des Landes, 300 Vogelarten, ein mustergültige Dschungelhaus, einen Otterteich und landschaftlich gestaltete Gehege für Großkatzen wie weiße Tiger.

St-Aignans Kapelle Unserer wundertätigen Frau

***Christus als Majestas domini* in der Eglise de St-Aignan**

Zoo von Beauval
02 54 75 05 56. tägl.

Thésée 9

Straßenkarte E3. *1100.*
Rue Nationale (02 54 71 42 22).
Do.

VOR DEN TOREN des kleinen Weindorfs Thésée liegt Les Maselles, die wichtigste gallorömische Fundstätte des Departements Loire-et-Cher.

Mauerreste mit Schichten aus Ziegelstein bezeugen das Geschick der Steinmetze, die im 2. Jahrhundert n. Chr. Tasciaca erbauten. Die Siedlung war als Töpferzentrum und Raststation an der Straße zwischen Bourges und Tours bedeutend. Ein hübscher Park umgibt das Rathaus, in dem das **Musée Archéologique** Schmuck, Münzen, Figurinen, Keramiken und andere Grabungsfunde ausstellt.

Musée Archéologique
Hôtel de Ville. 02 54 71 40 20. Ostern–Mitte Juni Sa, So, Feiertage nur nachm.; Mitte Juni–Mitte Sep Mi–Mo nur nachm.; Mitte Sep–Mitte Okt Sa, So, Feiertage, nur nachm. Mitte Okt–Ostern: Gruppen nach Vereinb.

Die klassizistische Fassade de Château de Cheverny

Château de Cheverny ⑩

Straßenkarte E3. 🚌 📞 *02 54 79 96 29.* ○ *tägl.* *nur Erdgeschoß u. Park.* *Le Cours du Temps: Juli–Aug 22.30 Uhr (02 54 79 95 63).*

DIE SCHLOSSFASSADE aus weißem Tuffstein wahrt schlichte Eleganz. Der zügige Aufbau (1620–34) trug Cheverny seine perfekte Harmonie im Louis-XIII-Stil ein; 1648 war man auch mit den Finessen zufrieden *(siehe S. 16f)*. Cheverny setzte ein Zeichen in der Schloß- und Villenarchitektur des Loire-Tals. Nichts, weder mahnende Türme noch respektgebietende Eingänge, erinnert an den Wehrcharakter einer Burg. Vielmehr ist Schlichtheit das Prinzip der klassizistischen Fassade. Vorgängerin des Schlosses war eine Burg der Familie Hurault. Henri Hurault und seine Frau Marguerite (ihr schreibt man Chevernys feminine Eleganz zu) überwachten den Neubau. Das Schloß ist bis heute in Besitz der Huraults.

Der Maler Jean Mosnier dekorierte üppig die vergoldeten Balken, Vertäfelungen und Decken der Haupträume. Glanzwerke seines zehnjährigen Schaffens sind die Szenen der Reisen des Don Quixote im Speisesaal und die Deckengemälde im königlichen, mit Wandbehängen und Betthimmel aus persischer Seide effektvoll gestalteten Schlafgemach. Mosnier malte auch die riesige Salle des Armes aus, in der außer Waffen und Rüstungen der große Gobelin *Entführung der Helena* zu bestaunen ist.

Waffen und Rüstungen stehen in Chevernys Salle des Armes zur Schau

Die Bildersammlung umfaßt ein Porträt des Cosimo de' Medici von Tizian und Pierre Mignards Porträt der Gräfin von Cheverny über dem Kamin des Grand Salon. In der anschließenden Galerie hängen wertvolle Porträts von Jean Clouet und Hyacinthe Rigaud. Im Tapisserienraum finden sich Arbeiten nach Vorlagen von David Teniers sowie zwei Louis-XV-Objekte: eine Lackkommode und eine die Mondphasen anzeigende mechanische Uhr.

Im Winter blasen zweimal wöchentlich Waldhörner zu Chevernys in der gesamten Sologne bekannten Jagden. Vom Jagdfieber der Schloßbesitzer kann man sich bei einer Besichtigung der Zwinger (die 70 Jagdhunde werden gegen 17 Uhr gefüttert) und des etwas gruseligen, mit 2000 Geweihen ausstaffierten Trophäenraums überzeugen.

Der Trophäenraum in Cheverny

Château de Beauregard ⑪

Cellettes. **Straßenkarte** E3. 🚉 *Blois, dann Taxi.* 📞 *02 54 70 40 05.* ○ *Mitte Feb–März u. Okt–Dez Do–Di; April–Sep tägl.* ● *Mitte Jan–Mitte Feb.*

EIN GEPFLEGTER PARK umgibt dieses Schloß am Rand des Russy-Waldes. Anfang des 16. Jahrhunderts ließ François I sich hier ein Jagdhaus errichten. Aus diesem machte über ein Jahrhundert später Jean du Thier, der gelehrte Minister des Henri II, einen reizvollen privaten Landsitz. Scibec de Carpi, Henris italienischer Kunsttischler, gestaltete du Thiers Arbeitszimmer, das Cabinet des Grelots. Vergoldete Eichenvertäfelungen, die Schellen *(grelots)* aus du Thiers Wappen und Bilder aus

Blick in Beauregards Porträtgalerie

Niccolò dell'Abates Werkstatt dekorieren den kleinen, doch exquisiten Raum.

Paul Ardier, ehemals Schatzmeister des Henri IV, bescherte dem Schloß im 17. Jahrhundert sein Highlight: die Porträtgalerie. Von ihren Wänden blicken in drei Reihen 327 Konterfeis europäischer Prominenz – Könige, Königinnen, Heilige, Entdecker – der Jahre 1328 bis 1643. Die Raumwirkung betonen die von Jean Mosnier bemalten Balken und Vertäfelungen und der Boden, dessen Delfter Fayencen einen Aufmarsch von Soldaten in Louis-XIII-Uniformen illustrieren.

Zierde der südlichen Galerie sind ihre Brüsseler Teppiche und geschnitzten Möbel. Blickfang der sehenswerten, mit Steinfliesen ausgelegten Küche ist der um die zentrale Säule gebaute Tisch. Am Kamin über dem mechanischen Drehspieß verkündet ein Sinnspruch, man habe keine Feinde zu fürchten, solange man seine Versprechen halte.

Gartenfront des Château de Villesavin

Château de Villesavin ⓬

Villesavin. **Straßenkarte** E3. *Blois, dann Taxi.* *02 54 46 42 88.* *März–Sep tägl.; Okt–Mitte Dez nur nachmittags; Mitte Dez–Feb Gruppen nur nach Vereinb.* *nur Erdgeschoß u. 1. Stock.*

Jean Breton ließ sich 1527–37 dieses Schloß errichten. Von hier aus beaufsichtigte er den Bau des königlichen Château de Chambord *(siehe S. 132ff)*. Dort beschäftigte Steinmetze schmückten Villesavin aus und schenkten Breton den florentinischen Brunnen aus Carrara-Marmor, der im Eingangshof prangt.

Das renovierungsbedürftige Gebäude zählt zu den am wenigsten veränderten Loire-Schlössern der Spätrenaissance. Seine niedrigen Mauern mit den ungewöhnlich hohen Dächern umstehen drei weitläufige Höfe. Das prächtige Taubenhaus am Ende der eleganten Südfassade besitzt 1500 Nischen und eine Drehleiter.

Alte Kutsche, ausgestellt in Villesavin

Den eher häuslichen Schloßcharakter belegt nicht zuletzt der Wirtschaftshof, auf den die geräumige Küche mit dem noch funktionierenden Bratspieß blickt. Die interessante Kutschensammlung umfaßt eine 18 Meter lange *voiture de chasse* mit vier Sitzreihen, in der Damen der Jagd beiwohnten.

Umgebung: Am Südufer des Beuvron liegt Bracieux. Attraktion des Ortes ist der große überdachte Markt. Er wurde zur Regierungszeit des Renaissancekönigs François I (1515–47) gebaut. Damals war Bracieux eine wichtige Station an den Straßen zwischen Tours, Chartres und Bourges. Der aus Mauer-, Naturstein und Holz gefügte Markt beherbergte im Obergeschoß eine Zehntscheuer. Seine Eichenpfosten wurden im 19. Jahrhundert verstärkt. Beim Bummeln stößt man auf geschmackvolle Häuser des 17. und 18. Jahrhunderts.

Château de Chambord ⓭

Statue der Diana in der Salle de Diane

DER AMERIKANISCHE Schriftsteller Henry James urteilte: »Chambord ist wahrhaft königlich – königlich in seinen Ausmaßen, seiner großartigen Atmosphäre und seiner Gleichgültigkeit gegenüber gewöhnlichen Maßstäben.« François I verwirklichte hier seinen Traum. 1519 ließ der extravagante König die Jagdburg, die in der Forêt de Boulogne stand, abreißen und den Grundstein zu Chambord legen. 1537 hatten 1800 Arbeiter und zwei Steinmetzmeister den Schloßturm *(donjon)* mit seinen Nebentürmen und Dachterrassen fertiggestellt. Im Jahr darauf rief François zum Bau des königlichen, durch eine zweistöckige Galerie angebundenen Privatpavillons am Nordosteck auf. Sein Sohn Henri II fügte den Westflügel an. 1685, unter Louis XIV, war die 440-Zimmer-Residenz vollendet.

Das Château de Chambord mit dem Closson, einem Nebenfluß der Loire, im Vordergrund

★ Silhouette
Dichtgedrängte vielgestaltige Türme prägen Chambords bizarre Silhouette, die auf den ersten Blick wie ein figurenüberladenes Schachbrett wirkt.

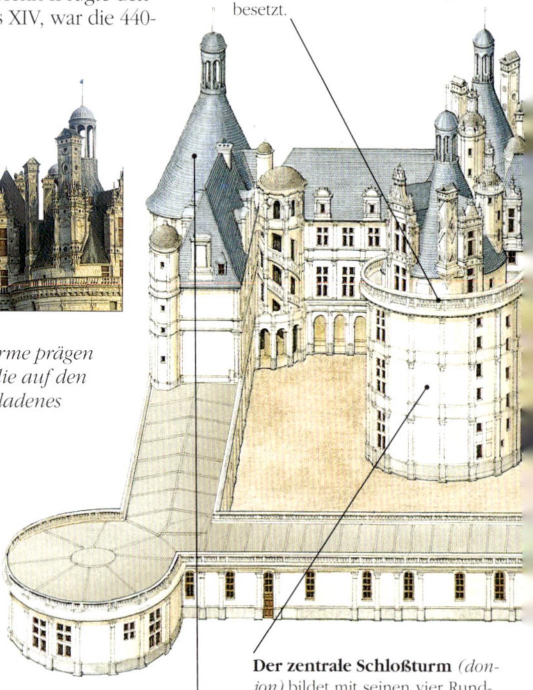

Die Dachterrassen sind mit unzähligen kleinen Turmaufsätzen, Treppentürmen, skulptierten Giebeln und Kuppeln besetzt.

Der zentrale Schloßturm *(donjon)* bildet mit seinen vier Rundtürmen den Kern der Anlage.

Salamander
Das Wappentier des François I steht für den Schutz des Guten und die Ausrottung des Bösen. Es taucht im Schloß über 700mal auf.

Kapelle
Der Kapellenbau wurde kurz vor dem Tod von François I 1547 begonnen. Henri II ließ den zweiten Stock aufsetzen, Louis XIV das Dach verschönern.

NICHT VERSÄUMEN

- **★ Silhouette**
- **★ Große Wendeltreppe**

Wendeltreppe des François I
Diese nach außen geöffnete Wendeltreppe im nordöstlichen Schloßhof wurde gleichzeitig mit den Galerien (ab 1538) erbaut.

> **INFOBOX**
>
> **Straßenkarte** E3. *Mer, dann Taxi.* *02 54 50 40 00.* *Apr–Juni u. Sep tägl. 9.30–18.30 Uhr; Juli–Aug 9.30–19.30 Uhr; Okt–März 9.30–17.30 Uhr (letzter Einlaß: 30 Min. vor Schließung). Gruppen nach Vereinbarung.* *1. Jan, 1. Mai, 1. u. 11. Nov, 25. Dez.* *Spectacle d'Art Equestre (Mai, Juni u. Sep tägl.).*

Die Laterne, der 32 Meter hohe Turmaufsatz, stützt sich auf gebogene Strebepfeiler.

Die Wachstuben, einst Bühne königlicher Bälle und Theatervorführungen, besitzen reichverzierte Gewölbedecken.

Das Schlafgemach von François I im Ostflügel erhielt 1547 seine erste Einrichtung.

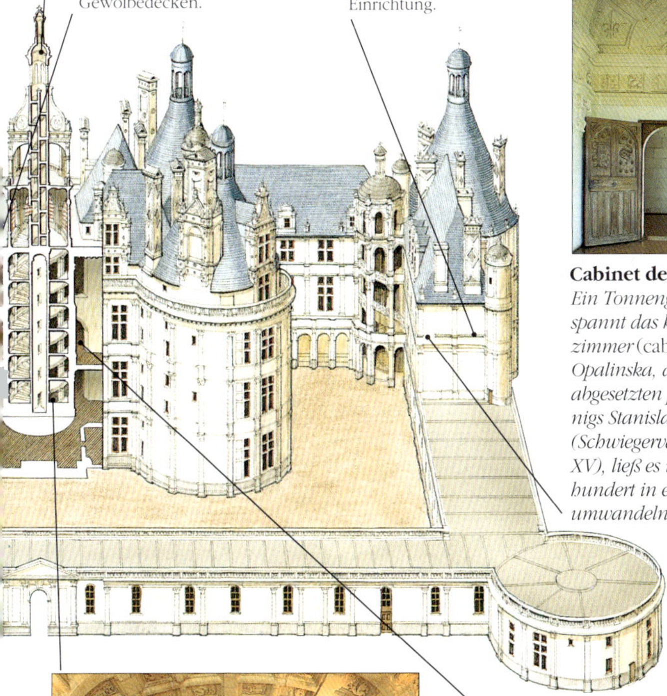

Cabinet de François I
Ein Tonnengewölbe überspannt das königliche Arbeitszimmer (cabinet). *Catherine Opalinska, die Gattin des abgesetzten polnischen Königs Stanislaus I. Leszczynski (Schwiegervater von Louis XV), ließ es im 18. Jahrhundert in ein Oratorium umwandeln.*

★ Große Wendeltreppe
Bei dieser doppelten Wendeltreppe laufen zwei Stiegen umeinander. Vermutlich ersann Leonard da Vinci die hier von den Wachstuben aus aufgenommene Konstruktion.

Das Schlafgemach von François I
Die Prunkgemächer des Sonnenkönigs sind die größten Räume des Schlosses.

Die Geschichte von Chambord

Zweifelsrei war Größenwahn im Spiel, als François I sich den Bau von Chambord, dem größten Loire-Schloß, in den Kopf setzte. Jagen und Flirten waren die Hauptbeschäftigungen des jungen Monarchen: »Er ist ständig auf der Jagd, mal auf Böcke, mal auf Röcke«, bemerkte der Botschafter von Venedig. Majestät überwachte höchstselbst die Umfriedung des Wildparks um Chambord mit Frankreichs größter (knapp 32 km langer und 2,5 m hoher) Mauer. Zur Zierde seines Châteaus wollte François die Loire umleiten lassen, fand sich dann aber damit ab, den Schloßgraben mit dem Wasser des näheren Closson zu füllen.

Louis XIV, porträtiert als triumphierender Jupiter

Der junge François I im Prunk königlicher Insignien

Chambord nach François I

Henri II eiferte den Ambitionen seines Vaters François I nach. Auch Louis XIII, der der Jagd eher abgeneigt war, und sein Bruder Gaston d'Orléans bauten an und um. Im 17. Jahrhundert konnte man in Chambord 440 Zimmer, 365 Schornsteine, 14 große und 70 kleinere Treppenaufgänge zählen.

Louis XIV, als junger Mann der Jagd ergeben, besuchte Chambord oft mit seinem gesamten Hofstaat. Mit Bällen, Vorführungen von Molières Lustspielen, Balletten und komischen Opern brachte er den Glanz der Tage des François I zurück.

Louis XV ging in Chambord der Beizjagd nach. 1725 überließ er das Schloß seinem Schwiegervater, dem polnischen König Stanislaus I. Leszczynski, als Exildomizil. Dieser fürchtete angeblich winterliche Zugluft. Fest steht, daß er aus Angst vor Sumpffieber die Gräben zuschütten ließ.

Letzter exzentrischer Schloßherr war Moritz Graf von Sachsen, der als Marschall in Frankreichs Diensten 1745 in Fontenoy die Engländer geschlagen hatte. Außer seiner Mätresse, einer Schauspielerin, unterhielt er hier zwei Kavallerieregimenter, deren Scheingefechten er von den Dachterrassen aus zusah.

In der zweiten Hälfte des 18. Jahrhunderts litt das Schloß unter Vernachlässigung. Während der Revolution ausgeplündert, wurde es 1821 dem Thronprätendenten Henri Charles de Bourbon, Graf von Chambord, zugesprochen. Dieser scherte sich wenig um den Besitz. 1915 beschlagnahmte der Staat Chambord, um es 1930 anzukaufen. In den 70er Jahren machten sich Restauratoren ans Werk.

Ansicht von Chambord (Ausschnitt) von P. D. Martin (1663–1742)

Zeitskala

1547–59 Henri II läßt Westflügel und zweiten Stock der Kapelle zufügen

1560–74 Charles IX setzt die Tradition der königlichen Jagden in Chambord fort und verfaßt den *Traité de la chasse royale*

Marschall Moritz von Sachsen

1840 Chambord wird zum *monument historique* erklärt

1500 | 1600 | 1700 | 1800 | 1900

1670 Molières *Bürger als Edelmann* wird in Chambord aufgeführt

1519–47 François I läßt die Jagdresidenz der Grafen von Blois abreißen und das Schloß aufbauen

1685 Bauabschluß unter Louis XIV

1725–33 Der im Exil lebende König von Polen bewohnt Chambord

1748 Marschall Moritz von Sachsen erwirbt das Schloß, das nach seinem Tod verfällt

70er Jahre Unter Giscard d'Estaing werden Schloß, Inneneinrichtung und Gräben restauriert

Königliche Jagden in Chambord

DIE JAGD, auch mit Falken, entwickelte sich im 16. Jahrhundert zum vornehmen höfischen Zeitvertreib. Vorreiter dieser Passion waren François I und seine Nachfolger. Ein toskanischer Edelmann seufzte, es hielte den König nur so lange an einem Fleck, wie sich Reiher sehen ließen. Diese waren eine leichte Beute für die 500 Jagdfalken des königlichen Trosses.

Im Morgengrauen ritt der König in seine weiten Eichenwälder aus. An einem vereinbarten Ort labte er sich an einem üppigen Picknick. Hatten seine Treiber Rotwild aufgescheucht und ihm zugetrieben, setzte er der fliehenden Beute in gestrecktem Galopp, manchmal stundenlang, nach. Chambords Dachterrassen boten den Damen des Hofes einen ausgezeichneten Überlick über das Spektakel.

Auch sein Sohn Henri II und sein Enkel Charles IX waren leidenschaftliche und erfahrene Jäger, die zuweilen zu Fuß auf die Pirsch gingen. Louis XIV bevorzugte die Hetzjagd mit Hunden, Louis XV die Jagd mit Falken.

Bei Hofe galt die Jagd als eine Kunst. Entsprechend kunstvoll und sorgfältig war die Ausrüstung – Waffen, Hörner, Kleidung – gefertigt. Jagdszenen waren jahrhundertelang beliebte Motive von Gemälden und Gobelins, die Paläste und Jagdhütten dekorierten.

Der heilige Hubertus, Schutzpatron der Jäger

Luntenschloß

Gravierter Lauf

Eine Arkebuse (»Hakenbüchse«), eine schwere Handfeuerwaffe (16. Jh.)

Keiler waren aufgrund ihrer Kraft und Kampflust eine begehrte Beute. Ihr Kopf galt als Delikatesse.

Die Armbrust schätzte man als vielseitige, schnell nachzuladende Jagdwaffe.

Windhunde setzte man wegen ihrer Schnelligkeit und scharfen Augen zur Hetzjagd ein.

Diese Keilerhatz *ist in den* Traités de Fauconnerie et de Vénerie *(1459), einer von vielen Abhandlungen über die Beiz- und Hetzjagd, dargestellt. Im Vordergrund setzen Treiber und Hunde der Beute nach, im Hintergrund beobachten Jäger und Tiere den Ausgang der Jagd.*

Beaugency ⓮

Straßenkarte E3. *7000.* *3, pl de l'Hôtel de Ville (02 38 44 54 42).* *Sa.* *Festival de Beaugency (Ende Juni–Juli).*

Beaugency ist ein reizvoller Ausgangsort für Touren durch das Orléanais: Das mittelalterliche Stadtbild ist erstaunlich gut erhalten, die berühmte 23bogige Loire-Brücke, die schönste und lange Zeit einzige zwischen Orléans und Blois, liebevoll restauriert. Immer wieder Angriffen ausgesetzt, mußte die Brücke schon im 16. Jahrhundert wiederaufgebaut werden. 1940 sprengten die Alliierten ihren Südkopf, um die Deutschen am Vormarsch zu hindern.

An der Place Dunois, am höchsten Punkt der Rue de l'Abbaye, wacht ein mächtiger Wehrturm aus dem 11. Jahrhundert. Gegenüber wurden 1152 in der Abteikirche **Notre-Dame** Louis VII und Eléonore d'Aquitaine geschieden, ein Schritt, der Eléonores Heirat mit dem künftigen Henry II von England ermöglichte.

Höher hinauf gelangt man zur Tour St-Firmin und einer Reiterstatue der Jeanne d'Arc. Beim Turm baute sich Jeannes Waffenbruder Jean Dunois, Herr über Beaugency mit dem Beinamen Bastard von Orléans, das **Château Dunois,** heute Sitz eines Volkskundemuseums. In der nahen Rue des Trois Marchands fallen ein mittelalterlicher Uhrenturm und die Renaissancefassade des Hôtel de Ville ins Auge. Durch das Mühlenviertel fließt ein blumengesäumter Bach.

Beaugencys Uhrenturm (11. Jh.) überragt ein altes Stadttor

Château Dunois (Musée Régional de l'Orléanais)
Pl Dunois. *02 38 44 55 23.* *Mi–Mo.* *1. Jan, 1. Mai, 25. Dez.*

Meung-sur-Loire ⓯

Straßenkarte E3. *6000.* *42, rue Jehan-de-Meung (02 38 44 32 28).* *So vormittags, Do nachmittags.*

Eine Stadt namens Magdunum war die Vorfahrin dieses hübschen kleinen, sanft zur Loire geneigten Orts. Hier kam Jean de Meung *(siehe S. 22)* zur Welt, der im 13. Jahrhundert den berühmten *Roman de la rose* fortschrieb.

Im 11. bis 13. Jahrhundert erstand die beeindruckende romanische Kirche **St-Liphard.** Daneben recken sich die mittelalterlichen Türme des **Château de Meung,** dem häufige Umbauten vom 12. bis 18. Jahrhundert seine Stilvielfalt eingebracht haben. Im Flügel aus dem 18. Jahrhundert präsentiert der Schloßherr eine interessante Kollektion von Möbeln, Bildern und Gobelins.

Gruseln machen die unterirdischen Gänge und Verliese des alten Burgteils aus dem 12. bis 13. Jahrhundert. 500 Jahre dienten sie den Bischöfen von Orléans als Kerker. Auch François Villon *(siehe S. 22),* für seine Gaunereien ebenso bekannt wie für seine Dichtkunst, darbte fünf Monate in den winzigen *oubliettes* (Verliesen) bei Brosamen, die man den hungernden Gefangenen auf einen Sims über der Latrine streute. Dank dem Freispruch von Louis XI entkam Villon als einziger Häftling den düsteren Mauern.

Château de Meung
02 38 44 36 47. *tägl. (Gruppen nach Vereinbarung).* *nur Erdgeschoß.*

Blick auf Beaugency: die mittelalterliche Brücke, dahinter die Tour St-Firmin und über den Bäumen der Wehrturm

Eingang zum Château de Chamerolles

Château de Chamerolles ⑯

Chilleurs-aux-Bois. **Straßenkarte** E2. *Orléans, dann Taxi.* *02 38 39 84 66.* *Feb–Dez Sa–Do.* *25. Dez.*

DIESES Renaissanceschloß steht am Rand des weitläufigen Waldes von Orléans. Bauherr war der Gouverneur von Orléans Lancelot du Lac (sein Name ist eine Hommage an den Ritter der Tafelrunde von König Artus). Der 1500–30 errichtete Bau kombiniert Festungselemente – Graben mit Zugbrücke, Hof im Schutz betürmter Flügel – mit dem Komfort einer Privatresidenz. Wege leiten zwischen Gitterspalieren durch die akkurat restaurierten Renaissancegärten zu einem Aussichtspunkt, bei dem man das Schloß und sein Spiegelbild im See bewundern kann. Viele der seltenen Planzen im Duftgarten wurden im 16. Jahrhundert zu Arzneien und Parfüms verarbeitet.

Parfümflakon des Schloßmuseums von Chamerolles

Das Schloßmuseum schnuppert den duftenden Fährten von Jahrhunderten nach: Es erklärt die Entwicklung der Parfümherstellung, die Verwendungen von Duftessenzen, Labors von Parfümeuren und Botanikern, stellt bezaubernde Flakons und im Laden verführerische Verkaufsobjekte aus.

JEANNE D'ARC

Jeanne d'Arc ist die Nationalheldin Frankreichs. Die jungfräuliche Kriegerin, Patriotin und Märtyrerin wendete durch ihr Charisma das Blatt des Hundertjährigen Kriegs zugunsten Frankreichs. Nirgendwo ehrt man sie mehr als im Loire-Tal, wo sie ihre größten Triumphe feierte.

Jeanne d'Arc, auf einem spätmittelalterlichen Wandbehang

Himmlische Stimmen sollen Jeanne zur Vertreibung der Engländer aus Frankreich berufen haben. 1429, kurz nach ihrem 17. Geburtstag, verließ sie ihr Zuhause und reiste via Gien nach Chinon zum Dauphin, dem ungekrönten Charles VII. Dieser rechnete bereits mit Orléans' Einnahme durch die allierten Truppen von England und Burgund. Jeanne überzeugte ihn, die Stadt retten zu können, rüstete sich in Tours aus und ließ ihre Standarte in Blois segnen. Am 29. April traf sie in Orléans ein. Ihr Heer war klein, doch von ihrem Enthusiasmus beflügelt: Am 7. Mai trieb es die Engländer von dannen. Seither feiert Orléans den 8. Mai als Tag seiner Befreiung. Jeanne begab sich sodann nach Giens, um Charles zur Krönung in Reims zu drängen. 1430 fiel sie in burgundische Gefangenschaft und wurde den Engländern ausgeliefert. Der Ketzerei bezichtigt, starb sie 1431 19jährig auf dem Scheiterhaufen. 500 Jahre später, 1920, wurde die Märtyrerin heiliggesprochen.

Buntglasporträt von Charles VII, zu sehen in Loches

Jeanne d'Arcs Einzug in Orléans von Jean-Jacques Sherrer (1855–1916)

Orléans ⓱

Jeanne d'Arc

ORLÉANS WAR die Hauptststadt des mittelalterlichen Frankreich und königstreues Herzogtum, bis es sich in der Französischen Revolution entschieden auf die republikanische Seite schlug. Seine neuzeitliche Bedeutung als Bahnknoten und Zentrum des Geschäftslebens verschleiert das große historische Erbe; zudem wurde das historische Viertel im Zweiten Weltkrieg schwer beschädigt. Doch in der wiederaufgebauten Altstadt am Fluß entdecken Sie viele Sehenswürdigkeiten und, verstreut in dieser »Stadt der Rosen«, malerische Gärten.

Überblick: Orléans

Ein Hauch von Grandeur liegt über dem Vieil Orléans, der von Loire, Kathedrale und **Place du Martroi** begrenzten Altstadt. Den Platz überragt eine von Denis Foyatier 1855 geschaffene Reiterstatue der Jeanne d'Arc. Das Fest zu ihren Ehren (8. Mai) ist ein Höhepunkt des Stadtkalenders. Am Sockel der Statue bebildern Reliefs Jeannes bewegtes Leben. Am Platz fallen zwei prächtige klassizistische Bauten, die sogenannte Kanzlei und die Handelskammer, ins Auge.

Einige mittelalterliche Gebäude konnten in den engen Seitenstraßen der Rue de Bourgogne überdauern. Dieser Bereich ist nun teilweise Fußgängerzone, mit Geschäften und internationalem kulinarischen Angebot. Auch bei den **Nouvelles Halles,** der städtischen Markthalle, finden Sie vorzügliche, vielfach preiswerte Restaurants. Die Rue Royale gilt als feinste Einkaufsstraße. Sie führt auf den Pont George V (18. Jh.) zu.

Maison de Jeanne d'Arc

3, pl de Gaulle. *02 38 52 99 89.*
Mai–Okt Di–So; Nov–Apr Di–So nur nachmittags. *1. Jan, 1. Mai, 25. Dez.*

In diesem nachgebauten Fachwerkhaus logierte die schlagkräftige Heilige 1429 zehn Tage lang. Das ihr gewidmete Museum schildert Lebensszenen und bewahrt Andenken wie Kleidung und Kriegsbanner.

Eines der akustisch begleiteten Dioramen zeigt Johannas Angriff auf die von Engländern gehaltene Festung Tourelles.

Hôtel Groslot, ehemals private Renaissance-Residenz

Hôtel Groslot

Pl de l'Etape. *02 38 79 22 22.*
tägl. (außer Sa vormittags).

Dieser reizvollste der Renaissancebauten von Orléans wurde 1549 bis 1555 errichtet. Er diente bis vor kurzem als Rathaus.

Die große Residenz besteht aus rotschwarz durchsetzten Mauersteinen. Im schmuckvollen Innern fallen die Treppenpfeilerschnecken und die Gebälkträger auf. Das Gebäude galt als prächtig genug, um Frankreichs Könige zu beherbergen. Hier verstarb der junge François II, nachdem er mit seiner Kindbraut Marie (Maria Stuart, der späteren Königin Schottlands) an einem Treffen der Etats Généraux teilgenommen hatte. An der Treppe wacht eine 1840 von Prinzessin Marie d'Orléans entworfene Statue der Jeanne d'Arc. Durch das Gebäude hindurch gelangen Sie zu einem kleinen Park, an dessen hinterem Ende man die Fassade der spätgotischen Kapelle St-Jacques (15. Jh.) wiederaufgebaut hat.

Cathédrale Ste-Croix

Pl Ste-Croix. *02 38 77 87 50.*
tägl.

Die im 13. Jahrhundert begonnene Kathedrale erhebt sich auf einem großen Platz. Durch die Hugenotten und einen Brand im 16. Jahrhundert fast vollkommen zerstört, wurde sie vom 17. bis 19. Jahrhundert gotisierend wiederaufgebaut. Hinter der schmuckreichen Fassade strebt das Kirchenschiff himmelwärts. Durch die Louis XIV gewidmete Rosette fällt Licht in den Hauptteil, die Buntglasfenster der Seitenschiffe illustrieren Stationen des Märtyrerwegs der Jeanne d'Arc. Eine Kapelle nach der Vierung zeigt den knienden Kardinal Touchet, der Anfang des 20. Jahrhunderts Johannas Heiligsprechung betrieb. Die Krypta hütet goldene und emaillierte Kirchenschätze sowie den *Kreuztragenden Christus* des spanischen Malers Francisco de Zurbarán (1598–1664).

Längsschiff der Cathédrale Ste-Croix

Der friedvolle Parc Floral von Orléans-la-Source

Musée des Beaux-Arts

Pl Ste-Croix. ☎ 02 38 53 39 22. ◯ Mi–Mo. ● 1. Jan, 1. u. 8. Mai, 1. Nov, 25. Dez. ♿

Zu dieser hochwertigen Sammlung europäischer Malerei (14. bis frühes 20. Jh.) zählen ein Selbstbildnis von Jean-Baptiste-Siméon Chardin (1699-1779) und der *Apostel Thomas* des jungen Diego Velázquez.

Im zweiten Stock bildet die Kollektion emaillierter Miniaturstatuetten einen zarten Kontrast zu den üppigen Gemälden des 19. Jahrhunderts.

Musée Historique et Archéologique

Pl de l'Abbé Desnoyers. ☎ 02 38 53 39 22. Z. Zt. geschlossen. Wiedereröffnung telefonisch erfragen

Wichtigster Schatz dieses im Renaissance-Hôtel Cabu untergebrachten Museums sind die 1861 in Neuvy-en-Sullias entdeckten keltischen Skulpturen, darunter ein sehenswertes Pferd aus dem 2. Jahrhundert v. Chr. *(siehe S. 49)*. Zu den Erinnerungsstücken an Jeanne d'Arc gehört ein schön bemalter Steinkopf. Hinzu kommen (kunst)handwerkliche Exponate vom Mittelalter bis heute.

INFOBOX

Straßenkarte E2. *100 000. Rue St-Yves. Rue Marcel Proust. Pl Albert Ier (02 38 53 05 95). tägl. Fête Jeanne d'Arc: 7. u. 8. Mai.*

UMGEBUNG: Manche Vororte von Orléans bieten angenehme Entspannung nach einem Tag im Stadtzentrum. In Olivet können Sie auf dem Loiret Boot fahren. Sein Ufer lädt auch zu reizvollen Spaziergängen ein. Der Loiret, ein Nebenfluß der Loire, strömt unterirdisch aus der Gegend von St-Benoît-sur-Loire bis zu seinem Auftauchen im weitflächigen **Parc Floral** von Orléans-sur-Source. Der 100 Hektar weite Naturpark verwandelt sich ab April in ein Meer von Blüten. An ihn schließen sich das Château de la Source und die Université von Orléans an.

Parc Floral

Orléans-la-Source. ☎ 02 38 49 30 00. ◯ April–Mitte Nov tägl.; Mitte Nov–März tägl. nur nachmittags. ♿

Die romanische Fassade der Abteikirche von St-Benoît

St-Benoît-sur-Loire ⓲

Straßenkarte F3. *2000.* *44, rue Orléanaise (02 38 35 79 00).*

DAS RUHIGE St-Benoît rühmt sich einer der wertvollsten romanischen Abteikirchen Frankreichs (1067-1108). Das reizvollstes Merkmal ihrer eher nüchternen Fassade, die Vorhalle des Glockenturms, wurde vermutlich im frühen 11. Jahrhundert unter Abt Gauzlin erbaut, dem Sohn des ersten Kapetingerkönigs Hugo (Hugues). Gemeißelte Figuren, darunter Kobolde und Raubtiere, schmücken die Kapitelle der fünfzig Säulen.

Innen trennen dichtgesetzte Säulen die Seitenschiffe vom rippenüberwölbten gotischen Langhaus. Den frühromanischen Chorraum mit seinen Blindarkaden in mittlerer Höhe ziert ein byzantinischer Mosaikboden. In der Wand des nördlichen Querschiffs zeigt ein Flachrelief den Kopf eines normannischen Brandschatzers. Die durchstochenen Wangen sollen ihn als Heiden ausweisen.

In der Krypta birgt ein beleuchteter Reliquienschrein die Gebeine von St. Benedikt, der im 6. Jahrhundert das westliche Mönchstums begründete. 672 brachte man die Überreste von Benedikts Heimatkloster Monte Cassino hierher. Als im 11. Jahrhundert der gegenwärtige Bau begonnen wurde, war der Benediktinerorden reich und besaß viele, nicht immer legal erworbene Reliquien. Im angeschlossenen Kloster leben noch Mönche. Man erhält einen Eindruck von der Atmosphäre, wenn man an der Vesper teilnimmt oder den gregorianischen Gesängen lauscht.

Über die D60 erreicht man die fünf Kilometer entfernte Kirche **St-Germigny-des Prés** (9. Jh.). Ein Mosaik aus 130 000 farbigen, vermutlich im 6. Jahrhundert gesammelten Glasteilchen zeigt in der Kuppel ihrer Ostapsis die von zwei Cherubim getragene Bundeslade.

Gien ⓳

Straßenkarte F3. *16 500.* *Pl Jean-Jaurès (02 38 67 25 28).* *Mi, Sa.*

DAS NACH den Zerstörungen im Zweiten Weltkrieg behutsam renovierte Gien gilt als eine der hübschesten Loire-Städte. Von der malerischen Brücke (16. Jh.) und den Kais steigen die Häuser aus Ziegeln, hellem Stein und Dachschiefer zum Schloß auf. Es wurde für Anne de Beaujeu gebaut, die Ende des 15. Jahrhunderts die Regentschaft für ihren Bruder Charles XIII übernahm.

Buntglasfenster von Max Ingrand

Von der Schloßnachbarin, der **Eglise Ste-Jeanne d'Arc**, überstand nur der Turm den Zweiten Weltkrieg. 1954 wurde die wiedererbaute Kirche eingeweiht. Ihre Verkleidung mit Ziegeln aus Giens berühmten Brennereien harmoniert mit dem rot-schwarzen Ziegelmuster des Schlosses. Das Innere lebt durch die Farben von Max Ingrands Buntglasfenstern und des ortstypischen Steinguts. Das Museum für Feinporzellan und Tonwaren in der 1821 gegründeten Fabrik *(siehe S. 221)* öffnet täglich.

Das **Château** der Anne de Beaujeu entstand 1484–1500 über einer der ältesten Loire-Burgen. Es bot dem jungen Louis XIV und der Königinmutter während des Frondeaufstands (1648–53) Zuflucht. Seine prächtigen Balkenwerkhallen und Galerien beherbergen ein ausgezeichnetes Jagdmuseum. Es spürt der Jägerei bis in die Urzeit nach, präsentiert Jagdgewänder und Waffen, erläutert Waidwerktechniken und jagdverwandtes Können wie die Falknerei. In der Eingangshalle zeigt ein Gemälde (17. Jh.) den Schutzpatron der Jagd, den heiligen Hubertus, der sich angesichts eines Hirsches mit einem Kreuz im

Château von Gien und Loire-Brücke (16. Jh.)

Geweih bekehrte. Eine italienische Armbrust und ein Pulverhorn mit mythischen Darstellungen der Diana und des Actaeon belegen die Schnitzkunst des 17. Jahrhunderts. Weitere Highlights sind Werke des Bildhauers Florentin Brigaud, des flämischen Kupferstechers Stradanus und des François Desportes, dessen Gemälde die prächtige Trophäenhalle schmücken.

Château et Musée International de la Chasse
02 38 67 69 69. März–Nov Di–So. Dez–Feb, 25. Dez. nur Erdgeschoß.

Ausflugsboot auf dem Brückenkanal von Briare

Briare-le-Canal 20

Straßenkarte F3. *6000. Pl Charles-de-Gaulle (02 38 31 24 51). Fr.*

DIESE KLEINE Stadt mit ihrem attraktiven Bootshafen weist Europas längsten Brückenkanal *(siehe S. 56f)* vor. Der Kanal über die Loire, ein Entwurf Gustave Eiffels (1832–1923), ist nicht nur ein Meisterstück der Ingenieurskunst, sondern zeugt auch vom Können der Steinmetze und Kunstschmiede. Er verbindet den Briare-Loing- mit dem Latéral-Kanal. Diese Wasserwege vernetzen sich ihrerseits mit Seine und Rhône. Man kann auf einem laternengesäumten Gehsteig über den 662 Meter langen Brückenkanal flanieren oder ihn mit einem *bateau-mouche* befahren.

Angeln auf einem idyllischen *étang* (Teich) der Sologne

Die Sologne 21

Straßenkarte E3. *Romorantin-Lanthenay. Maison des Etangs, St-Viâtre (02 54 88 93 20).*

ZWISCHEN GIEN und Blois zieht die Loire die Nordgrenze der Sologne. Heide, Marsch und Wald prägen dieses knapp eine halbe Million Hektar weite Gebiet. Eingesprenkelt sind *étangs*, fischreiche Seen und Teiche, die Zug- und Wasservögel anlocken. Die Wälder ziehen Jäger und Naturliebhaber heute ebenso an wie einst die Renaissance-Könige, die hier ihre großen Jagdsitze errichteten. Ein Großteil des Bodens befindet sich in Privatbesitz, doch es gibt öffentliche Wanderwege.

Romorantin-Lanthenay, die »Hauptstadt« der Sologne, spricht durch ihr mittelalterliches Viertel und Häuser aus dem 17. bis 19. Jahrhundert an. Das örtliche **Musée de Sologne** erklärt Fauna und Wirtschaft der Region.

Romorantin-Lanthenays nördicher Nachbarort St-Viâtre liegt im Zentrum der *étangs* von Brosses, Grande Corbois, Favelle, Marcilly und Margilliars. Die **Maison des Etangs** bietet vogelkundliche Führungen an.

Im Schloßpark von Chambord *(siehe S. 134f)* kann man von vier versteckten Beobachtungsposten aus häufig Wild sehen – und in der Herbstbrunft auch hören. Ebenfalls öffentlich zugänglich ist der große Naturpark **Domaine du Ciran,** 25 Kilometer südlich von Orléans nahe Ménestreau-en-Villette gelegen.

Musée de Sologne
02 54 95 33 66. Mi–So u. Feiertage vormittags. 1. Jan, 1. Mai, 25. Dez.

Maison des Etangs
02 54 88 93 20. Juni Sa, So u. Feiertage; 1. Juli–15. Sep tägl.

Domaine du Ciran
Ménestreau-en-Villette. La Ferté-St-Aubin, dann Taxi. Ménestreau-en-Villette (02 38 76 90 93).

Typisches Fachwerkhaus der Sologne

BERRY

Das Berry liegt im Herzen Frankreichs, südlich des Pariser Beckens und unmittelbar nördlich des Massif Central – ein abwechslungsreiches Gebiet mit Weizenfeldern, Weiden, Wäldern, sanften Hügeln, Seen, friedlichen Orten und stilvollen Herrenhäusern. Abseits der Touristenströme offenbart es unverstellt Frankreichs ländlichen Wesenskern.

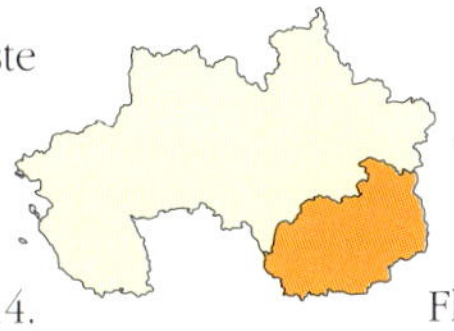

Bourges, die bedeutendste Stadt des Berry, war in der gallorömischen Zeit einmal Hauptstadt Aquitaniens. Einen weiteren Höhepunkt erlebte sie im 14. Jahrhundert unter Herzog Jean de Berry. Dieser kriegstreiberische Kunstmäzen baute in Bourges einen (heute zerstörten) Prachtpalast und sammelte darin Gemälde, Gobelins, Schmuck und bebilderte Manuskripte.

Als Charles VII in den 20er Jahren des 14. Jahrhunderts um die französische Krone kämpfte *(siehe S. 52f)*, war Bourges sein Hauptlager. Das Palais Jacques Cœur – benannt nach Charles' Schatzmeister, der später Frankreichs Finanzen sanierte, zieht ebenso viele Besucher an wie die Kathedrale.

Das Berry bietet sich Naturliebhabern an: die Wälder den Wanderern, die Brenne den Anglern und Vogelfreunden; die Flüsse und Seen den Kanuten und Seglern. Die Region erscheint in den Romanen von George Sand *(siehe S. 22)* und in Alain Fourniers Erzählung *Le Grand Meaulnes* (1913), die Erinnerungen an eine Kindheit in der nördlichen Sologne und im südlicheren, sanften Hügelland festhält.

Zu den kulinarischen Reizen des Berry zählen Gerichte aus Wild und Waldpilzen. Aus dem renommierten Sancerre-Weingebiet im Nordosten *(siehe S. 155)* kommen neben guten Tropfen auch delikate Ziegenkäse wie der Crottin de Chavignol.

Jenseits des Flusses: Nohant

Weingärten von Sancerre

Überblick: Berry

Das Palais Jacques Cœur in Bourges

BOURGES IST zentraler Ausgangspunkt zur Erkundung des »Herzens von Frankreich«. Von hier ist es mit dem Auto ein Katzensprung zu den Naturparadiesen Sologne *(siehe S. 141)* im Norden und Brenne im Südosten. Zu Füßen von Bourges, in der weiten, fruchtbaren Champagne Berrichonne, reifen Weizen, Gerste und Ölfrüchte wie Raps und Sonnenblumen heran. Auf ihrem Weg durch die Weinberge von Sancerre zieht die Loire die traditionelle Grenze zwischen dem Berry und dem östlichen Burgund.

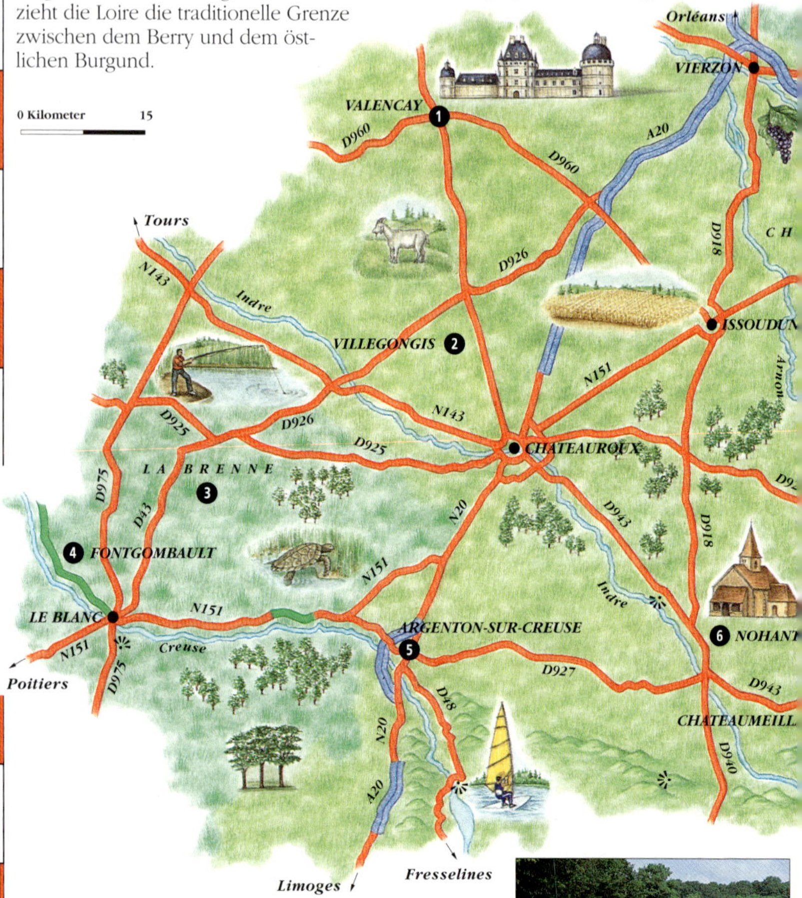

UNTERWEGS

Die Autoroute A71 von Paris führt an Vierzon, Bourges und St-Amand-Montrond vorbei und schafft so eine günstige Nord-Süd-Verbindung. Der TGV hält nicht im Berry, aber die von der Pariser Gare d'Austerlitz abfahrenden Corail-Züge brauchen nur gute zwei Stunden bis Bourges (mit Umsteigen) oder Châteauroux. Zwischen Bourges und Tours verkehren häufig Züge. Der öffentliche Verkehr zu den abgelegenen Sehenswürdigkeiten ist begrenzt, ein Auto daher vorteilhaft – besonders für Ausflüge in die Sancerre-Weingegend oder das Naturschutzgebiet der Brenne.

Idylle am Fluß – typisch für die sanfte Landschaft des Berry

Auf einen Blick

Ainay-le-Vieil 9
Argenton-sur-Creuse 5
Aubigny-sur-Nère 15
Bourges S. 150 ff 12
La Brenne 3
Châteaumeillant 7
Culan 8
Fontgombault 4
Meillant 11
Nohant 6
Noirlac 10
Sancerre 13
Valençay 1
La Verrerie 14
Villegongis 2

Ausflug
Wein und Käse des Berry 16

Legende

- Autobahn
- Hauptstraße
- Nebenstraße
- Panoramastraße
- Fluß
- Aussichtspunkt

Sancerre, auf einer Hügelkuppe inmitten von Weinbergen gelegen

Ein Pfau vor standesgemäßer Kulisse: Château de Valençay

Château de Valençay ❶

Straßenkarte E4. *Valençay.* *02 54 00 10 66, 02 54 00 15 74.* **Château und Musée de l'Auto und Park** *Apr–Okt tägl.; Nov–März Sa, So u. Schulferien.*

Das Schloss bietet eine reizvolle Ansicht, wenn man sich ihm über die Allee nähert. Über 300 Jahre (ab 1510) baute man daran – und schuf ein überraschend harmonisches Ensemble aus Renaissance und Klassizismus. Napoléons Außenminister Talleyrand-Périgord kaufte 1803 das Schloß, in dem er 1838 starb. Seine Nachkommen bewohnten und besaßen das Anwesen bis 1980.

Im üppig möblierten Innern gibt der Empire-Stil den Ton an. Viele Kunstobjekte stehen in Bezug zu Talleyrand. Im Park tummeln sich Pfauen, Schwäne, Wild, sogar Lamas und Känguruhs, während das **Musée de l'Auto** mit Oldtimern und anderen Objekten ein Stück Automobilhistorie aufrollt.

Château de Villegongis ❷

Straßenkarte E4. *Châteauroux, dann Taxi.* *02 54 36 60 51.* *Apr–Sep nach Vereinbarung.*

Ein Graben umzieht das elegante Château. Alles spricht dafür, daß es ein Werk von Pierre Nepveu ist, einem der Baumeister von Chambord *(siehe S. 132ff)*. Es gehört seit dem 15. Jahrhundert derselben Familie. Da es seither kaum umgestaltet wurde, liefert es eines der reinsten Beispiele der französischen Renaissance.

Markanteste Merkmale der Silhouette sind die an Chambord erinnernden reichverzierten Kamine und die zylindrischen Türme zu beiden Seiten des Hauptgebäudes.

Zur geschmackvollen Innenausstattung zählen wertvolle Möbel des 17. und 18. Jahrhunderts. Ein Schmuckstück ist auch die dekorativ behauene Steintreppe.

La Brenne ❸

Straßenkarte E4. *Mézières-en-Brenne, Le Blanc.* *Maison du Parc, Rosnay (02 54 28 12 13).*

Der Parc Naturel Régional de la Brenne bedeckt 165 000 Hektar Fläche. Sein populärer Name lautet *Pays des Mille Etangs* (»Land der tausend Teiche«). Die Brenne, ein malerischer Landstrich mit Seen und bewaldeten Hügeln, ist ein Naturparadies: Schätzungsweise 250 der 450 in Europa bekannten Vogelarten kann man hier sichten, darunter einige der seltensten.

Auch mehrere Sonderschutzgebiete sind Besuchern zugänglich, so die **Réserve Naturelle de Chérine,** in der Sie die europäische Teichschildkröte beobachten können, und der **Parc Animalier de la Haute-Touche,** Asyl bedrohter Wildarten. In der Stadt Mézières-en-Brenne tummeln sich in den Aquarien der **Maison de la Pisciculture** heimische Fischarten.

Im Nordwesten der Brenne liegt **Azay-le-Ferron,** ein weitgehend im Renaissancestil gehaltenes Schloß mit »französischem« Garten.

Réserve Naturelle de Chérine
St-Michel-en-Brenne. *02 54 38 12 24.* **Observatorium** *tägl.* *1. Jan, 25. Dez.* *Vogelbeobachtung: April–Juni Di, Do, Sa 14–18 Uhr; Juli–Aug Di 18–20 Uhr, Sa, So 20–22 Uhr.*

Parc Animalier de la Haute-Touche
Obterre. *02 54 39 20 82.* *Ostern–Okt tägl.*

Maison de la Pisciculture
Mézières-en-Brenne. *02 54 38 12 99.* *Mi–Mo nur nachmittags.* *1. Jan, 1. Mai, 25. Dez.* *nur Erdgeschoß.*

Château d'Azay-le-Ferron
Azay-le-Ferron. *02 54 39 20 06, 02 47 05 68 73.* *Apr–Sep Mi–Mo; Okt–März Mi, Sa u. So.* *Jan, 25. Dez.*

Stiller See in der Brenne

Abbaye de Notre-Dame de Fontgombault ❹

Straßenkarte E4. *02 54 37 12 03, 02 54 37 30 98.* *tägl.* *Messe tägl. 10 Uhr; Vesper Mo–Mi, Fr u. Sa 16 Uhr, So 17 Uhr.*

DIESE SCHÖNE **Benediktiner-Abtei** wurde im Jahre 1091 gegründet und 1741, als sie nur mehr fünf Mönche zählte, aufgegeben. Im 19. Jahrhundert renovierte ein hiesiger Priester das Kloster. Heute leben hier Mönche aus Solesmes *(siehe S. 162)*. Sie betreiben eine Töpferei, deren Produkte im Ausstellungszentrum neben der Kirche zum Verkauf stehen. Zu den Messen singen sie heute noch regelmäßig gregorianische Choräle – eine Tradition, die den Ruhm der Abtei begründet.

Ein reichgeschmückter Torweg führt in die Kirche mit ihrem Strahlenkranz aus fünf Kapellen und den Reliefkapitellen. Die Statue (12. Jh.) der Notre-Dame du Bien-Mourir wird als Trösterin der Sterbenden verehrt.

Der Kapellenkranz der Abbaye de Notre-Dame de Fontgombault

Flußnahe Architektur in Argenton-sur-Creuse

Argenton-sur-Creuse ❺

Straßenkarte E4. *5200.* *Pl de la République (02 54 24 05 30).* *Sa.* *Leurica Folklore Festival, (Juli); Jazz Festival (Aug).*

ARGENTON ZÄHLT zu den reizvollsten Orten an der Creuse, die sich von Fresselines durch tiefe Schluchten schlängelt.

Straßen mit malerischen Häusern steigen hügelan zur Kapelle Notre-Dame-des-Bancs, die von einer sechs Meter hohen vergoldeten Marienstatue beherrscht wird. Dort und beim mittelalterlichen Pont Vieux tun sich schöne Ausblicke auf.

Der Ort war im 19. Jahrhundert ein wichtiges Zentrum der Bekleidungsindustrie. Diesem Teil der Stadtgeschichte widmet sich das **Musée de la Chemiserie et de l'Elégance Masculine.**

Musée de la Chemiserie et de l'Elégance Masculine

Argenton-sur-Creuse. *02 54 24 34 69.* *Mitte Feb–Dez Di–So.*

Château de Nohant ❻

Straßenkarte E4. *02 54 31 06 04.* *Châteauroux.* *tägl.* *Feiertage.* *Fêtes Romantiques de Nohant (Juni); Chopin chez George Sand (Juli).*

DIE SCHRIFTSTELLERIN George Sand (1804–76) wuchs als Baronesse Amandine Dupin großenteils in diesem reizvollen Herrenhaus neben einem romanischen Kirchlein auf. In ihrem späteren bewegten Leben kehrte sie immer wieder hierher zurück, um die Ruhe und Idylle ihres geliebten Berry zu genießen. Etliche von George Sands Romanen, so *La mare au diable (Der Teufelssumpf)* und *La petite Fadette (Die kleine Fadette)* – spielen in ihrer Heimat *(siehe S. 22)*.

Besucher entdecken im Boudoir den Schrankschreibtisch, an dem die Sand ihre ersten literarischen Werke schrieb, die Bühne, auf der sie mit Gästen ihre Stücke probte, die Puppen, die ihr Sohn bastelte, das Schlafzimmer ihres Gefährten Frédéric Chopin sowie Sands Sterbezimmer.

MONET IN FRESSELINES

1889 reiste der impressionistische Maler Claude Monet in das hoch über der Creuse gelegene Dorf Fresselines. Bei einem Aussichtspunkt über der Flußschlucht nahm ihn die Schönheit der Landschaft gefangen. In verschiedenstem Licht bannte er sie auf die Leinwand. Im Februar ließ schlechtes Wetter ihn pausieren. Im Frühling wieder am Werk, entdeckte Monet, daß die sprießende Natur sein Motiv verändert hatte. Mit Geld bewegte er den Besitzer einer Eiche, die auf fünf Gemälden erschien, den treibenden Baum zu beschneiden.

Tal der Petite Creuse **von Claude Monet**

Châteaumeillant ❼

Straßenkarte F4. *2000.* *Juni–Sep rue de la Victoire (02 48 61 39 89); Okt–Mai La Mairie (02 48 61 39 89).* *Fr.*

CHÂTEAUMEILLANTS Hauptattraktion ist die romanische, 1125–50 erbaute **Eglise St-Genès.** Ihre Westfassade wirkt stilvoll, der Innenraum leicht und luftig bedingt durch Höhe, aber auch den Chor mit seinen sechs Apsiden. Doppelbögige Arkaden trennen den Chorumgang ab und verleihen ihm die Wirkung eines Kreuzgangs.

An Châteaumeillants Vergangenheit als wichtiges galloromisches Zentrum erinnern im **Musée Emile-Chenon** Funde aus der Römerzeit. Das Museum, ein Herrenhaus aus dem 15. Jahrhundert, zeigt zudem lokale Relikte des Mittelalters.

Musée Emile-Chenon
Rue de la Victoire *(02 48 61 39 89).* *Juni–Sep tägl.*

Château de Culan ❽

Straßenkarte F4. *48 56 64 18.* *März–Okt tägl.*

DIESE MITTELALTERLICHE Festung (13.–14. Jh.) sitzt auf einem Felsbruch über dem Fluß Arnon. Ihre drei imposanten kegelförmigen Türme besitzen gut erhaltene Holzaufbauten, in denen man Vorräte für Belagerungszeiten hortete. Die Ausstaffierung einiger Gemächer läßt die Geschichte der Burg lebendig werden: den Angriff im Fronde-Aufstand des 17. Jahrhunderts und die Aufenthalte illustrer Gäste, unter ihnen Admiral Culan, ein Waffengefährte der Jeanne d'Arc, die 1430 zu Besuch kam, sowie die Schriftstellerinnen George Sand *(siehe S. 22)* und Madame de Sévigné.

Von der Terrasse überblicken Sie den reizvollen, neu bepflanzten Schloßgarten und das Weideland des Arnon-Tals.

Im Innenhof des Château d'Ainay-le-Vieil

Das Château de Culan, hoch über dem Fluß Arnon

Château d'Ainay-le-Vieil ❾

Straßenkarte F4. *St-Amand-Montrond, dann Taxi.* *02 48 63 50 03.* *Feb u. März Mi–Mo nur nachmittags; Apr–Okt tägl.* *nur Erdgeschoß.*

MIT SEINEN NEUN trutzigen, von schmalen Schießscharten durchsetzten Türmen und der achteckigen, von einem Wassergraben umflossenen Umfriedung aus gewaltigen Mauern empfängt Ainay-le-Viel wie eine grimmige Festung.Trotz der düsteren Außenseite findet man sich hinter dem mächtigen Eingangstor (13. Jh) in einem anmutigen Renaissanceschloß wieder, dessen aufwendiger Fassadendekor kultivierten Lebensstil verrät.

Die Burg wechselte zunächst häufig ihre Besitzer. Im 15. Jahrhundert gehörte sie kurz dem Kämmerer von Charles VII, Jacques Cœur *(siehe S. 151)*. 1647 schließlich kauften sich die Seigneurs de Bigny ein, deren Nachkommen noch immer hier leben.

Eine ausgemalte Decke überspannt den um 1500 zu Ehren eines Besuchs von Louis XII und Anne de Bretagne ausgeschmückten Grand Salon. Sein mächtiger offener Kamin gilt als schönster im Loire-Tal. An den Wänden hängen Porträts von Jean-Baptiste Colbert (Finanzminister von Louis XIV) und anderen Familienmitgliedern. Ein Bernsteinanhänger Marie Antoinettes sowie verschiedene *objets de vertu,* etwa Freundschaftsgeschenke Napoléons an General Auguste Colbert, bereichern die Sammlung.

In der Renaissancekapelle bestechen Wandgemälde (16. Jh.), die man vom Dekorationskleister des 19. Jahrhunderts befreit hat. Die Buntglasfenster stammen vom selben Künstler, der in der Cathédrale St-Etienne von Bourges seine Spuren hinterließ *(siehe S. 152f)*. Im Park lockt ein Duftrosengarten mit Arten, die man teils schon im 15. Jahrhundert züchtete.

Abbaye de Noirlac ⑩

Straßenkarte F4. *St-Amand-Montrond, dann Taxi.* *02 48 96 23 64.* *Apr–Sep tägl.; Okt–März Mi–Mo.* *1. Jan; 25. Dez.* *L'Eté de Noirlac (Juli–Aug).*

ZISTERZIENSER gründeten 1136 diese Abtei. Sie ist ein eindringliches Denkmal mittelalterlicher Klosterarchitektur. Die klaren Linien der (teils dem 12. Jh. entstammenden) Kirche und das kühle Buntglas spiegeln die Kargheit des Zisterzienserlebens wider.

Stilvolle Schlichtheit prägt auch das Stiftshaus, in dem die Mönche täglich zusammentrafen, und der *cellier*, in dem sie Essen, Wein und andere Vorräte speicherten. Der Kreuzgang (13.–14. Jh.) mit seinen anmutigen Bögen und verzierten Kapitellen hingegen spricht vom Geist einer weniger strengen Zeit.

Vier Kilometer nordwestlich markiert bei **Bruère-Allichamps** ein gallorömischer Meilenstein das exakte geographische Zentrum Frankreichs.

Schlicht und klar: die Konturen der Abbaye de Noirlac

Château de Meillant ⑪

Straßenkarte F4. *St-Amand-Montrond, dann Taxi.* *02 48 63 30 58, 02 48 63 32 05.* *Feb–Mitte Dez tägl.* *nur Erdgeschoß.*

DEN VERSCHWENDERISCH ausgestatteten Räumen und detailliert beschnitzten Decken dieses wohlerhaltenen Schlosses entspricht die üppige Hoffassade. Der Bau, 1510 von kunstfertigen italienischen Handwerkern für Charles d'Amboise errichtet, verknüpft geschickt spätgotische und Frührenaissance-Architektur. Blickfang ist die Tour de Lion, ein achteckiger, dreigeschossiger Treppenturm. Die einfachere Westfassade spiegelt sich in einem Wassergraben und stammt aus dem frühen 14. Jahrhundert. Weitere Highlights eines Besuches sind die hübsche Kapelle, der Park, durch den Pfauen stolzieren, und **La Mini'stoire,** ein Miniatur-Geschichtspark, der auf dem Schloßgelände anhand verkleinerter Modelle die Entwicklung der Baukunst aufzeigt.

Eine geschnitzte Miniatur in Meillant

La Mini'stoire
Feb–Mitte Dez tägl.

IN EINER ZISTERZIENSERABTEI

Entsagung und Schlichtheit bestimmten die Ethik des Zisterzienser-Ordens. In seinen Abteien lebten strikt getrennt zwei Gemeinschaften. Die nicht durch Gelübde gebundenen Laienbrüder sicherten die Selbstversorgung des Klosters: Sie arbeiteten in der Landwirtschaft und Vorratshaltung, versorgten die Brüder, bewirteten Gäste. Nur die ordinierten Mönche durften den Kreuzgang – das Herz des Klosters – betreten, andererseits den Konvent nicht ohne Genehmigung des Abtes verlassen.

Der Tag eines Mönches begann um 2 Uhr morgens und endete um 19 Uhr. Er gliederte sich in religiöse Übungen wie Gebet, Beichte, Meditation und Messe. Das Schweigegebot durfte nur für Lesungen der Bibel oder der Ordensregeln unterbrochen werden. Viele Mönche waren sehr belesen und übten sich im Kopieren wertvoller Manuskripte.

Zisterzienser-Mönch bei der Feldarbeit

Bourges ⓬

IM HERZEN DIESER unter den Römern Avaricum genannten Stadt steht die prächtige Kathedrale in einem Netz alter Straßen. Trotz eines Großbrandes 1487 blieb Bourges über das Mittelalter hinaus ein wichtiges religiöses und künstlerisches Zentrum, um sich im späten 19. Jahrhundert zur wohlhabenden Industriestadt zu entwickeln. Heute begrüßt es Besucher mit Museen in eindrucksvollen alten Mauern, ruhiger Atmosphäre und kraftvollem Frühlingserwachen zum Festival *Printemps de Bourges*, das Rock-Fans in Scharen anzieht.

Concert champêtre **(16. Jh.), ausgestellt im Hôtel Lallemant**

Hôtel des Echevins u. Musée Estève

12, rue Edouard Branly. *02 48 24 75 38.* *Mo, Mi–Sa; So nur nachm.* *1. Jan, 25. Dez.*

Das Hôtel des Echevins fällt durch seinen Achteckturm mit aufwendigem Reliefschmuck auf. 1489 erbaut, diente es über drei Jahrhunderte als Sitz des Stadtrats. 1886 wurde es als Baudenkmal eingestuft. 1985 begannen die Renovierungsarbeiten und im Jahre 1987 wurde das Musée Estève eröffnet. Es stellt Gemälde des autodidaktischen, aus Culan im Süden des Berry *(siehe S. 148)* stammenden Künstlers Maurice Estève aus. In wechselnden Ausstellungen werden auch seine Aquarelle, Kollagen und Tuschezeichnungen gezeigt.

Die Sammlung wird in chronologischer Folge auf drei Stockwerken gezeigt, die durch eine Wendeltreppe aus Stein verbunden werden. Estèves kräftige, farbenfrohe Bilder wirken wie geschaffen für die geräumigen gotischen Zimmer.

Samsâra **(1977) von Maurice Estève**

Hôtel Lallemant u. Musée des Arts Décoratifs

6, rue Bourbonnoux. *02 48 57 81 17.* *Di–Sa; So nachm.* *Feiertage.*

Dieser Renaissanceherrensitz wurde für eine ursprünglich aus Deutschland stammende reiche Kaufmannsfamilie erbaut. Heute beherbergt er das Museum für Dekorative Kunst. Die kleine Lallemant-Familienkapelle besitzt eine Kassettendecke mit geschnitzten alchimistischen Symbolen. Der stilvolle Innenhof wurde restauriert. Das Museum präsentiert eine erlesene Sammlung von Gobelins, Uhren, Keramik, Glas, Gemälden und Möbel, darunter ein Ebenholz-Intarsien-Kabinett aus dem 17. Jahrhundert In einem anderen Teil des Gebäudes ist eine Sammlung mit Spielzeugen aus dem 17. Jahrhundert bis zur Gegenwart untergebracht.

Musée du Berry

4–6, rue des Arènes. *02 48 70 41 92.* *Mo, Mi–Sa; So nur nachm.* *Feiertage.* *nur Erdgeschoß.*

Im Renaissancebau des Hôtel Cujas widmet sich das Musée du Berry der lokalen Geschichte. Weiten Platz nimmt eine Ausstellung über galloromisches Kunsthandwerk ein, von denen viele Stücke in der Umgebung ausgegraben wurden. Ebenso vertreten sind gotische Skulpturen, unter denen Jean de Cambrais' Trauergestalten vom Marmorgrabsockel des Herzogs Jean de Berry herausragen. Der Grabaufsatz kann in der Krypta der Cathédrale St-Etienne *(siehe S. 152f)* besichtigt werden.

Die Daueraustellung im Obergeschoß des Museums führt Kunst- und Handwerkstraditionen des Berry vor, so das prägnante Steingut des Dorfes La Borne in den Nähe von Sancerre.

Engeldecke von Jehan Fouquet im Palais Jaques-Cœr

Jacques Cœur

Der Kaufmann Jacques Cœur

Jacques Cœur (ca. 1400–56), Sohn eines Kürschners in Bourges, stieg zu einem der wohlhabendsten und einflußreichsten Männer des mittelalterlichen Frankreich auf. Seine Handelsflotte segelte ins östliche Mittelmeer und in den Orient, um mit Seide, Gewürzen und Edelmetallen heimzukehren. Charles VII ernannte ihn zum Chef der Pariser Münze, danach zum königlichen Kämmerer. 1451 wurde er des Betrugs und der Mitschuld am Tod der Königsmätresse Agnès Sorel beschuldigt, eingekerkert und gefoltert, konnte aber nach Rom entfliehen. Von dort aus nahm er an der päpstlichen »Seekreuzfahrt« gegen die Türken teil und starb unterwegs auf der griechischen Insel Chios.

Palais Jacques-Cœur

Rue Jacques-Cœur. 02 48 24 06 87. tägl. Feiertage.

Dieses Palais gilt als einer der erlesensten gotischen Säkularbauten Europas. Der Bauherr Jacques Cœur, eine kosmopolitische Persönlichkeit des Mittelalters, verwandte erhebliche Mittel für den 1443–51 über Resten der gallorömischen Stadtmauer errichteten Prunkbau.

Man erkennt etliche zeittypische bauliche Innovationen. Die Räume öffnen sich zu Korridoren, statt ineinander überzugehen wie in den meisten zeitgenössischen Gebäuden. Steintoiletten belegen sanitären Fortschritt. Über den Türen verkünden figürliche Reliefs die Funktion der jeweiligen Räume.

Anregende Details sind in Überfülle vorhanden – von Trompe-l'œil-Figuren, die aus der türmchenbewehrten Eingangsfassade hervorlugen, bis hin zu allerorts verteilten mystischen, vermutlich alchimistischen Zeichen. Herzmotive tauchen überall auf, schließlich trug der frischgeadelte Palastbesitzer Herzen *(cœurs)* in seinem Wappen.

Weitere Schmuckstücke sind der weitläufige Innenhof, die Holzgewölbedecken der Galerien und der von Jehan Fouquet *(siehe S. 23)* aus Tours gemalte Kapellenhimmel.

Infobox

Straßenkarte F4. *76 000. Pl du Général Leclerc. Rue Prado. 21, rue Victor Hugo (02 48 24 75 33). Do, Sa u. So. Printemps de Bourges (April); Eté à Bourges (Straßenfest, Juli–Aug).*

Kamin in der Galerie des Marchands des Palais Jacques-Cœur

Stadtzentrum von Bourges

Cathédrale St-Etienne ⑤
Hôtel des Echevins (Musée Estève) ③
Hôtel Lallemant (Musée des Arts Décoratifs) ④
Musée du Berry ①
Palais Jacques-Cœur ②

Legende

- Parken
- Auskunft
- Kirche, Kathedrale

0 Meter 350

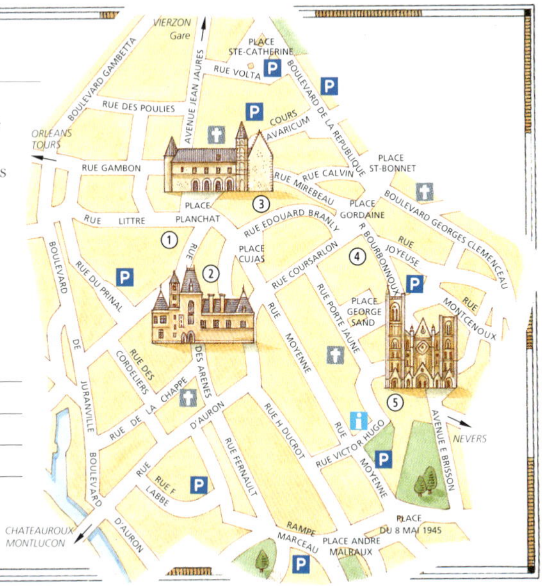

Bourges: Cathédrale St-Etienne

Detail eines Buntglasfensters

ST-ETIENNE GILT als eine der schönsten gotischen Kathedralen. Sie wurde im wesentlichen zwischen 1195 und 1260 erbaut. Der unbekannte Architekt entwarf den Langbau ohne Querschiffe, statt dessen aber ungewöhnlich hoch und breit. Dadurch wirkt die Kirche wesentlich luftiger als die meisten gotischen Kathedralen. Die farbigen Lichtgarben der Buntglasfenster verstärken diesen ätherischen Eindruck. Außergewöhnlich sind auch die asymmetrische Westfront, die doppelreihigen, pyramidenartig geschichteten Strebepfeiler und die »Krypta«, – durch den sechs Meter tieferen Boden des Ostteils eher eine durch Fenster erhellte Kapelle.

Innenraum
Der Innenraum ist 124 Meter lang und 37 Meter hoch.

★ Astronomische Uhr
Der Domherr und Mathematiker Jean Fusoris entwarf das Meisterstück um 1420.

Die Tour Sourde (der »Taube Turm«) besitzt keine Glocke.

Eingang

Die prächtige Fensterrosette *Grand Housteau* wurde vom Kunstmäzen Jean Duc de Berry gestiftet.

Die fünf Portale der Westfront sind umringt von in Stein gemeißelten Szenen. Sie unterscheiden sich in Größe und Form und tragen so zur Asymmetrie der Fassade bei.

Das Jüngste Gericht

Das Tympanon über dem Hauptportal der Westfassade zeigt den Erzengel Michael beim Wägen der Seelen. Die Verdammten werden von Teufeln in den Höllenschlund getrieben, während die Seligen in Abrahams Schoß spazieren. Jugendliche, nackte Auferstehende heben schwere Sargdeckel.

***Das Jüngste Gericht* über dem Hauptportal der Westfassade**

★ Buntglasfenster
Stifter der Buntglasfenster des Chors waren die örtlichen Zünfte, die sich mit Darstellungen ihres Gewerbes am Fuß der Fenster verewigt haben.

INFOBOX

Pl Etienne Dolet. 02 48 24 75 33. tägl. 8–20 Uhr (außer zu Messen). So vormittags. April–Okt. Sa 17 Uhr; So 9, 11 Uhr. **Krypta** Mo–Sa 9–11, 14–17 Uhr (Ostern–Sep bis 17.30 Uhr), So nur nachmittags.

Die Chapelle Jacques-Cœur mit dem Fenster der Marienverkündigung.

Betendes Herzogpaar
Die betenden Figuren der Krypta stellen das Herzogpaar de Berry dar. In der Revolution wurden die Skulpturen geköpft. Man hat die Häupter durch Kopien ersetzt.

Die Krypta bzw. Niederkirche entstand in einem ehemals gallorömischen Wehrgraben.

Das romanische Südportal zeigt eine Darstellung *Christi als Majestas domini* mit den zwölf Aposteln.

★ St-Sépulcre
Die szenische Skulpturengruppe Grablegung Christi *wurde 1540 am hinteren Ende der Niederkirche aufgestellt.*

NICHT VERSÄUMEN

- ★ Astronomische Uhr
- ★ Buntglasfenster
- ★ St-Sépulcre

Herzog Jean de Berry
Die Marmorabbildung des Jean Duc de Berry mit dem Bären zu Füßen bildete ursprünglich den Sarkophagdeckel.

Sancerre-Weingarten

Sancerre ⓭

Straßenkarte F3. 2100. *02 48 54 08 21.* *Di, Sa.* *Foire aux Crottins (Ziegenkäsefest, Anf. Mai); Foire aux Vins (Weinmesse, Pfingsten); Foire aux Vins de France (Weinmesse, Ende Aug).*

SANCERRE, die alte Stadt des Berry, thront auf einem Hügel – ein auffälliger Anblick in diesem eher flachen Teil des Loire-Tals. In den engen Straßen stößt man auf interessante Häuser des 15. und 16. Jahrhunderts. Von der einst beherrschenden mittelalterlichen Burg blieb nur die **Tour des Fiefs.** Von hier blickt man weit über die breite, sich dann nach Westen wendende Loire. Stadt und Umgebung sind für ihre trockenen Weißweine bekannt.

Zehn Kilometer westlich von Sancerre erhebt sich in lieblichem Weideland das **Château de Boucard,** ein ursprünglich mittelalterlicher Bau mit elegantem Renaissancehof.

Tour des Fiefs
Ostern–Okt, So u. Feiertage nur nachmittags.

Château de Boucard
Le Noyer. *02 48 58 72 81.* *Juni–Mitte Sep tägl., Mitte Sep–Dez, Feb–Mai Fr–Mi.* *Jan.*

Château de la Verrerie ⓮

Straßenkarte F3. *Gien, dann Taxi.* *02 48 58 06 91.* *Ostern–Okt tägl.* *Siehe* ***Hotels****, S. 205.*

DIESES SCHMUCKE Schloß, ein Stück Frührenaissance, liegt am Rand der Forêt d'Ivoy. Charles VII vermachte das Land dem Schotten Sir John Stewart of Darnley zum Dank für den Sieg über die Engländer in der Schlacht von Baugé (1421). Johns Sohn, Béraud Stewart, begann erst Jahrzehnte später mit dem Schloßbau, den sein Neffe Robert vollendete.

1670 kam La Verrerie wieder zur französischen Krone. Drei Jahre später beglückte Louis XIV Louise de Kéroualle mit dem Château. Die Dame starb hier 1734 mit 85 Jahren.

Fresken des 16. Jahrhunderts bekleiden La Verreries anmutige Renaissancegalerie. Aus derselben Zeit stammen die Wandbilder der Kapelle. Den Schloßflügel aus dem 19. Jahrhundert dekorieren vier Alabasterstatuetten vom Grabmal des Duc de Berry *(siehe S. 152f).*

Mit einem Restaurant und einigen Gästezimmern bietet das Schloß auch Kost und Logis.

Alabasterstatuetten im Château de la Verrerie (Flügel des 19. Jh.)

Aubigny-sur-Nère ⓯

Straßenkarte F3. 6000. *Hôtel de Ville (02 48 81 50 00). Mai–Okt rue des Dames (02 48 58 40 20).* *Sa.* *Fête Franco-Ecossaise (Mitte Juli).*

DAS MALERISCHE Fachwerkstädtchen rühmt sich seiner Liaison mit dem schottischen Stewart-Clan. 1423 schenkte Charles VII Aubigny nebst La Verrerie Sir John Stewart of Darnley. Nach einem Großbrand 1512 ließen die Stewarts Aubigny im Renaissancestil wiederaufbauen und ein Château aufziehen.

1673 vergab Louis XIV das Herzogtum Aubigny an Louise de Kéroualle. Obwohl Louise die meiste Zeit in La Verrerie verbrachte, ließ sie einen großen Garten beim Château d'Aubigny anlegen. Die ihr vom König verehrten Aubusson-Gobelins sind im Schloß zu bewundern, in dem das Rathaus und zwei Museen ihr Domizil haben. Das ungewöhnliche **Musée de la Vieille Alliance Franco-Ecossaise** gedenkt Aubignys alter Bande zu Schottland (hier siedelten im 18. Jh. Jakobiter-Flüchtlinge).

Die gotische **Eglise St-Martin** (13. Jh.) verdankt ihren Wiederaufbau weitgehend den Stewarts. Innen findet man eine geschnitzte Pietà und eine Grablegungsszene (16. Jh.).

Das Berry steht im Ruf, eine Hexenregion zu sein. Diese Fama lebt im **Musée de la Sorcellerie**, zehn Kilometer östlich von Aubigny, fort. Mit Wachsfiguren illustriert es die Geschichte der Kräuter-, Naturheilkunde und Heilmagie – aber auch die grausame Verfolgung angeblicher Hexer während der Inquisition.

Musée de la Vieille Alliance Franco-Ecossaise u. Musée Marguerite-Audoux
Château d'Aubigny. *02 48 81 50 00.* *Ostern–Okt tägl., Nov–Ostern Sa u. So.* *nur Musée de la Vieille Alliance.*

Musée de la Sorcellerie
La Jonchère, Concressault. *02 48 73 86 11.* *Ostern–Okt tägl.*

Die Maison de François I, eines der zahlreichen alten Gebäude in Aubigny-sur-Nère

Wein-und-Käse-Route ⓰

Das Sancerrois im östlichen Berry ist bekannt für seine Weine und Ziegenkäse. Bacchusjünger können in den Weinkellern die frischen, Weißweine aus der Sauvignontraube oder die lieblich-leichten Roten und Rosés der Pinot-Noir-Rebe kosten. Die Weinaromen harmonieren hervorragend mit dem kräftigen Geschmack der lokalen kleinen Ziegenkäse (Crottins de Chavignol). Die Landpartie führt durch sanfthügelige Weingärten und Wiesen mit grasenden Ziegen. Unterwegs kommen Sie bei Winzern und Käsern und an einigen Museen vorbei, die Ihnen die lange Tradition des Weinbaus und der Käseherstellung nahebringen.

Sancerre-Wein

Ziegenkäse-Etikett

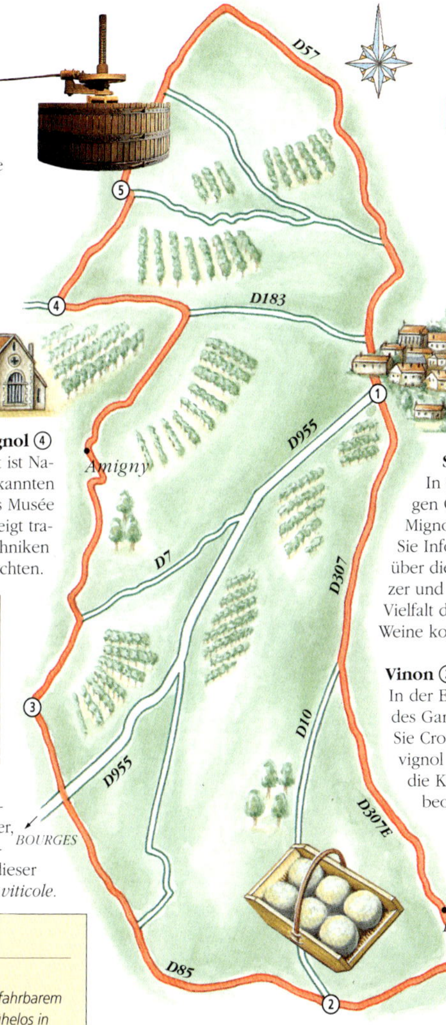

Verdigny ⑤
Das Musée de la Vigne et du Vin skizziert die Weinbaugeschichte im Sancerrois. Zu den Exponaten zählt eine alte hölzerne Traubenpresse.

Chavignol ④
Der pittoreske Ort ist Namensgeber der bekannten kleinen Käse. Das Musée de la Cure zeigt traditionelle Käsereitechniken und bäuerliche Trachten.

Sancerre ①
In den weitläufigen Caves de la Mignonne erhalten Sie Informationen über die lokalen Winzer und können die Vielfalt der Sancerre-Weine kosten.

Vinon ②
In der Elevage Caprin des Garennes können Sie Crottins de Chavignol probieren und die Käseherstellung beobachten.

Bué ③
Viele namhafte Weinhändler – z. B. Cordier, Reverdy und Roger – sitzen in oder nahe dieser wichtigen *commune viticole*.

Routeninfo

Länge: *30 km.*
Rasten: *Touristen mit fahrbarem Untersatz kommen mühelos in den Genuß von Wein und Käse. In Sancerre sind La Tour und La Tasse d'Argent zu empfehlen* (siehe S. 218).

Legende

Routenempfehlung
andere Straßen

0 Kilometer 1

Nördlich der Loire

Welten scheinen *die Regionen Mayenne und Sarthe vom überlaufenen Schlösserparadies des zentralen Loire-Tals zu trennen. Die Gemeinden nördlich der Loire haben historisch wenig miteinander gemein. Diese Region bietet ganz andere Attraktionen als die ehemals königlichen Ländereien im Süden: Flüsse, Hügel, Wälder und Ebenen, die zum Angeln, Boot fahren und Wandern einladen.*

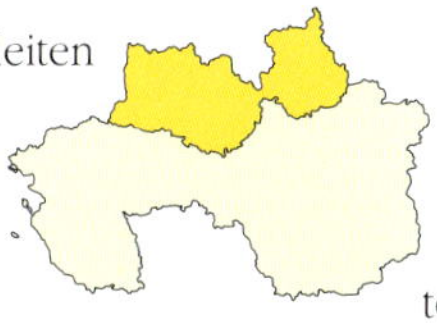

Auf der stillen Sarthe gleiten Boote durch die Wald- und Wiesenlandschaft nach Sablé-sur-Sarthe, wo in der nahen Abbaye de Solesmes gregorianische Choräle »live« erklingen.

Dramatischer wirkt das Mayenne-Tal mit seinen steilen Hängen und an Waldhügel geklammerten Dörfern. Hier, im Süden von Laval, ist der Streß der Schloßbesichtigungen schnell vergessen. Über etliche Schleusen ergießt sich der Fluß in die Maine, die der Loire zustrebt.

Diesem Muster folgt auch der Loir, Nebenfluß der fast gleichnamigen Hauptwasserader, der gemächlich friedvolle Weiler passiert. Sein reizvolles, ländliches Tal ist ein idealer Fleck, um die Seele baumeln zu lassen. Zugleich bietet es kulturelle Highlights wie das Schloß von Le Lude, berühmt für die aufwendigste Ton- und Lichtschau im Lande, und die ehemalige Feste der Grafen von Blois in Châteaudun. Le Mans wartet mit einer attraktiven Altstadt auf – und natürlich dem 24-Stunden-Autorennen. Östlich der Stadt weicht das weiche Landschaftbild den bewaldeten Hügeln der Perche und danach den weiten Weizenfeldern der Beauce-Ebene, in der die großartige Kathedrale von Chartres thront. Königliche Mätressen residierten in anmutigen Schlössern: in Maintenon Madame de Maintenon, die Kurtisane von Louis XIV, in Anet Diane de Poitiers *(siehe S. 55)*, Geliebte von Henri II. Da diese Baudenkmäler am Rand der Ile de France, der Kernlandschaft im Pariser Becken, liegen, locken sie Tagesausflügler aus der Hauptstadt an.

Fertigung von Holzpantinen im Holzhandwerkszentrum von Jupilles in der Forêt de Bercé

◁ **Flußidylle: die Sarthe nahe St-Céneri-le-Gérei**

Überblick: Der Norden der Loire

Die Region nördlich der Loire umfaßt die Departements Mayenne, Sarthe und Eure-et-Loire. Neben Merkmalen des zentralen Loire-Tals weist sie Charakteristika ihrer Nachbarinnen Bretagne, Normandie und Ile de France auf: Die Alpes Mancelles im Norden zum Beispiel scheinen der Normandie näher verwandt als der dahingewellten Feldlandschaft im Süden der Region. Loir, Sarthe und Mayenne sind mit der Pracht der Loire nicht vergleichbar, zeichnen sich aber durch sanfte Flußidyllen aus. Und die großen Städte der Region – Chartres, Le Mans, Laval – sind allesamt sehenswert.

Kopfsteingepflasterte Straße in Chartres

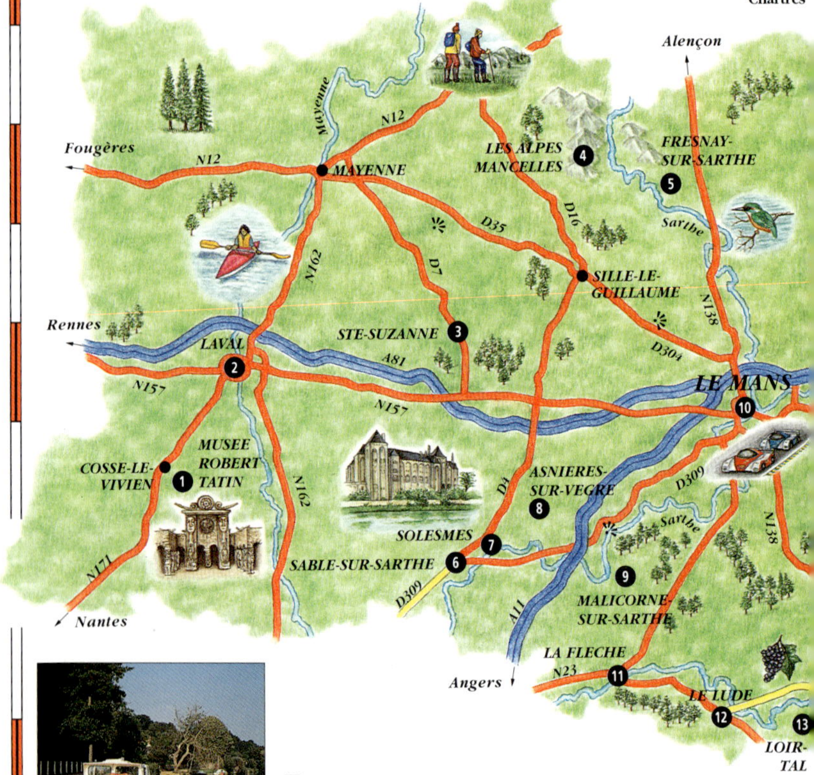

Fahrt auf der Sarthe von Sablé flußaufwärts

Unterwegs

Von Paris führt die Autobahn A11 *(L'Océane)* nach Chartres und Le Mans und weiter nach Angers. Die A81 durchquert die Region zwischen Le Mans und Laval. Paris bietet häufige Bahnverbindungen an; TGVs brauchen 55 Minuten bis Le Mans, Corail-Expreßzüge eine Stunde bis Chartres. Ebenfalls eine Stunde dauert die Bahnfahrt Chartres-Le Mans. Busse pendeln zwischen den meisten größeren Städten der Region, seltener aber zur Schulferienzeit. Die schönste Art ländlichen Reisens sind Bootspartien.

LEGENDE

- Autobahn
- Hauptstraße
- Nebenstraße
- Panoramastraße
- Fluß
- Aussichtspunkt

Uferszene in Malicorne-sur-Sarthe

AUF EINEN BLICK

Ausflug

Tour durch das Tal des Loir siehe S. 168 f 13

Blick über den Fluß auf die Altstadt von Le Mans

Musée Robert Tatin ❶

Straßenkarte B2. La Frénouse. Laval. Cossé-le-Vivien. 02 43 98 80 89. Apr–Sep Di vorm.–Mo, Okt–März So vorm., Mi–Mo. nur Hof und Erdgeschoß.

SCHÖPFER DIESES ausgefallenen Museums im Weiler La Frénouse nahe Cossé-le-Vivien war das künstlerische Multitalent Robert Tatin (1902–83). Zum Museumsbau führt die Allée des Géants (Allee der Riesen). An ihr stehen bizarre Monumentalskulpturen von Persönlichkeiten Spalier, die Tatin beeindruckten: der gallische Krieger Vercingetorix, Jeanne d'Arc, Toulouse-Lautrec, Pablo Picasso und andere. Hinter ihnen wacht ein gigantischer Drache mit furchteinflößendem Rachen.

Dieses Museum präsentiert ungefähr 400 Werke von Tatin: Bilder, Skulpturen, Fresken, Mosaiken, Schränke, Keramiken. Neben vielem anderen beschäftigte sich Tatin auch mit der Kunsttischlerei und ließ sich von den Megalithen und Trachten der Bretagne und der Kultur der Azteken beeinflußen – er lebte und reiste immerhin fünf Jahre in Lateinamerika.

Tatins Picasso-Statue im Musée Robert Tatin

Laval ❷

Straßenkarte C2. 54 000. 1, allée du Vieux St-Louis (02 43 49 46 46). Di, Sa.

LAVAL ERSTRECKT sich beidseits der Mayenne, über die sich die gotische Alte Brücke, der Vieux Pont, wölbt. Im Altstadtkern am Westende der Brücke imponiert das **Vieux Château.** Es geht zurück auf das frühe 11. Jahrhundert, als die Umgebung Foulques Nerra, dem Grafen von Anjou, unterstand. Der Bau bildete ein Glied in Nerras Kette von Burgen zur Abwehr der Bretonen und Normannen. Der mittelalterliche Wehrturm blieb unberührt von den Um- und Anbauten der Jahrhunderte. Eine attraktive Renaissancefassade begrenzt den blumenprangenden Schloßhof, dessen Terrasse schöne Flußblicke preisgibt.

Das Schloß bewahrt einen Instrumentensatz des bei Laval gebürtigen Arztes Ambroise Paré (1510–ca. 1592), genannt »Vater der modernen Chirurgie«. Wichtigste Sehenswürdigkeit ist jedoch das **Musée d'Art Naïf** (Museum für naive Kunst), eine Verneigung der Stadt Laval vor ihrem berühmten Sohn Henri Rousseau *(siehe S. 23)*. Rousseau verdiente als junger Künstler sein Brot beim Pariser Zollamt – daher sein Beiname *le douanier*, (»der Zöllner«). Das Museum hat Rousseaus Pariser Atelier inklusive Piano säuberlich rekonstruiert. Es besitzt 450 Bilder, zwar nur zwei von Rousseau, doch viele Kostbarkeiten, so ein Gemälde des Ozeandampfers Normandie von Jules Lefranc (1887–1972) in kräftigem Rot.

Beim Altstadtbummel entdeckt man gepflegte alte Häuser und die mit Aubusson-Gobelins dekorierte **Cathédrale de la Ste-Trinité.** Als Museum dient das **Bateau-Lavoir-St-Julien,** eines von Frankreichs wenigen erhaltenen Waschschiffen. *Bateaux-lavoirs* (Schiffe, auf denen man in Flüssen Wäsche wusch) kamen Mitte des 19. Jahrhunderts erstmals im westlichen Loire-Tal auf.

Château u. Musée du Vieux Château
Pl de la Trémoille. 02 43 53 39 89. Di–So. Feiertage. nur Erdgeschoß.

Bateau-Lavoir St-Julien
Quai Paul-Boudet. 02 43 53 39 89. Juli–Aug Di–So nur nachmittags. Feiertage.

Le Lancement du Normandie **von Jules Lefranc (Musée d'Art Naïf, Laval)**

Ste-Suzanne ❸

Straßenkarte C2. 950. *Evron, dann Taxi.* *Pl Amboise-de-Loré (02 43 01 43 60).*

Das hoch auf einem Hügel prangende Dorf ist noch von Teilen der Befestigungen umwehrt, die man im 10. Jahrhundert gegen die marodierenden Normannen aufzog. Es trotzte sogar einer Attacke Wilhelm des Eroberers, dessen Feldlager drei Kilometer außerhalb zu sehen ist. Die Engländer rissen die alte Burg im frühen 15. Jahrhundert großenteils nieder, doch ihr Bergfried aus dem 10. Jahrhundert steht heute noch.

Der gegenwärtige Bau, das **Château des Fouquet de la Varenne** aus weißem Tuff und grauem Schiefer, entstand im frühen 17. Jahrhundert.

Im Dorf beleuchtet das **Musée de l'Auditoire** historisch bedeutende und alltägliche Ereignisse aus über 1000 Jahren Geschichte.

Kirchenportal in St-Léonard-des-Bois

Château des Fouquet de la Varenne

Promenade de la Poterne. *02 43 01 40 77.* *Mitte Apr–Mitte Juni u. Mitte Sep–Anfang Nov tägl., nur nachmittags; Mitte Juni–Mitte Sep tägl.* *nur Erdgeschoß.*

Musée de l'Auditoire

7, Grande Rue. *02 43 01 42 65, 02 43 01 42 16.* *Apr–Sep tägl., nur nachmittags Sep–März, Gruppen nach Vereinb.* *nur Erdgeschoß.*

Les Alpes Mancelles ❹

Straßenkarte C2. *Alençon.* *Fresnay-sur-Sarthe.* *19, av du Dr Riant, Fresnay-sur-Sarthe (02 43 33 28 04).*

Zwischen Fresnay-sur-Sarthe und Alençon erstrecken sich die Alpes Mancelles (Alpen von Le Mans). Dieser Name ist übertrieben und dennoch angebracht: Ihre waldigen Hügeln, von Bächen durchzogenen Schluchten, die Heidehänge, grünen Wiesen, grasenden Schafe und Obstbäume verleihen der Gegend durchaus einen alpinen Charakter. Romanische Kirchen stehen in ihren hübschesten Dörfern, in **St-Léonard-des-Bois** und – mit Fresken des 12. und 14. Jahrhunderts verschönt – in **St-Céneri-le-Gérei.** Man kann in diesem Gebiet herrlich wandern, auch am Ufer der Sarthe, angeln, Boot fahren und andere Freiluftsportarten nachgehen *(siehe S. 224ff)*.

Zeigefinger Gottes auf dem Hügel: St-Céneri-le-Géreis Kirche

Fresnay-sur-Sarthe ❺

Straßenkarte C2. 2500. *Alençon, Sillé-le-Guillaume, La Hutte.* *19, av du Dr Riant (02 43 33 28 04).* *Sa.*

Mit Ausnahme des Industriegebiets am Stadtrand zeigt sich Fresnay charmant mittelalterlich. Ursprünglich umgaben den Ort drei Mauerringe, deren Reste man noch vom Fluß aus erkennen kann.

Die Burg thront strategisch günstig auf einer Felsnase über der Sarthe. Sie wurde 1073 von Wilhelm dem Eroberer belagert und im Hundertjährigen Krieg *(siehe S. 52f)* als letzte Bastion dieser Region von den Engländern aufgegeben. Ihre Relikte betten sich in eine hektarweite Parklandschaft.

Vom 16. bis 19. Jahrhundert war Fresnay ein Zentrum der Tuchweberei. An das traditionelle Bekleidungsgewerbe erinnert in den erhaltenen Burgräumen das interessante **Musée des Coiffes** (Haubenmuseum).

Seit langer Zeit fördert die Stadt auch das heimische (Kunst-) Handwerk. Produkte sind in der **Maison du Tourisme et de l'Artisanat** ausgestellt.

Am Ende der Avenue du Dr Riant liegt die **Eglise Notre-Dame** mit romanischen und gotischen Stilelementen. Wunderschön ist ihr beschnitztes altes Eichenportal und ungewöhnlich der Turm mit achteckigem Sockel.

Musée des Coiffes

Pl de Bassum. *02 43 97 22 20.* *Ostern–Juni u. Sep So u. Feiertage; Juli–Aug tägl.*

Maison du Tourisme et de l'Artisanat

Pl de Bassum. *02 43 33 75 98.* *Apr–Mai u. Okt–Nov Sa, So u. Feiertage; Juni–Sep u. Dez tägl.*

Blick auf die Sarthe in Fresnay-sur-Sarthe

Sablé-sur-Sarthe ❻

Straßenkarte C2. *14 000.* *Pl Raphaël-Elizé (02 43 95 00 60).* *Mo, Fr.* *Carnaval (März); Festival et Académie de Danses et Musiques Anciennes (Aug).*

Obwohl recht industrialisiert, ist Sablé ansprechend und eignet sich als Ausgangspunkt für Bootsfahrten auf der Sarthe. Die Stadt läßt sich gemütlich zu Fuß erkunden. Vor nostalgischer Kulisse überrascht zeitgenössische Kunst: An der kopfsteingepflasterten Place Raphaël Elizé im Zentrum steht die Skulptur *Hymne à l'Amour* des hiesigen Bildhauers Louis Derbré. Um den Platz liegen Haufen von »Kanonenkugeln«, ein angeblich vom 18. Jahrhundert inspiriertes modernes Arrangement.

Einkaufen können Sie in netten Geschäften in der Fußgängern vorbehaltenen Rue de l'Ile und am Platz. Dort verkauft die Maison du Sablé die bekannten, nach der Stadt benannten mürben Kekse.

Ein Neffe von Jean-Baptiste Colbert, dem berühmten Finanzminister von Louis XIV, ließ im frühen 18. Jahrhundert das düstere Château erbauen. Man kann den Park besichtigen, nicht aber das Schloß. In seinen Mauern richten Restauratoren für die französische Nationalbibliothek (Bibliothèque Nationale) alte Schriften wieder her.

In Richtung Solemnes, gegenüber dem Freibad, eröffnet der Jardin Public schöne Blicke auf die Abbaye de Solesmes.

Das Grab unseres Herrn, **Teil der Steinskulpturengruppe »Heilige von Solesmes«, in der Kirche der Abbaye de Solesmes**

Die imposante Abbaye de Solesmes und ihr Spiegelbild in der Sarthe

Abbaye de Solesmes ❼

Straßenkarte C2. *Sablé-sur-Sarthe, dann Taxi.* *02 43 95 03 08.* **Abteikirche** *tägl.*

Von nah und fern pilgern Besucher zu den Messen der Abbaye de St-Pierre – sie gehört zur Abbaye de Solesmes –, um den gregorianischen Gesängen der Benediktinermönche zu lauschen. Vor über einem Jahrhundert belebte das Kloster diese alte Form des liturgischen Gesangs neu. Der Laden beim Klostereingang verkauft außerhalb der Gottesdienstzeiten von den Mönchen veröffentlichte Bücher und Schallplatten.

Das Kloster wurde ursprünglich im Jahre 1010 als Priorat gegründet. Der gründliche Umbau im späten 19. Jahrhundert verlieh ihm schroffes, festungsähnliches Aussehen.

Das Innere der **Abteikirche** ist von herber Schönheit. Lang- und Querhaus sind im romanischen Stil erbaut, während der Chor aus dem 19. Jahrhundert sich an mittelalterliche Vorbilder anlehnt. Steinskulpturengruppen, die sogenannten »Heiligen von Solesmes«, schmücken beide Flügel des Querhauses. In der Figurengruppe *Das Grab unseres Herrn* in der Kapelle zur Linken des Hochaltars rührt besonders die betende, zu Füßen Christi kniende Maria Magdalena an. Die Skulpturengruppe in der rechten Kapelle illustriert im unteren Abschnitt *Tod und Begräbnis der Gottesmutter*, im oberen Teil ihre Himmelfahrt.

Interessante moderne Buntglasfenster beleuchten die kleine **Pfarrkirche** neben dem Eingang zur Abtei.

Asnières-sur-Vègre 8

Straßenkarte C2. 340. *Sablé-sur-Sarthe, dann Taxi.* *Sablé-sur-Sarthe (02 43 95 00 60).*

GELBLICH-ROSEFARBIGER Stein prägt das hübsche Dorfbild mit den alten Häusern, Wassermühlen und der krummen Brücke aus dem 12. Jahrhundert. In der winzigen Kirche halten lebhafte Wandmalereien des 12. und 15. Jahrhunderts in warmen Terrakottatönen Szenen des Mittelalters fest – nicht ohne Sündern zu drohen: Da jagen riesige Hunde geifernd die Verdammten zur Hölle. Die stattliche gotische **Cour d'Asnières** (13. Jh.) wurde als Versammlungsort für die Domherren der Cathédrale St-Julien in Le Mans errichtet.

Die alte Straße zwischen Le Mans und Sablé-sur-Sarthe führt ins nahe **Juigné.** Sein im frühen 17. Jahrhundert wiederaufgebautes Schloß ist in Privatbesitz, doch man darf Park und Terrassen betreten und das Flußpanorama genießen. Juignés Minihafen bietet Bootsverleih und gute Blicke auf die Kirche, die von einem Fels aus ihre Schäflein bewacht.

Die krumme Brücke (12. Jh.) von Asnières-sur-Vègre

Freskodetail in der Kirche von Asnières

Cour d'Asnières
Rue du Lavoir. *02 43 92 40 47.* *Mai–Sep Di–Fr, Sa (nur nachmittags) u. So.*

Malicorne-sur-Sarthe 9

Straßenkarte C3. *1700.* *Noyen-sur-Sarthe, La Suze-sur-Sarthe.* *Pl Bertrand Duguesclin (02 43 94 74 45).* *Fr.* *Fête de la Poterie (Ende Sep).*

SEIT BEINAHE 250 Jahren ist dieses Städtchen am Ufer der Sarthe für seine Fayencen, auf weißem Grund bemalte Tonwaren, bekannt. Jean Loiseau, ein Töpfer aus der Fayencen-Hochburg Nevers, gründete hier 1745 die erste Manufaktur. In den **Faïenceries Artistiques du Bourg-Joly** können Sie durchbrochene *faïences de Malicorne* und Kopien traditioneller französischer Fayencen erwerben. Die Steingutfabrik **Faïenceries d'Art de Malicorne** unterhält einen Shop und ein kleines Museum.

Stillgelegte Wassermühlen zeichnen die malerische Kulisse von Malicornes kleinem Hafen. Er ist Anlaufstelle von Bootsfreunden, bietet Flußkreuzfahrten und den Verleih kleiner Motorschiffe an. Auch Malicorne besitzt eine – romanische – Kirche und ein Schloß, das hübsche, ufernahe **Château de Malicorne** aus dem 18. Jahrhundert.

Faïenceries Artistiques du Bourg-Joly
16, rue Carnot. *02 43 94 80 10.* *Mo–Sa, So u. Feiertage nur nachmittags.*

Faïenceries d'Art de Malicorne
18, rue Bernard Palissy. *02 43 94 81 18.* *Ostern–Sep Di–Sa; So u. Feiertage nur nachmittags.* *Pfingsten u. 3. So im Sep.*

Château de Malicorne
02 43 94 74 45. *Juli–Mitte Sep Mo, Do, Fr, So nur nachm.*

Malicornes Hafen mit seinen stillgelegten Wassermühlen

Im Detail: Le Mans ⓾

Fassaden-schmuck, Rue des Chanoines

DIE MALERISCHE, hügelige Altstadt (Le Vieux Mans) ist unbehelligt vom Autoverkehr. Häuser mit Fachwerk aus dem 15. und 16. Jahrhundert und Renaissancevillen umstehen ihre schmalen Kopfsteinpflasterstraßen. In einigen Nobelbauten stiegen Frankreichs Könige und Königinnen ab; das nach Königin Bérengère (Berengaria) benannte Palais entstand allerdings erst zweieinhalb Jahrhunderte nach dem Tod der Gemahlin von Richard Löwenherz. Im Nordwesten ist das Viertel von der alten römischen Stadtmauer begrenzt, die dem Verlauf der Sarthe folgt.

Maison d'Adam et Eve
Der Reliefdekor an diesem Haus eines Arztes illustriert die Bedeutung der Astrologie für die Heilkunde des 16. Jahrhunderts.

Hôtel d'Argouges
Louis XI soll diesem betürmten Palais aus dem 15. Jahrhundert 1467 eine Stippvisite abgestattet haben.

Die römische Stadtmauer zählt zu den besterhaltenen in Europa.

0 Meter 50

Hôtel Aubert de Clairaulnay
Claude Chappe, Erfinder des Flügeltelegrafen, versah dieses Haus aus dem späten 16. Jahrhundert 1789 mit einer Sonnenuhr.

Le Grabatoire heißt dieses herrschaftliche, im 16. Jahrhundert über einem Hospital für Domherren erbaute Haus.

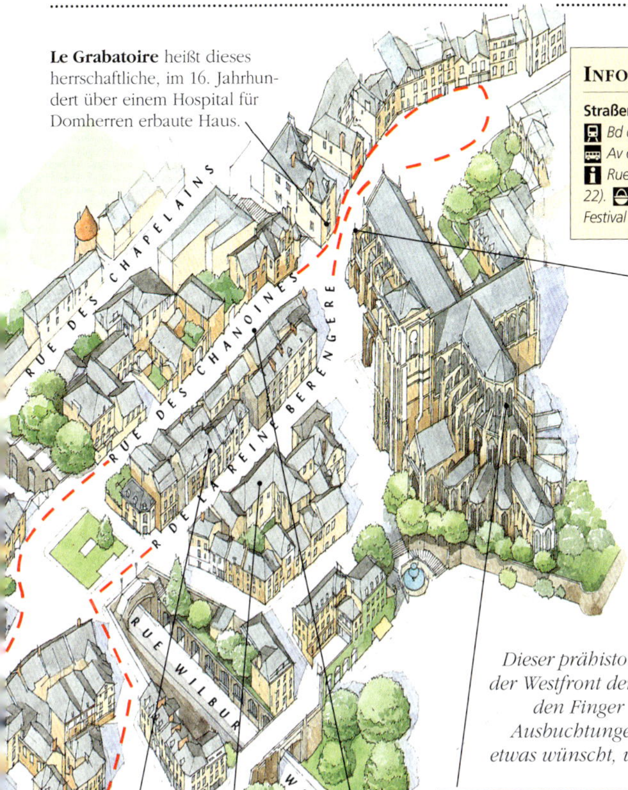

INFOBOX

Straßenkarte C2. *146 000.* *Bd de la Gare.* *Av du Général Leclerc.* *Rue de l'Etoile (02 43 28 17 22).* *Mi, Fr, So.* *Europa Jazz Festival (April).*

Menhir

Dieser prähistorische Menhir ragt an der Westfront der Kathedrale auf. Wer den Finger in eine seiner kleinen Ausbuchtungen legt und sich dabei etwas wünscht, wird angeblich erhört.

★ Cathédrale St-Julien

Romanik und Gotik begegnen sich in der majestätischen Kathedrale. Besonders beeindrucken ihre prächtigen Strebebögen.

Die Maison de la Reine Bérengère beherbergt ein heimatgeschichtliches Museum.

★ Maison des Deux Amis

Das Fassadenrelief – zwei Freunde – hat dem Gebäude seinen Namen eingetragen.

★ Rue des Chanoines

Zu den historischen Bauten dieser bezaubernden Straße zählt das Priorat St-Martin (12. Jh.) in der Nr. 11.

NICHT VERSÄUMEN

- ★ Rue des Chanoines
- ★ Maison des Deux Amis
- ★ Cathédrale St-Julien

Überblick: Le Mans

IHREN INTERNATIONALEN Ruhm verdankt die Stadt den 24-Stunden-Autorennen. Aber sie bietet weit mehr Attraktionen, nicht zuletzt die großartige Cathédrale St-Julien. Die Geschichte des Ortes reicht in die Römerzeit zurück. Die Römersiedlung Vindunum lag in der heutigen Altstadt. Um diese ziehen sich noch die einst 1,3 Kilometer langen Mauern, die im späten 3. und frühen 4. Jahrhundert aufgezogen wurden. Am Flußufer wachen zehn der elf verbliebenen Stadttürme; geometrische Muster aus verschiedenfarbigem Stein zieren ihre massigen Fassaden. Außerhalb der alten Mauern ist Le Mans zu einer geschäftigen modernen Stadt herangewachsen, die eine Reihe sehenswerter Museen und Kirchen vorweist.

Cathédrale St-Julien

Pl du Cardinal Grente. *02 43 28 28 98.* *tägl.*

Die Place des Jacobins gibt sicher die beste Sicht auf das eindrucksvolle, ungewöhnlich komplexe Strebewerk der Kathedrale frei. Sie vereint zwei Stilrichtungen: In ihrem Langhaus (12. Jh.) dominiert Romanik, ihr Chor (13. Jh.) – einer der höchsten in ganz Frankreich – ist rein gotisch und ein ganzes Jahrhundert jünger als die Querschiffe. Beim Eintritt in die Kathedrale durch das romanische Südportal fesselt der Anblick der überaus detailfreudigen Wandteppiche (16. Jh.) an den Säulen und Stühlen des Chors. Mit ihrer strahlenden Farbkraft korrespondieren die prachtvollen mittelalterlichen Buntglasfenster.

Musée de la Reine Bérengère

Rue de la Reine Bérengère. *02 43 47 38 51.* *Di–So.* *Feiertage.* *nur Erdgeschoß.*

Drei mit Fachwerk und lebhaften figürlichen Schnitzereien verzierte Altstadthäuser sorgen für die stimmungsvolle Kulisse dieses Museums. Seine Ausstellungen zur lokalen Kunst und Geschichte umfassen Keramiken vieler Epochen, darunter Fayencen aus Malicorne *(siehe S. 163)* sowie Möbel aus der Region. Im zweiten Stock zeigen Bilder heimischer Maler des 19. Jahrhunderts erstaunliche Ähnlichkeiten zwischen dem Le Mans von damals und heute auf. Beachtung verdient auch Jean Sorieuls bewegendes Gemälde *Die Schlacht von Le Mans am 13. Dezember 1793.*

***Das Mahl des Hilfspfarrers* (1786), Musée de la Reine Bérengère**

Wandteppich aus dem 16. Jahrhundert in der Cathédrale St-Julien

Emailporträt (1150) des Geoffroi V, Musée de Tessé

Musée de Tessé

2, av de Paderborn. *02 43 47 38 51.* *tägl.* *Feiertage.* *außer So u. Feiertage.*

Seit 1927 beherbergt der Bischofspalast mit seinem gepflegten Garten das städtische Kunstmuseum. Neben den schönen und dekorativen Künsten widmet es sich der Archäologie. Die ständige Gemäldeausstellung im Erdgeschoß reicht vom späten Mittelalter ins 19. Jahrhundert, die Archäologieabteilung zeigt vorwiegend altägyptische und gräkoromanische Funde. Berühmtester Museumsschatz ist das leuchtende mittelalterliche Emailporträt des Plantagenêts Geoffroi V le Bel (der Schöne). Geoffrois Sohn, König Henry II. von England, wurde 1133 in Le Mans geboren.

Musée de l'Automobile de la Sarthe

Circuit des 24-Heures. *43 72 72 24.* *tägl.*

Nahe der Rennstrecke von Le Mans zeigt das Museum Oldtimer, klassische und moderne Rennwagen und Motorräder. Es besitzt auch frühe Modelle des Industriellen Amédée Bollée, der 1873 seine erste Kraftwagenkonstruktion vorstellte. Der Fahrzeugbau der Familie Bollée machte Le Mans Jahrzehnte vor dem ersten 24-Stunden-Rennen *(siehe S. 57)* zu einer Automobilhochburg.

La Flèche ⓫

Straßenkarte C3. *16 500.* *Espace Pierre-Mendès-France (02 43 94 02 53).* *Mi u. So.* *Festival des Affranchis (2. Wochenende im Juli).*

DAS STÄDTCHEN verdankt sein Renomée dem 1604 von Henri IV gestifteten Jesuitenkolleg, das Napoléon 1808 in die bis heute bestehende Militärschule **Prytanée Militaire** umwandeln ließ.

Das monumentale Barocktor, die Porte d'Honneur, bildet den Eingang zur Akademie und der Cour d'Austerlitz, dem ersten von drei Höfen. Die Chapelle St-Louis im mittleren Hof stellt innen üppigen Dekor und Urnen mit der Asche der Herzen von Henri IV und Maria von Medici zur Schau.

Im öffentlichen Schloßpark tun sich schöne Flußblicke auf. Vom Port Luneau am jenseitigen Ufer zog Montreals Gründer, Jerôme le Royer de la Dauversière, mit seinen Gefährten aus in die Neue Welt. Nahebei säumen Cafés die umtriebige, von einer Statue des Königs bewachte Place Henri IV.

Im Herzen der Stadt spiegelt sich das **Château des Carmes** (15. Jh.), heute eine Kunstgalerie und zuvor Rathaus, im Wasser des Loir.

Prytanée Militaire
Rue du Collège. *02 43 94 03 96.* *Juli–Aug tägl.*

Die Place Henri IV in La Flèche mit der Statue des Monarchen im Zentrum

Le Lude ⓬

Straßenkarte C3. *4500.* *Pl F-de-Nicolay (02 43 94 62 20).* *Do.* *Foire du Raillon (Sep).*

DAS ÄLTESTE, von Sträßchen mit Häusern des 15. bis 17. Jahrhunderts durchwinkelte Viertel dieses Marktstädtchens drängt sich um das **Château du Lude.** Die Stätte ist seit über 1000 Jahren befestigt. Das heute zu sehende Schloß stammt jedoch aus dem 15. Jahrhundert. In den folgenden 300 Jahren verwandelte man es in einen Landsitz und veränderte dabei seinen quadratischen Grundriß und die vier Ecktürme.

Französische und flämische Wandteppiche bereichern das Schloßinterieur aus dem 19. Jahrhundert, das auch einige sehenswerte Objekte aus dem 17. und 18. Jahrhundert zu bieten hat. Die Fresken im Oratorium stammen aus dem 16. Jahrhundert und bebildern Episoden des Alten Testaments.

Die auf zwei Ebenen symmetrisch angelegten Schloßgärten senken sich zum Loir. Im Sommer erwecken spektakuläre Ton- und Lichtschauen sie zu Leben *(siehe S. 42f)*.

Château du Lude
02 43 94 60 09. **Château** *April–Sep tägl nur nachmittags;* **Park** *tägl.*

Die stattlichen Türme des Château du Lude

LES 24 HEURES DU MANS

Das 24-Stunden-Rennen hat Le Mans zu einem internationalen Begriff gemacht. Seit der ersten Veranstaltung (am 26. Mai 1923) zieht das Juni-Spektakel Scharen aus dem In- und Ausland an – derzeit über 250 000 Zuschauer und 1800 Journalisten. Die 13,6 Kilometer lange Rennstrecke im Süden der Stadt folgt etappenweise normalen Straßen. Heute legen die Rennfahrer etwa 5000 Kilometer in der vorgegebenen Zeit zurück. Auf der Rennstrecke liegt auch die Bahn Hunaudières, auf der Wilburg Wright 1908 seinen ersten Motorflugversuch in Frankreich unternahm.

Frühes Autorennen in Le Mans

Durch das Tal des Loir ⓭

ZWISCHEN PONCÉ-SUR-LE-LOIR und La Flèche strömt der Loir durch friedliche, unberührte Landschaft und malerische Orte. Eine gemächliche Erkundung des Tals beansprucht, inklusive einiger Spaziergänge am Fluß und durch Wälder, zwei Tage. Sie können sich beim Segeln, Reiten, Angeln oder Radeln in frischer Luft betätigen, beim Aufspüren von kleinen Kirchen mit zartfarbenen romanischen Fresken Ihren Kulturhunger stillen und mit regionalen Weinen Ihren Durst löschen. Ausgeschenkt werden diese oft in geblasenen Gläsern, einem typischen kunsthandwerklichen Produkt des Loir-Tals.

Die Ufer des sanft fließenden Loir locken Angler und Wanderer

La Flèche ①
Der reizende Ort bietet idyllische Loir-Blicke und ist Sitz der Prytanée Militaire (Militärakademie, *siehe S. 167*).

Eingang zum Prytanée Militaire

Vaas ④
Der Moulin de Rotrou am Rand des Ortes mahlt immer noch Getreide und ist zugleich Brotmuseum. In der Eglise St-Georges entdecken Sie Gemälde des 17. Jahrhunderts.

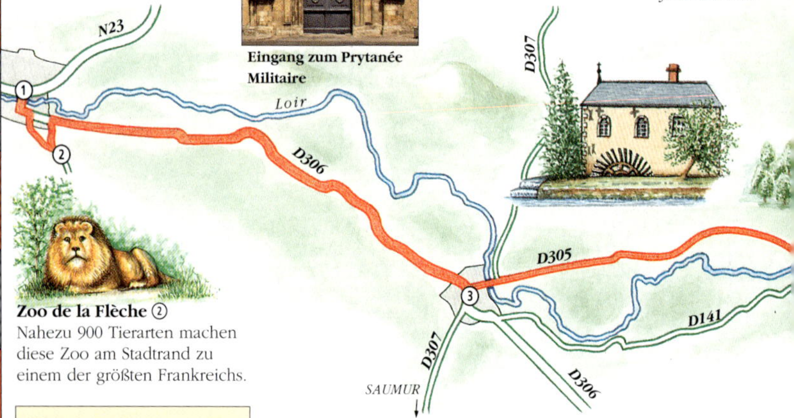

Zoo de la Flèche ②
Nahezu 900 Tierarten machen diese Zoo am Stadtrand zu einem der größten Frankreichs.

ROUTENINFO

Länge: *103 km.*
Rasten: *Die Flußufer und Wälder am Loir laden zum Picknick ein. Mit frischem Proviant können Sie sich in den Lebensmittelläden eindecken oder, noch vergnüglicher, auf einem der Märkte (zum Beispiel in Le Lude). Wer lieber im Restaurant speist, kann in La Fesse d'Ange in La Flèche örtliche Spezialitäten kosten* (siehe S. 218). *Das Hotel Le Relais Cicéro in La Flèche empfiehlt sich als Übernachtungsstätte* (siehe S. 206).

Le Lude ③
Das bekannte Schloß *(siehe S. 167)* dieses Marktfleckens bildet den Hintergrund für eine spektakuläre Ton- und Lichtschau *(siehe S. 42f)*.

Zufahrt zum Château du Lude

Mächtige Eichen in der Futaie de Clos

Forêt de Bercé ⑤
Der weitläufige Wald ist für seine alten Eichen bekannt. In der Futaie des Clos finden Sie über 40 Meter hohe, 350 Jahre alte Bäume. In Jupilles können Sie die Herstellung traditioneller Holzpantinen *(sabots)* beobachten. Vier Kilometer westlich des Ortes sprudelt die natürliche Quelle Fontaine de la Coudre.

Château und »französischer« Garten von Poncé-sur-le-Loir

Lhomme ⑥
Der für seine »staubtrockenen« Jasnières-Weißweine bekannte Ort unterhält neben dem Rathaus ein kleines Weinbaumuseum.

Poncé-sur-le-Loir ⑦
Das steingehauene Treppenhaus des Renaissanceschlosses ähnelt dem von Azay-le-Rideau *(siehe S. 96f)*.

La Possonnière ⑧
Der Dichter Pierre de Ronsard *(siehe S. 22)* wurde im hiesigen Renaissanceherrensitz geboren.

Marçon ⑨
In diesem Städtchen können Sie die lokalen Weine Coteaux-du-Loir und Jasnières kosten. Marçons künstlich angelegter See ist bei Windsurfern und anderen Wassersportlern beliebt.

Winzer-Reklame in Marçon

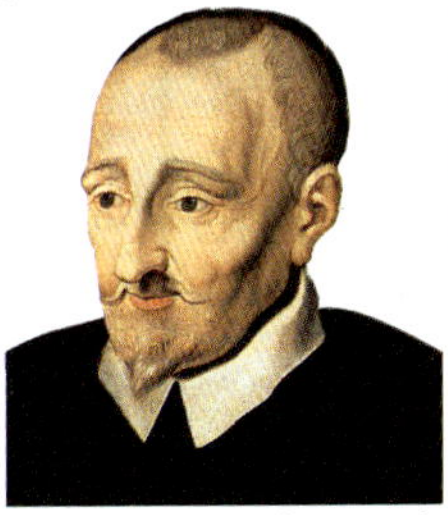

Porträt von Pierre de Ronsard

Faßreihen in einem Weinkeller von Marçon

LEGENDE

- Routenempfehlung
- andere Straßen

0 Kilometer 5

Das Château de Courtanvaux mit seinen turmhohen Mauern

Château de Courtanvaux ⓮

Straßenkarte D3. *Bessé-sur-Braye, dann Taxi.* *02 43 35 34 43.* *Ostern–Okt Mi–Mo (wegen Empfängen oft geschlossen).*

MAN GLAUBT SICH auf der falschen Fährte, wenn man durch unansehnliches Industriegebiet das versteckte Privatschloß aufsucht. Dann aber, am Ende einer Allee, taucht es auf: ein von Gotik und Renaissance gezeichneter Bau, mit Türmchen über himmelstrebenden Mauern und dem mächtigen Torweg. Trauerweiden hängen ihre Zweige in den Wehrgraben.

Seit dem 15. Jahrhundert wechselte das Château nur als Erbe oder Mitgift, nie aber durch Verkauf seine Besitzer. 1978 erklärte man den Renaissancetorweg zum Baudenkmal. Das Schloß ist nicht eingerichtet, aber man kann sich im Park an den Baumhainen, dem Zierbecken und dem französischen Garten erfreuen.

Châteaudun ⓯

Straßenkarte E2. *15 300.* *Pl 8 Octobre (02 37 45 22 46).* *Do, Sa u. So.* *Fête de la Rosière (Wahl der Rosenkönigin, Juli).*

DER ORT LIEGT an der Schnittstelle der Beauce-Ebene und des Distrikts Perche, den Loir zu Füßen und beherrscht vom düsteren **Château.** Châteaudun gehörte einst dem aristokratischen Poeten Charles d'Orléans *(siehe S. 22)*. Dieser übergab den Besitz seinem Halbbruder Jean Dunois, bekannt als »Bastard von Orléans« und Waffengefährte der Jeanne d'Arc *(siehe S. 137)*. Dunois ließ 1460 den Grundstein zum Südflügel legen und die spätgotische, mit Wandgemälden und lebensgroßen Statuen ausgestattete Kapelle bauen. Der andere, im Stil der Renaissance verzierte Flügel entstand ein halbes Jahrhundert später.

In beiden Teilen hängen wunderbare Wandteppiche (16. und 17. Jh.). Man kann Wohnräume, Küchen und Karzer besichtigen und den Postengang ablaufen.

Châteauduns Altstadt zeigt außer malerischen Häusern interessante Kirchen vor: die in Etappen erbaute (1940 bombardierte und nun restaurierte) romanische **Eglise de la Madeleine, St-Valérien** mit dem hohen, quadratischen Glockenturm und die im Ansatz ebenfalls romanische **Eglise St-Jean-de-la-Chaine.**

Château

02 37 45 22 70. *tägl.* *Feiertage.* *nur im Hof und in der Kapelle.*

Blick über den Loir auf Schloß Châteaudun

Illiers-Combray ⓰

Straßenkarte E2. *3400.* *5, rue Henri Germond (02 37 24 21 79).* *Fr.* *Journée des Aubépines (Proustscher Maifeiertag, Mai).*

DER NAMENSZUSATZ »Combray« des Marktfleckens Illiers ist eine Hommage an Marcel Prousts großen Roman *Auf der Suche nach der verlorenen Zeit*, in dem dieser Ort Combray heißt *(siehe S. 23)*. Proust verbrachte als Kind viele glückliche Sommerferien in Illiers. Er erkundete die Ufer des Loir, den er in seinem Werk als »Vivonne« vorstellte. Reisende auf den Spuren des Dichters erkennen hier leicht Atmosphäre und Schauplätze des Romans, so den ruhigen Kirchhof, wieder. Man kann das einstige Haus von Prousts Onkel Jules Amiot besichtigen, die **Maison de Tante Léonie,** heute ein dem Leben des großen Autoren gewidmetes Museum. Dort schwang in der Küche die Romanfigur »Françoise« (die Familienköchin Ernestine) ihren Kochlöffel wie ein Zepter.

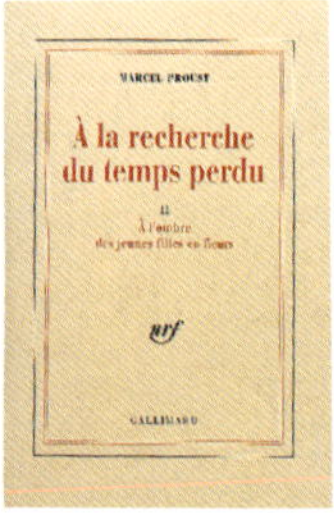

***Auf der Suche nach der verlorenen Zeit* von Marcel Proust**

La Maison de Tante Léonie

4, rue du Dr Proust. *02 37 24 30 97.* *Di–So nachm.* *1., 11. Nov, Mitte Dez–Mitte Jan.*

Ein von Hunden flankierter Hirsch, Torweg zum Château d'Anet

Château d'Anet ⑰

Straßenkarte E1. *Dreux, dann Taxi.* *02 37 41 90 07.* *So u. Feiertage; Apr–Okt Mo, Mi–Sa nur nachm.; Nov–März Sa u. So nachm.*

NACH DEM Tod von Henri II – er verunglückte 1559 bei einem Turnier – vertrieb seine Witwe die Mätresse Diane de Poitiers aus Chenonceau. Diane zog sich nach Anet, ein Erbe ihres Ehemanns, zurück. Hier wohnte sie bis zu ihrem Tod 1566. Den Umbau des Schlosses nahm Philibert de l'Orme vor, der Chenonceaus Brücke über den Cher *(siehe S. 106f)* entworfen hatte. Die Ausstattung fiel so prunkvoll aus, wie es einer Frau geziemte, die fast 30 Jahre im Herzen eines Königs gewohnt hatte.

Nach der Revolution wurde das Château verkauft. Der neue Eigentümer riß 1804 die mittleren Räume und den rechten Flügel ab. Man kann jedoch noch das prächtige Eingangstor (Benvenuto Cellinis Bronzefigur der liegenden, nackten Diane nur als Kopie), die mit Reliefs des Renaissancebildhauers Jean Goujon (ca. 1510–68) geschmückte Kapelle und den reich ausgestatteten Westflügel bewundern. Neben dem Schloß liegt die Grabhalle der Diane de Poitiers.

Chartres ⑱

Straßenkarte E2. *42 000.* *Pl de la Cathédrale (02 37 21 50 00).* *Sa.* *Festival d'Orgue (Orgelkonzerte; Juli–Aug).*

DIE IN DIE Weizenfelder der Beauce-Ebene gebettete Stadt war lange Zeit ein wichtiger Markt. Besucher sollten über der mächtigen gotischen Kathedrale *(siehe S. 172f)* nicht die malerischen Altstadtstraßen übersehen – allen voran die Rues Chantault, des Ecuyers, aux Herbes und am anderen Eure-Ufer die Rue de la Tannerie, benannt nach den Gerbereien am Fluß.

Nördlich der Kathedrale, im eleganten früheren Bischofspalast aus dem 18. Jahrhundert, zeigt das **Musée des Beaux Arts** feine Renaissance-Emailleplaketten, ein Porträt des alten Erasmus von Hans Holbein, Gemälde des 17. und 18. Jahrhunderts überwiegend französischer und flämischer Maler sowie eine interessante Sammlung von Cembalos und Spinetten, ebenfalls aus dem 17. und 18. Jahrhundert.

Herrliche Buntglasfenster schmücken nicht nur die Kathedrale von Chartres, sondern auch die gotische **Eglise St-Pierre** aus dem 14. Jahrhundert und **St-Aignan** aus dem 17. Jahrhundert.

Fachwerkhäuser der Rue Chantault in Chartres

Die umgebaute Oberstube des Cellier de Loëns, ehemals Teil des Domkapitels, ist Domizil des Buntglaszentrums **Centre International du Vitrail.** Es bietet wechselnde Ausstellungen alter und zeitgenössischer Buntglasarbeiten sowie Informationen zur Herstellung von Buntglas und zu den Bildmotiven in den Kathedralenfenstern.

Musée des Beaux-Arts
29, cloître Notre-Dame. *02 37 36 41 39.* *Mi–Mo.* *Feiertage.*

Centre International du Vitrail
5, rue du Cardinal Pie. *02 37 21 65 72.* *tägl.* *1. Jan, 25. Dez.*

Conservatoire de l'Agriculture
1, rue de la République. *02 37 36 11 30.* *Di–So.* *Feiertage.*

AUF DEN SPUREN VON MARCEL PROUST

Zu einem Besuch von Illiers-Combray gehört ein Spaziergang auf Prousts Kindheitspfaden. Während seiner Ferien bei Tante und Onkel Amiot lebte Marcel in einer romanhaften Welt, festgehalten in *Auf der Suche nach der verlorenen Zeit* als »Swanns Welt« und »Welt der Guermantes«.

Die erste Romanfährte bringt Sie nach Méréglise; sie führt über den Loir und durch jenen Park, den Onkel Jules »Pré Catelan« und Proust in seinem Werk »Tansonville-Park« nannte. Der Weg durch »die Welt der Guermantes« folgt dem Fluß einige Kilometer bis zu seiner – heute im Waschhaus des Dorfes gefangenen – Quelle in St-Eman. Diese Pfade sind ausgeschildert (Führer bei den Fremdenverkehrsbüros).

»Tansonville-Park« , Illiers-Combray

Chartres: Cathédrale Notre-Dame

Detail des Vendôme-Fensters

Laut dem Kunsthistoriker Emile Malet »offenbart sich in Chartres der Geist des Mittelalters«. Die 1020 begonnene, ursprünglich romanische Kathedrale fiel 1194 Flammen zum Opfer. Übrig blieben lediglich Südturm, Westseite, Krypta und von den Schätzen im Innern der Schleier der Jungfrau. Die Feudalherren ließen die Kirche in nur 25 Jahren wiederaufbauen. Nach 1250 erfolgten wenige Ergänzungen. Die Kathedrale nahm weder durch die Religionskriege noch die Revolution Schaden und blieb der Gegenwart somit als gotische »in Stein gemeißelte Bibel« erhalten.

Gestreckte Statuen
Die Statuen am Königsportal stellen Figuren des Alten Testaments dar.

Nicht versäumen

- ★ **Königsportal**
- ★ **Südportal**
- ★ **Buntglasfenster**

Gotischer Langbau
Das Längsschiff erreicht die Breite der romanischen Krypta und die ungewöhnliche Höhe von 37 Metern.

★ **Königsportal**
Das mittlere Tympanon des Königsportals (1145–55) zeigt die Majestas Domini.

Der höhere der zwei Haupttürme hebt sich in seinem spätgotischen Flamboyant-Stil (Beginn des 16. Jh.) vom feierlich ernsten, romanischen Gegenstück ab.

Die untere Partie der Westfront blieb als Teil des romanischen Bauwerks (11. Jh.) erhalten.

Labyrinth

Das Labyrinth

In den Boden des Längsschiffs wurde – wie häufig in mittelalterlichen Kathedralen – ein Labyrinth (13. Jh.) eingearbeitet. Bußfertige Pilger pflegten den Irrgarten auf Knien abzurutschen. Die 262 Meter lange Strecke entlang der elf konzentrischen, unterbrochenen Kreise verlangte mindestens eine Stunde der Qual ab.

Infobox

Pl de la Cathédrale. *02 37 21 56 33. April–Sep 7.30–19.30 Uhr (Okt–März bis 19 Uhr) tägl. Mo–Sa 8,12 Uhr; So 9.30, 11 Uhr. in Englisch: 12, 14.45 Uhr; in Französisch: 10.30, 15 Uhr.*

Netzgewölbedach
Das Dach besteht aus Tonnen mit Netzgewölben.

Chapelle St-Piat
Die 1324–53 errichtete Kapelle beherbergt die Schätze der Kathedrale, darunter den Schleier der Jungfrau und Überreste der freigelegten Kruzifixwand aus dem 13. Jahrhundert.

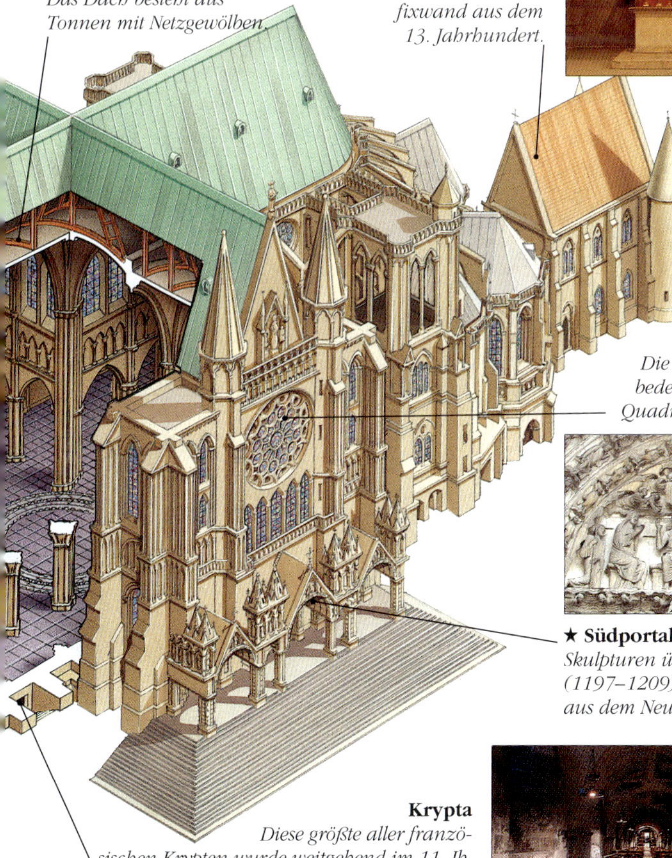

★ Buntglasfenster
Die Buntglasfenster bedecken über 3000 Quadratmeter Fläche.

★ Südportal
Skulpturen über dem Portal (1197–1209) zeigen Szenen aus dem Neuen Testament.

Krypta
Diese größte aller französischen Krypten wurde weitgehend im 11. Jh. angelegt. Sie umschließt zwei parallele Emporen, Kapellen und das St.-Lubin-Gewölbe (9. Jh.).

Die Buntglasfenster von Chartres

Zünfte stifteten zwischen 1210 und 1240 die weltbekannten Buntglasfenster von Chartres. Über 150 Fenster setzen biblische Erzählungen und das Alltagsleben des 13. Jahrhunderts ins Bild (Ferngläser sind hilfreich). Während der Weltkriege lagerte man die Fenster Stück für Stück aus. In den 70er Jahren wurde ein Teil ausgebessert und neu verbleit, doch immer noch bleibt viel zu tun.

Buntglasfenster über der Apsis

Fenster der Erlösung
Sechs Szenen illustrieren Passion und Kreuztod Christi (um 1210).

★ Wurzel Jesse
Dieses Buntglasfenster (12. Jh.) zeigt den Stammbaum Christi. Baumwurzel ist Davids Vater Jesse, Stammkrone Jesus.

★ Westliche Fensterrosette
Dieses Fenster (1215) zeigt Jesus am Tag des Jüngsten Gerichts.

Legende

- **1** Wurzel Jesse
- **2** Fleischwerdung
- **3** Passion und Auferstehung
- **4** Nördliche Rosette
- **5** Westliche Rosette
- **6** Südliche Rosette
- **7** Fenster der Erlösung
- **8** St. Nikolaus
- **9** Joseph
- **10** St. Eustachius
- **11** St. Lubin
- **12** Noah
- **13** Johannes der Täufer
- **14** Maria Magdalena
- **15** Der barmherzige Samariter mit Adam u. Eva
- **16** Mariä Himmelfahrt
- **17** Fenster der Vendôme-Kapelle
- **18** Marienwunder
- **19** St. Apollinaris
- **20** Neues Fenster
- **21** St. Fulbert
- **22** St. Antonius und Paulus
- **23** Blaue Jungfrau
- **24** Leben der Jungfrau
- **25** Tierkreiszeichen
- **26** St. Martin
- **27** Thomas Becket
- **28** St. Margarete und St. Katharina
- **29** St. Nikolaus
- **30** St. Remigius
- **31** St. Jakobus der Ältere
- **32** Karl der Große
- **33** St. Theodor und St. Vinzenz
- **34** St. Stephanus
- **35** St. Hieronymus
- **36** St. Thomas
- **37** Fenster des Friedens
- **38** Neues Fenster
- **39** Der verlorene Sohn
- **40** Hesekiel und David
- **41** Aaron
- **42** Jungfrau mit Kind
- **43** Jesaja und Moses
- **44** Daniel und Jeremias

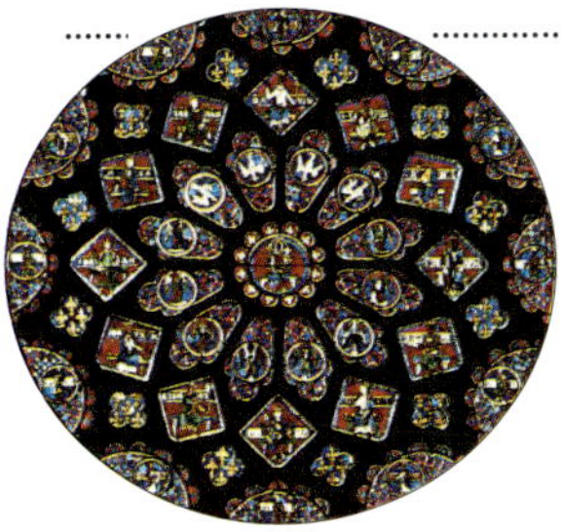

Nördliche Fensterrosette
Sie zeigt Mariä Lobpreisung, judäische Könige und Propheten (um 1230).

Kurzführer zu den Fenstern

Die Felder der Fenster werden von links nach rechts und von unten nach oben »gelesen«. Der Anzahl der Figuren oder Zeichen kommt symbolische Bedeutung zu: Die Drei versinnbildlicht die Kirche, Quadrate und die Ziffer Vier die materielle Welt oder die vier Elemente; Kreise bedeuten ewiges Leben.

Felder im Fenster der Menschwerdung Jesu

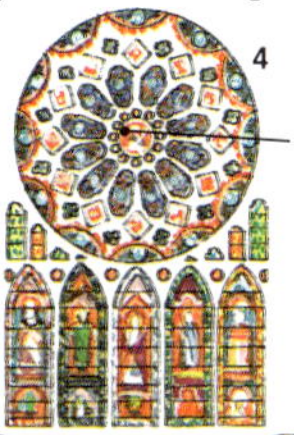

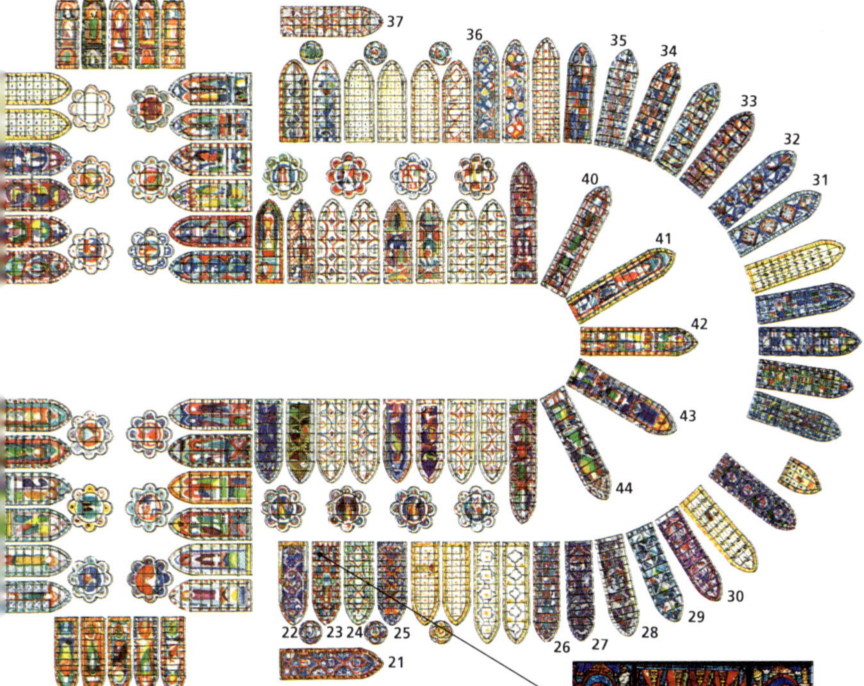

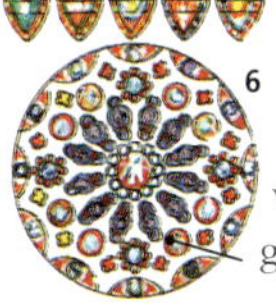

Südliche Fensterrosette
In ihr ist Jesus als Weltenrichter dargestellt (um 1225).

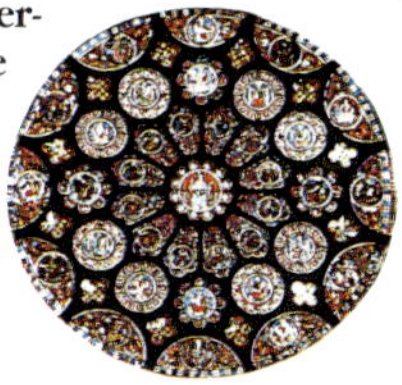

★ Blaue Jungfrau
Diese Szenenfolge bebildert die Hochzeit von Kana: Jesus verwandelt Wasser in Wein.

Nicht versäumen

- ★ **Westliche Rosette**
- ★ **Wurzel Jesse**
- ★ **Blaue Jungfrau**

Loire-Atlantique und Vendée

Die Region zwischen Guérande im Norden und dem Marais Poitevin im Süden kehrt sich ab von der Vallée des Rois, dem Land der Schlösser, und hin zum Meer. Hier löst Granit den hellen Kalkstein ab und gehen die Hügel des Ostens in Marschen und Flußdelten über, die Scharen von Vögeln Lebensraum bieten.

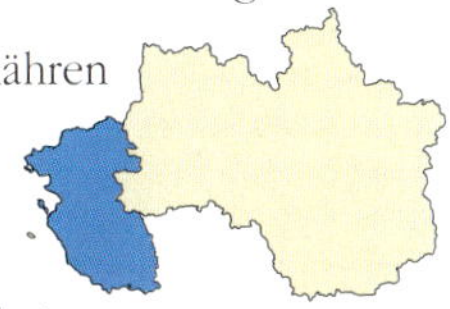

Seit Jahrhunderten ernähren sich die Menschen dieser Region als Bauern oder von den Früchten des Meeres. Vor kurzem noch waren die Gemeinden isoliert und äußerst unabhängigkeitsbewußt. Konservatismus, Königstreue und religiöser Eifer schürten Ende des 18. Jahrhunderts den Vendée-Aufstand *(siehe S. 187)* gegen die Revolutionsregierung, der das gesamte Gebiet verheert zurückließ.

Nantes und sein Umland kamen als eines der letzten Herzogtümer zur französischen Krondomäne und gehörten bis in die 90er Jahre des 18. Jahrhunderts zur Bretagne. Der Seehandel machte Nantes wohlhabend und im 18. und 19. Jahrhundert zur siebtgrößten Stadt des Landes. Heute ist Nantes die interessante, sympathische Hauptstadt des Departements Loire-Atlantique, ausgestattet mit Museen und eleganten *quartiers* des 18. Jahrhunderts.

Tausende von Sommertouristen schätzen die Küsten und Inseln von Loire-Atlantique im Norden und die Vendée-Region im Süden. Die meisten Urlauber sind Franzosen – der »Rest der Welt« entdeckt erst zögernd die Schönheit der felsigen Landzungen von Le Croisic und der goldenen Sandstrände zwischen La Baule und Les Sables d'Olonne. Trockene Sommer und warme Winter, weißgekalkte Häuser und italienische Ziegel verleihen der Ile de Noirmoutier beinahe mediterranes Flair.

Ganz anders wirkt der Marais Poitevin am Südzipfel der Vendée. Sein durch Deiche und Kanäle in Jahrhunderten dem Meer und den Flüssen abgerungenes Sumpfland zählt zu den faszinierendsten Landschaften Frankreichs.

Austernsammler in der Bucht von Aiguillon

◁ **Römische Kapitelle im Hauptschiff der Kirche Collégiale St-Aubin in Guérande**

Überblick: Loire-Atlantique und Vendée

In St-Nazaire, im Westen des Departements Loire-Atlantique, ergießt sich die mächtige Loire ins Meer. Nordwestlich davon liegt die Halbinsel Guérandaise, deren lange südgewandte Sandstrände wilder atlantischer Felsküste zustreben. Die schönsten Atlantikstrände säumen die Vendée-Küste ab der Ile de Noirmoutier südwärts bis zum 80 000 Hektar weiten, von Kanälen durchzogenen Sumpfgebiet Marais Poitevin. Östlich davon, im Hügelland der Vendée, winden sich Straßen gemütlich durch Ortschaften und über Hänge, die schöne Ausblicke freigeben.

Felsbucht bei L'Aubrale am Atlantik

Unterwegs

Mit seinem internationalen Flughafen und großen Bahnhof ist Nantes Verkehrsknoten der Region. Der TGV aus Paris rollt nach zwei Stunden in Nantes ein; einige Züge fahren weiter bis Le Croisic, eine Stunde von Nantes entfernt. Autofahrer erreichen Nantes am schnellsten auf der Autobahn *L'Océane* (A11) via Le Mans und Angers. Die N137 ist die direkteste Schneise nach Süden zum Marais Poitevin, die herrliche Strände begleitende Küstenstraße jedoch weit reizvoller. Im hügeligen Innern der Vendée ermöglichen die D960, D752 und D755 um Pouzages malerische Landpartien.

Kanal in der Grande Brière

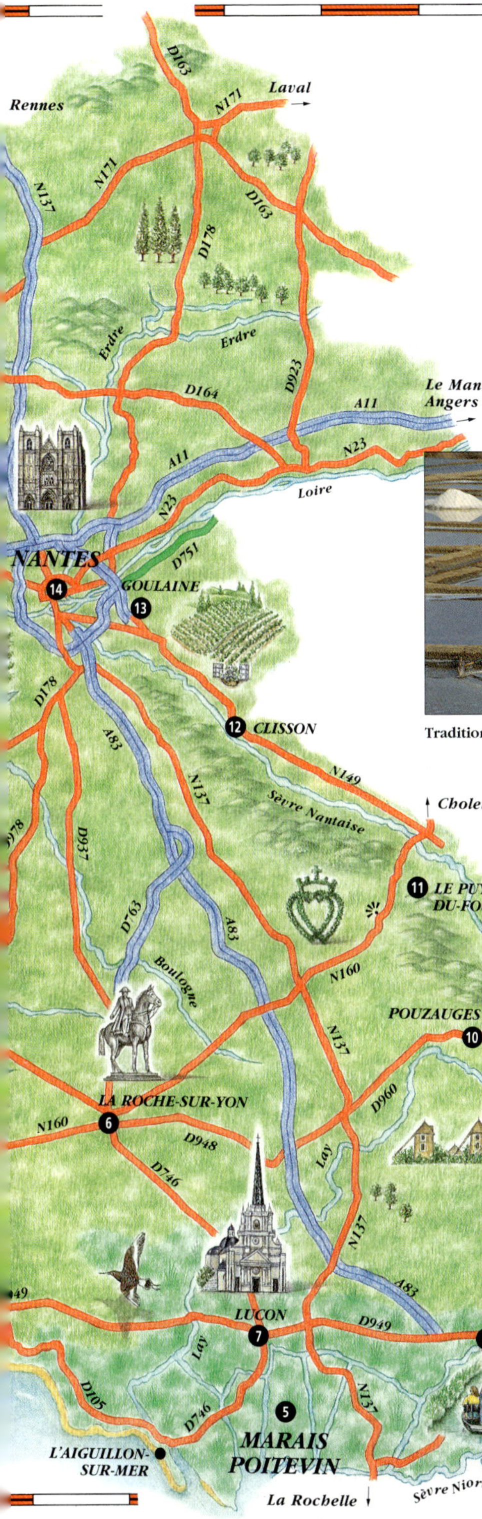

Auf einen Blick

Clisson ⓬
Fontenay-le-Comte ❽
Goulaine ⓭
Halbinsel Guérandaise ❶
Ile de Noirmoutier ❷
Ile d'Yeu ❸
Luçon ❼
Marais Poitevin *S. 182ff* ❺
Nantes *S. 190ff* ⓮
Pouzauges ❿
Puy-du-Fou ⓫
La Roche-sur-Yon ❻
Les Sables d'Olonne ❹
Vouvant ❾

Traditionelle Salzgewinnung bei Guérande

Legende

- Autobahn
- Hauptstraße
- Nebenstraße
- Panoramastraße
- Fluß
- Aussichtspunkt

Halbinsel Guérandaise ❶

Straßenkarte A3. *Le Croisic, La Baule.* *Le Croisic, La Baule, Brière, Guérande.* *Le Croisic (02 40 23 00 70), La Baule (02 40 24 34 44), Guérande (02 40 24 96 71).*

LA BAULE WAR im späten 19. Jahrhundert eines der nobelsten Seebäder. Seit den 30er Jahren beherrschen Apartmentburgen die Kulisse seines herrlichen Sandstrands. Dahinter verstecken sich zwischen Pinien feine Villen der Jahrhundertwende. Auch im benachbarten Ferienort Pornichet mit seinem umtriebigen modernen Jachthafen stößt man noch auf ältere Villen.

Wilder ist der Charme von Le Croisic, das westlich in den Atlantik ragt. Jenseits des quirligen Haupthafens erstrecken sich kilometerweit salzige Landzungen mit kleinen Stränden, schwerer Brandung und windschiefen Kiefern. Das hafennahe **Océanarium** zählt zu Frankreichs größten privaten Aquarien.

In den weiten Salzmarschen zwischen Guérande und Le Croisic gewann man im Mittelalter das hochwertige bretonische Speisesalz *fleur du sel*. Im **Musée des Marais Salants** von Batz-sur-Mer erläutern Exponate und ein Video die mühevollen Aufbereitungsprozeduren. Das Salz trug dem ummauerten Städtchen Guérande seinen Reichtum ein. Vier prächtige Stadttore aus dem 15. Jahrhundert – das mittlere, St-Michel, beherbergt ein Regionalmuseum – gewähren Einlaß. Im Zentrum steht die **Collégiale St-Aubin,** eine im 12. Jahrhundert begründete, später erneuerte Stiftskirche. Ihre Zierde sind Buntglasfenster (14. und 16. Jh.) und römische Kapitelle, deren Dekor Märtyrerschicksale, Mythologie, Handwerks- und Unterhaltungskünste illustriert.

Nur zehn Kilometer östlich von Guérande liegt das Naturschutzgebiet **La Grande Brière,** ein 40 000 Hektar großes Sumpfgelände. Das Fremdenverkehrsamt in La Chapelle-des-Marais bietet vom ehemaligen Haus eines Holzpantinenmachers aus Touren in flachen Booten, zu Fuß, mit Fahrrädern und Pferden an. Kerhinet, ein Dorf aus 18 restaurierten Bauernhäusern, klärt über die lokale Lebensweise auf.

Traditionelles Haus mit Schilfdach in der Grande Brière

Océanarium

Av de St-Goustan, Le Croisic. 02 40 23 02 44. *Feb–Dez tägl.*

Musée des Marais Salants

Batz-sur-Mer. 02 40 23 82 79. *Juni–Sep u.Schulferien tägl.; Okt–Mai Sa, So, nur nachmittags.* *nur Erdgeschoß.*

La Grande Brière

Straßenkarte A3. *La Baule, Le Croisic, Pontchâteau, St Nazaire.* *La Chapelle-des-Marais. (02 40 66 85 01).*

Die Porte St-Michel, eines der vier Stadttore von Guérande

Ile de Noirmoutier ❷

Straßenkarte A4. *Noirmoutier-en-l'Ile.* *Noirmoutier-en-l'Ile (02 51 39 80 71).*

WEISSGETÜNCHTE, südländisch anmutende Strandvillen in fruchtbarem, dem Meer abgerungenem Polderland verleihen dieser langen, flachen Insel ihren einzigartigen Charakter. Abenteuerlustige reisen nicht auf der Mautbrücke von Fromentine aus an, sondern über den holperigen, knapp fünf Kilometer langen Damm. Er ist nur bei Ebbe je drei Stunden passierbar; Straßenschilder bei Beauvoir-sur-Mer nennen die Zeiten. Einheimische Muschelsammler parken ihre Autos im Schlick – wer die Flut vergißt, muß auf die Plattformen *(balises)* am Damm flüchten.

Mildes Klima, Fischreichtum und Salzmarschen waren die Quellen des Wohlstands der Insel. Heute ziehen ihre langen Dünen, die hübschen Strände im Nordosten und das schmucke Hauptdorf Noirmoutier-en-l'Ile Sommertouristen an. Ein Trockengraben umringt das **Château de Noirmoutier** (12. Jh.). Es hütet Exponate zur Heimatgeschichte, so den von Kugeln durchlöcherten Stuhl, auf dem der Duc d'Elbée während des Vendée-Aufstands *(siehe S. 187)* hingerichtet wurde. Weitere Abwechslung bieten das **Aquarium** und das **Musée de la Construction Navale,** das Bootsbau und Meersalzgewinnung erklärt. Zu den Attraktionen des 1994 eröffneten **Parc Océanîle** zählen Wasserrutschen, Becken mit künstlichen Wellen, Stromschnellen und Geysiren.

Château de Noirmoutier
Pl d'Armes. *02 51 39 10 42.*
Mitte Jan–Okt Mi–Mo. .

Aquarium
Rue de l'Ecluse. *02 51 39 08 11.*
tägl.

Musée de la Construction Navale
Rue de l'Ecluse. *02 51 39 24 00.*
Apr–Mitte Juni Di–So; Mitte Juni–Sep tägl.; Okt–Mitte Nov Di–So.

g **Parc Océanîle**
Site des Oudinières, route de Noirmoutier. *02 51 35 91 35.*
Mitte Mai–Mitte Sep tägl. (außen), März–Nov tägl. (innen).

***Polyprion americanas*, eine Spezies in Noirmoutiers Aquarium**

Ile d'Yeu 3

Straßenkarte A4. *von Fromentine nach Port-Joinville.* *Port-Joinville (51 58 32 58).*

Die sonnenverwöhnte kleine Insel ist beliebt bei Sommerurlaubern, die gern radeln und wandern. Felsen und Buchten prägen ihre Strände. In der Nähe des alten Fischerhafens stößt man auf eine verfallene **Burg** (11. Jh.) und einen neolithischen Steingiganten, **Pierre Tremblante** genannt, da er bei Druck auf eine bestimmte Stelle schwankt.

Das Fischerdorf La Chaume nahe Les Sables d'Olonne

Les Sables d'Olonne 4

Straßenkarte A4. *16 000.* *Rue du Maréchal Leclerc (02 51 32 03 28).* *tägl.*

Der feine, geschwungene Sandstrand erklärt die Beliebtheit dieses Badeorts. Von seiner gepflegten Promenade aus dem 18. Jahrhundert, der elegantesten Westfrankreichs, führen hügelige Straßen zum quirligen Hafen an einem Meeresarm. Gegenüber liegt das Fischerdorf La Chaume mit schickem Jachthafen.

Außer Strand bietet Les Sables Highlights wie den Morgenmarkt. Er findet täglich in den Markthallen (Les Halles) nahe der Kirche **Notre-Dame-de-Bon-Port** statt. Zwischen Les Halles und der Rue de la Patrie verläuft Frankreichs schmalste Straße, die am Endpunkt, bei der Rue de la Patrie, 53 Zentimeter »breite« Rue de l'Enfer.

Im **Musée de l'Abbaye Ste-Croix** zeigen Albert Marquets Bilder Ansichten von Les Sables aus den 20er Jahren. Das Museum bietet moderne Gemälde und surrealistische Multimediakunstwerke, greift aber auch maritime Themen auf.

Musée de l'Abbaye Ste-Croix
Rue de Verdun. *02 51 32 01 16.*
Mitte Juni–Sep Di–So; Okt–Mitte Juni Mi–So nur nachm. *Feiertage.*
außer Mi.

Die schönsten Atlantikstrände

In Les Sables d'Olonne wurden 1987 die europäischen Surfmeisterschaften, 1988 die Windsurf-Weltmeisterschaften ausgetragen. Ein familienfreundlicher Badestrand ist die Grande Plage, während Surfer die Brandung von Le Tanchet (Le Château d'Olonne) und L'Aubraie (La Chaume) vorziehen. Gute Surfbedingungen bieten auch die Strände Sauveterre, Les Granges (Olonne-sur-Mer) und weiter nördlich La Sauzaie bei Brétignolles-sur-Mer. Sandstrände mit komfortablen Einrichtungen und Promenaden findet man in Les Sables, in La Baule (Grande Plage) und St-Jean-de-Monts (Les Desmoiselles).

Der breite Sandstrand L'Aubraie bei La Chaume

Marais Poitevin ❺

Eisfischer

Der weite Regionalpark des Marais Poitevin umfaßt 80 000 Hektar Fläche im Süden der Vendée. Zur Römerzeit war dieses Gebiet großenteils vom Meer bedeckt. Im Mittelalter begannen Mönche, es trockenzulegen. In einem Jahrtausend der Mühe entstand so der Marais Désséché (»trockengelegter Sumpf«) im Westen; ein Kanalnetz schützt seine landwirtschaftlich genutzten Ebenen vor dem Hochwasser der Flüsse. Im Osten erstreckt sich der Marais Mouillé (»feuchter Sumpf«), Venise Verte (»grünes Venedig«) genannt. Im Sommer erkunden Besucher in Stakkähnen oder Paddelbooten die von Weiden, Erlen, Eschen und Pappeln gesäumten jadegrünen Wasserwege.

Weißes Charolais-Rind
Diese wegen ihres Fleisches hochgeschätzten Rinder transportiert man oft in Booten.

Die Réserve Naturelle Michel Brosselin ist ein 200 Hektar großes Naturreservat.

Flache Barke
Boote mit breitem Bug und meißelförmigem Heck sind ein typischer Anblick im Marais Mouillé. Sie werden durch die Kanäle gestakt oder gepaddelt.

Muschelfarmen
An der Küste von L'Aiguillon-sur-Mer züchtet man Muscheln. Ebbe und Flut ausgesetzt, reifen sie an Seilen heran, die man zwischen Pfosten im Schlick spannt.

Nicht versäumen

- ★ **Eglise St-Nicolas, Maillezais**
- ★ **Coulon**
- ★ **Arçais**

Legende

- Marais Mouillé
- Marais Desséché
- Watt
- Aussichtspunkt
- Wanderroute
- Pferdereiten
- Auskunft
- Boote
- Mietfahrräder

★ Eglise St-Nicolas, Maillezais
Die Kirche (12. Jh.) steht im Ort Maillezais im Herzen des Marais Poitevin. Hinter ihrer romanischen Fassade tut sich ein ungewöhnlich großzügiger Innenraum auf. Zur Linken des Chors steht eine Steinstatue der Maria mit dem Kind *(14. Jh.). Sehenswert ist auch Maillezais' verfallene Abtei aus dem 10. Jahrhundert.*

> **INFOBOX**
>
> **Straßenkarte** B5. *Niort.*
> *Maillezais (02 51 87 23 01); Coulon (02 49 35 99 29). Gute Einstiegsstellen für Boote: Coulon, Maillezais, Arçais, Sansais, La Garette, St-Hilaire-la-Palud, Damvix; Motorboote: Maillé (02 51 87 07 52). Touristenzug: Coulon (02 49 35 02 29). Wandertouren, Mietfahrräder, Pferde.*

Le Poiré-sur-Velluire, ein kleines Dorf, eröffnet Ende April festlich die jährliche Weidesaison.

Die Maison du Parc in La Ronde informiert über das ausgeklügelte Be- und Entwässerungssystem des Marais Poitevin.

★ Arçais
Das Dorf im »Grünen Venedig« besitzt einen schicken Hafen und ein Schloß (19. Jh.).

★ Coulon
Im Hafen dieses größten Dorfes im Marais Poitevin dümpeln dicht an dicht die schmalen, flachen Boote, die das traditionelle Transportmittel darstellen.

Überblick: Marais Poitevin

Werbung für Fahrten in einer *barque*

DIE ERSTEN DEICHE schützten die Sümpfe zwar vor der Meeresflut, nicht aber vor dem jährlichen Hochwasser der Flüsse. Daher ließen die Mönche, die im Sumpfland Bodenrechte erworben hatten, im 12. und 13. Jahrhundert große Kanäle ausheben. Südlich von Chaillé-les-Marais trennt der von fünf Abteien im 13. Jahrhundert angelegte Canal des Cinq Abbés heute noch den Marais Mouillé (»feuchter Sumpf«) vom Marais Déséché (»trockengelegter Sumpf«). Die Mönche belohnten die Arbeitsleistungen von Bauern mit Weiderechten. Henri IV ließ die Kanäle im 17. Jahrhundert von holländischen Ingenieuren verbessern; an ihr Werk erinnert der Name des »Holländischen Gürtels« *(Ceinture des Hollandais)* südöstlich von Luçon. Heute reguliert man den Wasserstand von Gebieten, die unter dem Flutspiegel liegen, unter anderem durch druckbetätigte Deichsiele und Spundwände mit Löchern, durch die sich im Sommer Wasser auf die Ebenen des *marais* leiten läßt.

Der östliche Marais

Am besten durchstreift man das Gebiet im Boot. Mehrere Orte bieten geführte Kahnpartien an, Arçais, Coulon, Damvix, La Garette und Maillezais verleihen für die Wagemutigeren auch Boote ohne Führer.

Coulon

Straßenkarte B5. *1900.* *Pl de l'Eglise (02 49 35 99 29).* *Fr, So.*

Enge Straßen, weißgetünchte Häuser und eine eindrucksvolle Kirche (12. Jh.) prägen das Ortsbild von Coulon, dem Haupttor zum Marais Mouillé. Am jüngst restaurierten Kai des Flusses Sèvre Niortaise drängen sich im Sommer Ausflugs-Stakkähne und ihre kühnen, touristischen Besatzungen. Das **Aquarium de la Venise Verte** stellt die ansonsten unter Wasserlinsen versteckte Fischwelt, die **Maison des Marais Mouillés** den Lebensalltag und die Geschichte der Landgewinnung vor.

Aquarium de la Venise Verte
8, pl de l'Eglise. *02 49 35 90 31.*
Mitte März–Okt tägl.; Nov–Mitte März Gruppen nach Vereinbarung.

Maison des Marais Mouillés
Pl de la Coutume. *02 49 35 81 04.* *Mitte Jan–Mitte Dez Di–So.*

Maillezais

Straßenkarte B5. *900.* *Fontenay-le-Comte, dann Taxi.* *Rue du Dr Daroux (02 51 87 23 01).*

Maillezais war eine der bedeutendsten bewohnten Inseln im ehemaligen Golf von Poitou. Die Ruine der 1587 von Protestanten weitgehend zerstörten **Abbaye St-Pierre** (10. Jh.) bie-

Die Tierwelt des Marais Poitevin

Die vielfältigen Naturräume des Marais Poitevin – darunter Schwemmebenen, Niederwald, landwirtschaftliches Nutzland, den Gezeiten ausgesetzte Flußmündungen – beherbergen eine artenreiche Tierwelt. Das Gebiet ist ein vogelkundliches Paradies: Hier nisten über 130 heimische Arten, mehr als 120 Zugvogelarten lassen sich zur Rast oder Winterpause nieder. Säugetiere kommen in 44, Schlangen in 22, Fische in 32, Insekten in Hunderten von Arten vor. Ulmen, Erlen, Weiden und Weißdorn versorgen Reiher mit Nistplätzen. Greifvögel wie Turmfalken und Mäusebussarde schweifen ganzjährig umher, ebenso Paare Schwarzer Milane und Baumfalken, im Frühjahr und Sommer die selteneren Wespenbussarde. Nachts jagen Waldohreulen und Waldkäuze in den Sümpfen nach kleinen Nagetieren. Besonders interessant für Vogelbeobachter sind die rastenden Watvögel, Wildhühner, -enten und -gänse. Diese sichtet man in den weiten Sumpfebenen des Marais Mouillé, im trockeneren Marais Désséché sowie in den ausgedehnten Schlickfeldern der Bucht von Aiguillon, wo die Sèvre Niortaise ins Meer mündet. Dort zeigen sich im Herbst und Winter unter anderem Rotschenkel, Uferschnepfe, Kleiner Brachvogel und seltene Genossen wie das Tüpfelsumpfhuhn. Der Marais Désséché ist auch ideales Winterdomizil für Frösche, Kröten und Ringelnattern. In der dichten Ufervegetation der breiten Kanäle schlüpfen der rare Teichrohrsänger und der Rohrschwirl unter, während im Nutzland die ebenfalls seltene Wiesenweihe Feldmäusen nachspürt.

Teichrohrsänger

Einer der Greifvögel im Marais: Turmfalke

Ruine der Abbaye St-Pierre (10. Jh.) in Maillezais

tet, ob von einem Kanalboot oder einem Aussichtspunkt im Ort aus, einen imposanten Anblick. Von der Abteikirche haben die verzierten Kapitelle der Vorhalle (11. Jh.), die Nordwand des Hauptschiffs und das Querschiff überdauert.

Von den Klosterbauten ist außer dem Refektorium die Küche erhalten, in der n ein Museum Steinskulpturen und Kirchenschätze ausstellt. Das kleine Schloß rechts des Eingangs wurde über den Trümmern des Bischofspalasts erbaut.

Abbaye St-Pierre

02 51 00 70 11. März–Mitte Nov tägl.; Mitte Nov–Feb Fr–Mi.

Chaillé-les-Marais

Straßenkarte B5. *1200.*

Luçon (02 51 56 36 52). Do.

Einst umspülte der Atlantik die Klippen am Saum dieses Dorfes. Es war eines der Zentren, von denen aus man dem Meer die dunkelerdigen Felder des Marais Désséché abrang. Als eines von sechs regionalen Museen beleuchtet die **Maison du Petit Poitou** diverse Facetten des Marais Poitevin und erklärt die Methoden der Landgewinnung, ohne darüber die seltene, zottige Poitou-Eselsrasse zu vergessen.

Langhaariger Poitou-Esel

Maison du Petit Poitou

02 51 56 77 30. Mitte März–Mitte Nov tägl.; Mitte Nov–Mitte März nur nach Verinbarung.

März–Mai So vorm.

Der westliche Marais

Die Trockenlegung der Sümpfe ging maßgeblich von den Mönchen der 682 begründeten, damals auf einer Insel gelegenen Benediktiner-Abtei **St-Michel-en-l'Herme** aus. Die bedeutendsten Überreste des mehrfach zerstörten und wiederaufgebauten Klosters sind der Kapitelsaal und das Refektorium aus dem 17. Jahrhundert.

Eine kurze Fahrt nach Süden führt zur Mündung des Flusses Lay mit dem alten Fischerhafen **L'Aiguillon-sur-Mer** und der Pointe d'Aiguillon, deren Deich im 19. Jahrhundert von Holländern angelegt wurde. Dort schweift der Blick über die Bucht hin zur Ile de Ré und nach La Rochelle. An diesem und anderen Flußdelten ist die Zucht von Schalentieren, insbesondere Muscheln und Austern, ein einträgliches Gewerbe. Die Muscheln wachsen an bei Ebbe freiliegenden Seilen heran, die zwischen Pfosten oder an Flöße gespannt sind.

Männliche Knäkente

Lebensräume

Das ausgedehnte Kanalnetz des Marais Mouillé bietet Ottern ideale Schlupfwinkel, während Purpurreiher im Baumdickicht Horstplätze in Hülle und Fülle finden. Zugvögel wie Knäkenten und Watvögel wie Kiebitze tummeln sich im Marais Désséché.

Otter

Purpurreiher am Horst

Im Marais Poitevin überwinternder Kiebitz

Napoléon-Statue am Hauptplatz von La Roche-sur-Yon

La Roche-sur-Yon 6

Straßenkarte B4. *49 000.* *Rue Georges Clemenceau (02 51 47 48 49).* *2. Mo im Monat, Sa.* *La Roche aux Contes (März); Fête de la Musique (Juni); Café de l'Eté (Juli).*

SEINEN AUFSTIEG verdankt dieser Ort Napoléon, der ihn 1804 zur administrativen und militärischen Hauptstadt der rebellischen Vendée erhob.

Das rechteckige Straßengitter entstand um den weiten Exerzierplatz, die heutige **Place Napoléon** mit des Kaisers Reiterstatue in ihrer Mitte. Wie ein spöttischer Gegenpol zur imperialen Anmaßung wirkt der Brunnen aus zerdrückten Ölkanistern vor dem klassizistischen Theater an der Place du Théâtre. Mit der **Eglise St-Louis** (19. Jh.) besitzt die Stadt die größte Kirche der Umgebung.

Zu den restaurierten Häusern des alten Dorfes an der Place de la Vieille-Horloge zählt die **Maison des Métiers.** Ihre ständige Ausstellung führt lokale Handwerksprodukte wie Web-, Töpfer- und Lederarbeiten vor.

Maison des Métiers
Pl de la Vieille-Horloge. *02 51 62 51 33.* Di–Sa.

Luçon 7

Straßenkarte B4. *10 000.* *Square Edouard Herriot (02 51 56 36 52).* *Mi, Sa.*

PROMINENTESTER Einwohner dieses einst in der Marsch gelegenen Hafens war Kardinal Richelieu *(siehe S. 56)*, der Luçon Frankreichs schlammigstes Bistum nannte. Er traf 1608 – damals noch unter dem Namen Armand Jean du Plessis – als 23jähriger Bischof hier ein und machte sich an die Umgestaltung der Stadt. Seine Statue wacht am Platz südlich der **Cathédrale Notre-Dame.**

Bemalte Kanzel, Kathedrale von Luçon

Vom eindrucksvollen gotischen Hauptschiff der Kathedrale zweigen Renaissance-Seitenkapellen ab. Eine davon birgt eine bemalte Kanzel und zwei Gemälde von Richelieus Amtsnachfolger, dem Bischof und Maler Pierre Nivelle. Sehenswert ist auch der Kreuzgang (16. Jh.).

Fontenay-le-Comte 8

Straßenkarte C4. *15 000.* *Pl de la Basque (02 51 69 44 99).* *Sa.* *L'Eté Sportif et Culturel (Juli–Aug).*

DER ORT AN den Uferhängen des Flusses Vendée war bis zur Französischen Revolution Hauptstadt des Bas-Poitou. Napoléon degradierte ihn zugunsten des zentraleren Roche-sur-Yon, von dem aus er die royalistische Vendée besser kontrollieren konnte.

Burg und Stadtbefestigungen wurden in den Religionskriegen wiederholt umkämpft und 1621 zerstört. Weitgehend bewahrt blieb das Renaissanceviertel im Kern des florierenden modernen Fontenay.

Guter Ausgangspunkt für Streifzüge durch die alten Straßen um die Place Viète ist die **Eglise Notre-Dame,** zu erkennen an ihrer gebieterischen Turmspitze. Das Haus mit dem Ecktürmchen in der Rue du Pont-aux-Chèvres Nr. 9 diente als Residenz der Bischöfe von Maillezais. Die Rue Guillemet, Rue des Jacobins und die arkadengesäumte Place Belliard beherbergten Größen wie den Dichter Nicolas Rapin und François Rabelais *(siehe S. 100)*. Rabelais lebte hier 1519–24 als junger Geistlicher in einem Franziskanerkloster. Später karikierte er Fontenays Abendgesellschaften.

Der Brunnen **Quatre-Tias** (16. Jh.) in der Rue de la Fontaine trägt das eingravierte Motto der Stadt: »Quell edler Geister«. Er wurde 1899 vom hiesigen Künstler und Intellektuellen Octave de Rochebrune verschönt.

Das **Musée Vendéen** präsentiert gallorömische Funde ebenso wie ein interessantes maßstabgetreues Modell des Renaissance-Stadtbilds. Gemälde des 19. Jahrhunderts schildern die schmerzlichen Nachwehen des Vendée-Aufstands (1793), andere Exponate den Alltag im *bocage*, dem an die Stadt grenzenden Waldgebiet.

Der Poet und Probst Nicolas Rapin baute Anfang des 17. Jahrhunderts einen Herrensitz in der Rue de Jarnigande zum **Château de Terre-Neuve** um. 200 Jahre später berei-

Das hohe gotische Hauptschiff der Cathédrale Notre-Dame in Luçon

Der mittelalterliche Mauerring um Vouvant, gespiegelt im Fluß Mère

cherte Octave de Rochebrune den Dekor um Statuen der Musen und anderen Zierat. Im Schloßinneren lohnt sich ein Blick nach oben zu den Decken. Zwei prächtige Kamine, eine Bildergalerie, erlesene Möbel, Vertäfelungen und eine Tür aus dem königlichen Arbeitszimmer von Chambord ergänzen das Interieur.

Musée Vendéen
Pl du 137e Régiment d'Infanterie. *02 51 69 31 31. Mitte Juni–Mitte Sep Mo–Fr, Sa u. So nachmittags; Mitte Sep–Mitte Juni Mi–So nur nachmittags.*

Château de Terre-Neuve
Rue de Jarnigande. *02 51 69 99 41, 02 51 69 17 75. Mai tägl, nur nachmittags; Juni–Sep tägl; Okt–April Gruppen nach Vereinbarung.*

Vouvant ❾

Straßenkarte B4. *900. Fontenay-le-Comte, dann Taxi. Luçon. Pl du Bail (02 51 00 86 80). jeden 4. Do. Fête Folklorique (Mitte Aug).*

Hauptsehenswürdigkeit der romanischen **Eglise Notre-Dame** dieses Dorfes ist ihr prachtvoll behauenes Zwillingsportal: Über dem mit einem Bestiarium illustrierten Rundbogen wachen in Reihen Skulpturen; im Tympanon ringt Samson mit dem Löwen, während Delila ihm den Quell seiner Kraft, das Haupthaar, mit der Schere zu rauben droht. Von Vouvant aus können Sie im Mervant-Vouvant-Wald spazierengehen. Dort finden Sie Wanderwege, Seen mit Leihbooten, Grotten – und Reminiszenzen an die Meerfee Melusine, die als Menschenwesen leben wollte, doch einmal wöchentlich wieder Nixengestalt annahm. Die **Tour Mélusine** eröffnet schöne Blicke auf den Fluß Mère.

Das Zwillingsportal der Eglise Notre-Dame in Vouvant

Der Vendée-Aufstand

Cathelineau, 1824 porträtiert von Anne-Louis Girodet-Trioson

Die royalistisch-klerikale Bauernerhebung ist manchen nur eine Fußnote zur Französischen Revolution wert, in der Vendée aber unvergessen. Ideale und Politik der Revolutionsregierung – Steuererhöhungen, Verfolgungen katholischer Priester, die Hinrichtung des Königs im Januar 1793 – empörten die Vendée-Bewohner. Zwangsaushebungen zur republikanischen Armee brachten am 11. März das Faß zum Überlaufen: Bauern massakrierten im Dorf Machecoul republikanische Sympathisanten. Als die Aufstände um sich griffen, übernahmen Bauernführer wie der Fuhrmann Cathelineau und der Wildhüter Stofflet die Regie. Zu diesen gesellten sich unter dem Banner des heiligen Herzens Aristokraten wie Charette, Bonchamps und La Rochejaquelain.

Im Juni 1793 hatten die »Weißen« (die Große Königliche und Katholische Armee) fast die gesamte Vendée sowie Saumur und Angers eingenommen. Sie schlugen mehrfach die »Blauen« (Republikanische Armee), unterlagen aber am 17. Oktober in Cholet. Als die erhoffte Verstärkung ausblieb, mußten nahezu 90 000 »Weiße« fliehen. Die »Blauen« verwüsteten 1794 die Vendée und töteten über 250 000 Einwohner.

Ausschnitt des Frieses in der Kirche von Pouzauges

Pouzauges ⑩

Straßenkarte C4. *5500.* *La Roche.* *Rue Georges Clemenceau (02 51 91 82 46).* *Do u. Sa.*

DIE VERFALLENE Burg (12. Jh.) des Städtchens gehörte im 15. Jahrhundert wie andere Festungen der Vendée Generalfeldmarschall Gilles de Rais. Anklagen wegen Entführung und Mordes beendeten seine glanzvolle militärische Karriere – ein Stoff, aus dem die Sage vom Ritter Blaubart schöpfte.

Die kleine **Eglise Notre-Dame du Vieux-Pouzauges** zählt zu den Perlen der Vendée. Ihre 1948 freigelegten Fresken aus dem 13. Jahrhundert schildern in zarten Farben Szenen aus dem Leben der Jungfrau Maria und ihrer Familie. Die kurze audiovisuelle Erklärung erhellt die Darstellung. Links, vier Meter über dem Boden, illustriert ein ebenfalls 1948 entdecktes Fries mit Bestiarium-Motiven die Monate des Jahres.

Château du Puy-du-Fou ⑪

Straßenkarte B4. *Ecomusée, Les Epesses.* *02 51 57 60 60.* *Feb–Dez Di–So.*

DAS RENAISSANCESCHLOSS aus Mauerstein und Granit liegt zwei Kilometer vom Weiler Les Epesses entfernt. Im Vendée-Aufstand zerstört und später teilweise restauriert, ist es nun Adresse eines Museums und anspruchsvollen Themenparks sowie Kulisse des Ton- und Lichtschauspiels **Cinéscénie** *(siehe S. 58f)*.

Das **Ecomusée de la Vendée** veranschaulicht mit einem illuminierten Modell, Dias, Porträts und anderen Gemälden lebhaft den Vendée-Aufstand. Prähistorische, gallorömische und mittelalterliche Exponate geben Einblick in Geschichte, Wesen und Architektur der Vendée.

Der unterhaltsame große Themenpark **Le Grand Parcours** umfaßt je ein rekonstruiertes Dorf aus dem Mittelalter und 18. Jahrhundert. Beide sind von »Dörflern« und Handwerkern belebt. Zu den weiteren Attraktionen zählen Waldwege, Seen, Wasserorgelpfeifen, ein Wolfsbau, fesselnde Vorführungen von Turnieren, Jonglier-, Reitakrobatik und Beizjagden, bei denen Falken, Adler und Geier über den Köpfen der sitzenden Zuschauer kreisen.

»Bäuerinnen« bei der Arbeit im Grand Parcours von Puy-du-Fou

Cinéscénie
02 51 64 11 11. *Mitte Juni–Mitte Sep Fr, Sa. Vorführungen: 22.30 Uhr; 1 Std. vorher Einlaß; Reservierung empfohlen.*

Ecomusée de la Vendée
Feb–Dez Di–So.

Le Grand Parcours
Mai So, Feiertage; Juni–Mitte Sep tägl. *Mitte Sep–April.*

Ruine des mittelalterlichen Château de Clisson

Clisson ⑫

Straßenkarte B4. *5500.* *Pl de la Trinité (02 40 54 02 95); Mai–Mitte Okt Pl du Minage (02 40 54 39 56).* *Di, Mi, Fr.* *Festival de Musique (Juli).*

CLISSON BESETZT zwei Hügel beidseits des Flusses Sèvre Nantaise. Das reizvolle Ortsbild hat italienischen Anstrich. 1794, nach der Niederschlagung des Vendée-Aufstands, verwüsteten die republikanischen Truppen weite Teile der Stadt. Ihren Wiederaufbau verdankt sie wesentlich den Brüdern Pierre und François Cacault, die zu diesem Zweck den Bildhauer Frédéric Lemot engagierten. Lemots Landsitz, der romantische **Parc de la Garenne Lemot,** ist mit seinen Grotten, Säulen und Grabmälern eine Hommage an den Stil des antiken Rom. Auch Lemot hat darin sein Mausoleum, den Temple de l'Amitié.

Das mächtige, verfallene **Château de Clisson** war eine Schlüsselbastion der bretonischen Herzöge. Im 12. Jahrhundert begonnen und bis zum 16. Jahrhundert Zug um Zug verstärkt, spiegelt es die Entwicklung der Wehrarchitektur wider.

Besucher spähen in die Verliese und in den Brunnen, der bei der Bestrafung der rebellischen Vendée Ort einer Bluttat war: Republikanische Soldaten töteten hier 18 Menschen, die in den Ruinen Brot buken, und warfen sie in den Brunnen. Der überdachte Renaissancemarkt neben der Burg blieb unversehrt, da sich in ihm die Republikaner einquartierten.

Parc de la Garenne Lemot u. Maison du Jardinier
02 40 54 75 85. April–Sep tägl.; Okt–März Di–So. ***Park*** *tägl.*

Château de Clisson
Pl du Minage. 02 40 54 02 22. Mi–Mo.

Der mit Pechnasen bewehrte Eingangsturm des Château de Goulaine

Château de Goulaine ⓭

Straßenkarte B3. *Nantes, dann Taxi. 02 40 54 91 42. Apr–Mitte Juni Sa, So u. Feiertage nachmittags; Mitte Juni–Mitte Sep Mi–Mo; Mitte Sep–Okt Sa u. So. nur Schmetterlingspark.*

Dieses westlichste der Kalkstein- und Schieferschlösser des Loire-Gebiets erhebt sich im Südosten von Nantes. Obzwar seit 1000 Jahren Besitz und Domizil ein und derselben, Weine erzeugenden Familie, stammt der heutige Hauptbau aus dem 15. Jahrhundert, während die Flügel auf das 17. Jahrhundert zurückgehen. Aus dem 14. Jahrhundert hat ein Turm überdauert. Einen der Seitentürme des Zentralbaus ziert eine Skulptur der Yolande de Goulaine. Sie soll mit der Drohung, sich eher zu erdolchen als sich den belagernden Engländern zu ergeben, den Kampfgeist ihrer Mannen angestachelt haben.

Das Schloß überstand die Revolution, weil die Familie es an einen Holländer veräußerte – um es 70 Jahre später zurückzukaufen. Der Eigentümer, Marquis Robert de Goulaine, hat das Schloß restauriert und in einem Glashaus einen exotischen Schmetterlingspark eingerichtet. Kennzeichnend für das aufwendige Schloßinterieur ist der mehrfarbige Kamin im *grand salon*.

Cinéscénie

Mit einem Aufgebot an 800 Darstellern und 12 000 Sitzplätzen ist Puy-du-Fous Nachtvorstellung eine Großveranstaltung. Sie inszeniert die Historie der Vendée mit modernster multimedialer Freilichtbühnentechnik: Computer steuern Laserbeleuchtung, Musik, Wasserspiele und Feuerwerk.

Vor der Kulisse der Schloßruine und des Sees formieren sich Hunderte lokaler Laienschauspieler zu bewegten Szenen, auf denen getanzt und getrauert, im Turnier und auf dem Schlachtfeld gekämpft wird. Pferde galoppieren, Fontänen und Feuerwerkskörper schießen auf, Glocken schlagen und das Château »brennt« lichterloh. Auch ohne den Kommentar (Übersetzungen ins Deutsche, Englische, Italienische oder Japanische sind an 150 Sitzplätzen der riesigen Tribüne verfügbar) ist das Spektakel ein Genuß. Warme Kleidung und rechtzeitige Reservierung sind anzuraten.

Feuerschlucker, Puy-du-Fou

Nantes ⓮

DIE ALTE HAFENSTADT, 600 Jahre Herzogsitz der Bretagne, zählt heute zu den Pays de la Loire. Die Profite des Seehandels – insbesondere mit Sklaven, Schiffszubehör, Zucker und Baumwolle – finanzierten viele ihrer schönen Gebäude des 18. und 19. Jahrhunderts. Den Hafen hat man flußabwärts gen St-Nazaire erweitert, wo Frankreichs längste Brücke die Flußmündung überspannt *(siehe S. 34)*. Die dort entstandene Industrie- und Handelszone wirkt als Herzschrittmacher der Region. Nantes selbst ist eine vitale, moderne, großzügig angelegte Stadt mit interessanten Museen, stilvollen Restaurants, Bars und Läden.

Das neoklassizistische Theater an der Place Graslin

Überblick: Nantes

Das feinste Stadtviertel ist das **Quartier Graslin** – und dessen Herzstück die 1780-1900 entstandene Place Graslin. Der Architekt Mathurin Crucy legte den Platz als Rechteck innerhalb eines Halbkreises mit acht ausstrahlenden Straßen an. Eine steile monumentale Treppe, acht korinthische Säulen und acht den Platz überblickende Musenstatuen dominieren die Front des neoklassizistischen Theaters. Die gläserne Rückwand der Säulen läßt Tageslicht in das Foyer ein. Crucys elegante Handschrift entdecken Sie auch am nahen Cours Cambronne, einer Fußgängerzone mit stilvollen Häusern (frühes 19. Jh.), und an der Place Royale, deren prächtiger Brunnen den Meeres- und Flußgeistern huldigt. Auf der früheren Insel **Ile Feydeau** wurde Jules Verne *(siehe S. 193)* geboren. Dort zeugen, zum Beispiel in der Allée Turenne und Allée Duguay-Trouin, schöne neoklassizistische Fassaden vom Wohlstand des kaufmännischen Mittelstands und der Stadtplanung des 18. Jahrhunderts. Besonders beeindruckt die Rue Kervégan, deren mit gußeisernen Balkonen und üppigen Skulpturen geschmückte Nr. 30 ein Werk des Architekten Pierre Rousseau (18. Jh.) ist.

Blick in die Art-Nouveau-Brasserie La Cigale in Nantes

Unmittelbar nördlich der Ile Feydeau stoßen Sie auf die Place du Commerce und die elegante alte Börse (18. Jh.), heute Sitz der Touristeninformation.

La Cigale

4, pl Graslin. ☎ *02 51 84 94 94.*
◯ *tägl. Siehe* ***Restaurants*** *S. 219.*

Als am 1. April 1895 gegenüber dem Theater das Brasserie-Restaurant La Cigale eröffnete, setzte es zugleich einen stilistischen Kontrapunkt. Das Gebäude, eine weitgehend Emile Libaudière zu verdankende Fin-de-siècle-Spielerei, ist gespickt mit Art-Nouveau-Motiven, darunter die namensgebende Zikade. Sattblaue italienische Fliesen, schwungvolles Schmiedeeisen, Facettenfenster und -spiegel, Skulpturen und bemalte Wand- und Deckenkassetten haben das Lokal zur von Ästheten und Feinschmeckern treu geschätzten Oase gemacht.

Passage Pommeraye

◯ *tägl.*

Diese eindrucksvolle überdachte Einkaufspassage verbindet die eleganteste Einkaufsstraße, die Rue Crebillon östlich der Place Graslin, mit der Rue de la Fosse. Sie heißt nach dem Anwalt, der ihren

Unter der Kuppel der eleganten Passage Pommeraye

Bau finanzierte. Sie wurde anno 1843 samt 66 Geschäften zum Entzücken der Bourgeoisie eröffnet.

Unter dem original erhaltenen Glasdach erstrecken sich drei Galerien über mehrere, durch hübsche Holztreppen verbundene, von Läden, Statuen und Laternen gesäumte Ebenen. Zum reichen Dekor zählen Kinderskulpturen, die auf die Galerien hinabblicken, Reliefs, Büsten und allerhand Zierat aus Stein und Metall.

Musée Dobrée

18, rue Voltaire. 02 40 71 03 50. Di–So. Feiertage.

Thomas Dobrée (1810–95), Sohn eines Reeders und Industriellen, widmete sein Leben dem Aufbau dieser eindrucksvollen Sammlung von Gemälden, Grafiken, Skulpturen, Gobelins, Möbeln, Porzellan, Rüstungen, sakraler Kunst, Briefmarken, Büchern, Briefen und Manuskripten. Das imposante, palastartige Museum entwarf der historisierende Architekt Eugène-Emmanuel Viollet-le-Duc im Stil der Neugotik.

Teil des skulpierten Alabasteraltarblatts im Musée Dobrée

Unter den Reliquienschreinen ragt ein Goldkästchen mit aufgesetzter Krone heraus. Es enthält das Herz der Anne de Bretagne und war ursprünglich ihrem elterlichen Grabmal in der Kathedrale von Nantes *(siehe S. 55)* beigegeben. Ein weiterer Schatz ist das Altarblatt mit Alabasterstatuen (15. Jh.) aus dem englischen Nottingham.

Zum Anwesen gehört der Manoir de la Touche, der an den Vendée-Aufstand erinnert. Zu seinen Exponaten zählt die Totenmaske des charismatischen Führers François de Charette, der im März 1796 in Nantes gefangen und erschossen wurde. Ein angefügter moderner Bau bewahrt eine archäologische Sammlung ägyptischer, griechischer und lokaler gallorömischer Funde.

Infobox

Straßenkarte B3. *500 000.*
12 km von Nantes-Atlantique. *Bd Stalingrad.*
Allée Baco.
Pl du Commerce (02 40 20 60 00).
Di–So. *Printemps des Arts (Barockmusik-Konzerte, Mai–Juni); Festival d'Eté (Musik, Juli); Les Rendez-vous de l'Erdre (Jazz, Sep); Festival des Trois Continents (Kino, Nov).*

Stadtzentrum von Nantes

Cathédrale St-Pierre et St-Paul ④
Château des Ducs de Bretagne ⑤
Jardin des Plantes ⑦
Musée des Beaux-Arts ⑥
Musée Dobrée ①
Place Graslin ②
Tour de Bretagne ③

Legende

Bahnhof
Busbahnhof
Parken
Auskunft
Kirche

Umgebung des Château

Die Tour de Bretagne ist ein Wahrzeichen von Nantes. Dieser 1976 erbaute Wolkenkratzer teilt das westliche Zentrum um die Place du Commerce und Place Graslin von der östlichen Altstadt um Schloß und Kathedrale. Seine Spitze bietet reizvolle Ausblicke. Sie ist kostenlos zugänglich vom Cours des Cinquante Otages aus, der entlang des früheren Erdre-Kanalbetts das Zentrum durchquert. Am Ende dieser lebhaften Avenue, an der Place du Pont Morand, erinnert ein Denkmal an die fünfzig Geiseln, die 1941 von den Nationalsozialisten aus Rache für die Ermordung des Militärstadtkommandanten erschossen wurden. Diese Bluttat brachte viele »Nantais« gegen die Vichy-Regierung auf.

Die Stirnseite der Cathédrale St-Pierre et St-Paul

Château des Ducs de Bretagne

4, pl Marc Elder. 02 40 41 56 56. Mi–Mo. außer So.

Ein heute landschaftlich gestalteter Graben umzieht die massigen, an das Château d'Angers *(siehe S. 74f)* erinnernden Blendwände und Rundbastionen. In diesem Schloß kam Anne de Bretagne zur Welt, die 11jährig Herzogin und 1491 als 14jährige zur Hochzeit mit Charles VIII gezwungen wurde. Nach seinem Tod 1498 in Amboise heiratete Anne in der hiesigen Schloßkapelle dessen Nachfolger Louis XII.

Die Mansardenfenster und Loggien des **Grand Logis** zur Rechten des Eingangs spiegeln Annes Einfluß auf die Schloßarchitektur wider. Dieser an die Stelle von Annes Geburtshaus gesetzte, Flamboyant- und Renaissancestil reizvoll vereinigende Bau wurde von Annes Vater, Herzog François II, begonnen.

Westlich davon liegt eine kleinere königliche Unterkunft. Hier, in der katholischen Bastion der Bretagne, unterzeichnete Henri IV das Edikt von Nantes, das den Protestanten Glaubensfreiheit gewährte. Ein Museum stellt bretonische Zeugnisse der Seefahrtsgeschichte von Nantes aus.

Cathédrale St-Pierre et St-Paul

Place St-Pierre. *tägl.*

Die jahrhundertelange Bauchronik ist in der Krypta lebendig dargestellt. Sie verzeichnet mehr Unfälle als jeder andere Kathedralenbau an der Loire. Der letzte geschah am 28. Januar 1972: Das Streichholz eines Arbeiters löste eine Explosion aus, die das Dach absprengte, einen Brand entfachte und eine umfangreiche Restaurierung notwendig machte.

Die im Flamboyantstil gehaltene Kathedrale wirkt ungewöhnlich geschlossen, leicht und großräumig. Im südlichen Querschiff steht eines der frühesten Renaissancewerke Frankreichs: das 1500–07 von Michel Colombe *(siehe S. 116f)* gefertigte schwarz-weiße Marmorgrabmal von Anne de Bretagnes Vater François II und dessen zwei Ehefrauen.

Musée des Beaux-Arts

10, rue Georges Clemenceau. *02 40 41 65 65.* *Mi–Mo.* *Feiertage.* *außer So.*

Die Größe dieses Museums und seiner Kollektion spiegelt den Reichtum und Stolz der Bürger von Nantes im 19. Jahrhundert wider. Galerien, deren klare architektonische Linien vor allem zeitgenössischen Ausstellungen entgegenkommen, umlaufen auf zwei Ebenen den Arkadenpatio. Mehr als für seine Skulpturen ist das Museum für seine Sammlung von Bildern, insbesondere die Beispiele

Gustave Courbets *Kornsieberinnen* (1854) im Musée des Beaux-Arts

Jardin des Plantes – der malerische Botanische Garten von Nantes

führender Stile des 15. bis 20. Jahrhunderts, bekannt.

Zu den besten italienischen Werken des 14. Jahrhunderts gehört Bernardo Daddis *Madonna mit den Heiligen* (um 1340). Es entstammt wie Peruginos feines Altarblatt *St. Sebastian und St. Anton* (um 1475) der Sammlung der Gebrüder Cacault, die Clisson restaurierten *(siehe S. 189)*.

Rubens' typisch deftiger *Triumph des Judas Makkabäus* (1635) fällt aus dem Rahmen ruhiger niederländischer und flämischer Stilleben und Landschaftsgemälde. Der Meister des Nachtlichts, George de la Tour, beherrscht mit in den 1620er Jahren entstandenen Œuvres, darunter *Der Drehleierspieler* und *Die Verleugnung des heiligen Petrus*, eine Abteilung erlesener französischer Gemälde des 17. Jahrhunderts.

Weitere Highlights, so das *Porträt der Madame de Senonnes* (1814) von Jean-Auguste-Dominique Ingres, leuchten in den Abteilungen des 19. und 20. Jahrhunderts. Außer lokalen Talenten wie James Tissot aus Nantes und Paul Baudry aus La-Roche-sur-Yon sind große Wegbereiter wie Eugène Delacroix, Gustave Courbet, Claude Monet und Wassily Kandinsky vertreten – Courbets Gemälde der *Kornsieberinnen* (1854), ist wohl der berühmteste Museumsschatz.

Musée Jules Verne

3, rue de l'Hermitage. *02 40 69 72 52.* *Mi–Sa, So vorm.–Mo. Feiertage.* *außer So.*

Das von Erinnerungsstücken wie Karten, Zeichnungen, Modellen, *laternae magicae* und Büchern überquellende Museum stellt Leben, Werk und Welt des Jules Verne (1828–1905) vor. Den Anfang macht ein Raum mit Einrichtungsgegenständen aus dem Haus in Amiens, in dem Verne die meisten seiner Bücher schrieb.

Jardin des Plantes

Bd Stalingrad. *tägl.*

Ein königliches Dekret, nach dem Kapitäne Pflanzen und Samen aus Übersee heimzubringen hatten, legte im 18. Jahrhundert den Grundstein zu einem Botanischen Garten mit exotischen und medizinischen Pflanzen.

In der Mitte des 19. Jahrhunderts ließ der Gartendirektor Ecochard, inspiriert von einem Besuch der Londoner Kew Gardens, den Park in eine naturnahe Landschaft mit Teichen und gewundenen Pfaden umgestalten.

Auf der sieben Hektar umfassenden Gartenfläche können Sie Europas ältesten Magnolienbaum, außergewöhnliche Kamelienarten und anderes mehr bewundern.

Die Welt des Jules Verne

Gleich hinter dem Pont Anne de Bretagne, an einem heute ungenutzten gepflasterten Streifen des Kais, reihten sich 1839 Boote. Dort schmuggelte sich der elfjährige Jules Verne an Bord. Er wollte die Welt erkunden, wurde aber bei Paimbœuf, ein Stück flußabwärts, von seinem Vater abgefangen. Als Jurastudent veröffentlichte Verne Libretti und Dramen. Seine utopischen Romane, darunter *Reise zum Mittelpunkt der Erde* (1864), *20 000 Meilen unter dem Meer* (1870) und *Reise um die Erde in 80 Tagen* (1873), wurden zu Bestsellern. Verne zählt zu den meistgelesenen und -übersetzten Autoren der Literaturgeschichte.

Büste des Jules Verne (1906) von A. Roze

LE
DUKE
Ellington

Zu gast im Loire-Tal

ÜBERNACHTEN

Die Hotels im Loire-Tal sind so ansprechend wie die Region. Es überwiegen familienbetriebene Gasthöfe mit gemütlichen, altmodischen Zimmern und Speisesälen, die auch von Einheimischen besucht werden. Der Verband Relais et Châteaux steht für Luxushotels, in der Regel Herrenhäuser und Schlösser mit eleganten Zimmern, exquisiter Küche und gehobenen Preisen. Eine ausgefallene Alternative sind Übernachtungen in privaten Schlössern oder Herrenhäusern *(siehe S. 200 f)*; sie gewähren Aufenthalt in oftmals historischen Gebäuden als (zahlender) Gast der privaten Besitzer. Das Hotelverzeichnis *(siehe S. 202 ff)* stellt für die gesamte Loire-Region Unterkünfte jeder Art und Preisklasse vor. Frankreichs vielgelobte Unterkünfte für Selbstversorger *(gîtes)* sind auch im Loire-Tal breit vertreten – und bester Anreiz, das verführerisch große und frische Angebot der lokalen Märkte auszukosten.

Hotelportier

Stadthotels

Die Loire-Städte weisen im Zentrum zumindest ein alteingeführtes *grand hôtel* vor. Diese besitzen meist weitläufige Foyers und Gemeinschaftsräume sowie große, aber womöglich durch Badeinbau gestutzte Zimmer. Wer nicht vorher in seinem Heimatland schon reserviert hat, sollte vor Buchungen am Ort die Zimmer begutachten, da ihre Qualität in vielen Fällen sehr schwankt. Verlangen Sie bei Reservierungen Zimmer abseits lauter Straßen und Plätze – die meisten Stadthotels verfügen nämlich über ruhigere, zum Hof gewandte Räume – allerdings bekommt man diese oft nur auf ausdrücklichen Wunsch. Einheimische Geschäftsleute bewirten ihre Gäste gern in den Hotelbars und -restaurants, in denen eher klassische französische Küche als regionale Gerichte angeboten werden.

Schlosshotels

Einige Schlösser und Herrenhäuser des Loire-Tals – die Palette reicht vom Renaissanceschloß zu betürmten Palästen des 19. Jahrhunderts – wurden in teure Hotels verwandelt. Viele gehören dem Verband **Relais et Châteaux** an, der einen jährlichen Führer herausbringt.

Die Schloßhotels liegen oft in gepflegtem Gelände, offerieren ausgezeichnete Küche, in der Regel weiträumige, elegante Zimmer und einige Suiten. Manche bieten zudem bescheidenere Unterkünfte in Außengebäuden oder Bungalows auf dem Gelände. So können Sie Schloßambiente und Restaurantcuisine zu erschwinglichen Preisen genießen. Wer das Hauptgebäude vorzieht, sollte dies bei der notwendigen Reservierung angeben.

Das elegante Hotel Domaine des Hauts-de-Loire in Onzain *(siehe S. 205)*

Klassische Familienhotels

Die kleinen, typisch französischen Hotels, meist alteingeführte Familienbetriebe, findet man im gesamten Loire-Tal. Bar und Restaurant sind, auf dem Land vor allem zum sonntäglichen Mittagessen, Treff von Einheimischen. Die Atmosphäre ist in der Regel freundlich und das Personal hilfsbereit. Hier dient man Ihnen gern mit Prospekten und anderen Auskünften zu Sightseeing und Shopping.

Meist besitzen diese Häuser nur wenige, doch große, gemütliche Zimmer mit in Ehren gealterten Möbeln. Installationsmängel sollten Sie nicht überraschen; allerdings polieren viele Familienhotels ihre Bäder auf. Einzelzimmer finden Sie eher in Städten als auf dem Land.

Der große Treppenaufgang des Hôtel de l'Univers in Tours *(siehe S. 203)*

Viele Familienhotels gehören dem Verband **Logis de France** an, dessen jährlicher Führer über 4000 Häuser in Frankreich verzeichnet. Logis-Hotels halten auf ihre Restaurants, die sich vorwiegend regionaler Küche verschreiben. Meist handelt es sich um einfache, am Straßenrand gelegene Gasthöfe, selten um solche in größeren Städten. Abseits touristischer Pfade können Sie auf Unterkünfte in reizvollen Bauernhöfen und günstigen Hotels stoßen.

Viele familienbetriebene Hotels schließen nachmittags (Hausgäste erhalten Schlüssel). Ihre Restaurants halten – mit Ausnahmen in der Hochsaison – mindestens einen wöchentlichen Ruhetag ein.

Logo des Verbands Logis de France

Moderne Hotelketten

Immer mehr moderne Hotelketten lassen sich in Frankreich am Rand großer Städte nieder.

Die billigste Ein-Stern-Kette, **Formule 1,** unterhält Motels mit sehr einfachem Komfort. Preisbewußte französische Familien bevorzugen Zwei-Sterne-Ketten wie **Ibis/Arcade, Campanile, Climat de France** und **Interhôtel.** Komfortabler, doch ohne lokaltypischen Charme, sind die Drei-Sterne-Ketten **Novotel** und **Mercure/Altéa.** Alle Häuser dieser Ketten verfügen über einige Zimmer für Familien, manche lassen Kinder kostenlos im Elternzimmer übernachten. Die meisten besitzen Restaurants mit ordentlicher Küche.

Restaurants mit Übernachtung

Einige der renommierten und teuren Restaurants im Loire-Tal bieten ihren Gästen auch Übernachtungsmöglichkeiten. Die Qualität der Zimmer schwankt von schlichter Ausstattung bis hin zur schicken Luxusunterkunft. Auf dem Land kann die Scheu vor einer langen Rückfahrt vom Restaurant zum Hotel durchaus für diese Alternative sprechen. In der Restaurantauswahl auf S. 214ff sind Lokale mit Gästezimmern aufgelistet.

Essen und Ausstattung

Da im Loire-Tal Touristen meist von Ort zu Ort reisen, bieten nur wenige Hotels Vollpension. Bei mehr als drei Übernachtungen kann man zuweilen *pension* (Vollpension) oder *demi-pension* (Halbpension) buchen. Doch kann die Halbpension, was Tagesausflüge behindert, auf das Mittagessen begrenzt und die Vollpension einfallsloser als die Tageskarte sein. Erkundigen Sie sich stets, ob der Übernachtungspreis das Frühstück einschließt. Falls nicht, frühstückt man oft besser in einem nahen Café.

In traditionellen Familienhotels finden Sie französische Betten, zwei Einzelbetten eher in städtischen und Kettenetablissements. Die Preise berechnen sich im Regelfall pro Zimmer; manchmal erhalten Singles einen kleinen Nachlaß. Wer Dusche statt Badewanne akzeptiert, kommt günstiger davon, noch billiger bei Zimmern mit *cabinet de toilette,* einer Nische mit Waschbecken und Bidet.

Es ist durchaus üblich, vor Buchung das Zimmer zu besichtigen.

Kategorien und Preise

Die offizielle Klassifizierung französischer Hotels reicht von einem bis zu vier Sternen, gekrönt von der Vier-Sterne-Luxus-Klasse. Sie informiert über Zimmerkomfort wie Telefon, Fernseher und Bad, nicht über Einrichtungsstil und Personal. Einige sehr einfache Hotels besitzen keinen Stern.

Je mehr Sterne, desto teurer das Hotel. Da die Zimmerqualität in ein und demselben Haus schwanken kann, lassen sich Hotels nicht unbedingt allein aufgrund des Preises einstufen. Ein Doppelzimmer ohne Frühstück kostet ab 130 FF – in Schloßhotels gut und gern ab 1000 FF. Die Rechnung ist stets inklusive Bedienung; fragen Sie, ob eine örtliche Steuer *(taxe de séjour)* aufgeschlagen wird. Zimmermädchen dankt man mit einem kleinen Trinkgeld.

Le Manoir du Colombier in Châteauroux *(siehe S. 206)*

Die Domaine des Hautes Roches in Rochecorbon *(siehe S. 203)*

Reservieren

Für Juli und August sind Hotelzimmer in den touristischen Hochburgen rechtzeitig zu buchen. Bei telefonischer Reservierung müssen Sie mitunter französisch parlieren, eine Kreditkartennummer angeben und eine Faxbestätigung senden. Schriftlich verkehrt man besser auf Englisch als auf Deutsch. Die örtlichen Fremdenverkehrsämter bieten Hotellisten und Reservierungsservice (bis zu eine Woche im voraus).

Frühstückspensionen

Bei Zimmern mit Frühstück, *chambres d'hôte* genannt, kann es sich um einfache Kammern über einem Heuboden oder elegante Gemächer in einem Herrenhaus handeln. Die örtlichen Fremdenverkehrsämter führen Listen von Familien, die Gäste aufnehmen. Manche Gastfamilien bereiten auf Wunsch auch Hauptmahlzeiten zu. Die Organisation **Gîtes de France** registriert und kontrolliert viele dieser Privatunterkünfte; achten Sie auf dem Land auf ihre grün-gelben Hinweisschilder. Weitere ländliche und städtische Privatunterkünfte sind dem Verband **Café-Couette** *(couette* heißt »Federbett«) angeschlossen, dessen Zentralbüro gegen einen bescheidenen Jahresbeitrag Reservierungen vornimmt.

Ferienwohnungen

Die bekannteste Organisation, die Unterkünfte für Selbstverpfleger vermittelt und betreut, ist **Gîtes de France,** früher *Gîtes Rureaux* genannt. Sie bietet im Loire-Tal vorrangig ländliche Unterkünfte vom Bauernhaus bis zum Schloßflügel an. Die – unverzichtbare – Reservierung kann man anhand des Hauptkatalogs vornehmen, der über die Zentrale und Auslandsfilialen zu beziehen ist. Daneben veröffentlicht *Gîtes de France* Listen zu jedem Departement. Die preiswerten *gîtes* sind sehr einfach ausgestattet, eignen sich aber dennoch hervorragend, um die Lebensweise im Loire-Tal kennenzulernen.

Auf einen Blick

Hotels

Campanile
Tel. 069-68 35 99 in D.
Tel. 02 64 62 46 46 in F.

Climat de France
Tel. 02131-1040 in D.
Tel. 01 64 46 01 23 in F.

Interhôtel
Tel. 01 42 06 46 46 in F.

Formule 1
Hotelbetriebs-GmbH
Frankenthaler Str. 5
81539 München.
Tel. 089-68093100 in D, für Informationsmaterial.
Tel. 01 60 78 29 90 in F, für Informationsmaterial.

Ibis/Arcade, Novotel, Mercure/Altéa
Tel. 089-689 59 90 in D.
Tel. 02 60 77 27 27 in F.

Relais et Châteaux
Tel. 0180-533 34 31 in D, für Informationsmaterial.

Logis de France
83, av d'Italie, 75013 Paris.
Tel. 01 45 84 70 00.

Reservierungszentrale französischer Hotelketten
Friedrichstr. 37,
60323 Frankfurt.
Tel. 069-72 76 33
FAX 069-172661

Frühstückspensionen

Accueil France Famille
5, rue F. Coppée,
75015 Paris.
Tel. 01 45 54 22 39.
FAX 01 45 58 3 25.

Café-Couette
8, rue d'Isly, 75008 Paris.
Tel. 01 42 94 92 00.
FAX 01 42 94 93 12.

Ferienwohnungen

Gîtes de France/
Deutsche Reservierungszentrale, Sachsenhäuser Landwehrweg 108,
60598 Frankfurt.
Tel. 069-68 35 99.

Gîtes de France/ Cléconfort
ARART, B.P. 139,
38, rue A-Fresnel, 37171 Chambray-les-Tours.
Tel. 02 47 48 37 13.
FAX 02 47 48 13 39.

Camping

Deutscher Campingclub
Mandlstr.28
80802 München
Tel. 089-33 40 21

Castels et Camping Caravaning
BP301, 56008 Vannes.
Tel. 02 97 42 55 83.
FAX 02 97 47 50 72.

Jugendherbergen

CROUS
39, av. G-Bernanos,
75231 Paris.
Tel. 01 40 51 36 00.

Fédération Unie des Auberges de Jeunesse
27, rue Pajol, 75018 Paris.
Tel. 01 44 89 87 27.

Behinderte Reisende

Association des Paralysés de France
17, bd Auguste Blanqui
75013 Paris.
Tel. 01 40 78 69 00.

CNFLRH
38, bd Raspail,
75007 Paris.
Tel. 01 45 48 90 13.

Fremdenverkehrsamt

Amtliches Franz. Verkehrsbüro
Westendstr. 47,
60325 Frankfurt.
Tel. 069-7 56 08 30

CAMPING

CAMPEN IST eine billige, vergnügliche Art des Urlaubs im Loire-Tal. Die Fremdenverkehrsämter der Departements informieren über Campingplätze. Einige davon verlangen einen Campingschein *(carnet)*, den Sie u. a. bei den auf S. 192 genannten Adressen und dem ADAC erhalten. Französische Campingplätze sind nach vier Sternekategorien klassifiziert. Selbst Plätze mit nur einem Stern sind mit Toiletten, öffentlichen Telefonen und fließendem (womöglich nur kaltem) Wasser, jene der Spitzenklasse sehr gut ausgestattet. Reservieren ist immer ratsam.

Ein Katalog von **Gîtes de France** stellt anspruchslose Plätze auf Bauernhöfen *(camping à la ferme)* vor. Zelten außerhalb ausgewiesener Plätze *(camping sauvage)* ist zuweilen mit Erlaubnis des Grundbesitzers möglich. Die **Organisation Castels et Camping Caravaning** verwaltet gehobene Plätze auf dem Gelände von Schlössern und Herrenhäusern.

JUGENDHERBERGEN

JUGENDHERBERGEN SIND eine billige Single-Alternative – zwei oder mehr Personen kommen mit einem gemeinsamen Zimmer in preiswerten Hotels oft genauso günstig davon. Wer keinem Jugendherbergsverband angehört, kann in französischen Jugendherbergen eine »Ajiste«-Karte erstehen (die Adresse des Verbands der Jugendherbergen, *auberges de jeunesse*, finden Sie auf S. 198). **Crous**, das Centre Régional des Œuvres Universitaires, informiert über Unterkünfte in Studentenwohnheimen, die Besuchern während der Sommersemesterferien zur Verfügung stehen. Der Führer *Gîtes d'étape* von **Gîtes de France** nennt Mehrbettzimmer in Bauernhöfen, die in der Nähe von Wander-, Rad- und Reitwegen liegen.

Gîtes de France-Logo

BEHINDERTE REISENDE

OFFIZIELL ALS behindertengerecht bewertete *gîtes* stellt der Führer *Gîtes accessibles à tous* von *Gîtes de France* vor. Das **CNFLHR** (Comité National Français de Liaison pour la Réadaption des Handicapés) und die **Association des Paralysés de France** informieren über behindertengerechte Hotels und andere Unterkünfte.

INFORMATIONSQUELLEN

INFORMATIONEN BIETET das Französische Fremdenverkehrsamt (Maison de France) in Frankfurt. Es stellt Verzeichnisse von Hotelketten, Buchungsbüros, spezialisierten Reiseveranstaltern, Katalogen von **Gîtes de France, Logis de France, Café-Couette,** Frühstückspensionen und vielen anderen Unterkunftsangeboten zur Verfügung. Die regionalen Fremdenverkehrsämter versenden auf Wunsch Listen von Hotels, Jugendherbergen, Campingplätzen und Privatunterkünften für Selbstversorger. Auch das regionale Zentrum **Loisirs Accueil** und die Fremdenverkehrsämter der Departements stehen für Auskünfte zur Verfügung. Im Loire-Tal erhalten Sie bei den örtlichen Fremdenverkehrsämtern *(siehe S. 231)* Hotellisten und Informationen über Familien, die Gästezimmer mit Frühstück anbieten.

Campinglatz in einem Wald im Loire-Tal

ZEICHENERKLÄRUNG

Die Hotels auf S. 202 ff sind nach Gebieten und Preiskategorien geordnet. Die Symbole verweisen auf Ausstattung und Service.

- Alle Zimmer mit Bad und/oder Dusche
- 24 24-Stunden-Zimmerservice
- TV Alle Zimmer mit TV
- Zimmer mit Aussicht
- Alle Zimmer mit Klimaanlage
- Schwimmbad im Hotel
- Kinderfreundlich
- Behindertengerecht (Details erfragen)
- Aufzug
- P Hotelparkplatz
- Garten oder Terrasse
- Restaurant
- ★ Sehr empfehlenswert
- Kreditkarten
- *AE* American Express
- *EC* Eurocard
- *DC* Diners Club
- *V* Visa

Preiskategorien für ein Doppelzimmer mit Bad oder Dusche, ohne Frühstück und inkl. Mehrwertsteuer und Bedienung.

Ⓕ unter 200 FF
ⒻⒻ 200 FF–400 FF
ⒻⒻⒻ 400 FF–600 FF
ⒻⒻⒻⒻ 600 FF–1000 FF
ⒻⒻⒻⒻⒻ über 1000 FF.

Wohnen im Schloß

DIE HIER VORGESTELLTEN Schlösser sind unserer Empfehlungsliste für Übernachtungen *(siehe S. 202ff)* entnommen. Sie bieten die seltene Gelegenheit, Tage und Nächte in den geschichtsträchtigen Mauern eines Loire-Schlosses zu verbringen – und dies meist mit modernem Hotelkomfort. Man wird Sie wie einen privaten Gast oder gar ein Mitglied der – zuweilen seit Jahrhunderten hier residierenden – Familie behandeln. Oft werden auch Diners, die man reservieren und im voraus bezahlen kann, im Stil privater Soirées inszeniert.

Château de Blanville
Dieses Schloß liegt nahe Chartres in einem schönen Ziergarten. Es ist seit 250 Jahren im Besitz derselben Familie und mit Pool und Fitneßraum ausgestattet (siehe S. 206).

Château des Briottières
Das im Stil seiner Gründungszeit (18. Jh.) eingerichtete Château gehört seit sechs Generationen derselben Familie. (siehe S. 202).

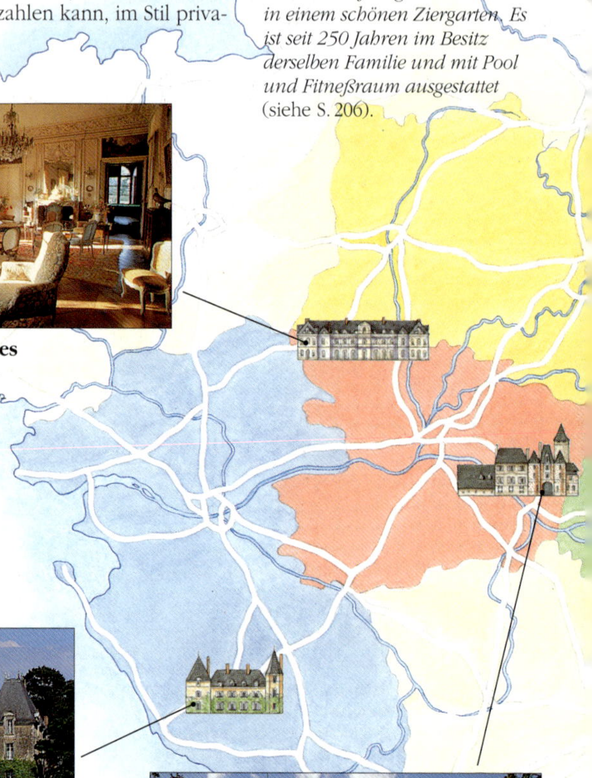

0 Kilometer 50

Château de la Millière
Dieses Château (19. Jh.) nahe Les Sables d'Olonne bietet auf seinem weiten Grundstück einen Außenpool (siehe S. 207).

Château des Réaux
Freundlicher Empfang und geschmackvolle Zimmer tragen zum Charme dieses Schlosses (15. Jh.) aus roten und weißen Ziegelsteinen bei (siehe S. 202).

Die Landschaft um das Château du Plessis-Beauregard nahe Orléans mutet wie ein gemaltes ländliches Idyll an.

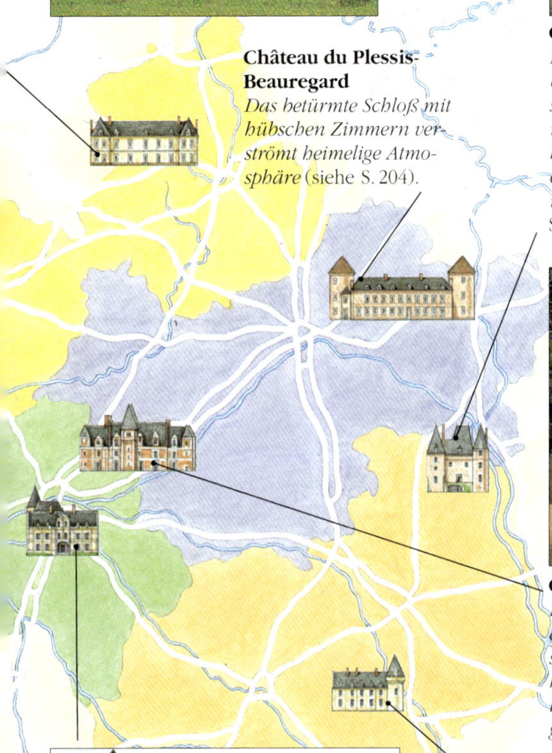

Château du Plessis-Beauregard
Das betürmte Schloß mit hübschen Zimmern verströmt heimelige Atmosphäre (siehe S. 204).

Château de la Verrerie
Das in dichten Wald gebettete »Schloß der Stuarts« spiegelt sich märchenhaft in einem See. Es bietet komfortable Zimmer und ein reizvolles Restaurant im Landhausstil (siehe S.205).

Château de Jallanges
Ein zupackendes Paar hat diese Residenz aus Naturstein mit Garten und hübscher Kapelle zur einladenden Herberge umgestaltet (siehe S. 204).

Château de la Bourdaisière
Einer der Prinzen de Broglie begrüßt Sie persönlich in diesem gelungen modernisierten Château. Hier wurde Gabrielle d'Estrées geboren (siehe S.203).

Château de la Commanderie
Dieses Rittergut (12. Jh.), einst Stützpunkt der Tempelritter, ist seit vier Generationen im Besitz derselben Familie. Der Schloßbau wurde im 19. Jahrhundert angefügt (siehe S. 206).

ANJOU

ANGERS

Hôtel Continental

Straßenkarte C3. 12, rue Louis de Romain, 49000. *02 41 86 94 94.* FAX *02 41 86 96 60. **Zimmer:** 25.* *AE, DC, V.* ⒻⒻ

Das in kräftigen Kandinsky-Farben modernisierte Hotel liegt nur wenige Minuten vom Einkaufsviertel entfernt in einer ruhigen Seitenstraße. Alle Räume sind schallisoliert, die Balkone mit Pflanzen geschmückt, Parkmöglichkeiten an der Place du Ralliement vorhanden.

Hôtel du Mail

Straßenkarte C3. 8, rue Ursules, 49000. *02 41 88 56 22.* FAX *02 41 86 91 20. **Zimmer:** 27.* *AE, EC, DC, V.* ⒻⒻ

Das altmodische, 1643 als Teil eines Konvents erbaute Hotel bietet zentrale, doch ruhige Lage, Parkgelegenheit, im ersten Stock Zimmer mit luftig hohen Decken und (ohne Aufschlag) Frühstücksbüffet.

BRIOLLAY

Château de Noirieux

Straßenkarte C3. 26, rte du Moulin, 49125. *02 41 42 50 05.* FAX *02 41 37 91 00. **Zimmer:** 19.* *AE, EC, DC, V.* ⒻⒻⒻⒻⒻ

Das Château, Herrensitz und Kapelle umfassende Hotel blickt auf die Täler von Loire und Sarthe. Die Zimmer sind in unterschiedlichen Stilen (17.–20. Jh.) eingerichtet. Das Restaurant serviert klassische Gerichte in neuen Varianten und ein siebengängiges Menü.

CHÂTEAUNEUF-SUR-SARTHE

Château des Briottières

Straßenkarte C3. Champigné 49330. *02 41 42 00 02.* FAX *02 41 42 01 55. **Zimmer:** 10.* ★ *AE, EC, DC, V.* ⒻⒻⒻⒻ

Das Schloßhotel (18. Jh.) liegt auf halbem Weg zwischen Angers und der Abbaye de Solesmes. Man kann in der weitläufigen Anlage schwimmen, angeln und radfahren und darf mit den Schloßbesitzern bei Kerzenlicht tafeln. Reservierung erforderlich.

FONTEVRAUD-L'ABBAYE

Hôtellerie Prieuré St-Lazare

Straßenkarte C3. Abbaye de Fontevraud, 49590. *02 41 51 73 16.* FAX *02 41 51 75 50. **Zimmer:** 52.* *AE, EC, V.* ⒻⒻⒻ

Das modernisierte, komfortable Hotel ist in der einstigen Priorei St-Lazare des Abtei-Komplexes *(siehe S. 86f)* untergebracht. Die Zimmer liegen in einem Flügel des 19. Jahrhunderts. Das Restaurant in der *salle capitulaire* nimmt im Sommer auch den Kreuzgang ein.

GENNES

Hôtel le Prieuré

Straßenkarte C3. Chênehutte-les-Tuffeaux, 49350. *02 41 67 90 14.* FAX *02 41 67 92 24. **Zimmer:** 34.* *AE, EC, DC, V.* ⒻⒻⒻⒻⒻ

Dieser Renaissanceherrensitz – Mitglied von Relais et Château – bietet Räume im Louis-XIII-Dekor (einige mit wunderschönem Loire-Blick), einen Park (15 ha) mit Pool und Tennisplätzen sowie eine Restaurantterrasse für Schön-Wetter-Tage.

MONTREUIL-BELLAY

Splendid Hôtel

Straßenkarte C4. 139, rue Docteur-Gaudrez, 49260. *02 41 53 10 00.* FAX *02 41 52 45 17. **Zimmer:** 60.* *EC, DC, V.* ⒻⒻ

Ein Hotelteil ist in einem renovierten Haus der Altstadt untergebracht. Der Gebäudezweig Le Relais du Bellay (17. Jh.) ist um 22 neue Zimmer erweitert. Das Restaurant serviert ausgezeichnete regionale Kost.

SAUMUR

Hôtel St-Pierre

Straßenkarte C3. Rue Haute St-Pierre, 49400. *02 41 50 33 00.* FAX *02 41 50 38 68. **Zimmer:** 14.* *AE, DC, EC, V.* ⒻⒻⒻⒻ

Die Lage dieses eleganten Hotels in einer kleinen Straße gleich bei der Place St-Pierre ist (bis auf das gelegentliche Orgelspiel in der nahen Kirche) ruhig. Die Zimmer sind stilvoll renoviert. Einer der beiden Salons besitzt einen offenen Kamin (17.Jh.).

TOURAINE

AMBOISE

Le Lion d'Or

Straßenkarte D3. 17, quai Charles-Guinot, 37400. *02 47 57 00 23.* FAX *02 47 23 22 49. **Zimmer:** 22.* *EC, V.* ⒻⒻ

Dieses günstig an der Loire gelegene, typisch und traditionell französische Hotel ist ein gastfreundliches, effizient geführtes Haus mit bequemen Zimmern und Restaurant.

AZAY-LE-RIDEAU

Hôtel de Biencourt

Straßenkarte D3. 7, rue Balzac, 37190. *02 47 45 20 75. **Zimmer:** 18.* *AE, EC, V.* ⒻⒻⒻ

Das kleine Hotel in einem Stadthaus (18. Jh.) liegt nur wenige Schritte vom Eingang eines der reizvollsten Loire-Schlösser entfernt. Ruhige und hübsche Zimmer, teils mit Gartenblick. Diverse Restaurants in der Nachbarschaft.

Le Grand Monarque

Straßenkarte D3. 3, pl de la République, 37190. *02 47 45 40 08.* FAX *02 47 45 46 25. **Zimmer:** 26.* *AE, EC, DC, V.* ⒻⒻⒻ

Das seit Generationen von derselben Familie geführte Hotel bietet komfortable, gut ausgestattete Zimmer und freundlichen Service. Im Sommer offeriert das Restaurant regionale Kost unter den hohen Baumkronen des Hofgartens.

BOURGUEIL

Château des Réaux

Straßenkarte C3. Le Port Boulet, 37140. *02 47 95 14 40.* FAX *02 47 95 18 34. **Zimmer:** 12.* ★ *AE, EC, DC, V.* ⒻⒻⒻⒻ

Die Familie Goupil de Bouillé, seit über einem Jahrhundert Besitzer dieses Renaissanceschlosses, heißt Gäste in reizvollen Räumen (vier davon in einem Gartenhaus) willkommen und bietet *table-d'hôte*-Mahlzeiten.

CHENONCEAUX

Hôtel du Bon Laboureur et du Château

Straßenkarte D3. 6, rue du Docteur-Bretonneau, 37150. *02 47 23 90 02.* FAX *02 47 23 82 01.* ***Zimmer:*** *33.* *AE, EC, DC, V.* ⒻⒻⒻ

Das familiengeführte, einen kurzen Fußweg vom Château entfernte Hotel wirkt wie ein gemütlicher Gasthof, besitzt aber viele Komforteinrichtungen, darunter einen beheizten Außenpool mit Cocktailbar und ein renommiertes Restaurant.

CHINON

La Boule d'Or

Straßenkarte D3. 66, quai Jeanne-d'Arc, 37500. *02 47 93 03 13.* FAX *02 47 93 24 25.* ***Zimmer:*** *15.* *AE, EC, DC, V.* ⒻⒻ

Freundliches Hotel in einer alten Postkutschenstation an der Vienne. Einige der hübschen Zimmer blicken auf den Hof. Man serviert hier auch im Freien.

Château de Marçay

Straßenkarte D3. Marçay, 37500. *02 47 93 03 47.* FAX *02 47 93 45 33.* ***Zimmer:*** *38.* *AE, EC, DC, V.* ⒻⒻⒻⒻⒻ

Das betürmte mittelalterliche Château (9 km südlich von Chinon) aus weißem Kalktuff weist Tennisplätze, Pool und sogar Hubschrauberlandeplatz vor. Restaurant und Weinkeller werden hoch gelobt.

LANGEAIS

Hôtel l'Hosten

Straßenkarte D3. 2, rue Gambetta, 37130. *02 47 96 82 12.* FAX *02 47 96 56 72.* ***Zimmer:*** *11.* *AE, EC, DC, V.* ⒻⒻⒻ

Das traditionelle Hotel nahe dem Schloß befindet sich seit Jahrzehnten in Familienbesitz. Einige Zimmer blicken auf eine hübsche Terrasse. Das ausgezeichnete Restaurant tischt klassische Cuisine auf.

LOCHES

Le George Sand

Straßenkarte D4. 39, rue Quintefol, 37600. *02 47 59 39 74.* FAX *02 47 91 55 75.* ***Zimmer:*** *20.* *EC, V.* ⒻⒻⒻ

Dieser *Logis de France* ist in einer alten Postkutschenstation zu Füßen der Schloßwälle eingerichtet. Einige Zimmer erreicht man nur über die Steintreppe eines mittelalterlichen Wachturms. Regionale Küche.

LUYNES

Domaine de Beauvois

Straßenkarte D3. Le Pont Clouet, 37230. *02 47 55 50 11.* FAX *02 47 55 59 62.* ***Zimmer:*** *40.* *AE, EC, DC, V.* ⒻⒻⒻⒻⒻ

Ein Herrensitz des 15. und 16. Jahrhunderts vier Kilometer nordwestlich von Luynes dient nun als stilvolles Relais-et-Château-Hotel mit Außenpool und Tennisplätzen.

MONTBAZON

Château d'Artigny

Straßenkarte D3. Rte de Monts, 37250. *02 47 26 24 24.* FAX *02 47 65 92 79.* ***Zimmer:*** *55.* *AE, EC, DC, V.* ⒻⒻⒻⒻⒻ

Der *parfumier* François Coty baute das Château (1912–28) im Stil des 18. Jahrhunderts. Heute ist es luxuriöses Relais-et-Château-Hotel mit Tennisplätzen, Pool und Musikwochenenden im Winter.

MONTLOUIS-SUR-LOIRE

Château de la Bourdaisière

Straßenkarte D3. 25, rue de la Bourdaisière, 37270. *02 47 45 16 31.* FAX *02 47 45 09 11.* ***Zimmer:*** *12.* *EC, V.* ⒻⒻⒻⒻ

1565 wurde hier Gabrielle d'Estrées, Mätresse von Henri IV, geboren. Das Château ist zur Luxusunterkunft mit Pool und Reitanlage umgebaut.

TOURS

Hôtel Colbert

Straßenkarte D3. 78, rue Colbert, 37000. *02 47 66 61 56.* FAX *02 47 66 01 55.* ***Zimmer:*** *18.* *AE, EC, DC, V.* ⒻⒻ

Das freundliche Hotel nahe der Kathedrale hat seinen klassischen Stil trotz Renovierung bewahrt. Im Sommer frühstückt man im winzigen Hofgarten. Gute Restaurants in der Nähe.

Central Hôtel

Straßenkarte D3. 21, rue Berthelot, 37000. *02 47 05 46 44.* FAX *02 47 66 10 26.* ***Zimmer:*** *41.* *AE, EC, DC, V.* ⒻⒻⒻ

Der Name verrät die zentrale Lage. Das angenehme Hotel bietet komfortable Zimmer, einen kleinen Garten sowie Parkmöglichkeiten (in Tours ein Vorzug).

Domaine des Hautes Roches

Straßenkarte D3. 86, quai de la Loire, Rochecorbon, 37210. *02 47 52 88 88.* FAX *02 47 52 81 30.* ***Zimmer:*** *11.* *AE, EC, V.* ⒻⒻⒻⒻⒻ

Einzigartiges, nur 5 Kilometer von Tours entferntes Hotel in Gebäuden des 18. Jahrhunderts sowie mit erstaunlich bequemen, in den Tuff-Felsen getriebenen Höhlenzimmern.

Hôtel de l'Univers

Straßenkarte D3. 5, bd Heurteloup, 37000. *02 47 05 37 12.* FAX *02 47 61 51 80.* ***Zimmer:*** *85.* *AE, EC, DC, V.* ⒻⒻⒻⒻ

Das »Grandhotel« von Tours ist eine Luxusherberge. In der Lobby zeigen Trompe-l'œil-Gemälde bekannte Gäste des Hauses wie Sarah Bernhardt und Winston Churchill. Die klimatisierten Zimmer sind elegant eingerichtet.

VEIGNÉ

Le Moulin Fleuri

Straßenkarte D3. Rte de Ripault, 37250. *02 47 26 01 12.* FAX *02 47 34 04 71.* ***Zimmer:*** *12.* *AE, V.* ⒻⒻ

Eine alte Wassermühle an der Indre wurde in dieses reizende Hotel verwandelt. Die geräumigen, schlichten Zimmer liegen über einem Uferrestaurant.

VILLANDRY

Le Cheval Rouge

Straßenkarte D3. 9, rue Principale, 37510. *02 47 50 02 07.* FAX *02 47 50 08 77.* ***Zimmer:*** *20.* *EC, V.* ⒻⒻ

Das nur wenige Gehminuten vom Park des Château de Villandry entfernte Hotel ist ein günstiges Standbein für Ausflüge nach Azay-le-Rideau, Langeais und Ussé.

Zeichenerklärung *siehe S. 199*

VOUVRAY

Château de Jallanges

Straßenkarte D3. Vernou-sur-Brenne, 37210. *02 47 52 01 71.* *FAX 02 47 52 11 18.* ***Zimmer:** 5.* ★ *AE, EC, DC, V.* ⓕⓕⓕⓕ

Eine energiegeladene Familie bietet Unterkunft in diesem Château (15. Jh.). Die Zimmer überblicken das idyllische Gelände. Man kann reiten, mit der Kutsche fahren, im Heißluftballon aufsteigen oder im Garten flanieren – und abends mit den Schloßbesitzern dinieren.

YZEURES-SUR-CREUSE

Hôtel de la Promenade

Straßenkarte D4. 1, pl du 11 Novembre, 37290. *02 47 94 55 21.* *FAX 02 47 94 46 12.* ***Zimmer:** 17.* TV *EC, V.* ⓕⓕ

Die frühere Kutschenstation liegt nahe der archäologischen Fundstätten Le Grand-Pressigny und Preuilly-sur-Claise und günstig zum Naturreservat La Brenne. Das Hotel weist gemütliche Zimmer vor.

BLESOIS UND ORLEANAIS

BEAUGENCY

La Sologne

Straßenkarte E3. 6, pl St-Firmin, 45190. *02 38 44 50 27.* *FAX 02 38 44 90 19.* ***Zimmer:** 16.* TV *EC, V.* ⓕⓕ

Das kleine Hotel in einem Steinhaus der Altstadt gewährt angenehmen Aufenthalt. Die gut ausgestatteten Zimmer blicken auf den Garten, in dem das Frühstück serviert werden kann. Reservierung ratsam.

BLOIS

Hôtel Anne de Bretagne

Straßenkarte E3. 31, av Jean-Laigret, 41000. *02 54 78 05 38.* *FAX 02 54 74 37 79.* ***Zimmer:** 29.* TV *AE, EC, DC, V.* ⓕⓕ

Der schlichte Gasthof, ein Logis-de-France-Mitglied ohne Restaurant, liegt an einem kleinen Platz in Schloßnähe, aber fern der Besuchermassen. Französische wie ausländische Touristen schätzen ihn wegen seiner fairen Preise, heiteren Zimmer und freundlichen Atmosphäre.

Le Médicis

Straßenkarte E3. 2, allée François-1er, 41000. *02 54 43 94 04.* *FAX 02 54 42 04 05.* ***Zimmer:** 12.* TV *AE, EC, DC, V.* ⓕⓕⓕ

Dieses stilvolle Gebäude (19. Jh.) liegt nahe am Bahnhof und nur 15 Gehminuten vom Schloß entfernt. Die klimatisierten Zimmer sind in unterschiedlichen Stilen eingerichtet. Klassische Cuisine und Auswahl an Tagesmenüs begründen die Beliebtheit des Restaurants.

CHAMBORD

Le Grand St-Michel

Straßenkarte E3. Le Village, 41250. *02 54 20 31 31.* *FAX 02 54 20 36 40.* ***Zimmer:** 40.* TV *EC, V.* ⓕⓕⓕ

Dieses traditionelle Hotel gegenüber dem prächtigen Schloß wirkt nach einem stressigen Ferientag wie Balsam. Einige seiner bequemen Zimmer geben Blicke auf das Château frei. Auf den hoteleigenen Tennisplätzen holen Sie sich Appetit für das Abendessen an einem der (sehr gefragten) Terrassentische des Restaurants.

CHÂTEAUNEUF-SUR-LOIRE

Château du Plessis-Beauregard

Straßenkarte E2. Vitry-aux-Loges, 45530. *02 38 59 47 24.* *FAX 02 38 59 47 48.* ***Zimmer:** 3.* ★ ⓕⓕⓕ

Das Ziegelschloß reckt seine Türmchen sechs Kilometer von Châteauneuf-sur-Loire in der Fôret d'Orléans auf. Es besitzt helle, luftige Zimmer und einen Pool. Bei rechtzeitiger Vorbestellung wird ein Abendmenü serviert.

CHEVERNY

Château de Breuil

Straßenkarte E3. Rte de Fougère-sur-Brièvre, 41700. *02 54 44 20 20.* *FAX 02 54 44 30 40.* ***Zimmer:** 18.* TV *AE, EC, V.* ⓕⓕⓕ

Dieses große Château (18. Jh.) liegt auf weitläufigem Grund. Alle Zimmer, Suiten und Gemeinschaftsräume sind mit Antiquitäten möbliert. Ein Turm aus dem 15. Jahrhundert beherbergt einen einzigartigen Schlaf- und Aufenthaltsraum. Luxuriöser Speisesaal.

COUR-CHEVERNY

Le St-Hubert

Straßenkarte E3. Rue Nationale, 41700. *02 54 79 96 60.* *FAX 02 54 79 21 17.* ***Zimmer:** 20.* *EC, V.* ⓕⓕ

Das nach dem Schutzpatron der Jagd benannte, familiär geführte Hotel ist zur Jagdsaison stark frequentiert. Im Sommer können Sie hier angeln. Alle Zimmer sind modern eingerichtet. Das Restaurant bietet Kindermenüs.

GIEN

Le Rivage

Straßenkarte F3. 1, quai de Nice, 45500. *02 38 37 79 00.* *FAX 02 38 38 10 21.* ***Zimmer:** 19.* TV ★ *AE, EC, DC, V.* ⓕⓕⓕ

Alle Zimmer dieses geschmackvollen Hotels sind antik möbliert, manche blicken über den Garten zum Fluß. Das klimatisierte Restaurant verbindet gekonnt traditionelle und *nouvelle cuisine.*

MONTRICHARD

La Tête Noire

Straßenkarte D3. 24, rue de Tours. *02 54 32 05 55.* *FAX 02 54 32 78 37.* ***Zimmer:** 38.* *EC, V.* ⓕⓕ

Das solide Hotel verfügt über angenehme, teils im Anbau untergebrachte Zimmer. Das Anwesen liegt in einem Garten am Fluß Cher.

NOUAN-LE-FUZELIER

Moulin de Villiers

Straßenkarte E3. Rte de Chaon, 41600. *02 54 88 72 27.* *FAX 02 54 88 78 87.* ***Zimmer:** 19.* TV *EC, V.* ⓕⓕ

In dieser umgebauten Mühle können Sie echte Sologne-Atmosphäre schnuppern. Sie liegt im Wald an einem See, der zum Angeln und Vogelbeobachten einlädt. Die Räume sind schlicht, aber freundlich eingerichtet. Gute Restaurantpreise.

OLIVET

Les Quatre-Saisons

Straßenkarte E2. 351, rue de la Reine-Blanche, 45160. *02 38 66 14 30.* FAX *02 38 66 40 30.* ***Zimmer:*** *10.* TV P *AE, EC, V.* ⒻⒻ

Die hellen Zimmer dieses komfortablen Hotels sind mit Antiquitäten ausgestattet; viele blicken – wie auch der schöne Speisesaal – auf den Fluß Loiret.

ONZAIN

Domaine des Hauts-de-Loire

Straßenkarte D3. Rte d'Herbault, 41150. *02 54 20 72 57.* FAX *02 54 20 77 32.* ***Zimmer:*** *35.* TV P ★ *AE, EC, DC, V.* ⒻⒻⒻⒻⒻ *Siehe* **Restaurants**, *S. 216.*

Das geschmackvolle Relais-et-Château-Hotel war früher ein Jagdhaus. Man kann auf dem Gelände schwimmen, Tennis spielen, sogar Flüge im Heißluftballon und Hubschrauber unternehmen. Restaurant mit zwei Michelin-Sternen.

ORLÉANS

Hôtel Jackotel

Straßenkarte E2. 18, Cloître St-Aignan, 45000. *02 38 54 48 48.* FAX *02 38 77 17 59.* ***Zimmer:*** *42.* TV P *AE, EC, DC, V.* ⒻⒻ

Das schlichte Hotel empfängt in einem ehemaligen Kloster. Es liegt nahe der Rue de Bourgogne mit ihren zahlreichen Restaurants. Die Eckzimmer bieten Aussicht auf die Schieferdächer der Stadt und die Kathedralentürme.

ROMORANTIN-LANTHENAY

Grand Hôtel du Lion d'Or

Straßenkarte E3. 69, rue Georges-Clemenceau, 41200. *02 54 94 15 15.* FAX *02 54 88 24 87.* ***Zimmer:*** *16.* TV P ★ *AE, EC, DC, V.* ⒻⒻⒻⒻⒻ

Der Renaissanceherrensitz, ein Relais-et-Château-Mitglied, ist seit 1774 Hotel. Er besitzt schöne Räume, im Hof einen Kräutergarten mittelalterlichen Stils und ein sehr gutes Restaurant.

SALBRIS

Le Parc

Straßenkarte E3. 8, av d'Orléans, 41300. *02 54 97 18 53.* FAX *02 54 97 24 34.* ***Zimmer:*** *27.* P *AE, EC, DC, V.* ⒻⒻⒻ

Dieses Hotel im Herzen der Sologne bettet sich in Parklandschaft. In den eleganten Zimmern (manche mit Terrasse) finden Sie stets Blumen. Im guten Restaurant prangt ein großer Kamin aus Stein.

VENDÔME

Hôtel Vendôme

Straßenkarte D3. 15, faubourg Chartran, 41100. *02 54 77 02 88.* FAX *02 54 73 90 71.* ***Zimmer:*** *35.* TV P *EC, V.* ⒻⒻ

Dieses ansprechende, typisch französische Provinzhotel liegt nahe dem alten Zentrum. Es entstand auf dem Grund einer mittelalterlichen *auberge,* in der Pilger auf dem Weg nach Santiago de Compostela rasteten. Zimmer wie Restaurant zeugen von Organisationstalent und Geschmack.

BERRY

ARGENT-SUR-SAULDRE

Relais de la Poste

Straßenkarte F3. 3, rue Nationale, 18410. *02 48 73 60 25.* FAX *02 48 73 30 62.* ***Zimmer:*** *10.* TV P *EC, V.* ⒻⒻ

Balkenwerk und Blumenschmuck verleihen diesem Sologne-Gasthof ländliches Flair. Das Restaurant serviert delikate Wildgerichte.

ARGENTON-SUR-CREUSE

Le Manoir de Boisvillers

Straßenkarte E4. 11, rue du Moulin-de-Bord, 36200. *02 54 24 13 88.* FAX *02 54 24 27 83.* ***Zimmer:*** *14.* TV P *AE, EC, V.* ⒻⒻ

Dieser ruhige Herrensitz (18. Jh.) ist mitten in der Stadt eine Überraschung. Schmiedeeiserne Tore führen in den hübschen, um einen Pool gebetteten Garten. Geräumige, komfortable Zimmer.

AUBIGNY-SUR-NÈRE

Auberge de la Fontaine

Straßenkarte F3. 2, av du Général Leclerc, 18700. *02 48 58 34 41.* FAX *02 48 58 36 80.* ***Zimmer:*** *16.* TV P *AE, EC, DC, V.* ⒻⒻ.

Das freundliche, moderne Hotel liegt einen kurzen Fußweg vom Schloß und seinen Museen entfernt. Die vorderen Zimmer blicken auf einen reizvollen Park, die rückwärtigen auf den hübschen Garten. Das Restaurant bietet Kindermenüs.

Château de la Verrerie

Straßenkarte F3. Oizon, 18700. *02 48 58 06 91.* FAX *02 48 58 21 25.* ***Zimmer:*** *12.* P ★ *AE, EC, V.* ⒻⒻⒻⒻⒻ

Das frühe Renaissanceschloß spiegelt sich malerisch in einem See. Seine charmanten, hilfreichen Besitzer sind der Comte und die Comtesse de Vogüé. Sie laden Hausgäste zum privaten Dîner ein und unterhalten auf dem Gelände auch ein Restaurant im Landhausstil. Großzügige, bezaubernd möblierte Zimmer.

LE BLANC

Domaine de l'Etape

Straßenkarte D4. Rte de Bélâbre, 36300. *02 54 37 18 02.* FAX *02 54 37 75 59.* ***Zimmer:*** *35.* TV P *AE, EC, DC, V.* ⒻⒻ

Das ruhig in einem weitläufigen Garten gelegene Hotel ist eine günstige Ausgangsbasis für Urlaub in der Natur und Erkundungen des Naturreservats La Brenne. Es bietet eine angenehme Mischung von modernem Komfort und antikem Dekor. Ein eigener See macht Angeln und Boot fahren, der Reitstall Ausritte möglich.

BOURGES

Hôtel d'Angleterre

Straßenkarte F4. 1, pl des Quatre Piliers, 18000. *02 48 24 68 51.* FAX *02 48 65 21 41.* ***Zimmer:*** *31.* 24 TV P *AE, EC, DC, V.* ⒻⒻⒻ

Dieses eingeführte Hotel liegt im Herz von Bourges dicht beim Palais Jacques-Cœur. Es hat trotz Modernisierung seine tradionelle, stilvolle Atmosphäre bewahrt.

Zeichenerklärung *siehe S. 199*

Hôtel de Bourbon

Straßenkarte F4. Bd de la République, 18000. *02 48 70 70 00.* FAX *02 48 70 21 22.* ***Zimmer:*** *59.* *AE, EC, DC, V.* ⒻⒻⒻⒻ *Siehe auch* **Restaurants**, *S. 217.*

Eine Renaissanceabtei beherbergt dieses Hotel mit modernen, schallisolierten Schlafzimmern und eleganten Aufenthaltsräumen. Das Restaurant befindet sich in der früheren Kapelle.

BRINON-SUR-SAULDRE

La Solognote

Straßenkarte F3. Le Village, 18410. *02 48 58 50 29.* FAX *02 48 58 56 00.* ***Zimmer:*** *13.* ★ *EC, V.* ⒻⒻ

Dieses reizende, alt möblierte Mitglied des Logis de France ist ein typischer Sologne-Gasthof und zur Jagdsaison gutbesucht. Die Zimmer blicken auf einen ruhigen Hofgarten. Ausgezeichnetes Restaurant.

CHÂTEAUROUX

Le Manoir du Colombier

Straßenkarte E4. 232, rue du Châtellerault, 36000. *02 54 29 30 01.* FAX *02 54 27 70 90.* ***Zimmer:*** *11.* *AE, EC, DC, V.* ⒻⒻⒻ

Dieses Gutshaus entstammt dem späten 18. Jahrhundert, dessen Stil auch die Zimmereinrichtung bestimmt. Einige Räume blicken auf die Indre, die durch den Park fließt. Das angenehme Restaurant serviert lokale Spezialitäten.

LA CHÂTRE

Château de la Vallée Bleue

Straßenkarte E4. Rte de Verneuil, 36400. *02 54 31 01 91.* FAX *02 54 31 04 48.* ***Zimmer:*** *13.* *EC, V.* ⒻⒻⒻ

In diesem sehr stilvollen Château (19. Jh.) wohnte George Sands Arzt, der von hier aus zu Fuß seine illustre Patientin in Nohant aufsuchte. Heute empfängt es als Hotel mit Pool und angenehmem Golfübungsplatz auf dem weiten Gelände. Zwei weitere sehr gute Golfanlagen finden Sie (im Umkreis von nur 18 km) bei Pouligny-Notre-Dame und Issoudun.

ST-AMAND-MONTROND

Hôtel de la Poste

Straßenkarte F4. 9, rue du Docteur-Vallet, 18200. *02 48 96 27 14.* FAX *02 48 96 97 74.* ***Zimmer:*** *20.* *AE, EC, V.* ⒻⒻ

Das freundliche Hotel mit beliebtem Restaurant entstand 1584 als Pilgerherberge. Es gruppiert sich um einen Innenhof und ist ein gemütlicher Ausgangspunkt für Besuche der Abbaye de Noirlac und der Schlösser Ainay-le-Vieil, Culan und Meillant.

Château de la Commanderie

Straßenkarte F4. Farges-Allichamps, 18200. *02 48 61 04 19.* FAX *02 48 61 01 84.* ***Zimmer:*** *7.* ★ *AE, EC, V.* ⒻⒻⒻⒻⒻ

Das reizvolle Rittergut (12. Jh.), einst Pfründe der Templer, gehört seit dem 17. Jahrhundert derselben Familie. Comtesse und Comte de Jouffroy-Gonsans bieten hier wie im zugehörigen Schloß (19. Jh.) stilvolle Unterbringung und Dîners bei Kerzenschein.

SANCERRE

Hôtel Panoramic

Straßenkarte F3. Rempart des Augustins, 18300. *02 48 54 22 44.* FAX *02 48 54 39 55.* ***Zimmer:*** *57.* *AE, EC, V.* ⒻⒻ

Viele Zimmer dieses modernen Hauses blicken auf die Weingärten von Sancerre. Der Hotelparkplatz erfreut angesichts der engen, gewundenen Straßen der Stadt ebenso wie der Garten mit Pool und das Restaurant.

VALENÇAY

Hôtel d'Espagne

Straßenkarte: E4. 9, rue du Château, 36600. *02 54 00 00 02.* FAX *02 54 00 12 63.* ***Zimmer:*** *16.* ★ *AE, EC, DC, V.* ⒻⒻⒻ

Dieses ruhige, elegante Relais-et-Château-Hotel ist seit 1875 in den Händen derselben Familie. Höflicher Service, komfortable Zimmer und traditionelle, im Sommer in einem hübschen Innenhof servierte Speisen begründen seinen guten Ruf.

NÖRDLICH DER LOIRE

CHARTRES

Hôtel de la Poste

Straßenkarte E2. 3, rue Général Koëneg, 28000. *02 37 21 04 27.* FAX *02 37 36 42 17.* ***Zimmer:*** *57.* *AE, EC, DC, V.* ⒻⒻ

Zwei Zimmer dieses reizvollen Hotels blicken auf die nahe Kathedrale. Ein Zimmer ist mit alten bretonischen Möbeln, die anderen sind zeitgemäß eingerichtet. Das Restaurant bietet günstige Kindermenüs.

Le Grand Monarque

Straßenkarte E2. 22, pl des Epars, 28000. *02 37 21 00 72.* FAX *02 37 36 34 18.* ***Zimmer:*** *54.* *AE, EC, DC, V.* ⒻⒻⒻⒻ *Siehe auch* **Restaurants**, *S. 218.*

Eine Postkutschenstation (18. Jh.) war Vorläuferin dieses altbeliebten, modernisierten und effizient geführten Hotels. Einige der behaglichen Zimmer blicken auf einen kleinen Garten. Stilvolles Restaurant.

COURVILLE-SUR-EURE

Château de Blanville

Straßenkarte E2. St-Luperce, 28190. *02 37 26 77 36.* FAX *02 37 26 78 02.* ***Zimmer:*** *5.* ★ *AE, EC, V.* ⒻⒻⒻⒻ

Die Familie Cossé-Brissac besitzt dieses elegante Château (15 km südwestlich von Chartres) seit 250 Jahren. Vor dem Diner bei Kerzenschein können Sie auf dem Schloßgrund radeln, schwimmen, angeln, im Ziergarten oder durch den nahen Wald spazieren.

LA FLÈCHE

Le Relais Cicéro

Straßenkarte C3. 18, bd d'Alger, 72200. *02 43 94 14 14.* FAX *02 43 45 98 96.* ***Zimmer:*** *21.* *AE, EC, DC, V.* ⒻⒻⒻ

Das sehr ruhige, angenehme Hotel ist in einem stattlichen Herrenhaus aus dem 17. Jahrhundert nahe der Prytanée Militaire untergebracht. Es besitzt edel antik möblierte Zimmer, aber leider kein Restaurant.

Fresnay-sur-Sarthe

Hôtel Ronsin

Straßenkarte C2. 5, av Charles-de-Gaulle, 72130. *02 43 97 20 10.* FAX *02 43 33 50 47.* ***Zimmer:*** *12.* AE, EC, DC, V. ⒻⒻ

Traditionelles französisches Hotel mit schlichten, aber praktisch angelegten Zimmern. Im Restaurant breite Auswahl an Tagesmenüs.

Laval

Hôtel des Blés d'Or

Straßenkarte B2. 83, rue Victor-Boissel, 53000. *02 43 53 14 10.* FAX *02 43 49 02 84.* ***Zimmer:*** *8.* AE, EC, V. ⒻⒻⒻ

Dieses freundliche Hotel liegt am Getreidemarkt nahe dem Fluß Mayenne. Das ausgezeichnete Restaurant ist gemütlich ländlich eingerichtet.

Le Mans

Hôtel Chantecler

Straßenkarte C2. 50, rue de la Pelouse, 72000. *02 43 24 58 53.* FAX *02 43 77 16 28.* ***Zimmer:*** *35.* AE, EC, V. ⒻⒻ

Für dieses Hotel sprechen Gehnähe zur Altstadt, behagliche Zimmer, angenehme Bar und Lounge.

St-Léonard-des-Bois

Touring Hôtel

Straßenkarte C2. Le Village, 72590. *02 43 97 28 03.* FAX *02 43 97 07 72.* ***Zimmer:*** *35.* AE, EC, DC, V. ⒻⒻⒻ

Das moderne Hotel eignet sich als Ausgangspunkt zur Erkundung der Alpes Mancelles. Die Zimmer blicken auf den Garten oder die Berge. Hallenpool, gutes Restaurant.

Solesmes

Grand Hôtel de Solesmes

Straßenkarte C2. 16, pl Dom-Guéranger, 72300. *02 43 95 45 10.* FAX *02 43 95 22 26.* ***Zimmer:*** *34.* AE, EC, DC, V. ⒻⒻⒻ *Siehe auch* **Restaurants**, *S. 219.*

Das Hotel liegt drei Kilometer von Sablé entfernt gegenüber der Abtei. Es bietet große Zimmer, Fitneßraum, Kunstgalerie und ein Restaurant mit Gartenblick.

Loire-Atlantique und Vendee

Ile d'Yeu

Flux Hôtel

Straßenkarte A4. 27, rue Pierre-Henry, Port-Joinville, 85350. *02 51 58 36 25.* FAX *02 51 59 44 57.* ***Zimmer:*** *16.* EC, V. ⒻⒻ *Siehe auch* **Restaurants**, *S. 219.*

Die Zimmer im Anbau dieses modernen Hotels besitzen Balkon. Die Küche bereitet abends gern Ihren Tagesfang an Fisch oder Schalentieren zu.

Nantes

Hôtel de la Duchesse Anne

Straßenkarte B3. 3–4, pl de la Duchesse Anne, 44000. *02 40 74 30 29.* FAX *02 40 74 60 20.* ***Zimmer:*** *70.* AE, EC, DC, V. ⒻⒻ

Das Hotelgebäude (19. Jh.) offeriert renovierte sowie billigere ältere – teils durchaus reizvolle – Zimmer. Viele Räume blicken auf Kathedrale und Schloß.

Hôtel La Pérouse

Straßenkarte B3. 3, allée Duquesne, 44000. *02 40 89 75 00.* FAX *02 40 89 76 00.* ***Zimmer:*** *46.* AE, EC, DC, V. ⒻⒻⒻ

Der schnörkellose Bau hat Architekturpreise gewonnen. Das Hotel ist trotz zentraler Lage am Cours des Cinquantes Otages relativ ruhig. Man kann bei der nahen Tour de Bretagne umsonst parken.

Noirmoutier-en-l'Isle

Hôtel du Général d'Elbée

Straßenkarte A4. Pl du Château, 85330. *02 51 39 10 29.* FAX *02 51 39 08 23.* ***Zimmer:*** *29.* AE, EC, DC, V. ⒻⒻⒻⒻ

Das nach einem General der Vendée-Rebellen benannte Hotel liegt in einem historischen Gebäude an einem Kanal. Der umfriedete Garten besitzt einen Pool.

La Roche-sur-Yon

Logis de la Couperie

Straßenkarte B4. D80, La Roche-sur-Yon, 85000. *02 51 37 21 19.* FAX *02 51 47 71 08.* ***Zimmer:*** *7.* AE, EC, DC, V. ⒻⒻⒻ

La Couperie, vom 14. Jahrhundert bis 1789 Herzogsresidenz, liegt fünf Minuten Fahrt vom Stadtzentrum entfernt in einem Park mit See. Die Zimmer besitzen antikes Mobiliar. Im großen Salon brennt ein Holzfeuer.

Les Sables d'Olonne

Les Roches Noires

Straßenkarte A4. 12, promenade Georges-Clemenceau, 85100. *02 51 32 01 71.* FAX *02 51 21 61 00.* ***Zimmer:*** *37.* AE, EC, DC, V. ⒻⒻ

Das Hotel ist angesichts seiner Strandlage nicht zu teuer. Der Weg ins Stadtzentrum dauert lang. Einige Zimmer haben Meerblick.

Château de la Millière

Straßenkarte A4. St-Mathurin, 85100. *02 51 36 13 08.* FAX *02 51 22 73 29.* ***Zimmer:*** *5.* ★ V. ⒻⒻⒻ

Ein 18 Hektar großer Park umgibt dieses acht Kilometer stadtauswärts gelegene Château (19. Jh.). Er bietet Gelegenheit zum Spazieren, Angeln und Schwimmen im Pool. Diners muß man vor 12 Uhr bestellen.

St-Lyphard

Auberge de Kerhinet

Straßenkarte A3. Kerhinet, 44410. *02 40 61 91 46.* FAX *02 40 61 97 57.* ***Zimmer:*** *7.* AE, EC, DC, V. ⒻⒻ *Siehe auch* **Restaurants**, *S. 219.*

Diese *auberge*, ein hübsches Landhaus mit Reetdach in den Salzmarschen von La Grande Brière *(siehe S. 180)*, ist aus dem örtlichen hellen Stein erbaut. Erlesene alte Fotografien schmücken die Wände der schlicht und rustikal gehaltenen Räume. Spezialität des Restaurants sind lokale Fischgerichte.

Zeichenerklärung *siehe S. 199*

Restaurants, Cafés und Bars

In dieser insgesamt wohlhabenden, kulinarisch verwöhnten Region mißt man dem Essen – selbst nach französischem Maßstab – außerordentlich hohen Wert bei. Hier speist man gern auswärts und nimmt die Hauptmahlzeit immer noch mittags ein: Selbst in größeren Städten wie Tours, Orléans und Nantes gehen Angestellte meist in der zweistündigen Mittagspause zum Essen nach Hause. Restaurants servieren Mittagessen ab etwa 12 Uhr. Nach 13 Uhr sind manche Küchen bereits geschlossen (städtische Cafés und Brasserien zeigen sich flexibler). Zu Abend kann man ab etwa 20 Uhr, in Touristenhochburgen eventuell früher essen. Als letzter Bestelltermin gilt manchmal, vor allem auf dem Land, schon 21 Uhr. Die Restaurants auf den Seiten 214ff umfassen alle Preisklassen und wurden aufgrund von Essensqualität, Ausstattung und Ambiente ausgewählt.

Schild eines Cafés im Berry

Straßencafé im historischen Kern von Richelieu

Restaurants

Auf dem Land und in Kleinstädten findet man die besten Restaurants oft in Hotels; vor allem Mitglieder des Verbands **Logis de France** bürgen für gute regionale Küche zu angemessenem Preis. In größeren Städten reicht die breite Auswahl an Eßlokalen von einfachen Pizzerien und Crêperien über Cafés und Brasserien bis zu schicken Gourmettempeln. Cafés sind ideal für einen Snack, Kaffee oder Apéritif, Brasserien eignen sich für eine schnelle Mahlzeit. Anders als Restaurants bieten Cafés und Brasserien meist auch außerhalb der üblichen Essenszeiten ein kleines Speisensortiment.

Zudem eröffnen immer mehr exotische (meist vietnamesische und nordafrikanische) Restaurants.

Vegetarische Küche

Ein Schlaraffenland für Vegetarier ist Frankreich – noch – nicht. Vegetarische Lokale findet man in einigen Universitätsstädten. Eine gute Alternative sind vietnamesische Restaurants und Pizzerien. In den Touristenvierteln größerer Städte bieten manche Cafés und Brasserien einige vegetarische Gerichte an; fast alle servieren Omeletts und andere Eierspeisen. Sie können darum bitten, auf mögliche Fleisch- und Fischzutaten in Salaten zu verzichten. Bei Speiserestaurants muß man zuvor anfragen, ob sie Ihren vegetarischen Extrawunsch erfüllen. Wer lediglich Fleisch verschmäht, muß im Loire-Tal nicht darben: Restaurants offerieren exzellente Fischdelikatessen, Cafés und Brasserien mindestens ein Fischgericht.

Speisekarte

Fast alle Restaurants im Loire-Tal bieten zumindest ein Tagesmenü *(menu)*. Oft haben Sie die Wahl zwischen mehreren Menüs – gekrönt vom teuren Feinschmeckermenü *(menu gastronomique)*, das man aber womöglich nur serviert, wenn die gesamte Tischrunde es ordert. Ein *menu régional* oder *menu du terroir* verspricht regionale Spezialitäten.

Preiswertere Menüs bieten als Vorspeise oft lokale *charcuterie* (Wurst), einen Salat oder *crudités* (Gemüserohkost), Feinschmeckermenüs beinhalten aufwendigere Speisen. Gemüse reicht man gern separat.

Käse – im Loire-Tal bevorzugt Ziegenkäse – kommt in der Regel zwischen Hauptgang und Nachspeise auf den Tisch.

Typische Restaurantterrasse im Loire-Tal

Viele, vor allem ländliche Restaurants führen keine *carte* mit individuell kombinierbaren Speisen. Falls doch, kommt Bestellen *à la carte* fast immer teuer als das Tagesmenü – es ist unüblich, die Vorspeise auszulassen und nur ein Hauptgericht zu ordern. Verzicht auf das Dessert stößt eher auf Verständnis.

Cafés und Brasserien bieten außer einem *plat du jour*, einem – oft regionalen – Tagesgericht, französische Standardkost wie Steaks oder Fisch mit Pommes frites und Salat oder Gemüse.

Auberge du Moulin de Chaméron in Bannegon, Berry *(siehe S. 217)*

Reservierung

Tische in Restaurants nahe bekannter Schlösser sollte man stets, besonders zur Hochsaison (Ostern bis Ende September) reservieren. In bei Einheimischen beliebten städtischen Restaurants, die selten telefonische Reservierungen annehmen, sollte man frühzeitig eintreffen. Ländliche Restaurants schließen oft am Sonntagabend und einem Wochentag.

Kleiderordnung

Die Franzosen und Französinnen legen viel Wert auf äußere Erscheinung. Formelle Kleidung wird aber, einige teure Etablissements ausgenommen, nicht verlangt. Selbst in Toprestaurants herrscht selten Krawattenzwang. Daß Sie gepflegt auftreten, gilt als selbstverständlich.

Die rustikale Auberge de la Petite Fadette in Nohant *(siehe S. 217)*

Preise und Bezahlen

Da Restaurants meist auch günstigere Tagesmenüs anbieten, ist eine klare Preisklassifizierung schwierig. Eine Person kann für 65 FF tafeln, ebensogut um 500 FF ärmer werden. Für 150 bis 200 FF erhalten Sie überall ein gutes, reichhaltiges Mahl.

Bei allen – bis auf die teuersten – Restaurants können Sie vor der Tür an einem Aushang die Preise studieren. Diese verstehen sich meist inklusive 12–15 Prozent Bedienungszuschlag; dennoch ist ein Trinkgeld von einigen Francs üblich. In teureren Restaurants sind ungefähr 5 FF für Garderobieren, 2 FF für das Toilettenpersonal angebracht.

Die verbreitetste Kreditkarte ist Visa. Wer mit Euroscheck, Kreditkarten von American Express, Diners Club oder EuroCard zahlen will, sollte zuvor fragen, ob diese akzeptiert werden.

Mit Kindern

Kinder sind überall in der Region willkommen. Doch man sollte darauf achten, daß sie beim Essen nicht durch das Lokal tollen, sondern am Tisch bleiben. Wenige Restaurants bieten Hochstühle, einige günstige Kindermenüs *(repas d'enfant)*.

Rollstuhlfahrer

Nur wenige Restaurants sind auf Rollstuhlfahrer eingestellt. Geben Sie daher beim Reservieren an, daß Sie Platz für einen *fauteuil roulant* benötigen. Die Adreßliste auf Seite 198 nennt Organisationen, die über behindertengerechte Einrichtungen im Loire-Tal informieren.

Rauchen

Französische Gaststätten sind gesetzlich verpflichtet, Raucher- und Nichtraucherzonen einzurichten. Letztere bestehen oft nur pro forma aus einem oder zwei Tischen in einer Nische, ausgewiesen durch ein Nichtraucherschild an der Wand. Bars und Cafés sind fast immer Räucherstuben.

Zeichenerklärung

Schlüssel zu den Symbolen auf den Seiten 214ff.

- Geöffnet
- Tagesmenü
- Kinderportionen
- Vegetarische Gerichte
- Tische im Freien
- Behindertengerecht (Details erfragen)
- Jackett und Krawatte
- Nichtraucherbereich
- Exzellente Weinkarte
- ★ Sehr empfehlenswert
- Kreditkarten
- *AE* American Express
- *EC* Eurocard
- *DC* Diners Club
- *V* Visa

Preise für ein Drei-Gänge-Menü und eine halbe Flasche Hauswein für eine Person inklusive Gedeck, Steuer und Bedienung.

Ⓕ unter 150 FF
ⒻⒻ 150 FF–250 FF
ⒻⒻⒻ 250 FF–350 FF
ⒻⒻⒻⒻ 350 FF–500 FF
ⒻⒻⒻⒻⒻ über 500 FF.

Was ißt man im Loire-Tal?

Pflückfrische Erdbeeren

Die Küche im Loire-Tal basiert auf frischen Zutaten und sorgfältiger, doch schnörkelloser Zubereitung. Alsen, Lachse, Fluß- und Hechtbarsche kommen, fangfrisch aus den Flüssen, raffiniert schlicht mit *beurre blanc* oder Sauerampfersoße auf den Tisch. Im Mündungsgebiet der Loire serviert man Meeresfrüchteplatten mit Garnelen und Austern. Das Klima und der fruchtbare Boden bringen knackiges Frühgemüse und -obst hervor, die sandigen Loire-Ufer Spargel. Im Herbst biegen sich die Zweige der Obstbäume unter der Last der Äpfel und Birnen. Wild aus den Wäldern des Berry reicht man mit Wildpilzen oder Knopfchampignons *(champignons de Paris)*, die in den Tuffsteinhöhlen bei Saumur gezüchtet werden.

Rillons de Tours, *große, im eigenen Saft butterzart gegarte Stücke vom Schwein, findet man in jeder* charcuterie *der Touraine.*

Noisettes de porc au pruneaux *sind eine Spezialität von Tours: in Vouvray-Wein sanft geschmorte Schweinelende, die mit ebenfalls in Wein eingeweichten Backpflaumen und einer milden Soße aus rotem Johannisbeergelee und Rahm serviert wird.*

Caneton de Nantes aux navets *ist gebratene, traditionell von zarten weißen Rüben begleitete junge Ente.*

Rillettes du Mans, *zerfasertes Schweine-, manchmal auch Gänse- oder Kaninchenschmalzfleisch, werden traditionell gern als herzhafter erster Gang serviert.*

Poulet en barbouille, *ein Schmankerl des Berry, besteht aus saftigem, mit Karotten und Zwiebeln in Cognac und Wein geschmortem Huhn. Traditionell reicht man dazu einen Fond aus Hühnerblut.*

Fisch und Meeresfrüchte

In der gesamten Region stehen fangfrische Fische und Meeresfrüchte auf dem Speisezettel. Fisch wird in der Regel schlicht zubereitet und mit einer Soße gereicht, die sein frisches Aroma unterstreicht.

Alose à l'oseille *besteht aus gegrillter Alse (einem auch Maifisch genannten Heringsfisch) mit Sauerampfer-Rahmsoße.*

Chapon du Mans à la broche, *zarter, meist am Spieß gebratener Kapaun, ist eine Spezialität der Gegend um Le Mans.*

Matelote d'anguilles, *Aalragout, wird in rotem Chinon-Wein mit Knopfchampignons und Perlzwiebeln geschmort.*

Friture de la Loire *steht oft auf der Karte flußnaher Restaurants: ein Teller mit kurzgebratenen Süßwasserfischen und Zitronenschnitzen.*

Sandre au beurre blanc *ist Zander (Hechtbarsch), begleitet von einem Highlight der Loire-Cuisine: mit Schalotten und Weinessig abgeschmeckter Buttersoße.*

Tarte Tatin, *gestürzten karamelisierten Apfelkuchen, haben die Schwestern Tatin in ihrem Sologne-Gasthof kreiert – und damit das vielleicht berühmteste Dessert der Loire-Küche geschaffen.*

Pithiviers, *benannt nach einem Städtchen bei Orléans, ist ein Mandel-Blätterteiggebäck.*

Crémets d'Anjou *sind ein köstliches Dessert aus geschlagener crème double und Eiweiß.*

Poirat, *mit Obstler aromatisierter Birnenkuchen, ist eine Spezialität des Berry, zu der man gern einen Roséwein nippt.*

Valençay

Crottins de Chavignol

Sainte-Maure de Touraine

Selles-sur-Cher

KÄSE

Die delikatesten Käse des Loire-Tals sind Ziegenkäse: Der Crottin de Chavignol aus Sancerre ist klein und rund, der Sainte-Maure de Touraine besitzt Strohhalme in der Mitte und oft eine Umhüllung aus Asche *(cendré)*, der Valençay die Form einer Pyramide. Aus Kuhmilch wird der camembertähnliche Olivet gewonnen.

Was trinkt man im Loire-Tal?

Da im Loire-Tal Wein angebaut wird *(siehe S. 30f)*, gehen in Cafés und Bars am häufigsten *un petit coup de rouge* oder *un petit coup de blanc* (ein kleines Glas Rot- oder Weißwein) über den Tresen. Die leichten Roséweine wie Rosé d'Anjou oder Rosé de Touraine trinkt man gekühlt als Apéritif oder nachmittags zu einem Stück Kuchen. Im November bieten Cafés und Bars *bernache* an, frisch vergorenen Traubenmost. Zur breiten Palette anderer Alkoholika zählen Obstler *(eaux de vie)* und Lagerbier. Hinzu kommen Kaffees, Tees, Säfte und andere alkoholfreie Getränke.

Kellner in einer Bar des Loire-Tals

Weißer Sancerre

Roter Bourgueil

Schaumwein

Wein

Wie im ganzen Land trinkt man auch in der Loire-Region zum Essen Wein. Lokale Weine werden oft in Karaffen ausgeschenkt. Mit der Bestellung von einem *quart* (25 cl) oder *demi* (50 cl) können Sie sich preiswert durch die Vielzahl der Loire-Weine *(siehe S. 30f)* kosten, ehe Sie für Ihren Weinkeller einkaufen.

Das Gesetz ordnet heimische Weine vier Qualitätsklassen zu: An der Spitze steht die *Appellation d'Origine Contrôlée (AOC)*, gefolgt vom *Vin Délimité de Qualité Supérieure*, dem *Vin de Pays* und dem *Vin de Table* (Tafelwein). Letzterer ist ein Verschnitt und in guten Restaurants selten im Ausschank. Bestellen Sie gegebenenfalls den Hauswein *(la réserve)* – fast alle Restaurants bieten einen guten Tropfen zu fairem Preis, statt durch schlechten Hauswein ihrem Ruf zu schaden.

Apéritifs und Digestifs

Die lokalen Schaumweine geben einen ausgezeichneten Apéritif, aber auch Dessertbegleiter ab. Beliebt ist der leicht moussierende *(pétillant)* Vouvray. Aus dem westlicheren Saumur im Anjou kommt Spitzensekt der *méthode traditionnelle*. Auch der Schaumwein Crémant de Loire ist nicht zu verschmähen.

Im Burgund schätzt man als Apéritif einen *kir*, Weißwein mit einem Schuß *crème de cassis* (schwarzer Johannis-

Was das Weinetikett aussagt

Jedes Etikett informiert über Geschmack und Qualität des Weins. Es nennt Namen von Wein und Winzer, bei besseren Weinen auch den Jahrgang. Zudem gibt es an, ob es sich um einen Wein aus kontrolliertem Anbaugebiet *(appellation contrôlée* oder *VDQS)*, einen *vin de pays* oder *vin de table* handelt. Hinzu kann eine regionale Klassifizierung kommen. Auch Form und Farbe der Flasche liefern Hinweise; gute Weine füllt man zum Schutz vor Licht meist in grünen Flaschen ab. Das Design des Etiketts hingegen verrät nichts über die Qualität.

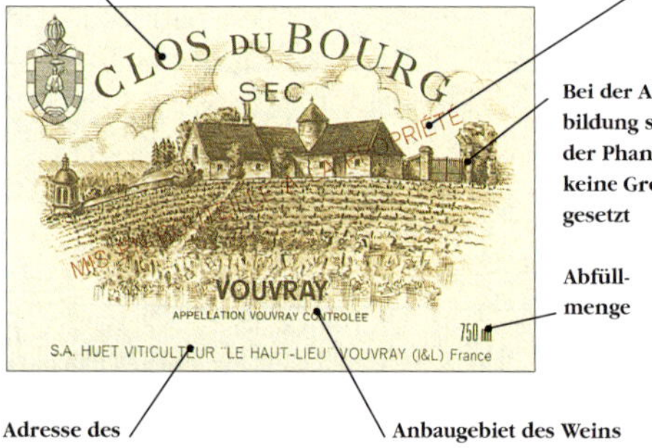

beerlikör), der als Hausapéritif oft mit Schaumwein und Erdbeer- oder Pfirsichlikör abgewandelt wird. Daneben führen Bars, Cafés und Restaurants das übliche Sortiment französischer und internationaler Apéritifs wie Gin, Sherry, Portwein und Whisky.

Nach dem Essen hilft man der Verdauung gern mit einem Gläschen Obstler aus Himbeeren, Birnen oder Pflaumen *(eau de vie de framboise, de poire, de prune)* oder anderen, klassischen *digestifs* wie Cognac oder Calavados auf die Sprünge.

Bier

Einheimische ordern in Cafés meist *un demi* (einen halben Liter) Lagerbier vom Faß. Auch Flaschenbiere werden angeboten, importierte ebenso wie – wesentlich billigere – französische.

Ein klassisches Frühstück: *café crème* und ein frisches Croissant

Kaffee und Tee

Die Cafés, nach wie vor »der« soziale Treff, brühen guten Espresso *(exprès)*. Milchkaffees, beliebt zum Frühstück mit einem frischen Croissant, kann man in zwei Tassengrößen bestellen: als *petit crème* (kleinen) und *grand crème* (großen Milchkaffee).

Tee kommt in Cafés meist aus Beuteln daher, *un thé au citron* mit einem Zitronenschnitz. In Städten findet man Teestuben, die ihn aus Blättern aufgießen. Viele Cafés servieren heimische und exotische Früchte- und Kräutertees. In Restaurants trinkt man nach dem Essen häufig Tee aus Lindenblüten *(tilleul)*, Minze *(menthe)* oder Kamille *(camomille)*.

Weitere Getränke

Kinder lieben die bunten Longdrinks wie *menthe à l'eau* (grüner, mit Leitungswasser gestreckter Pfefferminzsirup) oder *grenadine* (roter Granatapfelsaft). Mit Vittel-Mineralwasser aufgegossen, heißen diese – Erwachsenen meist zu süßen – Säfte Vittel menthe, Vittel grenadine und so fort. Erfrischender als *Vittel citron* (mit Zitronensirup) schmeckt *Vittel citron amer* (mit Bitter-Lemon-Saft ohne Kohlensäure). Bester – teurerer – Durstlöscher ist ein *citron pressé:* frischgepreßter Zitronensaft, den man, ebenso wie frischgepreßten Orangensaft *(orange pressée)*, mit einer Karaffe Wasser und Tütchen- oder Würfelzucker serviert. Auch flaschenabgefüllte Fruchtsäfte *(jus de fruits)* kann man bestellen.

Leitungswasser können Sie bedenkenlos trinken. Viele ziehen Mineralwasser *(eau minérale)* mit *(gazeuse)* oder ohne Kohlensäure *(non gazeuse)* vor.

Holzvertäfelte Hotelbar in der Touraine

Apfelsaft von der Loire

Lokale

Wer einen Kaffee oder ein Bier trinken, Freunde treffen oder Leute beobachten will, geht meist ins Café. Allerdings weicht, vor allem in Städten, das traditionelle Alltagscafé mit dem langen, von Stammgästen umlagerten Tresen schickeren Etablissements. In Stadtzentren reihen sich quirlige Cafés, auf freien Plätzen bei schönem Wetter Cafétische aneinander.

Bars und *bars à vin* (altmodische Weinbars) sind häufig Asyl von Zechern und Nachtschwärmern, Hotelbars dagegen meist von gemischterem Publikum frequentiert. In größeren Städten bieten modischere, oft gestylte Weinbars Weinausschank, leichte Mahlzeiten, Platten mit *charcuterie* oder Käse und krossem Brot an. Die traditionellen *salons de thé* (Teestuben) bedienen vorwiegend weibliche Gäste mit Kaffee, Tee, heißer Schokolade, *pâtisseries* und Konfekt (letztere auch zum Mitnehmen). Ihre modernen Varianten sprechen mit bekömmlichen Mittagsgerichten, unkomplizierteren Süßigkeiten und Kuchen eine gemischtere, jüngere Klientel an.

Verschnaufpause in einem schicken Café in Orléans

ANJOU

ANGERS

La Salamandre

Straßenkarte C3. 1, bd Maréchal-Foch. *02 41 88 99 55.* *Mo–Sa 12–14, 19.30–21.30 Uhr.* *AE, EC, DC, V.* ⒻⒻ

Das im Renaissancestil ausgestattete Restaurant des Hôtel d'Anjou bietet nicht zu teure (nicht übertrieben reichhaltige) Küche und eine erlesene Weinkarte. Zu empfehlen: mit Hummer gefüllte Ravioli, Steaks, Fischsuppen und Käse.

Le Toussaint

Straßenkarte C3. 7, pl Kennedy. *02 41 87 46 20.* *Di–So 12–14 Uhr, Di–Sa 19.30–21.30 Uhr.* *AE, EC, V.* ⒻⒻ

Der Speisesaal im ersten Stock hat Schloßblick. Im Erdgeschoß ist die Atmosphäre weniger formell. Die Küche ist (mit einer Prise *nouvelle cuisine*) regional inspiriert. Ausgezeichnete Anjou-Weinkarte. Reservieren.

CHOLET

La Touchetière

Straßenkarte B4. 41, bd du Docteur-Roux. *02 41 62 55 03.* *So–Fr 12–14, 19.30–21 Uhr.* *EC, V.* ⒻⒻ

Dieses Restaurant – ein altes Bauernhaus mit Kamin – hat sich auf Fischgerichte mit frischen Zutaten spezialisiert. Für Sonntagmittag sollte man reservieren.

FONTEVRAUD-L'ABBAYE

La Licorne

Straßenkarte C3. Allée Ste-Catherine. *02 41 51 72 49.* *Di–So 12.15–13.30 Uhr, Di–Sa 19.15–21 Uhr (Sommer: tägl.).* *AE, EC, DC, V.* ⒻⒻ

Das angenehme Restaurant serviert nahe St-Michel, der vom englischen König Henry II erbauten Kirche, in einem stilvollen Gebäude (18. Jh.) mit kleinem Garten exquisite Küche. Vorzügliches Preis-Leistungs-Verhältnis beim billigsten (nicht sonntags angebotenen) Menü. Reservierung empfohlen.

GENNES

L'Aubergade

Straßenkarte C3. 7, av des Cadets. *02 41 51 81 07.* *Do–Mo 12–13.45, 19–21 Uhr (Sommer tägl.).* *EC, V.* ⒻⒻ

Dieses solide Restaurant pflegt in einem traditionellen Anjou-Haus regionale Kochkunst, stilecht begleitet von Anjou- und Touraine-Weinen.

LE LION-D'ANGERS

La Table du Meunier

Straßenkarte C3. Le Moulin, Chenillé-Changé. *02 41 95 10 83 o. 02 41 95 10 98.* *Do–Mo 12–14 Uhr, Do–So 18.30–21.30 Uhr (Sommer tägl.).* *EC, V.* ⒻⒻ

In der alten, zehn Kilometer von Le Lion-d'Angers entfernten Mühle preßte man das Walnußöl, das Frankreichs ländlicher Küche eine besondere Geschmacksnote verleiht. Die vorwiegend traditionelle Speisekarte setzt auch ausgefallene Akzente. Zu den Spezialitäten zählen *terrine d'anguilles maison* (Aalterrine) und *crème oignons gratinée* (eine Art Zwiebelsoufflé).

MONTSOREAU

Diane de Méridor

Straßenkarte C3. 12, quai Philippe de Commynes. *02 41 51 70 18.* *Mi–Mo 12–14.30, 19–21.30 Uhr* *EC, V.* ⒻⒻ

Der rustikale Gasthof mit Loire-Blick offeriert eine Reihe vorzüglicher Fischgerichte, darunter *sandre* (Zander) und *brochet* (Hecht).

LES ROSIERS-SUR-LOIRE

Auberge Jeanne de Laval

Straßenkarte C3. 54, rue Nationale. *02 41 51 80 17.* *Di–So 12–14 Uhr, tägl. 19.30–21.30 Uhr.* *EC, V.* ⒻⒻ

Das familiengeführte, dem Hotel Les Ducs d'Anjou angeschlossene Restaurant serviert vorrangig klassische Cuisine, die der Sohn des früheren Chefkochs um Innovationen wie Terrinen nach Hausmacherart bereichert hat. Reservierung empfohlen.

ST-GEORGES-SUR-LOIRE

Relais d'Anjou

Straßenkarte B3. 29, rue Nationale. *02 41 39 13 38.* *Mi–Sa 12–14, 19.30–21 Uhr.* *AE, EC, V.* ⒻⒻ

Dieser Gasthof nahe dem Château de Serrant tischt zufriedenstellende, traditionell französische Gerichte zu fairem Preis auf. Die Soßen werden gern mit Anjou-Weinen zubereitet.

SAUMUR

Les Caves de Marson

Straßenkarte C3. Rou-Marson. *02 41 50 50 05.* *Mitte Juni–Mitte Sep Di–Sa 20 Uhr, So 12.30 Uhr; Mitte Sep–Mitte Juni Fr, Sa 20 Uhr, So 12.30 Uhr.* *EC, V.* ⒻⒻ

Für das Höhlenrestaurant ist Reservierung unerläßlich. Zum Gedeck des Drei-Gänge-Menüs gehören frische Brötchen mit Füllung (z.B. Ziegenkäse oder *rillettes* – *siehe S. 210*) und Obsttorte als Dessert.

Les Chandelles

Straßenkarte C3. 71, rue St-Nicolas. *02 41 67 20 40.* *Juli–Aug tägl. 12–14, 19–22 Uhr; Sep–Juni Do–Di.* *AE, EC, DC, V.* ⒻⒻ

Das Restaurant erinnert noch an seine frühere Existenz als Laden. Saumur-Weine aromatisieren Gerichte wie *anguille de Loire au vin rouge* (Loire-Aal in Rotweinsauce).

Les Ménestrels

Straßenkarte C3. 11, rue Raspail. *02 41 67 71 10.* *Di–So 12.15–13.30 Uhr, Mo–Sa 19.15–21.30 Uhr.* *AE, EC, DC, V.* ⒻⒻⒻ

Das Eichenbalkenlokal, eine Erweiterung des Hôtel Anne d'Anjou, bietet klassische Küche mit regionalem Touch und Schloßblick.

TOURAINE

AMBOISE

Le Choiseul

Straßenkarte D3. 36, quai Charles-Guinot. *02 47 30 45 45.* *tägl. 12–13.30, 19–21 Uhr.* ★ *AE, EC, DC, V.* ⒻⒻⒻ

Die Loire strömt an diesem stilvollen Restaurant vorbei. Besonders empfehlenswert: Fischgerichte mit Soßen auf Basis regionaler Weine.

Le Manoir St-Thomas

Straßenkarte D3. Pl Richelieu. *02 47 57 22 52.* *Di–So 12–14, 19–21.30 Uhr.* AE, EC, DC, V. ⒻⒻⒻ

Barockes Interieur, Chefkoch und Weinkeller machen dieses Restaurant zu einem bleibenden Erlebnis. Der *canard laqué médiéval* (in Honig geröstete Ente mit Zimt und Ingwer) ist eine typische Kombination traditioneller und avantgardistischer Cuisine.

Azay-le-Rideau

L'Aigle d'Or

Straßenkarte C3. 10, rue Adelaïde-Riché. *02 47 45 24 58.* *Juli–Sep Do–Di 12–14 Uhr; Okt–Juni Do–Mo 12–14 Uhr, Mo, Di, Do–Sa 19–21 Uhr.* ★ *EC, V.* ⒻⒻⒻ

Ausgezeichnetes Restaurant nahe dem Schloß mit lokalen Schmankerln wie *sandre* (Zander) oder Kaninchen mit Chinon-Weinsauce.

Bléré

Le Cheval Blanc

Straßenkarte D3. Pl C Bidault. *02 47 30 30 14.* *Juli u. Aug tägl. 12–14, 19.30–21.15 Uhr (Sep–Juni Di–So).* ★ *AE, EC, DC, V.* ⒻⒻⒻ

Dies ist eines der besten Restaurants der Touraine. Der Koch und Wirt erhielt 1995 seinen ersten Michelin-Stern. Delikate *escalope de sandre* (Zanderfilet) mit Krebs und *Beurre-blanc*-Soße kennzeichnet seinen Stil. Das Preis-Leistungs-Verhältnis stimmt, die Atmosphäre ist freundlich.

Chenonceau

Au Gâteau Breton

Straßenkarte D3. 16, rue du Docteur-Bretonneau. *02 47 23 90 14.* *Do–Di 12–14.30 Uhr, Do–Mo 19–22 Uhr.* *EC, V.* Ⓕ

Dieser wirklich angenehme Ort liegt nahe beim Schloß, ist aber keine Touristenfalle. Die traditionellen französischen Gerichte sind fair kalkuliert und im Sommer auch im Garten zu genießen.

Chinon

Hostellerie Gargantua

Straßenkarte D3. 73, rue Voltaire. *02 47 93 04 71.* *Fr–Mi 12–14 Uhr, Fr–Di 19–22-Uhr.* *EC, V.* Ⓕ

Dieses mittelalterlich gestylte, in einem Herrenhaus (15. Jh.) im Herzen der Altstadt gelegene Restaurant ist seit langem ein Publikumsliebling. Am Wochenende wird in historischen Kostümen bedient. Die Portionen sind ganz auf Gargantua, Rabelais' Riesen, abgestimmt.

Au Plaisir Gourmand

Straßenkarte C3. 2, rue Parmentier. *02 47 93 20 48.* *Di–So 12–13.30 Uhr, Di–Sa 19–21.30 Uhr.* ★ *AE, EC, V.* ⒻⒻⒻ

Chinons Toprestaurant residiert in einem Gebäude (16.-17. Jh.) aus lokalem weißen Kalktuff. Die Speisen sind köstlich; ein regionales Spezialmenü weckt kulinarische Lust auf die Touraine. Die erlesene Weinkarte präsentiert viele einheimische Weine.

Cormery

L'Auberge du Mail

Straßenkarte D3. 2, pl du Mail. *02 47 43 40 32.* *So–Fr 12–13.45, 19.30–21 Uhr, Sa 19.30–21 Uhr.* *EC, V.* ⒻⒻⒻ

Dieses reizvolle, in einem ruhigen Dorf des Indre-Tals zwischen Tours und Loches gelegene Restaurant ist für seine Kekse berühmt *(siehe S. 222)*. Es kümmert sich mit Vollwertkost und angenehmer Atmosphäre um das Wohl von Leib und Seele und tauft seine Menüs auf die Namen von Komponisten.

Le Petit-Pressigny

La Promenade

Straßenkarte D4. Le Village. *02 47 94 93 52.* *Di–So 12–14 Uhr, Di–Sa 19.30–21.30 Uh.* ★ *V.* ⒻⒻⒻⒻ

Jacques Dallais, der beim Pariser Spitzenkoch Joël Robuchon in die Schule ging, hat einen bescheidenen Gasthof in dieses Restaurant verwandelt. Heißer Tip für Süßmäuler: *feuilleté de cacao au chocolat épicé* (Schokoladenblätterteigpastete mit Vanilleeis).

Saché

Auberge du XIIe Siècle

Straßenkarte D3. Rue Principale. *02 47 26 88 77.* *Do–Di 12–14, 19–21 Uhr.* *AE, EC, V.* ⒻⒻ

Der malerische Fachwerkbau liegt gegenüber dem Herrenhaus, in dem Balzac einige seiner beliebtesten Romane *(siehe S.103)* verfaßt hat. Ein kleinerer, gemütlicher Saal ergänzt den großen Speiseraum mit Balkendecke und offenem Kamin. Die Menüs präsentieren auch lokale Delikatessen wie schmackhaftes Fleisch der Hühnerrasse *géline*.

Tours

Le Charolais

Straßenkarte D3. 123, rue Colbert. *02 47 20 80 20.* *Di–Sa 12–14 Uhr, Mo–Sa 19.30–22 Uhr.* *AE, EC, V.* ⒻⒻ

Einheimische lieben dieses lebhafte (auch als »Chez Jean-Michel« bekannte) *restaurant à vin* wegen seiner gemütlichen Atmosphäre. Jean-Michel, ehemals Weinkellner, hat seine traditionell französische Speisekarte auf die erlesenen, auch glasweise ausgeschenkten Weine abgestimmt.

La Ruche

Straßenkarte D3. 105, rue Colbert. *02 47 66 69 83.* *Di–So 12–14 Uhr, Di–So 19–22 Uhr.* *EC, V.* ⒻⒻ

Ein Ehepaar führt mit viel Geschick dieses kleine Restaurant in der wirklich reizvollen Rue Colbert. Das treue einheimische Publikum schätzt die vorwiegend regionalen, auf stilvollem Geschirr servierten Speisen. Vernünftige Preise.

Jean Bardet

Straßenkarte D3. 57, rue Groison. *02 47 41 41 11.* *Di–So 12–14 Uhr, tägl. (Okt–März Di–Sa) 19.30–22 Uhr.* ★ *AE, EC, DC, V.* ⒻⒻⒻⒻⒻ

Jean Bardet, einer von Frankreichs Spitzenköchen, und seine Frau Sophie haben ein Herrenhaus (19. Jh.) in dieses helle, geräumige Restaurant und elegante Hotel verwandelt. Nach dem aus erlesenen Zutaten kreierten Festmahl können Sie beim Spaziergang über das Anwesen versuchen, im Kräuter- und Gemüsegarten den Geheimnissen des Kochs auf die Spur zu kommen.

Zeichenerklärung *siehe S. 209*

VILLANDRY

Domaine de la Giraudière

Straßenkarte D3. Rte de Druye. *02 47 50 08 60.* *tägl. 12–15, 19.30–21.30 Uhr.* Ⓕ

Gäste können sich in dem noch betriebenen Bauernhof umsehen und mit herzhafter Kost – z. B. *pâtés, quiches, omelettes* – stärken. Fast alle Zutaten stammen vom Hof oder aus der Nachbarschaft.

VOUVRAY

Au Virage Gastronomique

Straßenkarte D3. 25, av Brûlé. *02 47 52 70 02.* FAX *02 47 52 64 72.* *Do–Di 12–14.30, 19–21.45 Uhr.* *AE, EC, V.* ⒻⒻⒻ

Nach einer Vouvray-Weinprobe und einem Besuch von Hardoin (dort gibt's die beste *charcuterie* der Region) werden Sie sich in diesem typisch französischen Provinzrestaurant wohlfühlen. Die Portionen sind großzügig bemessen.

BLESOIS UND ORLEANAIS

LES BÉZARDS

Auberge des Templiers

Straßenkarte F3. Boismorand. *02 38 31 80 01.* *12–14.45, 19.45–21.45 Uhr.* ★ *AE, EC, DC, V.* ⒻⒻⒻⒻⒻ

Der ehemalige Landgasthof ist nun ein Relais-et-Châteaux-Restaurant. Der Speisesaal mit Eichengebälk blickt auf den Garten, in dem bei schönem Wetter gedeckt wird. Die Küche kombiniert Klassik und Moderne, in der Saison mit Wildbret.

BLOIS

La Péniche

Straßenkarte E3. Promenade du Mail. *02 54 74 37 23.* *Mo–Sa 12–14.30, 19.30–22 Uhr.* *AE, EC, DC, V.* ⒻⒻ

Ein stilechtes Loire-Erlebnis: Speisen auf einem Kahn (der Komfortklasse mit Klimaanlage). Die Karte betont, ganz *comme il faut,* von Firlefanz verschonte Fischgerichte.

Au Rendez-Vous des Pêcheurs

Straßenkarte E3. 27, rue du Foix. *02 54 74 67 48.* *Di–Sa 12–14 Uhr, Mo–Sa 19.30–22 Uhr.* ★ *EC, V.* ⒻⒻ

Das lebhafte Bistro, vormals Lebensmittelladen mit Café, zählt zu den besten kulinarischen Adressen der Stadt. Reservieren!

BRACIEUX

Bernard Robin

Straßenkarte E3. 1, av de Chambord. *02 54 46 41 22.* *Do–Di 12.15–13.30 Uhr, Do–Mo 19.30–21 Uhr.* ★ *AE, EC, V.* ⒻⒻⒻⒻⒻ

In diesem Fachwerkhaus zwischen Chambord und Cheverny kreiert Bernard Robin – einer der renommiertesten französischen Köche – exquisite Regionalia. Wildgerichte zählen zu seinen Faibles. Empfehlenswert: *lièvre à la royale* (Hase mit *Foie-gras*-Soße). Unbedingt reservieren.

CHAUMONT-SUR-THARONNE

La Croix Blanche

Straßenkarte E3. Pl de l'Eglise. *02 54 88 55 12.* *tägl. 12–14.30, 19.30–21.30 Uhr.* *AE, EC, DC, V.* ⒻⒻⒻ

Diese frühere Abtei ist seit dem 15. Jahrhundert Gastwirtschaft und seit 1779 von der Wirtin bis zum Personal in Frauenhänden. Auf dem Weg zum getäfelten Gastraum durchqueren Sie das Reich der Küchenchefin. Die Karte widmet sich Spezialitäten der Sologne und des Südwestens.

COMBREUX

L'Auberge de Combreux

Straßenkarte F2. 34, rue du Gâtinais. *02 38 59 47 63.* *tägl. 12.15–14 Uhr, So–Do 19.15–21.30 Uhr.* *EC, V.* ⒻⒻ

Diese reizvolle, mit Giebelfenstern und alten Möbeln ausgestattete Gastwirtschaft lugt in der Forêt d'Orléans unter Kletterpflanzen hervor. Die Küche ist vollwertige *cuisine bourgeoise.* Im Sommer öffnet die Terrasse; im Winter prasselt ein Holzfeuer und plätschert Pianomusik.

GIEN

Côté Jardin

Straßenkarte F3. 14, rte de Bourges. *02 38 38 24 67.* *Di–So 12–14, 19.30–22 Uhr.* *EC, DC, V.* ⒻⒻ

Der Name (»auf der Gartenseite«) trifft das offene, luftige Ambiente dieses heiteren, gegenüber dem Schloß am Fluß gelegenen Fleckens. Die fair kalkulierte Karte bietet viele Fischgerichte und wechselt zweimonatlich im Einklang mit dem saisonalen Angebot.

MONTOIRE-SUR-LE-LOIR

Le Cheval Rouge

Straßenkarte D3. Pl Foch. *02 54 85 07 05.* *Sa–Do 12–14 Uhr, Fr–Mo 19.30–22 Uhr.* *AE, EC, V.* ⒻⒻ

Dieses nahe Trôo und Lavardin gelegene Restaurant kocht traditionell, aber zeitgemäß leichter. Außer einer Auswahl an Menüs bietet es Logis in 15 schlichten Gästezimmern.

OLIVET

Le Rivage

Straßenkarte E2. 635, rue de la Reine-Blanche. *02 38 66 02 93.* *tägl. 12–14, 19.15–21.30 Uhr.* *AE, EC, DC, V.* ⒻⒻⒻ

Die Cuisine dieses Hotelrestaurants gilt als eine der besten im Umland. Im Sommer wird an Terrassentischen neben dem Fluß Loiret serviert. Aber auch im Winter fühlt man sich im lichten Gastraum dem Fluß nah.

ONZAIN

Domaine des Hauts-de-Loire

Straßenkarte D3. Route de Herbault. *02 54 20 72 57.* *Di–So 12.30–14, 19.30–21 Uhr.* *AE, EC, DC, V.* ⒻⒻⒻⒻ *Siehe auch* **Übernachten**, *S. 203.*

Das Restaurant dieses Relais-et-Château-Hotels besitzt zwei Michelin-Sterne. Eine seiner Gaumenfreuden ist *filet de bœuf poché au vin de Montlouis* (in weißem Montlouis, einem der besten Loire-Weine, gegartes Rinderfilet).

Orléans

Les Antiquaires

Straßenkarte E2. 2–4, rue au Lin. *02 38 53 52 35. Di–Sa 12–14 Uhr, Mo–Sa 19.30–22 Uhr. AE, EC, DC, V.* €€

Einheimische schätzen den Ideenreichtum dieses Restaurants. In der Jagdsaison machen Wildente, Wildschwein und Hase den Mund wäßrig – und die Hausspezialität *noisettes de biche sauce poivrade* (mariniertes Hirschfilet in Pfeffersoße mit Kräutern und Knoblauch).

La Chancellerie

Straßenkarte E2. Pl Martroi. *02 38 53 57 54. Mo–Sa 12–15, 19–24 Uhr. AE, EC, V.* €€

An einem Platz nahe der Kathedrale, in einem Haus aus dem 18. Jahrhundert, serviert diese lebhafte Brasserie und Weinbar außergewöhnliche Gerichte und ausgezeichnete Weine. Hits in der Jagdsaison: *faison aux champignons* (Fasan mit Waldpilzen) und *lièvre aux airelles* (Feldhase mit Heidelbeeren).

Souvigny-en-Sologne

La Perdrix Rouge

Straßenkarte E3. 22, rue du Gâtinais. *02 54 88 41 05.* FAX *02 54 88 05 56. Mi–Mo 12–13.30 Uhr, Mi–So 19.30–21.30 Uhr. AE, EC, V.* €€€

Dieser Sologne-Fachwerkgasthof wird vor allem zur Jagdsaison belagert. Dann tischt er köstliches Wild auf – darunter *perdrix* (Rebhuhn).

Sully-sur-Loire

Hostellerie Le Grand Sully

Straßenkarte F3. 10, bd du Champ-de-Foire. *02 38 36 27 56. tägl. 12–14 Uhr, Mo–Sa 19.30–21 Uhr. AE, EC, DC, V.* €€

Die Besucher der Abtei St-Benoît-sur-Loire stolpern geradezu über dieses feine Lokal. Alle Speisen, egal ob traditionell oder auch innovativ, bezeugen die detailfrohe Hingabe des Kochs (und des Wirts). Die Weinkarte kredenzt diverse lokale Jahrgänge; köstlich zu Fisch: der Ménetou-Salon.

Berry

Argenton-sur-Creuse

Moulin des Eaux-Vives

Straßenkarte E4. Tendu. *02 54 24 12 25. Mi–Mo 12.15–13.30 Uhr, Mi–So 19.30–21 Uhr. AE, EC, V.* €€

Das Restaurant empfängt acht Kilometer nördlich der Stadt in einer alten Wassermühle (18. Jh.). Auf der jahreszeitlich geprägten Karte stehen u.a. *côtes de sanglier au vinaigre de framboises* (Wildschweinkotelett in Himbeeressigsauce) und *coupe de vigne* (Traubensorbet).

Aubigny-sur-Nère

Le Bien-Aller

Straßenkarte F3. Les Naudins. *02 48 58 03 92. Do–Mo 12–16, 19–24 Uhr. AE, EC, V.* €

Diese einen Kilometer vom Château de la Verrerie entfernte Gastwirtschaft bereitet nach Originalrezepten Altbewährtes wie *crème brûlée au thym* (Karamelcreme mit frischem Thymian) zu.

Bannegon

Auberge du Moulin de Chaméron

Straßenkarte F4. Le Village. *02 48 61 83 80. Mi–Mo (Sommer tägl.) 12.15–13.45, 19.30–21 Uhr. AE, EC, V.* €€

Dieses Hotelrestaurant serviert in einer malerischen Wassermühle (18. Jh.) mit erhaltenem Mahlwerk gute, regional inspirierte Küche. Balken und Kamin machen den Speiseraum gemütlich.

Bourges

Le d'Antan Sancerrois

Straßenkarte F4. 50, rue Bourbonnoux. *02 48 65 96 26. Mi–So 12–14 Uhr, Di–So 19–22.30 Uhr. AE, EC, V.* €€

Das in einem mittelalterlichen Gebäude untergebrachte Restaurant hat viele einheimische Gäste. Die Küche ist herzhaft, die Weinkarte ausgesucht.

Le Jardin Gourmand

Straßenkarte F4. 15 bis, av Ernest Renan. *02 48 21 35 91. Di–So 12–14 Uhr, Di–Sa 19.30–21.30 Uhr. AE, EC, DC, V.* €€

Zu den Spezialitäten des Feinschmeckerrestaurants zählen Meeresfrüchte, Süßwasserfisch, Lamm mit Curry, Geflügel und Wild.

Abbaye St-Ambroix

Straßenkarte F4. Bd de la République. *02 48 70 70 00. So–Fr 12–14 Uhr, tägl. 19.30–22 Uhr. AE, EC, DC, V.* €€€ *Siehe auch* **Übernachten**, *S. 205.*

Eine Abteikapelle ist Domizil dieses Restaurants des Hôtel de Bourbon. Die Küche verwendet französische Zutaten vom Feinsten und bereitet alle Desserts frisch zu. Die Menüs sind ihren Preis wert.

Bruère-Allichamps

Auberge de l'Abbaye de Noirlac

Straßenkarte F4. Le Village. *02 48 96 22 58. tägl. 12–14.30, 19–21.30 Uhr. EC, V.* €€

Diese Gastwirtschaft liegt wenige Gehminuten von der Abtei entfernt. Die Ausstattung ist rustikal, die Küche zufriedenstellend. Eilige finden hier kleine Gerichte.

Châteaumeillant

Le Piet-à-Terre

Straßenkarte F4. Rue du Château. *02 48 61 41 74. Di–So 12–13.30 Uhr, Di–Sa 19.30–21 Uhr (Sommer tägl.). EC, V.* €€

Zu den Spezialitäten des Restaurants zählt *poulette braisée farcie* (geschmortes Hähnchen, gefüllt mit *foie gras*). Günstige Mittagsmenüs während der Woche.

Nohant

Auberge de la Petite Fadette

Straßenkarte E4. Le Village. *02 54 31 01 48. 12–14, 19–21.30 Uhr. EC, V.* €€

Die Gastwirtschaft wirkt im Winter gemütlich, im Sommer luftig. Kosten Sie die Berry-Spezialität *poulet en barbouille (siehe S. 210).*

Zeichenerklärung *siehe S. 209*

St-Amand-Montrond

La Croix d'Or

Straßenkarte F4. 28, rue du 14 juillet. *02 48 96 09 41. Sa–So 12–14, 19–21.30 Uhr.* AE, EC, V. ⒻⒻⒻ

Charolais-Rindfleisch, am besten begleitet von einem Glas Sancerre, zählt zu den Spezialitäten dieses Restaurants. Im Gastraum mit geschnitzter Decke wuchert ein Wald von Pflanzen.

Sancerre

La Tour

Straßenkarte F3. 31, pl de la Halle. *02 48 54 00 81. tägl. 12–14, 19.30–22 Uhr.* AE, EC, V. ⒻⒻⒻ

Die beiden Restaurantsäle blicken auf den namensgebenden Turm. Im unteren, balkenverkleideten Raum knistert ein Feuer; der obere ist moderner. Zu den vielen Delikatessen zählt *sandre* (Zander) mit einer Soße von rotem Sancerre.

Vierzon

Le Prieuré

Straßenkarte E3. 2, rte de St-Laurent, Vignoux-sur-Barangeon. *02 48 51 58 80. Do–Di 12–13.30 Uhr, Do–Mo 19.30–21 Uhr.* AE, EC, DC, V. ⒻⒻ

Wie der Name verrät, residiert das Restaurant in einer früheren Priorei. Zu seinen Spezialitäten gehört *pigeon du Berry à la truffe* (Taube mit Trüffeln). Kosten Sie *terrine de crêpes*, Pfannkuchen-Torte mit Orangensauce.

Nördlich der Loire

Arnage

Auberge des Matfeux

Straßenkarte C2. 289, av Nationale. *02 43 21 10 71. Di–So 12–14 Uhr, Di–Sa 19–21 Uhr.* AE. EC, DC, V. ⒻⒻⒻ

Die alte Gastwirtschaft serviert (9 km südlich von Le Mans) leichte Küche mit Gemüsen und Kräutern aus eigenem Anbau. Der Gastraum besitzt einen Wintergarten.

Chartres

Le Buisson Ardent

Straßenkarte E2. 10, rue au Lait. *02 37 34 04 66. tägl. 12–14 Uhr, Mo–Sa 19.30–21.30 Uhr.* EC, V. ⒻⒻ

Das beliebte Lokal nahe der Kathedrale eignet sich für schnelle Mahlzeiten ebenso wie für genüßliches Dinieren. Es offeriert klassische Küche zu angemessenen Preisen und auch Kinderteller.

Le Grand Monarque

Straßenkarte E2. 22, pl des Epars. *02 37 21 00 72. tägl. 12–14.30, 19.30–22 Uhr.* AE, EC, DC, V. ⒻⒻⒻ *Siehe auch* **Übernachten**, *S. 206.*

Das Restaurant dieses Hotels bringt traditionell Französisches und Lokales auf den Tisch, darunter *pâté de Chartres (foie gras* in Entenleberpastete). Im Keller lagert eines von Frankreich umfassendsten Sortimenten an Loire-Weinen.

Châteaudun

L'Arnaudière

Straßenkarte E2. 4, rue St-Lubin. *02 37 45 98 98. tägl. 12–14 Uhr, 19.30–21.30 Uhr.* AE, V. ⒻⒻ

Das Restaurant liegt in einem Renaissancebau der Altstadt. Im Sommer serviert es seine schmackhaften Gerichte, preiswerten Menüs und – teils glasweise ausgeschenkten – Weine auch im Hofgarten.

La Flèche

La Fesse d'Ange

Straßenkarte C3. Pl du 8 mai 1945. *02 43 94 73 60. Di–So 12–13.30 Uhr, Di–Sa 19.15–21.30 Uhr. Aug.* EC, V. ⒻⒻ

Die einheimische Kundschaft schätzt die frischen, saisonalen Zutaten der Küche. Besonders beliebt: Masthühner und -enten aus Loué.

Laval

Bistro de Paris

Straßenkarte B2. 67, rue du Val-de-Mayenne. *02 43 56 98 29. Mo–Fr 12–14 Uhr, Mo–Sa 19–22 Uhr.* ★ V. ⒻⒻⒻ

Dieses schloßnahe, am Mayenne-Ufer gelegene Bistro serviert Speisen, die (wie auch die Weine) ihren Preis mehr als wert sind. Reservieren Sie rechtzeitig.

Malicorne-sur-Sarthe

La Petite Auberge

Straßenkarte C3. Au Pont. *02 43 94 80 52. Juni–Sep tägl. 12–14, 19–21 Uhr; März–Mai u. Okt–Nov Di–So 12–14, 19–21 Uhr; Dez–Feb Di–So 12–14 Uhr, Fr, Sa 19–21 Uhr.* EC, V. ⒻⒻ

In diesem kleinen, neben dem Bootshafen und nahe der Fayence-Werkstätten gelegenen Restaurant läßt es sich mittags angenehm rasten.

Le Mans

Le Grenier à Sel

Straßenkarte C2. 26, pl de l'Eperon. *02 43 23 26 30. Di–So 12–14.15 Uhr, Di–Sa 19–22 Uhr.* AE, EC, V. ⒻⒻ

Das Restaurant ist eine günstige Anlaufstelle für Altstadtbummler. Hier horteten einst die Salzsteuereintreiber ihre Einnahmen. Der Küchenchef hat sich auf Fischgerichte mit feinen Saucen spezalisiert.

La Vie en Rose

Straßenkarte C2. 55, Grande Rue. *02 43 23 27 37. Mo–Sa 11.30–14, 19–22 Uhr (Sommer 23 Uhr).* AE, EC, DC, V. ⒻⒻ

Le Mans' ältestes Theater ist heute ein Tip für *nouvelle cuisine*. Meeresfrüchte kommen als Augenschmaus zu Tisch. Besonders gelungen: *feuilleté de la mer Vie en Rose* (Heilbuttfilet in Blätterteig mit Soße aus Pilzen und Schalotten).

St-Denis-d'Anjou

Auberge du Roi-René

Straßenkarte C3. 4, Grande-Rue. *02 43 70 52 30. 12–13, 19–22 Uhr.* AE, EC, DC, V. ⒻⒻⒻⒻ

Ein mittelalterliches Gebäude beherbergt den Speiseraum. Die leichte Küche kombiniert zuweilen – so beim *nougat de foie de canard aux figues* (Entenleberterrine mit Feigen) – Süße und Würze.

SOLESMES

Grand Hôtel de Solesmes

Straßenkarte C2. 16, pl Dom-Guéranger. *02 43 95 45 10.* *tägl. 12–14 Uhr, 19.30–21. 30 Uhr (geschl. Nov–März).* *AE, EC, DC, V.* ⒻⒻⒻ *Siehe auch* **Übernachten**, *S. 207.*

Dieses Hotelrestaurant mit Gartenblick pflegt traditionelle Küche mit Schwerpunkt auf Fischgerichten wie *sandre à la mousse d'oiselle* (Zander mit Sauerampfer-Mousse).

LOIRE-ATLANTIQUE UND VENDEE

ARÇAIS

L'Auberge de la Venise Verte

Straßenkarte B4. Route de Damvix. *02 49 35 37 15.* *Fr–Mi 12–14 Uhr, Fr–Di 19.30–21.30 Uhr.* *EC, V.* ⒻⒻ

Wenn Sie die Kanäle des Marais Poitevin erkunden, bietet sich dieses preiswerte, angenehme Restaurant zur Mittagspause an. Spezialität sind lokale Fische, allen voran Aal.

CLISSON

Bonne Auberge

Straßenkarte B4. 1, rue Olivier de Clisson. *02 40 54 01 90.* *Di–So 12–14.30 Uhr, Di–Sa 20–21 Uhr.* ★ *AE, EC, V.* ⒻⒻⒻ

Das Restaurant zaubert aus lokalen Zutaten phantasiereiche Speisen. Kosten Sie Vendée-Ente mit Feigen oder pochierten Fisch mit Gewürzen. Wichtig: Platz im Magen lassen für die leckeren Desserts.

FONTENAY-LE-COMTE

Auberge de la Rivière

Straßenkarte B4. Velluire. *02 51 52 32 15.* *Di–So 12.15–14 Uhr, Di–Sa 20–21.30 Uhr (Sommer tägl.).* *EC, V.* ⒻⒻ

Diese *auberge* liegt elf Kilometer südwestlich von Fontenay-le-Comte am Nordende des Marais Poitevin. Hier finden Sie ländliche Behaglichkeit und Gaumenfreuden wie Fischgerichte und *langoustines* (kleine Flußkrebse).

ILE D'YEU

La Marée

Straßenkarte A4. 27, rue Pierre-Henry, Port-Joinville. *02 51 58 41 33.* *Mo–So 12–14 Uhr, Mo–Sa 19–21 Uhr.* *V.* ⒻⒻ *Siehe auch* **Übernachten**, *S. 207.*

Das Restaurant des Hôtel Flux verarbeitet die Fänge der Meeres- und Binnenfischer. Zum Dessert: *tartillaise*, lokaler Pflaumenkuchen.

MAILLEZAIS

Le Collibert

Straßenkarte B5. Rue Principale. *02 51 87 25 07.* *Di–So 12–15 Uhr, Di–Sa 19.30–22 Uhr (Ostern–Mitte Sep tägl.).* *AE, EC, DC, V.* ⒻⒻ

Das im Marais Poitevin am Zugang zum »Grünen Venedig« gelegene Restaurant wird für sein regionales Büffet und seine Variationen lokaler Spezialitäten gelobt.

MORTAGNE-SUR-SÈVRE

Hôtel de France

Straßenkarte B4. Pl du Docteur Pichat. *02 51 65 03 37.* *So–Fr 12.15–14 Uhr, Mo–Fr 19.30–21 Uhr.* *AE, EC, DC, V.* Ⓕ

In dieser 400 Jahre alten Kutschenstation erwarten Sie gutes Essen und angenehme Atmosphäre. Das Hotel hat zwei Restaurants: die traditionelle Taverne und die etwas billigere Petite Auberge.

NANTES

La Taverne de Maître Kanter

Straßenkarte B3. 1, pl Royale. *02 40 48 55 28.* *tägl. 12–2 Uhr.* *AE, EC, DC, V.* Ⓕ

Diese elsässische Taverne zeichnet sich durch *choucroute* (Sauerkraut), kalten Braten, gutes Bier und bis zwei Uhr morgens geöffnete Küche aus.

La Cigale

Straßenkarte B3. 4, pl Graslin. *02 51 84 94 94.* *tägl. 12–15, 19–0.30 Uhr.* *V.* ⒻⒻ

Glasierte Kacheln und Vergoldungen schmücken das Interieur dieser Belle-Epoque-Brasserie *(siehe S. 190)*. Auch die Qualität der Küche ist außergewöhnlich. Süßwasserfische und Meeresfrüchte.

Torigaï

Straßenkarte D3. Ile de Versailles. *02 40 37 06 37.* *Mo–Sa 12–14, 19.30–22 Uhr.* *AE, EC, V.* ⒻⒻⒻⒻ

Auf einer Insel im Fluß Erdre, in einem Treibhaus exotischer Pflanzen, vereint dieses Restaurant französische und orientalische Cuisine. Bacchusfreunde können sich an das fünfgängige »Muscadet-Menü« wagen.

OULMES

L'Escargot Vendéen

Straßenkarte B5. 29, rue Georges Clemenceau. *02 51 52 49 00.* *tägl. 12–14.30 Uhr, Mi–Mo 19–22 Uhr.* *EC, V.* Ⓕ

Dieses elegante Restaurant stärkt in einem sanierten alten Gebäude mit sehr guten lokalen Gerichten wie *mojettes du marais* (weiße Bohnen mit Schinken) und *escargots* (Schnecken) in Rotweinsauce und Schinken.

LES SABLES D'OLONNE

Beau Rivage

Straßenkarte A4. 40, promenade Georges Clemenceau. *02 51 32 03 01.* *Di–So 12.30–14 Uhr, Di–Sa 19.30–21.30 Uhr (Mai–Okt tägl.).* *Jan.* *AE, EC, DC, V.* ⒻⒻⒻⒻ

In diesem reizvollen Lokal an der Strandpromenade können Sie beim Essen die ein- und ausfahrenden Boote beobachten. Spezialität ist fangfrischer Fisch.

ST-LYPHARD

Auberge de Kerhinet

Straßenkarte A3. Kerhinet. *02 40 61 91 46.* *Do–Di 12–15 Uhr, Do–Mo 19.30–23 Uhr (Juli–Aug tägl.).* *AE, EC, DC, V.* ⒻⒻ *Siehe* **Übernachten**, *S. 207.*

Alte Fotografien und Bauerngerät dekorieren dieses Hotelrestaurant. Zu den lokalen Fischspezialitäten zählen *anguilles au rocquefort* (Aal mit Rocquefort), fangrisch aus dem Lac de Grand-Lieu.

Läden und Märkte

Einkaufen im Loire-Tal macht Spaß. In den Städten entdecken Sie außer regionalen Spezialitäten Hochwertiges aus anderen Landesteilen: modische Kleidung, Accessoires, Porzellan, Glas und Kulinarisches. Überall gibt es Fachgeschäfte, Straßen- und

Ladenschild in Bourges

Hallenmärkte mit ihrer Fülle lokaler Delikatessen, die den Bummel zu einem Erlebnis machen. Auf den folgenden beiden Seiten finden Sie allgemeine Einkaufsinformationen, auf S. 222f eine Auswahl von Lebensmitteln, Weinen und anderen typischen Produkten des Loire-Tals.

Konfektarrangement in der *confiserie* La Livre Tournoise (Tours)

Öffnungszeiten

Kleine Lebensmittelläden öffnen meist 7.30 oder 8–12.30 Uhr und 15.30 oder 16–19 oder 20 Uhr.

Andere kleine Geschäfte sind in der Regel montags 14–18.30 oder 19 Uhr, dienstags bis samstags 9–12 Uhr und 14–18.30 oder 19 Uhr geöffnet. Kleine Supermärkte pflegen recht lange Mittagspausen, Kaufhäuser und große Supermärkte sind zumeist durchgehend geöffnet. Saisonale Schlußverkäufe finden im Januar und Ende Juni statt.

Straßenmärkte werden an einem, zwei oder drei Vormittagen (oft auch sonntags) abgehalten. Die Hallenmärkte *(les halles)* öffnen gewöhnlich Dienstag bis Samstag zu denselben Zeiten wie die kleinen Lebensmittelläden. Der Reiseteil dieses Führers nennt die Markttage der Orte.

Fachgeschäfte

Obwohl Supermärkte und Kaufhäuser wie Pilze wuchern, behaupten sich zäh die kleinen Fachgeschäfte, die das Einkaufen in Frankreich zum Vergnügen machen. Lebensmittelläden sind oft sehr spezialisiert. So verkauft die *boulangerie* frisches Brot, als *boulangerie-pâtisserie* auch Konditoreiwaren. Die *crémerie* führt Milchprodukte, die *fromagerie* ausschließlich Käse, die *charcuterie* rohe, geräucherte und gekochte Fleisch- und Wurstwaren nebst einigen kalten Speisen, der *traiteur* nur verzehrfertige Lebensmittel. Die *épicerie* ist ein Lebensmittelkrämer, die *épicerie fine* ein Feinkostgeschäft, in dem man lokaltypische Mitbringsel wie Senf oder Essig in hübschen Töpfchen oder Flaschen mitnehmen kann.

Die *alimentations générales* führen, zunehmend bei Selbstbedienung, ein kulinarisches Allroundsortiment. In manchen kleinen Dörfern sind sie das einzige Geschäft; dann bieten sie, das Dorfcafé oder auch fahrende Bäcker frisches Brot.

Aushängeschild einer *charcuterie*

Kosmetika und Putzmittel finden Sie in der *droguerie,* Eisen- und Haushaltswaren in der *quincaillerie,* Bücher in der *librairie,* Schreib- und Papierwaren in der *papeterie.*

Zur Freude am Shoppen tragen Läden bei, die sich auf Schirme, Spazierstöcke, Schachspiele, Briefmarken, naturgeschichtliche Literatur oder anderes spezialisieren. Ihre Inhaber besitzen meist erstaunliche Fachkenntnisse, die sie nur allzugern preisgeben. Antiquitätengeschäfte *(magasins d'antiquités)* fordern in der Regel hohe Preise. Billiger kommen Sie im Trödelladen *(brocante)* oder mit Feilschtalent auf Flohmärkten davon.

Weinprobe und -kauf

Da das Loire-Tal ein renommiertes Weinbaugebiet ist, laden am Straßenrand immer wieder Schilder zu Weinproben *(dégustations)* beim Winzer *(vigneron)* ein. Dabei erwartet man, daß Sie nach einigen konsumierten Gläschen zumindest ein paar Flaschen Wein kaufen. Der geringste Kaufzwang herrscht bei der Besichtigung der *chais* (oberirdischen Weinkeller) von Saumur. Am unverbindlichsten geht es in den *Maisons du Vin* zu, die in den meisten größeren Orten nützliche Literatur, Informationen und oftmals kostenlose Weinproben anbieten.

Supermärkte und Kaufhausketten

Die Supermärkte und *hypermarchés* (Großmärkte) liegen meist am Stadtrand, oft in einem Einkaufszentrum *(centre commercial)* mit kleinen Läden, Heimwerkermarkt und Tankstelle. Viele dieser großen Märkte sind Ableger der Ketten Auchan, Carrefour und Continent.

Die Kaufhäuser alten Stils *(grands mangasins)* in den Stadtzentren gehören inzwischen meist zu Shoppinggalerien oder schicken Filialen der anspruchsvollen Kaufhausketten Printemps und Nouvelles Galeries. Letztere empfehlen sich für den Einkauf von Kleidung, Accessoires und Parfüm, die preiswerteren Töchter von Monoprix und Prisunic vor allem für Schreibwaren, Dessous und Kosmetika. Viele Kaufhäuser unterhalten auch preisgünstige Lebensmittelabteilungen.

Blumenverkäuferin und Kundin auf dem Markt von Luynes

Märkte

Strassenmärkte machen die Fahrt durch das Loire-Tal zur Augenweide und Gaumenfreude: Knackfrische Gemüse, Wurstspezialitäten, Ziegenkäse, wohlgenährtes Geflügel, Wild und anderes mehr wecken den Appetit. Vieles stammt aus lokaler Produktion, oft aus Minibetrieben der Standbesitzer. Heimische Produkte tragen den Zusatz *pays.*

Frische Produkte auf Saumurs Markt an der Place St-Pierre

Achten Sie auf Besonderheiten wie Honige oder die im Herbst angebotenen Wildpilze und Kürbisse. Ein sicherer Tip für Souvenirsucher sind die Gewürz-, Kräuter- und Honigstände (letztere bieten auch Honigsüßigkeiten und -seife). Manche Märkte führen überdies Kleidung, Schuhe, Lederwaren und heimisches Kunsthandwerk.

Zahlreiche Flohmärkte *(marchés aux puces)* finden in vielen Städten regelmäßig, in ländlichen Kleinstädten und Dörfern oft in den Sommerferien statt. Entnehmen Sie Ort und Zeitpunkt der Flohmärkte am besten der lokalen Presse oder fragen Sie Einheimische.

Mehrwertsteuer-Erstattung

Seit Bestehen des gemeinsamen europäischen Markts haben nur Bürger von Staaten, die nicht der EU angehören, Anrecht auf Erstattung der Mehrwertsteuer *(taxe à la valeur ajoutée* bzw. *TVA).* Dieses gilt für – in einem Geschäft getätigte, binnen sechs Monaten auszuführende – Einkäufe ab 2000 FF; der Kaufbeleg ist bei Ausreise dem Zoll vorzulegen. Die Erstattung erfolgt meist per Banküberweisung. Einige Waren sind von dieser Regelung ausgenommen. Geschäfte mit ausländischer Kundschaft kennen die Vorschriften.

Ziegenkäse, feilgeboten auf dem Markt in Amboise

Auf einen Blick

Regionale Spezialitäten

Angers
Pâtisserie La Petite Marquise
22, rue des Lices.
02 41 87 43 01.
Quernons d'Ardoise, Süßigkeiten.

Bourges
Epicerie en Berry
Ilot Victor Hugo,
41, rue Moyenne.
02 48 70 02 38.
Berry-Honig und Forestines.

Guérande
La Maison du Sel
Pradel.
02 40 62 01 25.
Salicornes und Guérande-Salz.

Nantes
La Friande
12, rue Paul Bellamy.
02 40 20 14 68.
Biscuits Nantais.

Orléans
La Chocolaterie Royale
51, rue Royale.
02 38 53 93 43.

Tours
La Livre Tournoise
6, rue Nationale.
02 47 05 42 00.
Pruneaux Fourrés und Konfekt.

Kunsthandwerk

Gien
Faïencerie de Gien
Pl de la Victoire.
02 38 67 00 05.
Porzellan.

Malicorne
Faïenceries Artistiques du Bourg-Joly
16, rue Carnot.
02 43 94 80 10.

Poncé-sur-le-Loir
Centre d'Artisanat d'Art
02 43 44 45 31.
Kunsthandwerk.

Villaines-les-Rochers
Coopérative de Vannerie de Villaines
1, rue de la Cheneillère.
02 47 45 43 03.
Korbwaren.

Was kauft man im Loire-Tal?

DIE ANTWORT HEISST: am besten etwas, das Gaumen und Augen erfreut, schließlich sind Sie in einem Feinschmeckerparadies gelandet. Lebensmittelgeschäfte und Marktstände locken mit unwiderstehlichen Auslagen und Düften. Die Hersteller sind zu Recht stolz auf ihre Produkte und füllen sie in hübsche Körbchen oder Keramiktöpfe. Doch das geschichtsträchtige Loire-Tal ist auch für sein Kunsthandwerk bekannt: für das Porzellan aus Gien etwa und die Stoffe und Spitzenborten aus der Touraine.

Freude für Augen und Gaumen: hübsch verpackte Süßigkeiten

KONDITOREIWAREN

Köstliche Mitbringsel sind die zahllosen, liebevoll verpackten Süßigkeiten. Viele Orte des Loire-Tals sind für bestimmte Spezereien berühmt, und das verführerische Sortiment der Teestuben, Konditoreien und Konfiserien verbannt jeden Gedanken an die schlanke Linie.

***Forestines* aus Bourges**

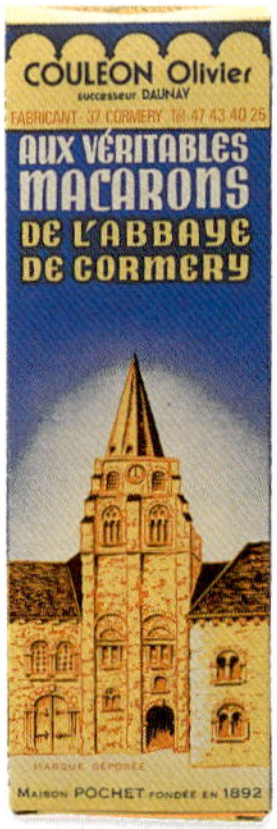

Makronen aus Cormery

***Pruneaux fourrés*, Backpflaumen mit Marzipanfüllung**

Schokolade in nostalgischem Design

Fruchtbonbons

SOUVENIRS

Eine Fundgrube für anspruchsvolle Souvenirs sind die Verkaufsläden der Schlösser und Museen. Viele führen außer den üblichen Katalogen und Postern Geschenkartikel wie nach alten Vorlagen gefertigte Spielkarten und Gobelins. Ein anderes geschmackvolles Andenken an das Loire-Tal ist Wein, eingekauft beim Winzer *(siehe S. 30f)*.

Historische Spielkarten

Wein aus Chenonceau

Gaumenfreuden aus dem Loire-Tal

Die vielen Delikatessen machen die Reise durch das Loire-Tal zum rundum sinnlichen Erlebnis. Oft sind sie transportgerecht verpackt. Im Berry, dessen Wälder reich an Wild sind, finden Sie Pasteten in Keramiktöpfen und Dosen. Ziegenkäse kommen in den verschiedensten Formen daher; die festeren Sorten überdauern längere Reisen. Weitere Loire-Schmankerl sind Heidehonig aus dem Berry und Weinessig aus Orléans.

Confiture de vin, Weingelee

Poulain-Schokolade aus Blois

Eingelegter Meerfenchel

Ziegenkäse

Cotignac, Quittengelee aus Orléans

Meersalz aus Guérande

Der Schaumwein *Crémant de Loire*

Kunsthandwerk

Das traditionelle Kunsthandwerk lebt im Loire-Tal fort. Oft können Sie in Werkstätten die Herstellung beobachten. Viele Orte sind für bestimmte Produkte berühmt, so Malicorne für seine durchbrochenen Fayencen, Villaine-les-Rochers für seine Körbe und Gien für sein Porzellan.

Keramikkrug aus La Borne im Berry

Porzellanteller aus Gien

Weidenkorb aus Villaines

Eßteller aus Gien

Sport und Freizeit

Das Tal der königlichen Schlösser ist nicht nur ein Ziel für Kulturhungrige, sondern auch für Natur- und Sportfreaks. Sein sanftes Gelände und seine üppigen Wälder machen Lust auf Wandern, Reiten und Radfahren, seine klaren Seen und Flüsse – von der aufregenden Atlantikküste ganz zu schweigen – auf Schwimmen und Boot fahren. Im folgenden stellen wir einige der vielen möglichen Aktivitäten vor. Weiteres erfahren Sie bei den Fremdenverkehrsämtern und Departement-Büros der auf Freizeitgestaltung spezialisierten Organisation *Loisirs-Accueil (siehe S. 227)*.

Golfspieler

Wandern

Zahlreiche reizvolle Wanderwege, *Randonnées (siehe S. 26f)* genannt, durchziehen das Loire-Tal. Trotz guter Ausschilderung sollte man sich mit den nur in Frankreich erhältlichen Topo-Guides rüsten. Diese Wanderführer enthalten Karten, Routenbeschreibungen mit Angaben zur Gehzeit, Infos über architektonische und landschaftliche Attraktionen, Hotels, Restaurants, Jugendherbergen und Campingplätze. Sie kosten im Schnitt 100 FF. Ein Band beschreibt die GR3 zwischen Orléans und Guérande. Bei der **Fédération Française de la Randonnée Pédestre** erhalten Sie ein Verzeichnis der Wanderwege im Loire-Tal.

Man kommt mit wenig Gepäck und Proviant aus, denn das nächste Städtchen oder Dorf mit Kost und Logis ist immer innerhalb eines Tagesmarsches erreichbar. Festes Schuhwerk allerdings sollte selbstverständlich sein – nicht nur im Frühling und Herbst, wenn mit matschigen Wegen zu rechnen ist, sondern auch während des übrigen Jahres.

Radfahren

Vorwiegend flaches Terrain macht das Loire-Tal zum Radelparadies. Viele Schlösser liegen so dicht beieinander, das man in wenigen Tagen mehrere abfahren kann. An den gut beschilderten Wegen durch die Wälder und Naturreservate werden Mountainbiker ihre Freude haben.

Autobahnen und einige andere Schnellstraßen sind Radfahrern verwehrt; weiße Schilder mit rotem Rand und einem Radler in der Mitte weisen darauf hin. Sind Fahrradspuren vorhanden, ist ihre Benutzung Pflicht. Räder müssen mit zwei funktionierenden Bremsen, einer Klingel, rotem Rückstrahler, gelben Pedalreflektoren und bei Dunkelheit einzuschaltendem weißem Vorder- und rotem Rücklicht ausgestattet sein. Man sollte einen Helm tragen und die notwendigsten Ersatzteile bei sich führen. Zwar mangelt es nicht an Werkstätten, doch womöglich an ausländischen Ersatzteilen.

In der gesamten Region können Sie Tourenräder und Mountainbikes mieten. Die Fremdenverkehrsämter nennen Adressen von Verleihfirmen. Das Angebot *Train et Vélo* der SNCF *(siehe S. 242)* ermöglicht Kombifahrten mit der Bahn und am Zielbahnhof bereitstehenden Leihrädern.

In Nahverkehrszügen darf man Fahrräder meist kostenlos transportieren. Auf Hauptstrecken der SNCF muß man sie registrieren lassen und eine kleine Gebühr entrichten. Die Broschüre *Guide du Train et du Vélo,* erhältlich an Bahnhöfen und bei der SNCF, informiert detailliert über den Bahntransport von Fahrrädern.

Viele Fremdenverkehrsämter dienen mit Tourenvorschlägen und gutem Kartenmaterial. Im zentralen Loire-Tal sind besonders radfahrerfreundliche Hoteliers und Campingplätze Mitglied von *Vélotel-Vélocamp;* sie beschaffen Leihräder, stellen Routen zusammen und versorgen Sie auf Wunsch mit einem Lunchpaket.

Bei der **Fédération Française de Cyclisme,** dem Dachverband der über 2800 französischen Fahrradclubs, erhalten Sie Auskünfte, z. B. über Routen und lokale Kontaktadressen. Stellen Sie schriftliche Anfragen rechtzeitig.

Naturnahe Erforschung des Loire-Tals: Radfahren

Ponyreiten – hier am Flußufer in der reizvollen Vendée-Landschaft

Reiten

Freunde des Reitsports wird es sicher reizen, in der Nationalen Reitschule von Saumur einer Vorführung des berühmten Cadre Noir beizuwohnen *(siehe S. 83)*.

Gepflegte, gut markierte Reitwege durchkreuzen die Wälder des Loire-Tals. Dabei erweisen sich die Topo-Guides auch für Reiter als nützlich Begleiter.

Erfahrene Reiter können bei zahlreichen Ställen stunden-, halbtags- und tageweise Pferde mieten. Das Schild *Loueur d'Equidés* verweist auf einen Pferdeverleih ohne Reitlehrer. Wer eine fachkundige Begleitung sucht, sollte hingegen nach einer *Ecole d'Equitation* oder einem *Centre Equestre* (Reitschule) ausschauen.

Zahlreiche Ställe bieten längere, ein Wochenende bis zu einer Woche dauernde Ausritte *(randonnées)* in kleinen, geführten Gruppen an. Man nächtigt zumeist in einfachen Hotels oder Herbergen, findet aber auch luxuriöse Arrangements.

Wachsenden Zuspruch haben Wohnwagen mit Pferdegespann. Man trottet bei Tag gemächlich durch das Loire-Tal und schlummert nachts im Anhänger. Die kleineren Wohnmobile fassen in der Regel vier Erwachsene oder zwei Erwachsene und drei Kinder, die größeren sogar sechs bis acht Passagiere. Daneben werden für Gruppenausflüge auch offene Kutschen für bis zu 15 Personen angeboten.

Angeln

In den Flüssen des Loire-Tals tummeln sich Fische, darunter Brassen, Waller, Karpfen, Meeräschen, Barsche, Hechte, Plötzen, Alsen und Zander, in schneller strömenden Nebenflüssen der Loire auch Forellen.

Süßwasserfisch

Zum Angeln in privaten Gewässern benötigen Sie die Erlaubnis des Eigentümers, zum Fischen in staatlichen Wassern eine Lizenz, die viele Läden für Anglerbedarf und Fremdenverkehrsämter ausstellen. Antragsteller müssen sich als Mitglied eines Anglervereins ihres Heimatlands ausweisen und eine Fischereisteuer entrichten.

Die billigere dieser Abgaben gestattet das Fischen in Flüssen ohne Forellen, die teurere genehmigt Grund-, Spinn- und Flugangeln in allen, auch von Forellen aufgesuchten Flüssen. Die Angelzeit beginnt eine halbe Stunde vor Sonnenaufgang und endet eine halbe Stunde nach Sonnenuntergang. Für bestimmte Fische gelten Schonzeiten und Größenbeschränkungen.

Die Fischereisteuer kommt dem **Conseil Supérieur de la Pêche** zugute, der die heimische Fischerei kontrolliert und ihre Bedingungen zu verbessern versucht. Seine Gratisbroschüre *Fischen in Frankreich* erläutert die Gesetzesbestimmungen über die Binnen-, Hochsee- und Unterwasserfischerei und enthält eine Karte mit wertvollen Informationen über Frankreichs Flüsse. Das Hochseefischen ist steuerfrei, solange man keine Netze einsetzt; allerdings sind bei der Ausrüstung der Boote Vorschriften zu beachten.

Fliegenfischen am stillen Loir

Golf

Von der wachsenden Golfbegeisterung der Franzosen zeugen überall im Loire-Tal reiz- und anspruchsvolle Golfplätze. Einige liegen auf Schloßgrundstücken, so der Golf du Val de l'Indre nahe Châteauroux (Berry) und La Bretesche in Missilac (Loire-Atlantique).

Im Loiret bieten vier Golfplätze um Orléans einen Golfpaß an, der die Gebühren für alle Anlagen und nach Wunsch Übernachtung in nahen Zwei- oder Drei-Sterne-Hotels einschließt. Genauer informieren das Büro von *Loisirs-Accueil* und das Fremdenverkehrsamt des Departements Loiret.

Der aufschlußreichen Broschüre *Golfplätze an der westlichen Loire,* erhältlich beim Fremdenverkehrsamt in Nantes *(siehe S. 231),* liegt ein Gutschein bei, der nach Bespielen von fünf Plätzen im westlichen Loire-Gebiet die Gratisnutzung des sechsten Platzes gewährt. Sie stellt auch in der Nähe der Golfplätze gelegene Spitzenhotels vor.

Bootsfahrten und Wassersport

Kaum ein Besucher widersteht der Versuchung, eine Bootspartie auf einem der zahlreichen Flüsse des Loire-Tals zu unternehmen. In der gesamten Region bieten *ports de plaisance* (Jachthäfen) kurze Flußfahrten an; Reservieren ist meist nicht notwendig.

Das von Kanälen durchzogene Sumpfland des Marais Poitevin *(siehe S. 182f)* lernt man am besten in einer *barque* kennen, einem der traditionellen Flachkähne.

Kajakfahrt auf dem Fluß Mayenne

Sie können auch, ob für wenige Tage oder mehrere Wochen, Hausboote und Jachten mieten. Die Auswahl reicht vom nostalgischen Kanalboot zur modernen Luxusjacht. Die Schiffe werden vorrangig für Rundfahrten (inklusive Bettzeug, Küchenausrüstung und Unterricht) verliehen, sind aber auch für einfache Strecken *(simple)* und mit Fahrrädern oder Kanus zu haben. Genaueres erfahren Sie bei den großen Fremdenverkehrsämtern.

Wagemutigere können die Wasserwege im Kanu oder Kajak erkunden. Am besten bucht man bei einem der Clubs am Loire-Ufer Ausflüge mit Führer, denn entgegen dem Anschein bergen die Flüsse Gefahren wie Unterströmungen.

An den Ufern vieler Flüsse und Seen finden Sie ausgezeichnete Freizeitzentren. Manche verleihen Tretboote, Kanus und Jachten, einige ermöglichen auch Wasserski. Viele Badeorte der Atlantikküste vermieten Windsurf-Ausrüstung – Les Sables d'Olonne *(siehe S. 181)* war 1988 Austragungsort der Windsurf-Weltmeisterschaft.

Schwimmer sollten sich in ausgewiesenen Gewässern bewegen. So einladend manche Sandbänke wirken mögen, so böse können starke Strömungen und Treibsand überraschen. Die Seiten 234f geben weitere Hinweise zur Sicherheit im und auf dem Wasser.

Windsurfen bei La Tranche-sur-Mer am Atlantik

Die Loire aus der Vogelperspektive

Zu den ausgefallensten und kostspieligsten Sightseeing-Angeboten im Loire-Tal zählt eine Reise im Heißluftballon *(montgolfière)*. Die Ballons heben im Sommer bei gutem Wetter täglich in Nantes, Tours und Amboise ab. Der Veranstalter **France Montgolfière** organisiert individuelle Ausflüge, zum Beispiel mit Hinweg im Ballon und Rückfahrt mit Mountainbikes, Weinproben oder Feinschmeckerpicknick.

Zudem bieten die Flughäfen in Tours und Nantes sowie kleinere Flugplätze im gesamten Loire-Tal Rundflüge im Hubschrauber oder Sportflugzeug, oftmals auch Flugunterricht, an. Die Fremdenverkehrsämter geben Ihnen detaillierte Auskunft.

Heißluftballon über Le Plessis-Bourré (Anjou)

Auf einen Blick

Services Loisirs-Accueil

Cher
5, rue de Sévancourt,
18014 Bourges.
☎ *02 48 67 00 18.*

Eure-et-Loir
10, rue Maunoury,
28002 Chartres.
☎ *02 37 84 01 01.*

Indre
1, rue St-Martin,
36003 Châteauroux.
☎ *02 54 22 91 20.*

Indre-et-Loire
38, rue Augustin-Fresnel,
37171 Chambray-lès-Tours.
☎ *02 47 48 37 27.*

Loire-Atlantique
Comité Départementale du Tourisme (CDT)
2, allée Baco,
44000 Nantes.
☎ *02 51 72 95 30.*

Loiret
8, rue d'Escures,
45000 Orléans.
☎ *02 38 48 04 04.*

Loir-et-Cher
5, rue de la Voûte du Château,
41005 Blois.
☎ *02 54 78 55 50.*

Maine-et-Loire
Pl Kennedy,
49021 Angers.
☎ *02 41 23 51 11.*

Mayenne
84, av Robert Buron,
53018 Laval.
☎ *02 43 53 18 18.*

Sarthe
Hôtel du Département,
2, rue des Maillets,
72072 Le Mans.
☎ *02 43 81 72 72.*

Vendée BP 233
8, pl Napoléon,
85006 La Roche-sur-Yon.
☎ *02 51 05 45 28.*

Wandern

Fédération Française de la Randonnée Pédestre
64, rue de Gergovie,
75014 Paris.
☎ *01 45 45 31 02.*

Radfahren

Fédération Française de Cyclisme
Bâtiment Jean Mon
5, rue de Rome,
93561 Rosny.
☎ *01 49 35 69 00.*
FAX *01 49 94 09 97.*

Angeln

Conseil Supérieur de la Pêche
134, av de Malakoff,
75016 Paris.
☎ *01 45 00 08 30.*

Golf

Fédération Française de Golf (FFG)
69, av Victor-Hugo,
75016 Paris.
☎ *01 44 17 63 00.*

Segeln und Windsurfen

Fédération Française de Voile
55, av Kléber,
75016 Paris.
☎ *01 44 05 81 00.*

Kanufahrten und Kajaks

Ligue Pays de la Loire de Canoë-Kayak (LPLCK)
75, av du Lac de Maine,
49000 Angers.
☎ *02 41 73 86 10.*

Ballonfahrten

France Montgolfières
La Riboulière,
41400 Monthou-sur-Cher.
☎ *02 54 71 75 40.*

La Boite à Pêche
CRÊPERIE
SALADERIE
PIZZERIA
GLACES
LE SAINT LOUIS

Grund-informationen

Praktische Hinweise

Wie in ganz Frankreich ist auch im Loire-Tal von Mitte Juni bis Ende August Haupturlaubssaison. Mit Unterkünften vom Spitzenhotel und Privatschloß bis hin zu kleinen Campingplätzen sowie ausgezeichneten Restaurants ist diese Region indessen bestens auf den Andrang vorbereitet.

Logo der Fremdenverkehrsämter

Angesichts der Fülle historischer, kultureller und landschaftlicher Attraktionen – herrliche Schlösser und Kathedralen, windige Atlantikstrände, wildes Marschland, Sümpfe – sollte man vor der Reise eine Prioritätenliste erstellen. Auch tut man gut daran, Öffnungszeiten zu erkunden, um nicht (z. B. wegen Restaurierungsarbeiten) vor verriegelten Toren zu stehen. Vor Reiseantritt können Sie sich beim Französischen Fremdenverkehrsamt, vor Ort in fast allen Städten bei Touristenbüros informieren.

Mit seinem breiten Unterhaltungsangebot kommt das Loire-Tal wirklich jedem Interesse entgegen. Die folgenden Tips sollen Ihnen helfen, aus Ihrem Urlaub das Beste zu machen.

Fremdenverkehrsamt in Fontenay-le-Comte

Auskunft

In den meisten größeren Städten findet man Fremdenverkehrsämter *(offices de tourisme)* oder -vereine *(syndicats d'initiative)*. Der Reiseteil dieses Führers nennt für jeden vorgestellten Ort Adresse und Telefonnummer des Fremdenverkehrsamts. In kleineren Gemeinden gibt das Rathaus *(hôtel de ville)* Auskunft. Die Fremdenverkehrsämter dienen mit kostenlosen Plänen, Informationen über Unterkunft (und manchmal Reservierung), Freizeitangebot und Kulturveranstaltungen. Die größten Büros sind rechts aufgeführt. Beim französischen Fremdenverkehrsamt *(Maison de la France)* können Sie sich schon vor der Reise gründlich informieren.

Öffnungszeiten

Im allgemeinen öffnen Geschäfte und Banken Dienstag bis Samstag von 8 oder 9 bis 12 Uhr und 14 oder 15 bis 18 Uhr *(siehe S. 220f und 236f)*. Die Öffnungszeiten hängen von der Größe der Stadt ab. Viele Geschäfte und Banken sind montags und mittags geschlossen, große Kaufhäuser, Supermärkte, Fremdenverkehrsämter und manche Sehenswürdigkeiten dagegen durchgehend geöffnet. Restaurants halten meist einen wöchentlichen Ruhetag ein – also: vor dem Ausgehen überprüfen *(siehe S. 208ff)*. Außerhalb der Urlaubssaison schließen manche Badeorte, viele Schlösser und Museen, ebenso für mehrere Monate einige Hotels und Restaurants; erkundigen Sie sich telefonisch.

Auswahl aus den Prospektbergen

Sehenswürdigkeiten

Viele französische Museen machen Mittagspause. In der Regel öffnen sie von 9–12 und 14–17.30 Uhr und schließen einmal pro Woche (staatliche Museen am Dienstag, städtische am Montag) ganztags. Einige Museen halten im November Winterruhe. Von Mai bis September gelten meist längere Öffnungszeiten.

Straßencafé in Les Sables d'Olonne

Festvergnügen in Luçon

Die Museen verlangen in der Regel zwischen 10 und 40 FF Eintritt. Sammelkarten für mehrere Museen oder Baudenkmäler sind hier eher selten. In fast allen Orten zahlt man für jede Sehenswürdigkeit gesonderten Eintritt.

Die Inhaber eines internationalen Studentenausweises *(siehe S. 233)* oder der französischen *carte jeunes* erhalten meist Ermäßigungen, ebenso Personen unter 18 und über 65 Jahren. Sonntags lassen die meisten Museen Besucher kostenlos oder in jedem Fall verbilligt ein.

Eintrittsbillet für Chenonceau

Kirchen und Kathedralen sind täglich (nicht unbedingt zur Mittagszeit) geöffnet und im Prinzip gratis zu besichtigen. Gelegentlich wird für Kreuzgänge, Glockentürme, Krypten und Kapellen ein geringer Eintrittspreis verlangt.

Hinweis auf behindertengerechte Einrichtungen

Behinderte Reisende

In den schmalen Straßen mancher mittelalterlicher Dörfer an der Loire kommen Behinderte nur mühsam voran. Ansonsten aber finden Rollstuhlfahrer recht gute Bedingungen vor. Viele Schlösser und Museen kommen behinderten Besuchern mit Dienstleistungen, Einrichtungen und hilfsbereitem Personal entgegen. Dennoch ist es ratsam, die Gegebenheiten zuvor telefonisch zu erkunden.

Auch zahlreiche Hotels und Restaurants sind auf behinderte Gäste eingestellt. Die Rathäuser und Fremdenverkehrsämter informieren über die Situation vor Ort. Entsprechende Schilder verweisen auf Behindertenparkplätze. Vor Reiseantritt kann man sich beim **Comité National pour la Réadaptation des Handicapés** über behindertengerechte Einrichtungen informieren.

Veranstaltungskalender

Mehrere Quellen informieren über die Veranstaltungen im Loire-Tal. Bei Fremdenverkehrsämtern, vielen Hotels und Campingplätzen erhalten Sie Magazine und Broschüren mit Programmvorschauen. Den Lokalzeitungen können Sie Aktuelles über Feste und Sportveranstaltungen – und natürlich den Wetterbericht – entnehmen. Zeitschriftenhändler *(maisons de la presse)* und Tabakwarenläden *(tabacs)* verkaufen Zeitschriften und Zeitungen.

Tabakwarenladen-Logo

Auf einen Blick

Französische Fremdenverkehrsämter im Ausland

Deutschland
Maison de la France, Postfach 100 128, 60001 Frankfurt.
Tel. *069–75 60 83–0*
Fax *069–75 21 87.*

Österreich
Hilton Center,
Postfach 11,
1033 Wien.
Tel. *00431–71 57 06 10*
Fax *00431–71 57 06 10*

Schweiz
Maison de la France, Löwenstr. 59, 8023 Zürich
Tel. *00411–211 30 85*
Fax *00411–212 11 44*

Fremdenverkehrsämter im Loire-Tal

Angers
Pl Kennedy.
Tel. *02 41 23 51 11.*

Blois
5, rue de la Voûte du Château.
Tel. *02 54 78 55 50.*

Bourges
21, rue Victor-Hugo.
Tel. *02 48 24 75 33.*

Chartres
Pl de la Cathédrale.
Tel. *02 37 21 50 00.*

Le Mans
Rue de l'Etoile.
Tel. *02 43 28 17 22.*

Nantes
Pl du Commerce.
Tel. *02 40 47 04 51.*

Orléans
Pl Albert 1er.
Tel. *02 38 53 05 95.*

Tours
78–82, rue Bernard Palissy.
Tel. *02 47 70 37 37.*

Behinderte Reisende

Comité National pour la Réadaptation des Handicapés
236 bis, rue de Tolbiac
Paris 75013.
Tel. *01 53 80 66 66.*
Fax *01 53 80 66 67.*

Visa

Bürger der Europäischen Union benötigen zur Einreise nach Frankreich kein Visum und müssen nicht einmal mehr den Ausweis vorzeigen, die Mitnahme eines Personalausweises ist jedoch Pflicht. Wer in Frankreich arbeiten will, muß dort allerdings eine Aufenthaltsgenehmigung beantragen. Bürger anderer Länder sollten sich nach den jeweiligen Einreisebestimmungen erkundigen; sie benötigen ab Aufenthalten von drei Monaten ein *visa de long séjour*.

Zollfrei erhältlich: französisches Parfüm

Mehrwertsteuer-erstattung

Besucher aus Ländern, die nicht der Europäischen Union angehören, können sich die für französische Waren entrichtete Mehrwertsteuer *(TVA)* wieder erstatten lassen. Dies gilt für in einem Geschäft erstandene, binnen sechs Monaten auszuführende Güter im Wert von über 2000 FF. Verlangen Sie beim Einkauf einen *détaxe*-Beleg *(siehe S. 221)*. Dieser ist bei der Ausreise dem Zoll vorzulegen. Die Erstattung wird in der Regel auf Ihr Bankkonto überwiesen.

Für sämtliche Lebensmittel, Getränke, auch für Arzneien, Tabak, Autos und Motorräder wird keine Mehrwertsteuer erstattet, sehr wohl aber für Fahrräder.

Höchstmengen für zollfreie Waren

Bis zum 31. Juni 1999 gelten folgende Höchstmengen für Waren, die von EU-Bürgern in Duty-free-Shops eingekauft und nach Frankreich eingeführt werden: 5 Liter Wein und 2,5 Liter Spirituosen über 22% Vol. oder 3 Liter unter 22% Vol., 75 Gramm Parfüm, 1 Kilogramm Kaffee, 200 Gramm Tee und 300 Zigaretten. Bürger anderer Länder dürfen zollfrei einführen: 2 Liter Wein, 1 Liter Spirituosen oder 2 Liter Alkohol bis 22% Vol., 50 Gramm Parfüm, 500 Gramm Kaffee, 100 Gramm Tee und 200 Zigaretten.

Personen unter 17 Jahren dürfen Tabak und Alkohol weder ein- noch ausführen, auch nicht zu Geschenkzwecken.

Freimengen

Innerhalb der EU gelten für die Ein- und Ausfuhr zoll- und mehrwertsteuerpflichtiger, nicht zum Verkauf bestimmter Güter keine Mengenbegrenzungen mehr. Wer mehr als 10 Liter Spirituosen, 90 Liter Wein, 110 Liter Bier und 800 Zigaretten mit sich führt, muß den privaten Gebrauch nachweisen können.

Weitere Einfuhr-bestimmungen

Persönliche Besitztümer (wie Autos oder Fahrräder), die eindeutig dem privaten Bedarf und nicht dem Verkauf dienen, dürfen Sie in der Regel zollfrei und ohne Formalitäten einführen. Genauere Informationen können Sie der Broschüre *Bon Voyage* des **Centre des Renseignements des Douanes** entnehmen. Auch die Zollbeamten an der Grenze geben gern – allerdings meist auf Französisch – Auskunft.

Die besonderen Bestimmungen zur Ein- und Ausfuhr von Pflanzen innerhalb der Europäischen Union sollten Sie vor Reiseantritt bei der Zollbehörde Ihres Heimatlandes erfragen.

Internationaler Studentenausweis

Hinweise für Studenten

Inhaber eines gültigen internationalen Studentenausweises erhalten auf den Eintritt zu Museen, Theatern, Kinos und vielen öffentlichen Baudenkmälern 25 bis 50 Prozent Ermäßigung. Die wichtigsten Universitäten der Region sind in Nantes und Tours, weitere bedeutende Hochschulen in Le Mans, Angers, Laval, Orléans und La Roche-sur-Yon angesiedelt.

In Orléans erhält man bei den Büros des **Centre Régional d'Information Jeunesse** (CRIJ) eine Fülle nützlicher Informationen über Studentenbelange und eine Liste billiger Übernachtungsmöglichkeiten für junge Leute.

Freundschaftliches Begrüßungsritual: zwei oder drei Wangenküßchen

Das französiche Fremdenverkehrsamt in Frankfurt, natürlich auch die **Maison de la France** in Wien und Zürich, verschicken auf Wunsch eine Broschüre mit dem Titel *Urlaub für junge Leute* mit umfassenden Informationen.

Umgangsformen

Das Beachten französischer Höflichkeitsrituale ist im Loire-Tal ebenso wichtig wie in anderen Landesteilen. Händeschütteln ist bei der Vorstellung üblich. Beim Betreten eines Geschäfts grüßt man mit *bonjour* bzw. *bonsoir*, dankt für Aushändigen von Ware und Wechselgeld mit einem *merci* (besser noch gefolgt von Madame bzw. Monsieur) und verabschiedet sich mit *au revoir* (auf Wiedersehen) oder *bonne journée* (einen schönen Tag). Freunde unterschiedlichen Geschlechts und Freundinnen begrüßen einander mit zwei oder drei *bises* (Wangenküssen).

Wer höflich auftritt, aufrichtiges Interesse an Land und Leuten bekundet und zumindest einige Brocken Französisch beherrscht, wird überall und ganz besonders in kleinen, ländlichen Gemeinden herzlich aufgenommen.

Zeit

Im Loire-Tal gilt die in den meisten westeuropäischen Ländern übliche Mitteleuropäische Zeit. Wie auch in Deutschland der Fall, werden im Sommer (von März bis September) die Uhren um eine Stunde vorgestellt.

Masse

In Frankreich gilt das metrische System. Hilfreich im Alltag ist die Kenntnis einiger besonders in der Gastronomie verwendeter »Gebrauchsmaße«: *un ballon* (ein Achtel Wein), *vin en pichet* (ein Krug offener Wein), *un demi* (ein halber Liter Bier im Glas), in der Regel von Zapfhahn *(pression)*.

Strom-Adapter

In Frankreich beträgt die Netzspannung 220 Volt. Übliche französische Elektrogeräte besitzen Stecker

Französischer zweipoliger Stecker

mit zwei kleinen runden Stiften; bei Starkstromgeräten sind die Stifte größer. Einige gehobene Hotels sind mit Adaptern für Rasierapparate ausgestattet.

Mehrzweckadapter mit großen und kleinen Stiften können Sie vor der Abreise im Elektrofachhandel oder auch an vielen Flughäfen kaufen. Standardadapter erhalten Sie in fast allen Kaufhäusern vor Ort.

Gottesdienste

Zwar sind die meisten Bewohner des Loire-Tals katholisch, doch gibt es auch viele protestantische Kirchen. Von der religiösen Vielfalt im modernen Frankreich zeugen jüdische Synagogen und islamische Moscheen, die vornehmlich in größeren Städten zu finden sind.

Auf einen Blick

Zoll-Informationen

Paris
Centre des Renseignements des Douanes, 23 bis, rue de l'Université.
01 40 24 65 10.

Orléans
Centre de Dédouanement, Rte N20, Saran.
02 38 73 48 75.

Nantes
Renseignements Douaniers, 9, bd St Aignan.
02 40 73 52 15.

Studenten-Informationen

Orléans
CRIJ Région Centre, 5, bd de Verdun.
02 38 78 91 78.

Jugendherbergen

Angers
Centre D'Accueil du Lac de Maine, 49, av du Lac de Maine.
02 41 22 32 10.

Bourges
Auberge de Jeunesse 22, rue Henri Sellier.
02 48 24 58 09.

Le Mans
Auberge de Jeunesse 23, rue Maupertuis.
02 43 81 27 55.

Nantes
Résidence Sonacotra 85, pl Menetrier.
02 40 93 28 30.

Orléans
14, fbg Madeleine.
02 38 62 45 75.

Tours
Parc Grandmont, Av d'Arsonval.
02 47 25 14 45.

Gebetsstätten

Katholisch
Cathédrale St-Etienne, Pl de la Cathédrale, Bourges.

Cathédrale Notre-Dame, Pl de la Cathédrale, Chartres.

Cathédrale St-Gatien, Pl de la Cathédrale, Tours.

Cathédrale St-Pierre-et-St-Paul, Pl St-Pierre, Nantes.

Protestantisch
Temple Protestant, 5–7, rue du Musée, Angers.
02 41 48 06 07.

Eglise Protestante, 21, rue de Cheverus, Laval.
02 43 53 74 90.

Jüdisch
Synagoge, 4–6, bd Paixhans, Le Mans.

Synagoge, 14, rue Robert de Courtenay, Orléans.
02 38 62 16 62.

Muslimisch
Mosquée, Av Rembrandt, Le Mans.

Grande Mosquée de Tours, rue Arizo, Tours.
02 47 66 38 03.

Sicherheit und Gesundheit

Das Loire-Tal ist ein insgesamt sicheres Reiseziel. Selbstverständlich sollten Sie auch hier Umsicht an den Tag legen, zum Beispiel Ihre Habe nicht unbewacht lassen und nachts verlassene, dunkle Gegenden meiden. Bei leichten Krankheiten leisten Apotheken gute Erste Hilfe, bei ernsten Fällen können Sie die Notfalldienste anrufen. In Notsituationen helfen auch Botschaften und Konsulate weiter.

Polizist **Feuerwehrmann**

Diebstahl

Tragen Sie in großen Städten keine Wertgegenstände zur Schau und nur so viel Bargeld wie nötig bei sich. Für größere Ausgaben steckt man besser Reiseschecks oder Kreditkarte ein. Rückendeckung gibt eine angemessene Reiseversicherung.

In größeren Städten finden Sie von Videokameras bewachte Parkhochhäuser. Dort ist Ihr Wagen ziemlich sicher vor Diebstahl – auf jeden Fall vor der weit größeren Gefahr, wegen Falschparkens abgeschleppt zu werden.

Einen Diebstahl sollten Sie der nächsten Polizeiwache *(gendarmerie)* melden; nehmen Sie Ausweis, gegebenenfalls auch KFZ- und Versicherungspapiere mit. Die polizeiliche Protokollaufnahme (PV bzw. *procès verbal)* mag Zeit rauben, wird aber von der Versicherung im Schadensersatzfall verlangt. Den Verlust oder Diebstahl von Personalausweis oder Paß sollten Sie der Polizei und dem nächsten Konsulat melden.

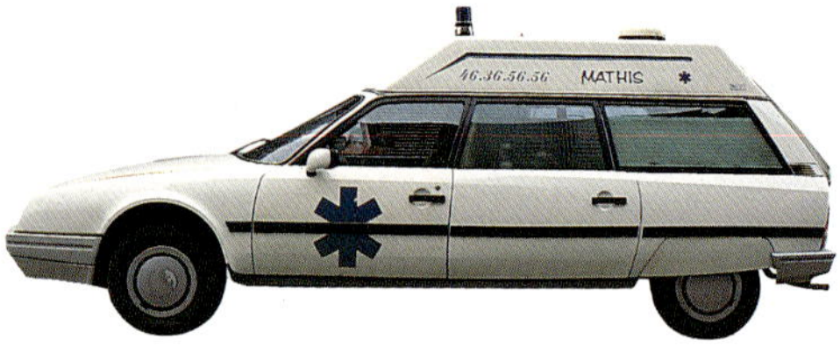

Krankenwagen

Feuerwehrauto

Polizeiauto

Persönliche Sicherheit

Gewaltverbrechen geschehen im Loire-Tal recht selten. Nachts empfiehlt es sich, vor allem für Frauen, gut beleuchtete, belebte Wege zu wählen und Gesprächs- oder Begleitangebote von Fremden abzulehnen. Bewahren Sie die Ruhe und sprechen Sie möglichst französisch, wenn Sie in einen Streit, Autounfall oder andere brenzlige Situationen verwickelt werden. Andernfalls verschärfen Sie höchstens die Lage.

Rechtsbeistand

Umfasst Ihre Versicherung Auslandsrechtsschutz, so können Sie, etwa bei einem Unfallverfahren, über den französischen Vertragspartner (z.B. Europ Assistance oder Mondial Assistance) einen Anwalt in Anspruch nehmen. Andernfalls sollten Sie beim nächsten Konsulat Rat einholen.

Übersetzer

Dolmetscher und Übersetzer vermittelt die Société Française des Traducteurs Professionnels telefonisch oder via Minitel *(siehe S. 239)*.

Meer und Flüsse

Die meisten Atlantikstrände werden im Sommer von Rettungsdiensten *(sauveteurs)* bewacht. Familien finden mehrere gute, ungefährliche Badestrände. Verschiedenfarbige Fahnen geben Aufschluß über die Risikostufen: Bei Grün ist Baden erlaubt und sicher. Bei Orange kann Schwimmen gefährlich sein und ist meist nur ein Teil des Strandes bewacht; man sollte sich nicht über das – mit Fahnen markierte – bewachte Gebiet hinauswagen. Bei hohem Risiko (starke Wellen, Unterströmungen, Treibsand) verkünden rote Fahnen strenges Badeverbot. Viele Strände der Region hissen ferner die blaue Flagge, den einheitlichen EU-Hinweis auf sauberes Wasser, in dem man bedenkenlos schwimmen kann.

Wegen tückischer Strömungen und gefährlichem Treibsand sollte man sich auch beim Schwimmen in der Loire und ihren Nebenflüssen ausschließlich an die ausgewiesenen Badezonen halten.

Medizinische Versorgung

Alle Bürger von EU-Staaten haben Anspruch auf die Leistungen des französischen Gesundheitswesens. Allerdings muß man die – je nach Krankenhaus variierenden – Behandlungskosten vorstrecken. In der Heimat können Sie bei Ihrer Krankenkasse die Erstattung beantragen, die jedoch nicht immer in voller Höhe und sofort erfolgt. Erkundigen Sie sich daher vor der Reise bei Ihrer Krankenversicherung und schließen Sie eine Reiseversicherung ab. Besucher aus anderen Ländern müssen sich vor Reiseantritt gegen Krankheit versichern. Im Notfall können Sie die Ambulanz *(SAMU)* anrufen oder die Feuerwehr *(Sapeurs Pompiers)*, die ebenfalls Erste Hilfe und ambulante Versorgung gewährleistet.

Bei Bagatellkrankheiten sind Apotheken, zu erkennen am grünen Kreuz, die richtige Anlaufstelle.

Grüne Fahnen verkünden sichere Badebedingungen

Öffentliche Toiletten im Loire-Tal

In vielen Orten des Loire-Tals haben die modernen Münztoiletten Einzug gehalten. Kinder unter zehn Jahren sollten die Kabinen nicht allein betreten, da die automatische Spülung Gefahren birgt. Auch als Gast eines Cafés oder Restaurants sollten Sie beim Gang zur Toilette Kleingeld einstecken; oft wird eine geringe Gebühr erhoben oder ein Trinkgeld für das Toilettenpersonal erwartet. In ländlicheren Gegenden stößt man noch auf die alten, meist schmuddeligen *pissoirs* und Stehklos. Auf Autobahnen findet man alle 20 Kilometer an Rastplätzen Toiletten.

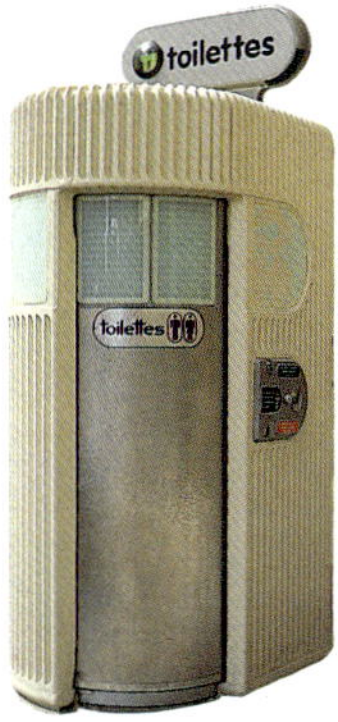

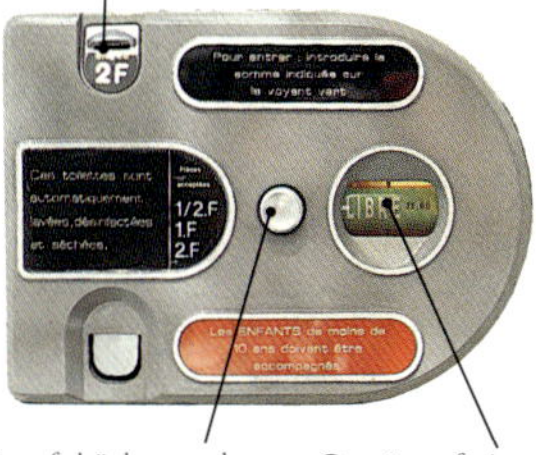

1 Münzbetrag in den Schlitz werfen.

2 Knopf drücken und Schiebetür öffnen.

3 grün = frei; rot = besetzt

Auf einen Blick

Notrufnummern

Krankenwagen (SAMU)
☎ *15.*

Feuer (Sapeurs Pompiers)
☎ *18.*

Polizei (Gendarmerie)
☎ *17.*

Übersetzer

Société Française des Traducteurs Professionnels
☎ *Minitel 3616 SFTRAD.*
Paris ☎ *01 48 78 43 32.*

Krankenhaus mit Notaufnahme

Angers
Centre Hospitalier,
4, rue Larrey.
☎ *02 41 35 36 37.*

Bourges
Centre Hospitalier,
rte Nevers.
☎ *02 48 48 48 48.*

Le Mans
Centre Hospitalier du Mans,
194, avenue Rubillard.
☎ *02 43 43 43 43.*

Nantes
Centre Hospitalier,
place Alexis Ricordeau.
☎ *02 40 08 33 33.*

Orléans
Centre Hospitalier Régional,
14 av Hôspital.
☎ *02 38 51 44 44.*

Tours
Hôpital Bretonneau,
2, boulevard Tomelle.
☎ *02 47 47 47 47.*

Konsulate und Botschaften

Deutschland
13, av Franklin-Roosevelt, 75008 Paris. ☎ *01 40 59 33 51.*

Österreich
6, rue Fabert,
75007 Paris. ☎ *01 44 55 95 66.*

Schweiz
142, rue de Grenelle,
75007 Paris.
☎ *01 45 50 34 47.*

Währung und Geldwechsel

WIE ÜBERALL IN Frankreich erhalten Sie auch im Loire-Tal die besten Wechselkurse bei Banken, American Express und Thomas Cook. Bei den vielen privaten Wechselstuben *(bureaux de change)* in Touristenzentren und vor allem nahe der Schlösser gilt es, die unterschiedlichen Kurse, Höhe von Mindestumtausch und Gebühren zu vergleichen. Am sichersten führt man sein Budget in Form von Reiseschecks bei sich. Oft kann man mit Scheck- und Kreditkarten an Bankautomaten Geld abheben; dabei sind die vom Aussteller erhobenen Gebühren einzukalkulieren.

Banköffnungszeiten

IN GROSSEN Städten öffnen Banken meist Dienstag bis Samstag 9–12 Uhr und 14–18 Uhr. Viele schließen montags ganztägig und an Wochenenden, auf die ein Feiertag fällt, von Freitagmittag bis Dienstagmorgen. In kleineren Städten halten Banken oft kürzere Öffnungszeiten ein.

Banken

SIE KÖNNEN Devisen in unbegrenzter Höhe nach Frankreich einführen. Falls Sie mehr als 50 000 FF wieder ausführen wollen, sollten Sie bei der Einreise jedoch eine Zolldeklaration abgeben. Die meisten Banken besitzen ein *bureau de change,* das gegen Gebühr die günstigsten Umtauschkurse bietet. Selbst in abgelegeneren Gebieten verfügen viele über Geldautomaten, an denen man unter Eingabe des Geheimcodes mit Visa und Eurocard/MasterCard sowie einigen anderen Scheck- und Kreditkarten Geld abheben kann. Die Instruktionen erscheinen in Französisch, Englisch und Deutsch.

Ferner können Sie an den Wechselschaltern von Banken, bei denen Sie das Visa- oder Master-Card-Symbol erblicken, mit den entsprechenden Kreditkarten Geld abheben. Französische Bankschalter verlangen bei Bargeldauszahlungen stets Ausweispapiere.

Reiseschecks und Kreditkarten

REISESCHECKS können Sie sich von American Express, Thomas Cook, Ihrer Hausbank, Postbanken und anderen Geldinstituten ausstellen lassen. American-Express-Schecks werden in Frankreich weithin akzeptiert und von den Amex-Filialen gebührenfrei eingelöst.

Visa und Eurocard/MasterCard sind die verbreitetsten Kreditkarten in Frankreich, während American-Express-Kreditkarten nicht überall angenommen werden. Geschäfte besitzen Lesegeräte für die Chipkarten *(cartes puces)* und die älteren Magnetstreifenkarten. Ist Ihre Karte nicht lesbar, spricht man von einer *puce morte;* bitten Sie dann darum, die Karte durch das Magnetband *(bande magnétique)* zu ziehen. Eventuell müssen Sie Ihre Geheimnummer in ein kleines Gerät eintippen und danach die Eingabe mit der grünen Taste *(validez)* bestätigen.

Zum Eintippen Ihrer Geheimnummer

Euroschecks

EUROSCHECKS werden in Frankreich nur ungern, vielfach sogar gar nicht akzeptiert. Selbst Banken verweigern häufig die Annahme von Euroschecks. In jedem Fall wird eine Gebühr erhoben. Der Höchstbetrag pro Scheck liegt bei 1400 FF; für höhere Rechnungen zückt man mehrere Schecks.

Euroscheck-Logo

Auf einen Blick

Wechselstuben

Angers
Office de Tourisme,
11, pl Président Kennedy.
☎ 02 41 23 51 11.

Bourges
Poste Principale,
rue Mayenne.
☎ 02 48 68 82 82.

Le Mans
Crédit Lyonnais,
35, pl de la République.
☎ 02 43 47 33 33.

Société Générale,
43, pl de la République.
☎ 02 43 21 57 00.

Nantes
Le Change Graslin,
17, rue Jean-Jacques Rousseau.
☎ 02 40 69 24 64.

Orléans
Banque de France,
30, rue de la République.
☎ 02 38 77 78 78.

Crédit Lyonnais,
7, pl du Martroi.
☎ 02 38 75 63 23.

Tours
20, pl Jean Jaurès.
(»Change 24/24« Geldwechselautomat)

Société Générale,
3, bd Heurteloup.
☎ 02 47 21 75 75.

American Express

Orléans
American Express,
12, rue du Martroi.
☎ 02 38 53 69 49.

Verlorene Kreditkarten und Reiseschecks

Visa/EuroCard.
☎ 02 54 42 12 12.

American Express Paris (Karten)
☎ 01 47 77 72 00.

American Express (Schecks)
☎ 05 90 86 00.

Währung

Die französische Währungseinheit ist der Franc. Man kürzt ihn gemeinhin mit dem Buchstaben »F«, im Bankwesen – zur Unterscheidung vom Schweizer Franken und Belgischen Franc – »FF« ab. Ein Franc hat 100 Centimes. Ein-Centime-Münzen sind wegen ihres niedrigen Wertes nicht mehr in Umlauf.

Banknoten

Französische Banknoten gibt es im Wert von 20, 50, 100, 200 und 500 FF. Je höher der Wert, desto größer ist ihr Format. Nebenstehend sind nur der neue 50- und 500-FF-Schein abgebildet, obzwar ihre Vorgänger noch ein Jahrzehnt gesetzlich anerkanntes Zahlungsmittel sind.

500 FF

200 FF

100 FF

50 FF

20 FF

Münzen

Münzen (hier in Originalgröße) sind im Wert von 5, 10, 20 und 50 Centimes sowie 1, 2, 5, 10 und 20 FF in Umlauf. Die Münzen zu 5, 10 und 20 Centimes bestehen aus Messing, jene zu 50 Centimes, 1, 2 und 5 FF besitzen eine Silberlegierung.

20 FF

10 FF

5 FF

2 FF

1 FF

50 Centimes

20 Centimes

10 Centimes

5 Centimes

Kommunikation

Logo öffentlicher Fernsprecher

FRANKREICHS Telefongesellschaft France Télécom unterhält eines der modernsten Fernmeldenetze der Welt. Ebenfalls staatlich ist die Postgesellschaft La Poste. Das Loire-Tal ist mit öffentlichen Fernsprechern, zumeist Kartentelefonen, gut versorgt; zahlreiche Verkaufsstellen führen Telefonkarten *(télécartes)*. Auf Postämter *(bureaux de poste)* verweisen gelbe Schilder mit dem blauen Schriftzug »La Poste«; manche Hinweisschilder tragen noch den veralteten Namen PTT. In den großen Städten finden Sie ausländische Zeitungslektüre und auf einigen Fernsehkanälen fremdsprachige Sendungen.

TELEFONIEREN MIT TELEFONKARTE

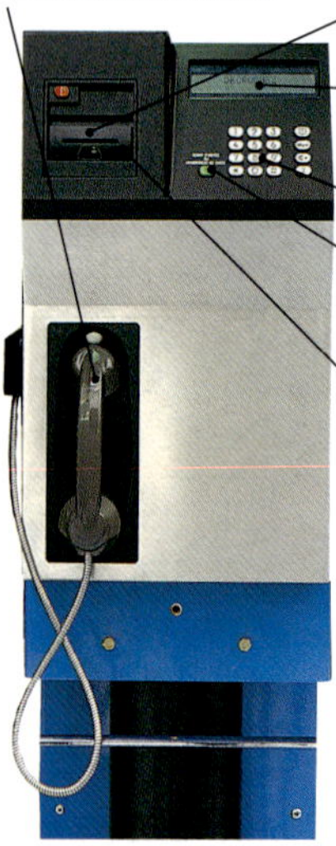

1 Hörer abheben und das Amtszeichen abwarten.

2 Schieben Sie die *télécarte* mit dem Pfeil nach oben ein.

3 Die Leuchtanzeige nennt die Anzahl der Telefoneinheiten Ihrer Karte und fordert Sie auf, die Nummer einzugeben.

4 Wählen Sie die Nummer, und warten Sie auf Anschluß.

5 Wollen Sie einen Anruf anschließen, hängen Sie den Hörer nicht ein, sondern drücken die grüne Taste.

6 Nach Beenden Ihrer Gespräche legen Sie den Hörer auf und erhalten Ihre Karte zurück.

Telefonkarten

TELEFONIEREN IN FRANKREICH

NUR WENIGE öffentliche Fernsprecher in Frankreich nehmen noch Münzen (1, 2, 5 und 10 FF) an. Postämter, Tabak- und einige Zeitschriftenläden verkaufen *télécartes* mit 50 oder 120 Einheiten für die Kartentelefone. In Cafés finden Sie Münzapparate (Mindesteinwurf 2 FF) vor.

Der Telefonservice *pays direct* ermöglicht per Vermittlung Anrufe ins Heimatland, die über Kreditkarte, die heimische Telefonrechung oder als R-Gespräch (französisch *PCV)* abgerechnet werden. In einigen Fällen kann man auch in Drittländer telefonieren.

In den meisten Telefonzellen im Loire-Tal kann man sich anrufen lassen; die Nummer steht über dem Telefonapparat. Hauptpostämter verfügen über Telefonkabinen *(cabines);* man zahlt nach dem Gespräch am Schalter – für Auslandsgespräche weit weniger als in Hotels, die meist hohe Aufschläge berechnen.

In französischen Postämtern können Sie das Verzeichnis des französischen BTX-Service Minitel einsehen (*siehe* Der Umgang mit Minitel).

Briefkästen sind in ganz Frankreich knallgelb

POSTSENDUNGEN

POSTWERTZEICHEN können Sie in Postämtern einzeln oder in *carnets* à sieben oder zehn Stück, Standardmarken auch in Tabakläden kaufen. Für Auslandssendungen sind acht Tarifzonen eingerichtet.

Die Postämter öffnen zu unterschiedlichen Zeiten, mindestens aber Montag bis Freitag 9–12 Uhr und 14–17 Uhr, Samstag 9–12 Uhr. In größeren Städten bedienen die Schalter wochentags von 8–19 Uhr.

Briefe und Päckchen können Sie ohne großen Aufwand in alle Welt versenden. Viele der gelben Briefkästen besitzen drei Einwurfschlitze: für Sendungen innerhalb des Ortes, des jeweiligen Departements (das Loire-Tal ist in elf Departements mit unterschiedlichen Postleitzahlen unterteilt) und andere Ziele *(autres destinations)*.

Gegen eine geringe Gebühr können Sie den Postlagerungsservice *(poste restante)* beanspruchen. Zusendungen müssen mit dem entsprechenden Empfängernamen, gefolgt vom Vermerk *Poste Restante*, Postleitzahl und Ort des Postamts adressiert sein.

Standardbriefmarken und ein *carnet* mit sieben Marken

Weitere Postdienste

In Postämtern können Sie zudem Telefonbücher *(annuaires),* Fax- und Telexservice nutzen, Euroschecks einlösen, Geldanweisungen *(mandats)* ausstellen und empfangen.

Ferner können Sie an vielen Postämtern kostenlos das Verzeichnis des Bildschirmtext-Service Minitel einsehen, das gedruckte Nachschlagewerke zunehmend verdrängt und eine Flut von Informationen bietet.

Fernsehen und Rundfunk

Der französisch-deutsche Fernsehsender ARTE strahlt Filme aus aller Welt, oft im Original mit französischem Untertitel, aus. Canal+ sendet täglich um 19 Uhr die amerikanischen CBS-Abendnachrichten. Sky News und CNN sind in zahlreichen – vor allem in den größeren – Hotels zu empfangen.

Der Umgang mit Minitel

Der BTX-Service Minitel ermöglicht per Telefonanschluß Zugang zu vielen Informationen und Dienstleistungen. Man drückt die Telefontaste und tippt dann die Minitel-Nummer und den Code ein. Um das Verzeichnis aufzurufen, drückt man die Telefontaste und wählt 11. Wenn der Signalton erklingt, drückt man die Taste *Connexion/Fin,* gibt den gewünschten Dienst oder Anbieter sowie Stadt oder Region ein und drückt zur Suche *Envoi.* Das Abbrechen erfolgt per Druck auf *Veille* oder *Connexion/Fin.* Die Gebühren werden angezeigt.

Die Departements des Loire-Tals

Frankreich ist in 96 Departements unterteilt. Die beiden ersten Ziffern der insgesamt fünfstelligen Postleitzahlen bezeichnen das Departement. Folgen ihnen drei Nullen, ist die Hauptstadt des Departements gemeint.

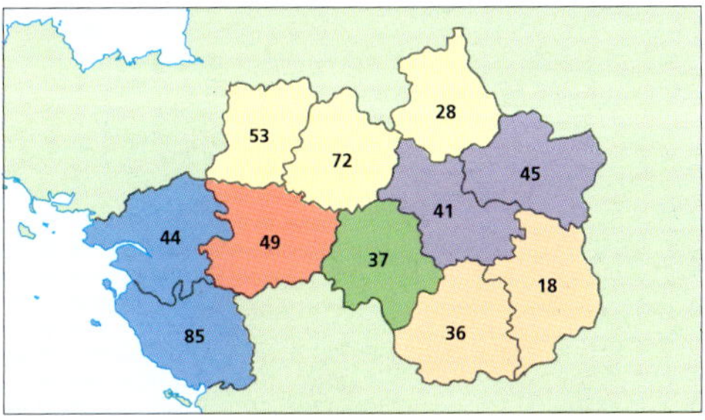

Departement	Postleitzahl	Hauptstadt
Cher	18	Bourges
Eure-et-Loir	28	Chartres
Indre	36	Châteauroux
Indre-et-Loire	37	Tours
Loir-et-Cher	41	Blois
Loire-Atlantique	44	Nantes
Loiret	45	Orléans
Maine-et-Loire	49	Angers
Mayenne	53	Laval
Sarthe	72	Le Mans
Vendée	85	La Roche-sur-Yon

Ausländische Presse

In den meisten großen Städten erhalten Sie, zumindest im Sommer, am Erscheinungstag viele internationale und auch deutschsprachige Tageszeitungen und Zeitschriften (im übrigen Jahr mitunter mit einem Tag Verspätung), so die *Frankfurter Allgemeine Zeitung, die Welt* oder auch die *Neue Zürcher Zeitung.* Freitags erscheint die Wochenzeitung *European.*

Auswahl des ausländichen Presseangebots im Loire-Tal

Nützliche Telefonvorwahlen

- Ab dem **18. Oktober 1996** stellt Frankreich die Rufnummern von bisher acht auf zehn Stellen um. Diesen gehen bei Inlandsanrufen folgende regionale Vorwahlen voran: Nordwesten (inklusive Loire-Tal) 02, Ile de France 01, Nordosten 03, Südosten 04, Südwesten 05.
- Für Anrufe **nach Frankreich** wählen Sie die Ländervorwahl 0033, danach die regionale Vorwahl (ohne die 0).
- Die **Vermittlung** hat die Nummer 13.
- **Internationale Auskunft:** 16 12 für Deutschland, 16 13 für andere europäische Länder, 16 14 für alle anderen Länder.
- Für ***Pays-direct***-Gespräche wählt man 19, danach 00.
- **Landesvorwahl:** Deutschland 00 49, Österreich 00 43, Schweiz 00 41.

Reiseinformationen

Das breite Band des Loire-Tals zieht sich 110 Kilometer südlich von Paris zwischen Frankreichs Nabel im Osten und der Atlantikküste im Westen dahin. Es besitzt gute Anbindungen an das internationale Straßen- und Schienennetz, und der Flughafen von Nantes wird von vielen europäischen Städten aus angeflogen. In der Region kommt man rasch mit dem *TGV (siehe S. 242ff)* voran. Eine bequeme Anreisealternative ist der Autoreisezug Paris-Nantes (3 Std. 40 Min.), der zudem Autobahngebühren erspart. Die Autobahnen sind gut, doch im Hochsommer oft überfüllt.

Wegweiser zum Flughafen von Nantes

Mit dem Flugzeug

Der Flughafen Nantes-Atlantique bietet Anschluß an viele große Städte Europas und wartet mit Restaurants, Bars, Zeitschriftenläden und einen Geschenkeshop auf. Dort können Sie zu den üblichen Banköffnungszeiten *(siehe S. 236)* im *bureau de change* Geld wechseln und sich am Informationsschalter auch Hotelzimmer reservieren lassen.

Kofferkuli mit Pfandeinwurf

Eltern mit Kleinkindern und viel Gepäck finden Wickelräume vor. Bei sonstigen Problemen hilft das Flughafenpersonal. Die Zuwege zum Gebäude sind rollstuhlgerecht; behinderte Reisende können sich an und von Bord helfen lassen.

Eine Taxifahrt ins Zentrum kostet etwa 120 FF, nachts und sonntags mehr. Die Fahrpläne der Flughafenbusse in die Innenstadt sind auf die Landezeiten abgestimmt. Am Flughafen bieten Avis, Budget, Citer, Eurodollar, Europcar, Eurorent und Hertz Mietwagen an.

Flüge

Wer von Deutschland, Österreich oder der Schweiz aus anreist, steigt zumeist in Paris um, kann aber sein Gepäck direkt nach Nantes aufgeben. Die Air France fliegt täglich außer Samstag und Sonntag Nantes an. Paris wird regelmäßig von verschiedenen Linien- und Charterfluggesellschaften angeflogen, darunter Lufthansa, Swissair, Austrian Airlines und Air France. Die zwei Flughäfen der Hauptstadt sind Orly im Süden und Roissy-Charles de Gaulle im Norden der Stadt. Deutsche Reisende landen in der Regel in Roissy. Air Inter bietet täglich sechs Flüge von Nantes nach Paris an.

Flugpreise

Zu Ostern und zur Hauptreisesaison im Juli und August kommt das Flugticket nach Nantes am teuersten. Allerdings können die Spitzentarifzeiten der Fluggesellschaften geringfügig voneinander abweichen; fragen Sie bei den Fluglinien oder Reisebüros nach, welche Tarife wann gelten.

Wer nur den Flug buchen will, schneidet mit Sonderangeboten wie Flieg-&-Spar-Tickets günstig ab. Allerdings sind diese rechtzeitig zu reservieren, an feste Flug- und Höchstaufenthaltszeiten gebunden, nur gegen Aufpreis umzubuchen und mit Verlust zu stornieren. Kinder fliegen oft billiger als Erwachsene. Oft gelten für Standardtickets Sondertarife,

Im Flughafen Nantes-Atlantique

wenn der Aufenthalt mindestens einen Samstag umschließt.

Gründliche Information lohnt, denn durch die harte Konkurrenz können Kunden von einigen sehr günstigen Charter- wie Linienflugangeboten profitieren.

Insbesondere bei Billiganbietern sollte man sich vergewissern, daß man sein Geld zurückerhält, falls das Unternehmen schließt. Verlangen Sie daher immer einen Sicherungsschein. Zahlen Sie den vollen Preis erst, wenn Sie Ihr Ticket erhalten haben. Fragen Sie bei der Fluggesellschaft nach, ob Hin- und Rückflug bestätigt sind.

Fly-&-Drive- und Fly-&-Rail-Angebote

Die Air France und die französische Eisenbahngesellschaft SNCF bieten Kombitickets für Flug- und Bahnreisen an. Man fliegt in der Regel bis Paris und fährt von dort mit dem Zug nach Süden weiter. Sehr günstige Angebote gibt es für Reisen nach Angers, Nantes und Tours. Daneben schnüren Reiseveranstalter individuelle Pauschalpakete, die Kosten für Flüge, Mietwagen und Unterkunft im Loire-Tal enthalten.

Eine Boeing 737 der Air France

Flugzeiten

Paris ist die Hauptdrehscheibe für Flüge in das Loire-Tal. Hier die ungefähre Flugzeit ab den wichtigsten Flughäfen:
Frankfurt–Paris: 1 Stunde.
Wien–Paris: 2 Stunden.
Zürich–Paris: 70 Minuten.
Paris–Nantes: 50 Minuten.

Flugsicherheit

Achten Sie darauf, daß Ihr Gepäck sicher verschlossen, beschriftet und am Flughafen stets bewacht ist. Übernehmen Sie nicht für Unbekannte das Bewachen oder Einchecken von Gepäck. Man wird vermutlich fragen, ob Sie elektrische Geräte mitführen, deren Mitnahme man am besten auf ein Minimum beschränkt.

Wer mit Kleinkindern reist, sollte beizeiten bei der Fluggesellschaft einen Kindersitz bestellen. Falls für Kinder kein Extrasitz gebucht bzw. nötig ist, sollten spezielle Sicherheitsgurte vorhanden sein.

Schwangere sollten rechtzeitig die Bedingungen der Fluggesellschaft erfragen. Die meisten Fluglinien lehnen den Transport ab der 36. Schwangerschaftswoche ab und verlangen für die 28. bis 36. Woche ein ärztliches Attest, das die »Flugtauglichkeit« bescheinigt und das voraussichtliche Datum der Niederkunft nennt.

Wer besondere medizinische Vorschriften beachten muß, sollte die Fluggesellschaft rechtzeitig informieren.

Auf einen Blick

Flughafen-Information

Flughafen Nantes-Atlantique
☎ 02 40 84 80 00.
Entfernung zur Stadt: 12 km.
Verbindungen mit: Bus, Taxi.

Flughafen Roissy-Charles de Gaulle
☎ 01 48 62 22 80.
Verbindungen mit: Bus, Taxi.

Flughafen Orly
☎ 01 49 75 15 15.
Verbindungen mit: Bus, Taxi.

Wichtige Fluggesellschaften

Zu den französischen Vorwahlen siehe Seite 238f.

Air France
Paris *☎ 01 44 08 22 22.*

Air Inter
Paris *☎ 01 45 46 90 00.*

Lufthansa
Paris *☎ 01 40 17 12 00 u. 42 65 37 35 (für Reservierung).*

Swiss Air
Paris *☎ 01 44 08 22 22.*

Austrian Airlines
siehe Swiss Air

British Airways
Paris *☎ 01 47 78 14 14.*

Französische Reiseveranstalter mit Sonderangeboten

Loire-Tal
Nouvelles Frontières
Angers ☎ 02 41 88 41 41.
Bourges ☎ 02 48 24 54 07.
Le Mans ☎ 02 43 84 42 96.
Nantes ☎ 02 40 20 24 61.
Orléans ☎ 02 38 53 75 00.
Tours ☎ 02 47 64 64 50.

Pauschalreisen

ADAC Reise GmbH
Am Westpark 8
81361 München
☎ 089-76 76-0.
FAX 089-76762500.

Deutsches Reisebüro GmbH (DERTOUR)
Emil-von-Behring-Str. 6
60439 Frankfurt
☎ 069-955 88-00.

Klingenstein Studienreisen
Thomas-Wimmer-Ring 9
80539 München
☎ 089-23 50 81-0.

Neckermann Reisen/NUR Touristic GmbH
Zimmersmühlenweg 55
61440 Oberursel
☎ 06171-65-00.

Studiosus Reisen GmbH
Trappentreustr. 1
80339 München
☎ 089-500 60-0

Mit der Bahn unterwegs

Die Anreise mit dem Zug ins Loire-Tal ist schnell und bequem. Die staatliche französische Eisenbahn, Société Nationale des Chemins de Fer Français (SNCF), gehört zu Europas bestfunktionierenden und komfortablesten Bahngesellschaften. Die Anfahrt via Paris mit dem TGV *(Train à Grande Vitesse)* ist besonders effektiv. Er benötigt für die Strecke Paris-Tours nur 75 Minuten und 2 Stunden und 10 Minuten von Paris nach Nantes.

Fahrkartenautomat

Hauptrouten

Die Hauptbahnverbindungen zwischen dem Loire-Tal und dem nördlichen Europa verlaufen über Paris. Dort muß man sich von der Gare du Nord (Züge aus Nord- und Westdeutschland) bzw. von der Gare de l'Est (Züge aus Süddeutschland) zur Gare Montparnasse begeben, um mit dem TGV Atlantique zu den großen Städten der Loire-Region weiterzureisen. Die Corail-Expreßzüge nach Nantes fahren ebenfalls von der Gare Montparnasse ab, die Corail-Expreßzüge zu anderen Zielbahnhöfen des Loire-Tals dagegen von der Gare d'Austerlitz.

Im Loire-Tal ist die Strecke entlang der Loire – via Nantes, Angers und Orléans – so beliebt, daß man rechtzeitig reservieren sollte. Dies gilt auch für andere *Grandes Lignes*.

SNCF-Logo

Reservieren im Ausland

Bei Reisebüros, Reisezentren der Bahnhöfe und den Auslandsbüros der SNCF können Sie Routen, Fahrpläne und Preise erfragen, buchen und Plätze reservieren. Bei Änderungen der Rückreisezeit können erneute Reservierungskosten anfallen; für Autoreisezüge ist in solchen Fällen ein neues Ticket zu lösen und nach Rückkehr die Erstattung zu beantragen.

Reservieren in Frankreich

Alle Fahrkartenschalter der Bahnhöfe sind computerisiert. In den Hallen der großen Bahnhöfe finden Sie zudem (auch englisch beschriftete) Fahrkartenausgabe- und Reservierungsautomaten. Mit Kreditkarte und Geheimnummer kann man auch per Minitel *(siehe S. 239)* Fahrpläne und Tarife abfragen und Reservierungen vornehmen. Für TGVs ist das Reservieren spätestens fünf Minuten vor Abfahrt Pflicht. Zu Hauptreisezeiten sind Fahrkarten erheblich teurer, an gesetzlichen Feiertagen sind Reservierungen notwendig. Die meisten europäischen Bahnhöfe und Reisebüros sind mittlerweile an das Computernetz der SNCF angeschlossen, so daß Sie mühelos von der Heimat aus buchen können.

Preise und Buchung

Beim Kauf ermäßigter SNCF- Fahrkarten sind die Preiskategorien des *calendrier voyageurs* zu beachten. Dieser Kalender unterteilt das Jahr in rote (teuerste), weiße und blaue (billigste) Tarifzeiten. Viele der – bis zu 60prozentigen – SNCF-Sonderangebote gelten nur an »blauen« Tagen. Die SNCF bietet für über 60jährige den Seniorenpaß *(carte vermeil)*, für Paare mit gemeinsamer Adresse die *carte couple*, für bis zu vier Personen mit einem Kind die *carte Kiwi* und für Personen unter 26 Jahren die *carte carissimo* an. Sonderpreise gibt es zudem für Rund- bzw. Hin- und Rückfahrkarten von mehr als 1000 Kilometern. Genauer informiert die **SNCF.**

Zu den im Ausland erhältlichen, in Frankreich akzeptierten Bahnpässen zählt die Euro-Domino-Karte, mit der man binnen eines Monats zwei, fünf oder zehn Tage durch Frankreich reisen kann. Junge Leute unter 26 Jahren können vom zwei Monate gültigen Eurotrain-Paß profitieren.

Mit dem Inter-Rail-Paß, erhältlich unter anderem in spezialisierten Reisebüros, kann man binnen eines Monats beliebig viele Bahnkilometer in Frankreich und 25 anderen europäischen Ländern zurücklegen (ausgenommen ist das Land, in dem der Paß gekauft wurde).

Schalterhalle im Bahnhof von Chartres

Fahrpläne und Entwerten

Die Bahn ändert zweimal jährlich ihren Fahrplan. Für die wichtigsten Städteverbindungen gibt es Gratispläne. Die Züge verkehren meist pünktlich. Sie müssen Ihre Fahrkarte vor dem Einsteigen am orangefarbenen Automaten auf dem Bahnsteig entwerten *(composter)*; andernfalls fällt im Zug ein Bußgeld an.

Autoreisezug

In Autoreisezügen *(trains autos)* kann man bequem mit Auto oder Motorrad und Schlafmöglichkeit anreisen. Wer von Süden her kommt, kann in den Autoreisezug zusteigen, der im Sommer ein- bis zweimal pro Woche von Bologna oder Mailand nach Paris (Fahrtzeit 14 Stunden und 30 Minuten) fährt. Düsseldorf unterhält, ebenfalls im Sommer, eine tägliche Verbindung nach Paris; die Züge stoppen stets in Frankfurt. Von der Gare Montparnasse in Paris fährt im Sommer täglich, ansonsten etwa einmal pro Woche ein Autoreisezug nach Nantes (Fahrtzeit 3 Stunden und 40 Minuten). Informationen und Fahrkarten erhalten Sie in allen Reisebüros und Bahnhöfen.

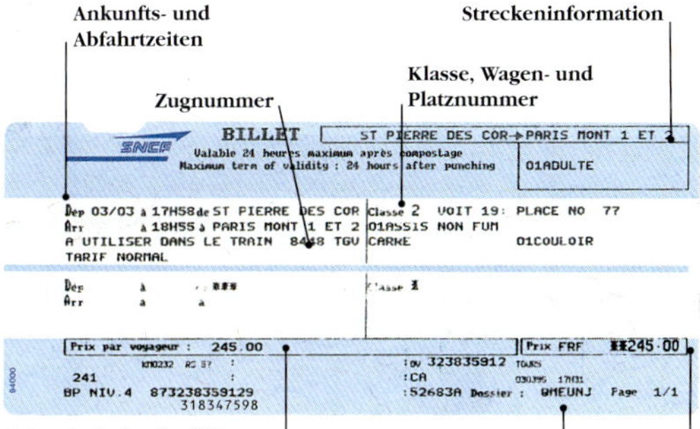

Fahrschein der Société Nationale des Chemins de Fer (SNCF)

Das TGV-Netz

Frankreichs Hochgeschwindigkeitszüge, die *Trains à Grande Vitesse*, erreichen bis zu 300 km/h. Tempo und Komfort machen das Reisen mit dem TGV nicht gerade billig. Für die TGVs ist Platzreservierung erforderlich; sie kostet je nach Fahrtziel, Tag und Uhrzeit zwischen 40 und 140 FF.

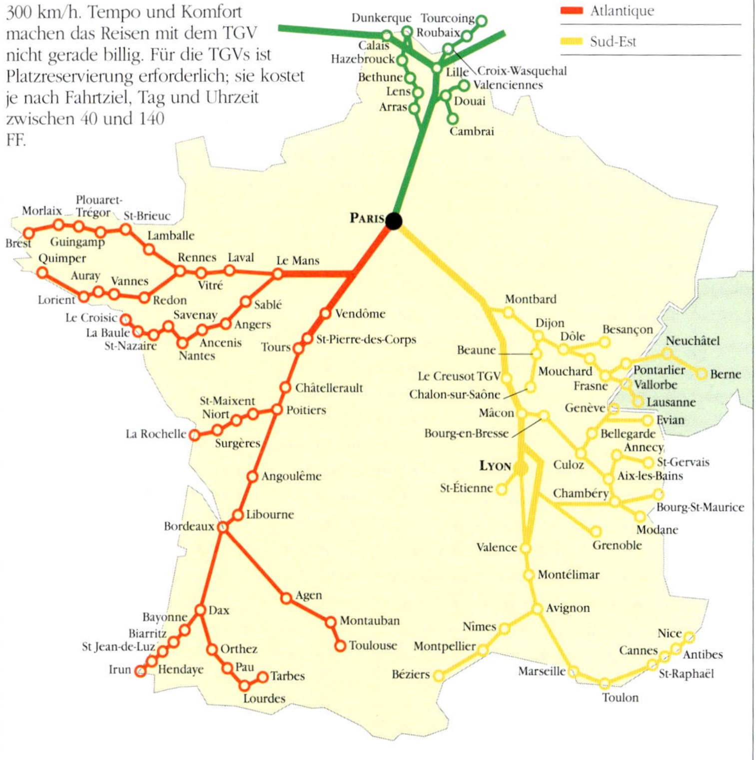

Im Bahnhof Tours einrollender TGV

Hauptlinien-Bahnstationen

Die beiden Hauptbahnhöfe von Nantes – die Gare Sud und die Gare Nord – liegen nur einige wenige Minuten voneinander entfernt. TGVs halten nur an der Gare Sud (nicht weit entfernt vom neuen Palais des Congrès), alle anderen Züge an der Gare Nord.

In Tours laufen die meisten Züge am Vorortbahnhof St-Pierre-des-Corps ein; von dort verkehrt in kurzen Zeitabständen ein Pendelzug *(navette)*, der etwa zehn Minuten zum Hauptbahnhof im Zentrum benötigt.

Einen ähnlicher Pendelverkehr besteht in Orléans, wo viele wichtige Züge in Les Aubrais, drei Kilometer vom Stadtzentrum entfernt, halten. In Tours wie in Orléans sind diese Anschlüsse im Fahrpreis inbegriffen und auf den Hauptlinienfahrplan abgestimmt, so daß Sie in aller Regel nicht mit längeren Wartezeiten rechnen müssen. Beachten Sie, daß die Fahrkarten die Abfahrtzeiten der Zubringer vom Stadtbahnhof, nicht jene der Fernzüge vom »Haupt«-Bahnhof nennen.

Interrail-Informationen

Für junge Leute unter 26 Jahren gibt es die Interrail-Karte, die sieben Zonen umfaßt.

Zone 1: Großbritannien, Irland

Zone 2: Schweden, Norwegen, Finnland.

Zone 3: Dänemark, Deutschland, Schweiz, Österreich.

Zone 4: Polen, Tschechische Republik, Slowakei, Ungarn, Kroatien, Bulgarien, Rumänien.

Zone 5: Frankreich, Benelux.

Zone 6: Spanien, Portugal, Marokko.

Zone 7: Italien, Slowenien, Fähre Brindisi-Patras, Griechenland, Türkei.

Wer die Altersgrenze von 26 Jahren bereits überschritten hat, kommt leider nicht in den Genuß dieses Angebots. Sie können allerdings die Euro-Domino-Karte nutzen, mit der man innerhalb von zwei Monaten drei, fünf oder zehn Tage lang kreuz und quer durch Frankreich fahren kann. Eine ähnlich preisgünstige Alternative ist das *billet de séjour*. Das Euro-Domino-Angebot gibt es auch für Jugendliche. Über aktuelle Angebote informieren Sie sich am besten am Bahnhof Ihres Heimatortes oder in spezialisierten Reisebüros.

Bahnhofsvorplatz in Tours

Auf einen Blick

EU Reservierung

SNCF, Deutschland
Französische Eisenbahn
Westendstraße 24
60325 Frankfurt.
069-72 84 44.

Reservierung in Paris

SNCF
Paris *01 45 82 50 50.*

Wichtige Bahnhöfe im Loire-Tal

Angers
02 40 08 50 50.

Bourges
02 47 20 50 50.

Le Mans
02 36 35 35 35.

Nantes
02 36 35 35 35.

Orléans
02 38 53 30 30.

Tours
02 47 32 11 00.

Spezielle Angebote

Interrail
Preisstaffelung nach Länderzonen (350–630 DM). Informationen und Tickets erhältlich an Bahnhöfen und in den meisten Reisebüros.

Euro Domino
Netzkarte mit Gültigkeit von 3, 5 oder 10 Tagen (283–584 DM).

Euro Domino (Junior)
Netzkarte mit Gültigkeit von 3, 5 oder 10 Tagen (229–480 DM).

Mit dem Auto unterwegs

DAS FRANZÖSISCHE Straßennetz ist eine Freude für jeden Autofahrer. Die Hauptverbindungen zum Loire-Tal führen über die ausgezeichneten, wenngleich teuren Autobahnen *(autoroutes)*. Viele Straßen verlaufen durch malerische Landschaft, insbesondere entlang der Flußufer. Beliebte Routen wie die Atlantik- und Schlössertour sind in der Reisesaison allerdings dicht befahren.

TIPS FÜR AUTOFAHRER

WENN SIE MIT Ihrem eigenen Fahrzeug in die Loire-Region reisen, müssen Sie selbstverständlich Führer- und KFZ-Schein bei sich führen. Sehr nützlich und empfehlenswert sind zudem die grüne Versicherungskarte und ein Euro-Schutzbrief Ihres Automobilklubs. Auch in Frankreich schreibt die Straßenverkehrsordnung ein Nationalitätenkennzeichen, das Mitführen eines Warndreiecks und eines Verbandskastens sowie von Ersatzbirnen für Scheinwerfer vor. Kinder unter zehn Jahren dürfen in Frankreich nur auf dem Rücksitz Platz nehmen.

Fahren Sie mit einem Auto, das nicht auf Ihren Namen zugelassen ist, so müssen Sie eine entsprechende Vollmacht des Eigentümers vorweisen können. Umgekehrt dürfen Sie in Frankreich niemanden, der dort seinen Wohnsitz hat, mit Ihrem Fahrzeug fahren lassen.

Es gelten im wesentlichen die gleichen Verkehrsregeln wie in Deutschland, Österreich oder der Schweiz. Außerhalb geschlossener Ortschaften zeigt das Schild *passage protégé* die Vorfahrtstraße an.

ANREISE INS LOIRE-TAL

IN DER HAUPTREISEZEIT, insbesondere natürlich an den Wochenenden der Monate Juli und August, herrscht auf den Hauptverkehrsverbindungen der Loire-Region und des gesamten Landes dichter Verkehr. Versuchen Sie diese Zeiten unbedingt zu vermeiden oder zumindest auf Nebenstrecken auszuweichen, die überdies auch meist mehr Abwechslung bieten. Umgehen Sie nach Möglichkeit auch, vor allem während der Stoßzeiten, den »Gordischen Verkehrsknoten« Paris. Wer auf der Südschiene (von Österreich, der Schweiz und Süddeutschland aus) Bourges anstrebt, fährt ab Freiburg/Basel/Mülhausen zunächst über die A36 via Besançon bis Beaune, dann über die A6 Richtung Paris bis Avallon und von dort auf Überlandstraßen durch das Burgund. Vom westlichen, mittleren und nördlichen Deutschland aus fahren Sie über Saarbrücken nach Metz und Châlons-sur-Marne, von dort auf der A26 bis Troyes und der N77 bis Auxerre. Schließlich gelangen Sie über die N151 bis nach Bourges.

AUTOBAHNGEBÜHREN

Entnehmen Sie an der Auffahrt zur Autobahn dem Automaten, auf dem Ihr Einfahrtsort vermerkt ist, ein Ticket. Die Gebühr, die sich nach Strecke und Fahrzeugtyp richtet, zahlen Sie erst bei Verlassen der *autoroute*.

Hinweisschild
Diese in der Regel blau-weißen Schilder zeigen die Entfernung zur nächsten Zahlstelle und manchmal die Gebührenklassen für PKW, Wohnwagen, Motorräder und LKW an.

Mautstation mit Personal
Nachdem Sie der Person an der Zahlstelle Ihr Ticket überreicht haben, wird die Gebühr automatisch angezeigt. Sie können sie bar, mit Kreditkarte oder Euroscheck bezahlen. Auf Wunsch erhalten Sie eine Quittung.

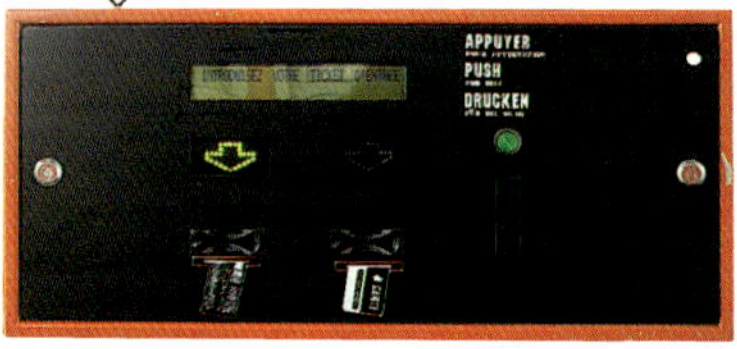

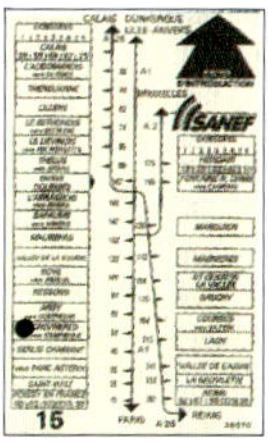

Automatische Zahlstelle
Wenn Sie bei der Abfahrt Ihr Ticket in den Schlitz des Automaten schieben, wird die Gebühr in Francs angezeigt. Sie bezahlen entweder bar oder mit Kreditkarte. Der Automat gibt Restgeld zurück und kann einen Beleg auswerfen.

Autovermietung

Vergleichen Sie vor der Abreise die Konditionen verschiedener Mietwagenfirmen. Häufig bieten sie Sonderpreise. In Frankreich selbst ist **Rent-a-Car** sehr zu empfehlen. Es gibt selbstverständlich auch Fly&Drive- sowie an allen großen Bahnhöfen SNCF-Mietwagenangebote.

Bei Aufenthalten von über drei Wochen kann sich das TT-Leasing (kurzfristiger Wagenkauf und -rückkauf) von Citroën, Peugeot und Renault lohnen.

Drei bekannte Autovermieter in der Loire-Region

Verkehrsregeln

Es gelten im wesentlichen dieselben Verkehrsregeln wie in Deutschland, Österreich und der Schweiz. Rechts hat Vorfahrt *(priorité à droite)*. Dies gilt jedoch nicht (falls nicht anders ausgeschildert) für den Kreisverkehr.

Das Anlegen von Sicherheitsgurten ist auf Vorder- und Rücksitzen Pflicht. Überholen bei durchgezogener Mittellinie, Geschwindigkeitsüberschreitungen und alkoholisiertes Fahren werden unverzüglich und hart bestraft. Die Alkoholgrenze liegt in Frankreich bei 0,8 Promille.

Durchfahrt verboten

Einbahnstraße

Kreisverkehr hat Vorfahrt

Vorfahrt aufgehoben, nun rechts vor links

Autobahn im Loire-Tal

Autobahnen

Durch das Loire-Tal führen drei Autobahnen: die A11 (L'Océane) von Nantes über Angers nach Chartres, die A10 (L'Aquitaine) von Tours über Blois nach Orléans und die A71 von Orléans nach Bourges. Polizeistationen finden Sie an den Autobahnausfahrten.

Andere Strassen

Zu den Reisefreuden im Loire-Tal zählt das Fahren über Nebenstrecken. Straßen mit dem Kürzel RN und D *(Route Nationale und Départementale)* bieten häufig gute Alternativen zu den Autobahnen.

Das Zeichen *Bison futé* (Schlauer Wisent) verweist auf verkehrsärmere Ersatzstrecken. Es ist besonders hilfreich in der französischen Ferienzeit (bezeichnend *grands départs* »Großer Aufbruch« genannt). Die schlimmsten Verkehrsstaus bilden sich Mitte Juli sowie Anfang und Ende August an den Wochenenden.

Geschwindigkeitsbeschränkungen

Es gelten in Frankreich folgende Geschwindigkeitsbegrenzungen:

- **gebührenpflichtige Autobahnen:** 130 km/h bei trockener, 110 km/h bei nasser Straße;
- **Schnellstraßen und gebührenfreie Autobahnen:** 110 km/h bei trockener, 100 km/h bei nasser Straße; in geschlossenen Ortschaften 50 km/h;
- **andere Straßen:** 90 km/h bei trockenem, 80 km/h bei nassem Fahrbahnbelag;
- **in Ortschaften:** 50 km/h;
- **bei Nebel:** 50 km/h.

Strassenkarten

Die besten Generalkarten des Loire-Tals sind die gelben Michelin-Regionalkarten im Maßstab 1:200 000 (Nr. 232: Pays de la Loire, Nr. 238: Centre Val de la Loire). Die Karten des **IGN** (Institut Géographique National) sind noch detaillierter. Stadtpläne erhalten Sie bei Fremdenverkehrsämtern meist umsonst. Für Großstädte benötigen Sie eventuell besseres Kartenmaterial, zum Beispiel von Michelin, oder die **Plans-Guides Blay.** Das ILH/GeoCenter (Stuttgart) bietet über den Buchhandel die größte Auswahl an Landkarten.

Auswahl von Straßenkarten

Tankstellen

Benzin *(essence)* ist – besonders an Autobahnen – relativ teuer. Große Supermärkte verkaufen preisgünstigeren Treibstoff. Eine Karte des französischen Fremdenverkehrsamts *(siehe S. 231)* verweist auf die billigeren Tankstellen im Radius von zwei Kilometern um die Autobahnausfahrten.

An vielen Tankstellen herrscht Selbstbedienung *(libre service)*. Bei Tankwartbedienung sollten Sie wissen, daß *faire le plein* »volltanken« bedeutet.

Meist finden Sie drei Benzinarten: super *(super)*, normal *(essence)* und bleifrei *(sans plomb)*. Diesel *(gas-oil)* ist ebenfalls verbreitet und der billigste Treibstoff.

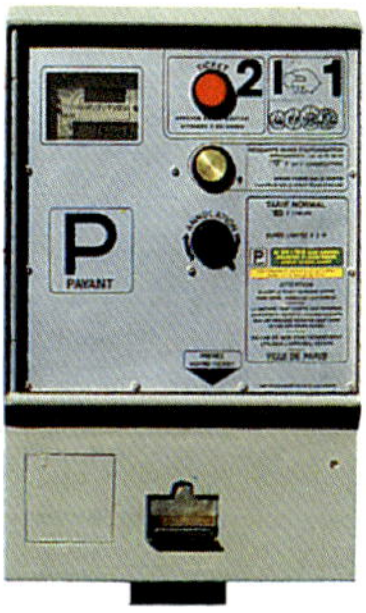

Ein *borodateur*: Parkscheinautomat

Parken

Das Parken in Großstädten unterliegt strengen Vorschriften. Falsch parkende Autos werden häufig sofort in den Polizei-»Pfandpferch« geschleppt und die Inhaber mit bis zu 1000 Francs Strafe belegt. Die meisten Städte des Loire-Tals haben Parkscheinautomaten *(borodateurs)*. In vielen Orten ist das Parken von 12 bis 14 Uhr kostenlos – dies wird von den Parkautomaten berücksichtigt.

Korrektes Parken bewahrt Sie nicht davor, von anderen Autos so eingezwängt zu werden, daß Sie nicht wegfahren können. Zuweilen hilft in diesem Fall ein vernehmliches Hupkonzert.

Mit dem Bus unterwegs

Busfahrten sind noch immer die preiswerteste Anreisemöglichkeit. Linienbusse der Deutschen Touring GmbH fahren regelmäßig von zahlreichen Städten nach Paris und weiter ins Loire-Tal. Viele Reiseveranstalter bieten Busreisen an die Loire mit Unterkunft, Verpflegung und Führung an.

Lokale und regionale Buslinienddienste funktionieren gut. In den Städten bestehen Verbindungen zwischen Bahnhof und Zentrum. Die ländlichen Liniendienste verkehren regelmäßig und pünktlich.

Es bestehen Busverbindungen zwischen den bedeutenden touristischen Sehenswürdigkeiten. Private Busunternehmen bieten auch Tagestouren zu diversen Schlössern an.

Fragen Sie bei Fremdenverkehrsämtern oder Rathäusern nach Busfahrplänen.

Taxis

Die Fahrpreise unterscheiden sich regional und liegen in den touristischen Zentren am höchsten. Der Grundtarif beträgt durchschnittlich 15 FF zuzüglich mindestens vier Francs pro gefahrenem Kilometer. Pro Gepäckstück wird ein Zuschlag berechnet. Alle Taxis müssen den Zähler *(compteur)* einschalten. Im Loire-Tal ist es nicht üblich, Taxis vom Fahrbahnrand herbeizuwinken.

Der Taxameter zeigt 14 FF Fahrtkosten *(prix à payer)* an

Autostop (Trampen)

Trampen ist auf Autobahnen verboten, an Auffahrten und vor Mautstellen aber erlaubt.

Allostop bietet Mitfahrgelegenheiten in der Loire-Region und ganz Europa. Neben einer von der Fahrtlänge abhängigen Bearbeitungsgebühr zahlen Sie dem Fahrer einen Kostenanteil (einschließlich Autobahngebühren) von höchstens zwanzig Centimes pro Kilometer. Allostop nimmt aus Sicherheitsgründen die Personalien von Fahrer und Mitfahrer auf.

Auf einen Blick

Mietwagen

Avis
Deutschland 0130–77 33.
Nantes (Flughafen)
02 40 84 81 01.
Nantes (Zentrum)
02 40 74 07 65.
Orléans 02 38 62 27 04.

Sixt/Budget
Deutschland *0180–52 14 141.*
Frankreich *05 10 00 01.*

Europcar
Deutschland *0130–22 11.*
Orléans *02 38 73 00 40.*
Nantes *02 40 84 81 05.*

Hertz
Deutschland *0130–21 21.*
Frankreich *05 05 33 11.*

Rent-A-Car
Paris *01 46 82 60 60.*
Orléans *02 38 77 92 92.*
Nantes *02 51 25 26 27.*

Verkehrsdurchsagen

Autoroute
93 49 33 33.

CRIR
91 78 78 78.

ESCOTA
93 49 33 33 (24 Std.).

Karten

Espace IGN
107, rue la Boétie, 75008 Paris.
01 42 56 06 68.

Plans-Guides Blay
Librairie Favart, 14, rue Favart, 75002 Paris.
01 42 96 80 16.

Mitfahrzentrale

Allostop-Provoya
Paris *01 42 46 00 66 oder 01 47 70 02 01.*

Busunternehmen

Deutsche Touring GmbH
In allen deutschen Großstädten.
In München:
089–59 18 24.

Textregister

Gefettete Seitenzahlen beziehen sich auf Haupteinträge.

A

B

D

E

N

Bildnachweis/Danksagung

Der Verlag bedankt sich bei allen, die bei der Herstellung dieses Buches tatkräftig mitgewirkt haben.

Hauptautor
Jack Tresidder lebt seit 1992 in Frankreich. Der frühere Journalist und Theaterkritiker hat schon zahlreiche Bücher über Kunst, Kino und Fotografie geschrieben und herausgegeben.

Redaktionelle Beratung

Vivienne Menkes-Ivry.

Weitere Autoren
Sara Black, Hannah Bolus, Patrick Delaforce, Thierry Guidet, Jane Tresidder.

Ergänzende Fotografie
Clive Streeter.

Ergänzende Illustrationen
Robert Ashby, Graham Bell, Stephen Conlin, Toni Hargreaves, The Maltings Partnership, Lee Peters, Kevin Robinson, Tristan Spaargaren, Ed Stuart, Mike Taylor.

Kartografie
Lovell Johns Ltd, Oxford, GB.

Technische Kartografieassistenz
David Murphy.

Design- und Redaktionsassistenz
Poppy Body, Sophie Boyack, John Grain, Richard Hansell, Matt Harris, Ciaran McIntyre, Emma O'Kelly, Zoe Ross, Alison Verity, Ingrid Vienings.

Weitere Hilfe gewährten
Mme Barthez, Château d'Angers; M. Sylvain Bellenger, Château de Blois; M. Bertrand Bourdin, France Télécom; M. Jean-Paul und Mme Caroline Chaslus, Abbaye de Fontevraud; M. Joël Clavier, Conseil Général du Loiret; Mme Dominique Féquet, Office de Tourisme, Saumur; M. Gaston Huet, Vouvray; Mme Pascale Humbert, Comité Départemental du Tourisme de l'Anjou; M. Alain Irlandes und Mme Guylaine Fisher, Atelier Patrimoine, Tours; Mme Sylvie Lacroix und M. Paul Lichtenberg, Comité Régional du Tourisme, Nantes; M. André Margotin, Comité Départemental du Tourisme du Cher; M. Jean Méré, Champigny-sur-Veude, Touraine; Mme Marie-France de Peyronnet, Route Jacques-Cœur, Berry; M. R. Pinard, L'Ecole des Ponts et Chaussées, Paris; Père Rocher, Abbaye de Solesmes; M. Loïc Rousseau, Rédacteur, *Vallée du Loir*, M. Pierre Saboureau, Lochois; M. de Sauveboeuf, Le Plessis-Bourré; M. Antoine Selosse und M. Frank Artiges, Comité Départemental du Tourisme de Touraine; Mme Sabine Sévrin, Comité Régional du Tourisme, Orléans; Mme Tissier de Mallerais, Château de Talcy.

Genehmigungen für Fotografien
Der Verlag bedankt sich bei den folgenden Institutionen für die freundlich gewährte Fotografiererlaubnis: M. François Bonneau, Conservateur, Château de Valençay; M. Nicolas de Brissac, Château de Brissac; Caisse Nationale des Monuments Historiques et des Sites; Conseil Général du Cher; Marquis und Marquise de Contades, Château de Montgeoffroy; M. Robert de Goulaine, Château de Goulaine; Mme Jallier, Office de Tourisme, Puy-du-Fou; Château de Montsoreau, Propriété du Département de Maine-et-Loire; Musée Historique et Archéologique de l'Orléanais; M. Jean-Pierre Ramboz, Sacristain, Cathédrale de Tours; M. Bernard Voisin, Conservateur, Château de Chenonceau und allen Kirchen, Museen, Hotels, Restaurants, Läden und Sehenswürdigkeiten, die uns in ihren Räumlichkeiten fotografieren ließen. Sie einzeln aufzuführen würde den Rahmen dieses Abschnitts sprengen.

Bildnachweis
o = oben; ol = oben links; om = oben Mitte; or = oben rechts; mlo = Mitte links oben; mo = Mitte oben; mro = Mitte rechts oben; ml = Mitte links; m = Mitte; mr = Mitte rechts; mlu = Mitte links unten; mu = Mitte unten; mru = Mitte rechts unten; ul = unten links; u = unten; um = unten Mitte; ur = unten rechts; ulo = unten links oben; umu = unten Mitte unten; uro = unten rechts oben; ulu = unten links unten; umu = unten Mitte unten; uru = unten rechts unten

Wir haben uns bemüht, alle Urheber zu recherchieren und zu nennen. Sollte dies in einigen Fällen nicht gelungen sein, bitten wir, dies zu entschuldigen. In der nächsten Auflage werden wir es selbstverständlich nachholen.

Kunstwerke wurden mit freundlicher Genehmigung folgender Copyright-Inhaber reproduziert: © ADAGP, Paris und DACS, London 1996: 77mo, 102ol, 150u; © DACS, London 1996: 48mlo; © DACS, London und SPADEM, Paris: 104m

Der Verlag dankt zudem folgenden Personen, Institutionen und Bildbibliotheken für die freundliche Genehmigung zur Reproduktion ihrer Fotografien:

Air France: D. Toulorge 241tr; Photo AKG, London: 48ur, Bibliothèque Nationale *Hugo Capet in Laon* Frz Buchmal 51mru; *Katharina von Medici* anonym 16.Jh. 109ol; Stefan Diller 49ul; Galleria dell' Accademia *Saint Louis* Bartolomeo Vivarini 1477 50ml; Louvre, Paris *Charles VII* Jean Fouquet ca.1450 47ol; Musée Carnavalet, Paris *George Sand* Auguste Charpentier 1839 22m; Nationalgalerie, Prag *Selbstporträt* Henri Rousseau 1890 23u; Samuel H. Kress Collection, National Gallery of Art Washington *Diane de Poitiers im Bade* François Clouet ca.1571 108mlo; AllSport: Pascal Rondeau 59mru; Ancient Art and Architecture Collection: 22u, 50ur, 51ol, 54or, 55u; Archives Départemental du Loiret: coll. Daniel 58mlu.

Y Berrier: 77ol; Bibliothèque Nationale, Dijon: 149u; Bibliothèque Nationale de France, Paris: 52fm; Bridgeman Art Library: Bibliothèque Nationale, Paris 47om; British Library, London 46or, 52mlu; Glasgow University Library 49ur; Kunsthistorisches Museum, Wien 54ur; Louvre, Paris *François I* Jean Clouet 44; Musée Condé, Chantilly 6, 46ul, 135u; Prado, Madrid *Die Erscheinung des hl. Hubertus* (Detail) Jan Brueghel und Peter Paul Rubens 135o; Scottish National Potrait Gallery, Edinburgh *Maria Stuart in weißer Trauerkleidung* (Holztafel) François Clouet ca. 1510–72 23m; Staatliche Sammlung, Frankreich 54bl; Victoria & Albert Museum, London 19or, 54ol; Bridgeman Art Library/Giraudon: Château de Versailles 4ur, 47 or, 56mlo, *Louis XIV als Kriegsgott Jupiter erobert La Fronde* anonym 17. Jh. 134or;

Galleria degli Uffizi, Florenz 54mlo; Louvre, Paris *Henry IV erhält das Verlobungsbild der Maria von Medici* Peter Paul Rubens 55ol, 74m; Musée des Antiquités Nationales, St-Germain/Lauris-Giraudon 48mlo; Musée des Beaux-Arts, Nantes *Kornsieberinnen* Gustave Courbet 192u; Musée Condé, Chantilly 23o, 47um, 47ul, 52ol, 93u, *Gabrielle d'Estrées im Bade* Französische Schule 17. Jh. 96c; Musée d'Orsay, Paris *Marcel Proust* Jacques-Emile Blanche ca.1891–92 22om; Musée de la Venerie, Senlis *Diane de Poitiers als Jagdgöttin Diana* Schule von Fontainebleau 16. Jh. 55mru; British Museum 54f; Michael Bussell's Photography: 29ol und ur.

Cahiers Ciba: 77mru; Camera Press: 77or; Cephas: Stuart Boreham 63ul; Hervé Champollion 63mro, 152or; Mick Rock 27mru; Jean-Loup Charmet, Paris: 45u, 51u, 57mro; Château de Chamerolles: 137,mlu; Château de Montgeoffroy: 71cl; Christie's Images, London: 53u; Bruce Coleman: NG Blake: 71um; Denis Green 185mr; Udo Hirsch 185ul; Hans Reinhard 28ur, 184ul; Uwe Walz 71ul, 71ur, 185ur; Gunter Zeisler 184mru; Comité Départemental du Tourisme du Cher: 25mro; Comité Régional du Tourisme, Nantes: 226o und u, J.P. Guyonneau 227ol, J. Lesage 225or; Comité du Tourisme de l'Anjou: 84b, J.P. Guyonneau 84c.

Diatotale: Château de Chenonceau 106o.

Editions Gaud: Château de Villandry *Jeune Infante* Pantoja de la Cruz 94ol; C. Errath: 24ur, 182or u. mlo; ET Archive: 50ul, 100ur; Mary Evans Picture Library: 9 Einklinker, 22ol, 53ml, 61 Einklinker, 151ol, 195 Einklinker, 229 Einklinker; Explorer: F. Jalain 56ml.

Fédération Nationale de Logis de France: 197m; Fontenay-le-Comte Office de Tourisme: 230ml; Fontevraud Abbey: 41u, 87u; Fontgombault Abbey: Frère Eric Chevreau 147m; SNCF: Jean Marc Fabro 58ml.

Garden/Wildlife Matters: 94or, 95m und ur; Tony Gervis 41mr, 71 ol und ur, 81 mo u. mro, 82ol; Giraudon, Paris: 48or und ul, 49ol, 52 ml, 76or und m, 135m; Archives Nationales, Paris 50ol; Bibliothèque Municipale, Laon 50f mr; Château de Versailles *Louis XIII – Roi de France et de Navarre* nach Vouet 47ur, 56ul; Musée Antoine Lécuyer 134u; Musée Carnavalet, Paris 30ol, *Madame Dupin de Francueil* 109or; Musée Condé, Chantilly 52ur, 108o; Musée d'Histoire et des Guerres de Vendée, Cholet *Henri de la Rochejaquelein au Combat de Cholet le 17 Octobre 1793* Emile Boutigny 69ml; Musée de Tessé, Le Mans 166or; Musée des Beaux-Arts, Blois 169mru; Musée du Vieux Château, Laval 160o (alle Rechte vorbehalten); Telarci 51mlo; Victoria & Albert Museum, London 95tl; Gîtes de France: 199mo; La Goélette: 82mr; 106 or; J.J. Derennes *Die drei Grazien* Charles-André Van Loo 106ur.

Sonia Halliday Photographs: 53ol; Robert Harding Picture Library: 30or; 37ur; Paolo Koba 17ur; Sheila Terry 102u; D. Hodges: 167u; Kit Houghton: 38m; Hulton-Deutsch Collection: 46or, 111om, 134mlo.

Image Bank: 34mlu; David W. Hamilton 32; Image de Marc 14u, 90m, 103u, 117u; Inventaire Général: Musée du Grand-Pressigny 48mlo, 104m.

Jerrican/Berenguier: 11ul.

Frank Lane Picture Agency: R. Wilmshurst 74o; Jason Lowe: 36ul, 114ol, 231mlu.

Mairie de Blois: J.-Philippe Thibaut 42u; Mansell Collection: 30u; T Mezerette: 26o, 27ol, 34ur; Musées d'Angers: 16o, 51mlu, 57mru, 77mro; Collection Musée d'Art et d'Histoire de Cholet: 57u, Studio Golder, Cholet *Jacques Cathelineau* Anne-Louis Girodet-Trioson 1824 187u; Musée d'Arts Décoratifs et Musée du Cheval, Château de Saumur: 82mr; Musée des Beaux-Arts de Rennes: Louis Deschamps *Bal à la Cour des Valois* 109mur; Musée des Beaux-Arts, Tours: *Vue Panoramique de Tours en 1787* Pierre-Antoine Demachy 8f;P. Boyer *Christus in Gethsemane* Andrea Mantegna 114u; Musée de Blois: 126m, 127ur; Musées de Bourges: Musée des Arts Décoratifs, Hôtel Lallemant *Concert Champêtre Instrumental* Französisch-Italienische Schule 150o; Musée Dobrée, Nantes: 55mlu, 191ol; Collection Musée Estève © ADAGP/DACS: Dubout *Samsâra* Maurice Estève Öl auf Leinwand 150b; Mit freundlicher Genehmigung Museum of Fine Arts, Boston: *Tal an der Petite Creuse* Claude Monet 1889 Öl auf Leinwand Nachlaß David P. Kimball im Gedenken an seine Gattin Clara Bertram Kimball (© 1995. Alle Rechte vorbehalten) 147ur; Musée Historique d'Orléans: 48mlu; Musées du Mans: 166m; Musée des Marais Salants, Batz-Loire-Atlantique: G. Buron 179mr; Collection du Musée de la Marine de Loire, Châteauneuf-sur-Loire (Loiret): 33um.

NHPA: Manfred Danegger 185ml; M. Garwod: 79u; B.A. Janes 28ol; Helio & Van Ingen 29ul, 182ol; Andy Rouse 29m; Robert Thompson 29or; National Motor Museum, Beaulieu: 57or.

Parc Naturel Régional du Poitevin: 185or; John Parker: 1m, 18um, 24ul, 25ol, 35mru, 36mru, 37mlo und ml, 38ul, 51mro, 54mru, 55mru, 58ol, 63ur, 72ol, 73m, 75um, 87om, 95um, 106mlo, 107mu, 110ul, 111ur, 115m, 116or, 117mr, 121ur, 126ml, 127ul, 128ol, 130ol und ul, 131om und um, 132ol, ml, mlu und ur, 133om, mr, um und ur, 144or, 170ur, 171ur, 220ml; Photographers' Library: 28mlo; 159u; 199u.

Réunion des Musées Nationaux, Paris: Château de Versailles *Château de Chambord* PD Martin (© Photo RMN) 134mru; Rex Features/Sipa Press: Riclafe 59or, Tall 58ul; Route Historique Jacques Cœur: 16u; David Rowley: 83u.

The Science Museum/Science & Society Picture Library, London: 56ur; Science Photo Library/CNES: 11or; Spectrum Colour Library: 137mr; Tony Stone Worldwide: 63ol und or, Charlie Waite 154o.

Telegraph Colour Library: Jean-Paul Nacivet: 24mlo; TRH Pictures: 58or.

Ville d'Amboise: Musée de la Poste 33mu; Roger-Viollet: 52ul, Bibliothèque Nationale 56mlu, 137or, Musée d'Orléans *Entrée de Jeanne d'Arc à Orléans* Jean-Jacques Sherrer 137ur.

J. Warminski: 79o; C. Watier: 67o, 70u;

Umschlaginnenseite: Auftragsarbeiten.

Umschlag: Auftragsarbeiten, außer Bruce Coleman: Uwe Waltz Titelseite ul.

Sprachführer

Notfälle

Hilfe!	**Au secours!**
Halt!	**Arrêtez!**
Rufen Sie einen Arzt!	**Appelez un médecin!**
Rufen Sie einen Krankenwagen!	**Appelez une ambulance!**
Rufen Sie die Polizei!	**Appelez la police!**
Rufen Sie die Feuerwehr!	**Appelez les pompiers!**
Wo ist das nächste Telefon?	**Où est le téléphone le plus proche?**
Wo ist das nächste Krankenhaus?	**Où est l'hôpital le plus proche?**

Grundwortschatz

Ja	**Oui**
Nein	**Non**
Bitte	**S'il vous plaît**
Danke	**Merci**
Entschuldigung	**Excusez-moi**
Guten Tag	**Bonjour**
Auf Wiedersehen	**Au revoir**
Guten Abend	**Bonsoir**
Morgen (Tageszeit)	**le matin**
Nachmittag	**l'après-midi**
Abend	**le soir**
gestern	**hier**
heute	**aujourd'hui**
morgen	**demain**
hier	**Ici**
dort	**Là**
was?	**Quoi?**
wann?	**Quand?**
warum?	**Pourquoi?**
wo?	**Où?**

Nützliche Redewendungen

Wie geht es Ihnen?	**Comment allez-vous?**
Danke, sehr gut.	**Très bien, merci.**
Ich freue mich Sie kennenzulernen.	**Enchanté de faire votre connaissance.**
Bis bald.	**A bientôt.**
Das ist in Ordnung!	**C'est bien!**
Wo ist/sind ...?	**Où est/sont...?**
Wie weit ist es nach ...?	**Combien de kilomètres y-a-t-il d'ici à...?**
Wo geht es zu/nach ...?	**Quelle est la direction pour...?**
Sprechen Sie deutsch?	**Parlez-vous allemand?**
Ich verstehe nicht.	**Je ne comprends pas.**
Bitte sprechen Sie langsamer.	**Pouvez-vous parler moins vite, s'il vous plaît?**
Verzeihung.	**Excusez-moi.**

Nützliche Wörter

groß	**grand**
klein	**petit**
heiß	**chaud**
kalt	**froid**
gut (Adj.)	**bon**
schlecht	**mauvais**
genug	**assez**
gut (Adv.)	**bien**
offen	**ouvert**
geschlossen	**fermé**
links	**à gauche**
rechts	**à droite**
geradeaus	**tout droit**
nahe	**près**
weit	**loin**
oben	**en haut**
unten	**en bas**
früh	**de bonne heure**
spät	**tard**
Eingang	**l'entrée**
Ausgang	**la sortie**
Toiletten	**les toilettes, les WC**
frei	**libre**
Eintritt frei	**gratuit**

Telefonieren

Ich möchte ein Fernge-spräch führen.	**Je voudrais faire un interurbain.**
Ich versuche es später nochmals.	**Je rappelerai plus tard.**
Kann ich eine Nachricht hinterlassen?	**Est-ce que je peux laisser un message?**
Bitte warten Sie.	**Ne quittez pas, s'il vous plaît.**
Können Sie bitte etwas lauter sprechen?	**Pouvez-vous parler un peu plus fort?**
Ortsgespräch	**la communication locale**

Einkaufen

Wieviel kostet das?	**C'est combien s'il vous plaît?**
Nehmen Sie Kreditkarten?	**Est-ce que vous acceptez des cartes de crédit?**
Nehmen Sie Reise-schecks?	**Est-ce que vous acceptez des chèques de voyage?**
Ich würde gerne ...	**Je voudrais...**

Haben Sie ...?	**Est-ce que vous avez ...?**
Ich schaue mich nur um.	**Je regarde seulement.**
Wann öffnen Sie?	**A quelle heure ouvre le magasin?**
Wann schließen Sie?	**A quelle heure ferme le magasin?**
Das hier	**Celui-ci**
Das da	**Celui-là**
teuer	**cher**
billig	**pas cher, bon marché**
Größe, Kleidung	**la taille**
Größe, Schuhe	**la pointure**
weiß	**blanc**
schwarz	**noir**
rot	**rouge**
gelb	**jaune**
grün	**vert**
blau	**bleu**

Läden und Geschäfte

Antiquitätenladen	**le magasin d'antiquités, brocante** *(fam.)*
Bäckerei	**la boulangerie**
Bank	**la banque**
Buchhandlung	**la librairie**
Metzgerei (Fleisch)	**la boucherie**
Metzgerei (Wurst)	**la charcuterie**
Konditorei	**la pâtisserie**
Käseladen	**la fromagerie**
Apotheke	**la pharmacie**
Milchladen	**la crémerie**
Kaufhaus	**le grand magasin**
Fischgeschäft	**la poissonnerie**
Geschenkladen	**le magasin de cadeaux**
Gemüseladen	**le marchand de légumes**
Lebensmittelgeschäft	**l'alimentation, l'épicerie**
Friseur	**le coiffeur**
Markt	**le marché**
Zeitungskiosk	**le magasin de journaux**
Post	**la poste, le bureau de poste, le PTT**
Schuhgeschäft	**le magasin de chaussures**
Supermarkt	**le supermarché**
Tabakladen	**le tabac**
Reisebüro	**l'agence de voyages**

Besichtigung

Kloster	**l'abbaye**
Kunstgalerie	**la galérie d'art**
Kathedrale	**la cathédrale**
Kirche	**l'église**
Garten	**le jardin**
Bibliothek	**la bibliothèque**
Museum	**le musée**
Bahnhof	**la gare SNCF**
Busbahnhof	**la gare routière**
Touristen-information	**les renseignements touristiques,**
Fremden-verkehrsbüro	**le syndicat d'initiative**
Rathaus	**l'hôtel de ville**
Privatzimmer	**l'hôtel particulier**
An Feiertagen geschlossen	**fermeture jour férié**

Im Hotel

Haben Sie ein Zimmer frei?	**Est-ce que vous avez une chambre?**
Doppelzimmer	**la chambre à deux personnes**
mit französischem Bett	**avec un grand lit**
Zimmer mit Doppelbett	**la chambre à deux lits**
Einzelzimmer	**la chambre à une personne**
Zimmer mit Bad, Dusche	**la chambre avec salle de bains, douche**
Page	**le garçon**
Schlüssel	**la clef**
Ich habe reserviert.	**J'ai fait une réservation.**

Essen gehen

Haben Sie einen freien Tisch?	**Avez-vous une table libre?**
Ich möchte einen Tisch reservieren.	**Je voudrais réserver une table.**
Die Rechnung, bitte.	**L'addition, s'il vous plaît.**
Ich bin Vegetarier.	**Je suis végétarien.**
Kellnerin/ Kellner	**Madame, Mademoiselle/ Monsieur**
Speisekarte	**le menu, la carte**
Tagesmenü	**le menu à prix fixe**
Tagesgericht	**le plat du jour**
Gedeck	**le couvert**
Weinkarte	**la carte des vins**
Glas	**le verre**
Flasche	**la bouteille**
Messer	**le couteau**
Gabel	**la fourchette**
Löffel	**la cuillère**

Straßenkarte des Loire-Tal